公路工程职业技能岗位培训教材

Gonglu Lumiangong · Zhongjigong

公路路面工·中级工

江苏省交通厅工程质量监督站组织编写

樊琳娟　彭涌涛　主编

人民交通出版社

内 容 提 要

本书是《公路工程职业技能岗位培训教材》之一，该系列培训教材，由江苏省交通厅工程质量监督站组织编写，力求体现交通职业的特点，以岗位技能为目标，理论与实践相结合，通俗易懂，具有较强的实用性和可操作性。

本书共分十一章，内容包括：绪论、路面施工测量与检测、路面原材料技术要求、路面混合料配合比设计、公路路面工程筑路机械、路面基层施工及质量控制、水泥混凝土路面施工及质量控制、沥青路面施工及质量控制、路面附属工程施工、路面施工组织与管理、路面工程施工资料表及填写范例。

本书为公路路面工(中级)培训教材，也可供公路工程一线施工技术人员及监理人员学习参考。

图书在版编目(CIP)数据

公路路面工・中级工 / 樊琳娟，彭涌涛主编. —北京：人民交通出版社，2008. 12

公路工程职业技能岗位培训教材

ISBN 978-7-114-07459-2

Ⅰ.公… Ⅱ.①樊… ②彭… Ⅲ.公路-路面-工程施工-技术培训-教材 Ⅳ.U416.2

中国版本图书馆 CIP 数据核字（2008）第 199451 号

公路工程职业技能岗位培训教材

书　　名：公路路面工・中级工

著 作 者：樊琳娟　彭涌涛

责任编辑：卢仲贤　岑　瑜

出版发行：人民交通出版社

地　　址：（100011）北京市朝阳区安定门外外馆斜街 3 号

网　　址：http://www.ccpress.com.cn

销售电话：（010）59757969，59757973

总 经 销：北京中交盛世书刊有限公司

经　　销：各地新华书店

印　　刷：廊坊市长虹印刷有限公司

开　　本：787×1092　1/16

印　　张：17.25

字　　数：432 千

版　　次：2008 年 12 月　第 1 版

印　　次：2008 年 12 月　第 1 次印刷

书　　号：ISBN 978-7-114-07459-2

印　　数：0001～3500 册

定　　价：33.00 元

《公路工程职业技能岗位培训教材》

编 审 委 员 会

主 任 委 员

杨国忠　孟祥林

编写委员会委员

杨国忠　唐学农　周传林　樊琳娟　李建才
龙兴灿　赵伟强　张文斌　王　磊　耿　巍
胡友好　彭涌涛　芮丽珺

审定委员会委员

邓学钧　孟少平　刘松玉　符冠华　韩大章
叶见曙　镇亦明　李晋三　刁永宁　薛永森
成　文　陈建胜

序

江苏交通工程质量水平受到国内外同行普遍称道，这是设计、施工、监理、管理等各方坚持努力的结果。工程是干出来的，业主培育施工队伍的技术能力和专业水平是江苏公路建设的一条基本经验。我认为设计是灵魂，管理是关键，而一线基层施工的从业人员的专业素质是保障工程质量的基础。交通行业贯彻科学发展观，实施节约使用资源，高效利用资源方针，必须把质量第一、精益求精，落实到每个环节、每一位建设者的手中。必须全面提高基层施工技术和管理人员的综合素质，用专业的队伍打造出高质量的工程。

立足于交通建设长远发展，要把公路建设基层从业人员的岗位技能培训作为一项基本任务来抓，通过系统培训、训练，使广大一线技术工人熟练掌握正确运用公路施工相关的技术规范、施工程序、质量要求等内容。省交通厅在广泛调研的基础上组织编写了路基工、路面工、桥梁预应力工三个工种的系列培训教材一套，每个工种分为初、中、高三个等级。这是一套针对性较强的公路工程职业技能岗位培训教材。本套教材充分研究了施工一线的技术特点，注重理论与实践相结合，通俗易懂，简明实用，具有较强的实用性和可操作性，不仅是施工技术人员上岗前的培训教材，也是公路建设监理、管理人员较好的参考书籍。希望通过大家的努力，积极推广使用本套教材，大力提高我省公路建设基层施工与管理人员的技术水平，对稳步提升工程质量水平起到积极的促进作用。

江苏省交通厅厅长

前　言

为了适应公路建设需要，提高公路施工一线人员的技术水平，确保工程建设质量；同时也为了便于基层从事公路工程建设施工和管理人员学习，江苏省交通厅工程质量监督站、南京交通职业技术学院联合组织人员编写了《公路工程职业技术工种系列培训教材》。本套教材是依据中华人民共和国工人技术等级标准《交通行业工人技术等级标准》，同时参照《筑路、养护工国家职业标准》的要求编写，本系列培训教材力求体现交通职业的特点，以岗位技能为目标，在文字和叙述上力求简明扼要，通俗易懂，书中的插图也尽量做到清晰、美观，便于教学和自学。本系列培训教材包括以下九个分册：《公路路基工·初级工》、《公路路基工·中级工》、《公路路基工·高级工》、《公路路面工·初级工》、《公路路面工·中级工》、《公路路面工·高级工》、《桥梁预应力工·初级工》、《桥梁预应力工·中级工》、《桥梁预应力工·高级工》。

《公路路面工·中级工》由南京交通职业技术学院樊琳娟、彭涌涛主编，本书的第一章、第三章、第四章、第六章、第七章、第八章由樊琳娟编写，第二章、第九章、第十章由彭涌涛编写，第五章由辛建丽编写，第十一章由耿巍编写。全书由符冠华、陈建胜主审。

编写过程中，尽管我们做了很大努力，但由于各地区差异较大，很难全面收集各单位的新技术、新材料、新工艺、新设备以及相关实用技术。加之编者水平有限，经验不足，时间紧迫，疏漏或错误之处在所难免，敬请读者批评指正，并提供详尽资料，以便修订完善。

编者

2008.08.25

目　　录

第一章　绪　论

学习目标

1. 了解路面发展概况。
2. 熟悉路面结构层的划分及绘制。
3. 熟悉路面结构及其组成、路面结构层的功能要求。
4. 熟悉路面分类及各种路面特点。

本章重点

路面结构及其组成;路面各结构层的功能要求;路面的分类及各自特点。

本章难点

路面各结构层的功能要求及各结构层在路面中的作用。

第一节　路面工程发展概况

路面工程是道路工程学科派生出来的一个重要分支,它主要研究公路与城市道路以及机场跑道路面的设计原理与方法、路面结构组合、材料性能要求,以及路面结构层施工、养护、维修和管理技术等。路面是公路工程的重要组成部分之一,它直接承受和传递行驶车辆的荷载作用,并抵御各种自然条件的侵袭。随着社会经济的发展和交通量的增大,路面工程技术也在不断地发展。

20 世纪 20 年代初,汽车输入我国后,我国开始铺筑砂石路面,并在少数大城市开始铺筑沥青、水泥混凝土和块料等高级和次高级路面。但是直到 1949 年解放前夕,我国也仅有高级和次高级路面 315km。解放后,尤其是在改革开放近 20 年来,我国高等级公路建设蓬勃发展,截至 2007 年底,我国公路通车总里程达 357.3 万公里,高速公路达 5.36 万公里,其中,沥青路面和水泥混凝土路面是最常用的两种路面类型。

一、沥青路面的发展概况

20 世纪 60 年代初,随着我国石油资源的大规模开发,揭开了使用国产沥青筑路的序幕,出现了国产多蜡慢凝液体沥青(俗称渣油)。早期的沥青路面主要是铺筑在现有中级路面上的薄层表面处治层,以改善其行车条件。20 世纪 70 年代末,逐步形成了以贯入式路面为主的沥青路面承重结构。

进入 20 世纪 80 年代,随着石油提炼技术的不断提高,我国已能自行生产优质黏稠沥青。

自1988年沪嘉高速公路及沈大高速公路建成通车以来，我国高等级公路以前所未有的速度发展，我国的公路事业进入了以建设高速公路、一级公路等高等级公路为主的新时代。在已建成的高等级公路中，沥青路面因其具有良好的行车舒适性和优异的使用性能，在高等级公路中得到广泛应用。

通过长期的科学研究，我国形成了适合自己实际的沥青路面整套技术，包括沥青原材料的生产工艺、装备；沥青材料的技术指标和标准、试验设备与方法；沥青混合料的技术指标和标准、混合料设计技术、混合料性能检测设备及方法；沥青路面现代化施工整套设备、施工技术与施工管理。

二、水泥路面的发展概况

1990年以来，随着我国大规模公路建设的开展，水泥混凝土路面公路也得到史无前例的快速发展，水泥混凝土路面的公路总里程已由数千公里上升到数万公里，年建成水泥混凝土公路路面超过1~2万公里。截至2007年底，水泥混凝土路面里程已达84.88万公里。

公路水泥路面设计、计算理论进一步深化，在许多方面达到或接近国际先进水平。突出表现在《公路水泥混凝土路面设计规范》(JTJ 012—94)中。

水泥混凝土路面研究的重点从设计理论转向施工实践，从人工、小型机具和真空吸水施工方面向大型专用快速机械化施工方面(路面混凝土使用外加剂和混合材料)转变。水泥混凝土路面的施工质量有了大幅度提高。此外，水泥混凝土路面的养护、维修技术受到重视，并取得一定的实用技术成果。

截至2001年底，我国在高速公路水泥混凝土路面建设中已经推广滑模摊铺技术，建成了高速公路2 400km、高等级公路3 500多公里。原交通部2002年颁布《公路水泥混凝土路面设计规范》(JTG D40—2002)(以下简称《设计规范》)，于同年6月执行；2003年颁布《公路水泥混凝土路面施工技术规范》(JTG F30—2003)(以下简称《施工规范》)，于2003年7月1日起执行。两部新规范拓宽了水泥混凝土路面的结构形式，包括全缩缝插传力杆的水泥混凝土路面、钢筋混凝土路面、连续配筋混凝土路面、钢纤维混凝土路面等。不仅如此，施工规范还包括滑模摊铺、轨道摊铺、三辊轴机组、碾压混凝土、小型机具五大水泥混凝土路面施工方式。目前，高速、一级公路的水泥混凝土路面施工指定使用滑模摊铺技术。至此，我国的高等级公路施工装备和技术已经接近或赶上发达国家。

第二节　路面结构及组成

路面是道路的上部结构，是铺筑于路基之上由各种材料修筑而成的供汽车直接行驶的层状结构物，通常由两层或三层组成[如图1-1b)]。它与路基构成不可分离的整体。

为保证公路全年通车，提高行车速度，增强安全性和舒适性，降低运输成本和延长道路使用年限，要求路面具有下述性能，见表1-1。

对路面的要求　表1-1

项目		内容要求和注意事项
对路面的要求	强度和刚度	所谓路面的强度是指路面抵抗破坏的能力。行驶在路面上的车辆，产生竖向压力、纵向水平力、振动力和冲击力，以及真空吸力。在这些力的综合作用下，路面会出现断裂、沉陷、波浪和磨损等破坏，影响道路的使用质量。因此，要求路面结构及其各组成部分必须具备足够的强度，以抵抗行车作用下所产生的各种应力，避免路面破坏

项　目		内容要求和注意事项
对路面的要求	强度和刚度	所谓刚度是指路面抵抗变形的能力。路面结构整体或某一组成部分刚度不足,即使强度足够,在车辆荷载作用下也会产生过量变形而形成车辙、沉陷和波浪等破坏。因此,路面必须具备足够的刚度,使整个路面结构及其各组成部分的变形量控制在容许范围内
	稳定性	路面的稳定性是指路面保持其本身结构强度的性能,也就是指在外界各种影响因素的作用下路面强度的变化幅度。路面强度的变化幅度越小,则稳定性越好;反之则稳定性越差
	平整度	路面的平整度指碾压成型的路面表面对于理想平面的偏离程度,是反映路面使用质量的一项重要指标。不平整的路面会增大行车阻力,并使车辆产生附加的振动作用。这种振动作用会造成行车颠簸,影响行车的速度与安全、驾驶的平稳和乘客的舒适;同时,振动作用还会对路面施加冲击力,从而加剧路面和车辆机件的损坏和轮胎的磨损,并增大油料的消耗;而且不平整的路面还会积滞雨水,加速路面的破坏。所有这些都使路面使用的社会经济效益降低。因此,为了减少车辆荷载的冲击力,提高行车速度和行车舒适性、安全性,路面应保持一定的平整度。道路的等级越高,对路面平整度的要求也越高
	耐久性	路面应具有足够的耐久性,使路面在荷载、气候因素的长期综合多次作用下耐疲劳、耐老化和没有不容许的塑性变形和积累
	抗滑性能	车辆在光滑的路面上行驶时,车轮和路面之间缺乏足够的附着力或摩擦阻力,在雨天高速行车,或紧急制动及突然起动,或爬坡、转弯时,车轮也易产生空转或打滑,致使行车速度降低,油料消耗增多,甚至引起严重的交通事故。所以路面表面应具有足够的粗糙度,即要具有足够的抗滑性
	环境谐调	路面应与周围环境协调,一般应洁净少尘,有时根据道路所在地区的环境要求,还有低振动、低噪声要求,以及质地、亮度和色彩等要求

由于行车荷载和自然因素对路面的影响,是随路面深度的增加而逐渐减弱的。因此,对路面材料的强度、抗变形能力和稳定性的要求也随路面深度的增加而逐渐降低。为了适应这一特点,路面结构通常是分层铺筑的。

路面结构层如图 1-1c)所示。

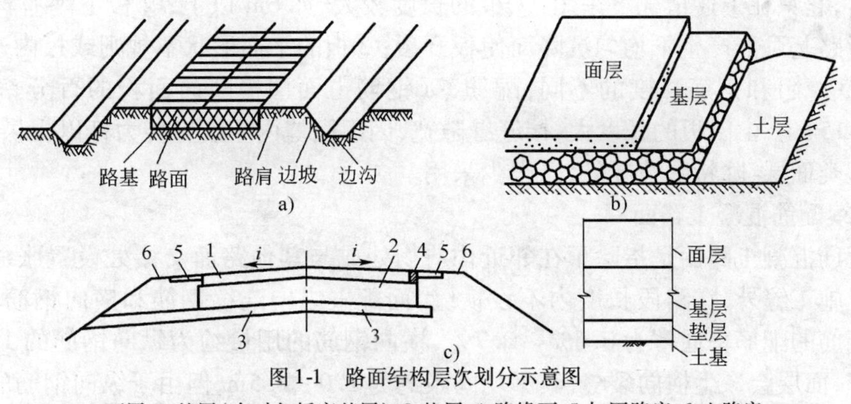

图 1-1　路面结构层次划分示意图

1-面层;2-基层(有时包括底基层);3-垫层;4-路缘石;5-加固路肩;6-土路肩

i-路拱横坡

一、面　　层

直接承受车轮荷载反复作用和自然因素影响的结构层叫面层,可由 1 ~ 3 层组成。因此,面层应具备较高的力学强度和稳定性;同时,还应具备耐磨性和不透水性。根据组成材料的不同,可分为下述几种类型。

1. 水泥混凝土

这类面层具有强度高、刚度大、使用寿命长的特点,能承受较繁重的车辆荷载的作用,可选用普通水泥混凝土、碾压混凝土、钢筋混凝土、连续配筋混凝土、钢纤维混凝土或预应力混凝土等铺筑。

(1)普通混凝土路面

或称有接缝素混凝土路面,是指除接缝处和一些局部范围(如角隅、边缘或孔口周围)外,面层板内不配置钢筋的水泥混凝土面层,这是目前应用最为广泛的一种面层类型。道路路面的混凝土面层通常采用等厚断面,其厚度变动于18~30cm范围内,视轴载大小和作用次数以及混凝土强度而定。面层混凝土的弯拉强度变动于4.0~5.0MPa范围内,面层通常采用整体式(整层)浇筑,集料最大粒径为40mm。面层厚时,也可采用双层浇筑方式,上层采用较小的集料(最大粒径20mm以下)。面层由纵向和横向接缝划分为矩形板块,其平面尺寸通常不宜超过25m^2。纵缝的位置通常按车道宽度设定,缝内设置拉杆;横缝间距一般采用4~6m(随基层刚度的增大而减小),交通繁重时,缝内设置传力杆。普通混凝土面层是目前应用最广泛的一种面层类型。

(2)碾压混凝土路面

碾压混凝土路面是采用沥青摊铺机等机械摊铺干硬性混凝土混合料,并使用振动压路机、轮胎压路机碾压密实的水泥混凝土。这类面层具有不需普通混凝土专用铺面机械施工,不必使用模板,施工速度快,能较早地开放交通(如7d或14d),以及可以通过粉煤灰掺代水泥而降低造价等优点。然而,其表面的平整度较差,接缝处难以设置拉杆或传力杆。因而,碾压混凝土面层目前尚主要用于行车速度不太高的道路、停车场或停机坪的面层;或者用作下面层,在其上面铺筑普通混凝土、钢纤维混凝土或沥青混凝土上面层,而形成复合式面层。碾压混凝土集料的最大粒径一般不超过20cm,用作下面层时,最大粒径可略大。

(3)钢筋混凝土路面

钢筋混凝土路面是为防止混凝土面层板产生裂缝而在板内配置纵向和横向钢筋的混凝土面层。通常,它只在下述情况下采用:①板的长度较大,如6m以上;②板下埋有沟、管线等地下设施或者路基可能产生不均匀沉降而使板开裂;③板的平面形状不规则或板内开设孔口等。随板长、板底摩阻和钢筋强度的不同,配筋率(钢筋占面层横断面面积的百分率)一般约为0.10%~0.15%。由于板的长度大,接缝缝隙宽,因而横缝内应设置传力杆以提供相邻板的传荷能力。这类面层,除特殊情况外,已很少采用。

(4)连续配筋混凝土路面

连续配筋混凝土路面是指除了在邻近构造物处或与其他路面交接处设置胀缝,以及视施工需要设置施工缝外,在路段长度内不设横缝,而配置纵向连续钢筋和横向钢筋的混凝土面层。纵向钢筋的配筋率通常为0.6%~0.7%,横向钢筋的用量约为纵向钢筋的1/5~1/8,由于不设横缝,面层会产生横向裂缝,其平均间距约为1.0~4.5m,但由于纵向钢筋的作用,缝隙的宽度较小,平均约为0.2~0.5mm。为了约束连续配筋混凝土面层端部有过量的纵向位移,以减小对邻接构造物或其他路面的推力(或压力),在其端部须采用矩形地梁或灌注桩锚固措施,或者接连设置多条胀缝等。这类面层由于钢筋用量大,造价高,一般仅用于高速公路或交通繁重的道路,或者用于加铺已损坏的旧混凝土路面。

(5)钢纤维混凝土路面

钢纤维混凝土路面是在混凝土中掺拌钢纤维,以提高混凝土的韧度和强度,减少其收缩量。钢纤维可以采用不同方式制造,如钢丝截断法、薄钢板剪切法、熔抽法和钢坯铣削法,相应地得到不同形状和横截面的纤维。前两种钢纤维所需的用量较大,体积掺量(混凝土体积的百分率)一般为1.0%~1.2%(纤维掺量约78~94kg/m^3);熔抽法主要生产不锈钢纤维;铣削纤维的掺量约为30~60kg/m^3。由于钢纤维混凝土的弯拉强度高于普通混凝土,所需的面层厚度薄于普通混凝土面层。

钢纤维混凝土的造价高,因而一般用于设计高程受到限制的路段、收费站路面、旧混凝土路面的上加铺层、复合式混凝土面层的上面层及桥面铺装等。

2. 沥青混合料

以碎石为集料,沥青作结合料的各种沥青混合料,如沥青混凝土、沥青碎石、乳化沥青碎石、沥青贯入碎石和沥青表面处治等。前两种混合料具有较好的使用品质,可用作高级路面的面层。它们通常分上下两层铺筑,上层采用较细的集料,沥青用量较多,混合料密实而透水小;下层则采用较粗集料,空隙含量较多。乳化沥青碎石适用于做二级及二级以下公路的面层、柔性路面的上基层以及调平层。沥青贯入碎石,空隙较多,用作面层时,应加封层,这种面层属次高级路面。表面处治则主要起封层和磨耗层的作用,以改善路面的行驶条件。

沥青类路面有多种不同的结构形式,各种不同类型的沥青路面对基层材料和垫层材料的技术要求基本相似,因此,对沥青路面类型的称谓可以不必涉及基层材料的类型或垫层材料的类型,通常,主要以沥青路面面层材料的类型来称谓。当然,当需强调基层类型时,可把基层类型的名称放在沥青路面名称之前,如半刚性基层沥青路面等。

现代沥青路面的结构类型主要有以下几种。

(1)沥青混凝土路面

沥青混凝土混合料是由适当比例的粗集料、细集料及填料按连续级配的原则组成符合规定级配的矿质混合料,与沥青在较高温度下拌和而制成符合相应技术标准要求的沥青混合料,简称沥青混凝土(Asphalt Concrete,简称AC)。沥青混合料采用热拌热铺工艺在平整、稳定、满足强度要求的基层上铺筑而成的路面结构称为沥青混凝土路面。沥青混凝土是性能优良的混合料,目前,这种混合料在我国和世界上其他国家、地区的高级路面中担当主要角色。

沥青混凝土按其矿质集料公称最大粒径分类:可分为粗粒式沥青混凝土AC-25,其公称最大粒径为26.5mm;中粒式沥青混凝土AC-16和AC-20两种,其公称最大粒径分别为16mm和19mm;细粒式沥青混凝土AC-10和AC-13两种,其公称最大粒径分别为9.5mm和13.2mm,以及砂粒式沥青混凝土AC-5,其公称最大粒径小于或等于4.75mm。

沥青混凝土的矿料级配属连续型密级配,压实混合料空隙率相对较小。沥青混凝土按照矿料级配的4.75mm或2.36mm筛孔的通过量可分为粗型(C型)和细型(F型),其在具体应用时根据当地气候条件、行车荷载等情况确定。

目前,所铺筑的沥青混凝土路面基层大部分是半刚性基层,这种结构的路面承载能力强,使用寿命长。但如设计不当、施工质量差等因素仍会造成路面的过早破坏。

(2)沥青稳定碎石路面

沥青稳定碎石混合料是由适当比例的粗集料、细集料及少量填料与沥青拌和而成,根据级配形式可分为密级配、半开级配和开级配三种类型,压实后的空隙率分别为3%~6%、6%~12%、>18%。密级配和半开级配的沥青稳定碎石可用于沥青路面面层,也可用于路面基层,开级配的沥青稳定碎石只能用于路面排水性基层。以此混合料采用热拌热铺工艺修筑平整、稳定、强度满足相应规范要求的沥青路面,我们称之为沥青稳定碎石路面。

密级配的沥青稳定碎石混合料按照矿料公称最大粒径分为特粗粒式(ATB-40)及粗粒式沥青稳定碎石(ATB-30,ATB-25);半开级配的沥青稳定碎石混合料按照矿料公称最大粒径分为中粒式(AM-20,AM-16)、细粒式(AM-13,AM-10)及砂粒式(AM-5)沥青稳定碎石。

沥青碎石混合料中粗集料较多,细集料较少,加少量填料甚至不加,因此,施工时较容易离析,压实后混合料的空隙率波动较大。当作为次高级路面的面层时,其下应铺筑封层以防止自然降水渗入基层而导致路面破坏。

沥青碎石路面的表面纹理深度大,抗滑性能好,较多的粗集料形成嵌挤结构骨架,故路面高温稳定性好。但由于施工难度大,路面不均匀,局部空隙率很大,其耐久性则比沥青混凝土路面差。目前,沥青碎石路面是我国次高级路面中的主要路面结构形式。

(3)沥青玛蹄脂碎石混合料路面

沥青玛蹄脂碎石混合料(Stone Mastic Asphalt,简称 SMA)是由高含量粗集料、高含量矿粉、较大沥青用量、低含量中间粒径颗粒组成的骨架密实结构型沥青混合料。除这些常用材料种类外,沥青改性剂、纤维等也是重要的组成成分。由此混合料采用热拌热铺工艺在平整、稳定、满足强度要求的基层上铺筑而成的路面结构,称为沥青玛蹄脂碎石路面。

沥青玛蹄脂碎石路面在重交通作用下有良好的抗车辙能力,具有抗滑、耐磨、密实耐久、抗疲劳、抗高温车辙等性能。沥青玛蹄脂碎石路面可作为高速公路、一级公路的高级路面。沥青玛蹄脂碎石混合料用作沥青面层的上面层材料时,其厚度一般为 3 ~4.5cm。

SMA 应选用磨光值大于 42 的硬质石料,公称最大粒径宜为 13mm 或 16mm,宜选用针入度较小、黏度较大的沥青,并宜采用改性沥青。纤维稳定剂的用量,对木质纤维为混合料总质量的 0.3%,矿物纤维为混合料总质量的 0.4%。

由于 SMA 路面采用改性沥青、纤维等,故建设费用相对较高,但如果设计、施工合理,优良路用性能得以充分发挥,则养护成本会降低,其社会效益与经济效益会较为明显。

(4)灌注式半刚性沥青路面

灌注式半刚性沥青路面(Semi-Flexible Pavement 或称 Rut-Proof Pavement)也称水泥灌浆沥青混合料路面。这种路面先摊铺、压实多孔隙的沥青混合料,然后将流动性很大的水泥砂浆灌入到沥青混合料空隙中,凝结硬化后形成兼有柔性与刚性的路面结构。

半刚性沥青面层除具刚性与柔性之外,与普通沥青路面相比,它有较高的高温稳定性,属于无车辙路面。与水泥混凝土路面相比,半刚性面层的骨料含量相对较多,故其面层胀缩系数大大降低。其次,由于内部含有一定空隙率,面层可少设或不设缩缝,这样大大提高了行车的舒适性。半刚性面层的颜色浅,有利于夜间行车。

灌浆法工艺形成的半刚性沥青路面,沥青混合料是"骨架—空隙"的结构母体,当水泥砂浆通过灌入工艺加入到母体后,填充在空隙中的水泥砂浆凝结硬化,形成新的空间骨架。这种新的空间骨架使灌浆法形成的水泥—沥青混合料复合体系成为双重的"骨架—密实"结构,这种结构既有粗集料骨架,又有水泥石骨架,相互填充,表现出很大的密实度,很高的内聚力 c 和内摩擦角 φ 值,因而具有上述多方面的优良路用性能。

灌注式半刚性沥青路面的沥青混合料母体压实后的空隙率应大于 20%,空隙率小会影响灌浆的数量。这就要求在设计沥青混合料时,应采用间断型开级配的集料与较黏稠的沥青,以保证较大的空隙率且沥青不易流淌。用于灌入的水泥砂浆流动性应非常大,且应具有一定的强度,因此需选用合适的外掺剂来提高流动性。

灌注式半刚性沥青路面由于材料选择严格、工艺相对复杂，因此建设费用较大。它适合于交通量特别大、易产生车辙的路段，也适合用作隧道路面。灌注式半刚性沥青面层的适宜厚度为4～5cm。

我国把半刚性基层上铺筑沥青路面总称为半刚性路面，实际上，如把半刚性沥青面层铺筑在半刚性基层上，才是真正的半刚性路面。当然，目前半刚性沥青面层在我国应用极少，但随着我国经济、交通运输的发展，这种路面将会得以发展。

(5)多孔隙沥青混合料路面

在美国，多孔隙沥青混合料路面，被称作开级配磨耗层(Open-Graded Asphalt Friction Course，简称OGFC)，欧洲称为多孔隙沥青(Porous Asphalt)或排水层(Drainage Course)，日本则称其为排水性路面(Drainage Pavement)。虽然叫法稍有不同，但均指的是由大空隙率的沥青混合料经热拌热铺形成的路面结构，这种路面结构能迅速从面层内部排走路表雨水，具有防滑、降低噪声等功能。当对此种路面主要强调其降低噪声功能时，则这种路面又可称为低噪声沥青混合料路面；当对此种路面主要强调其表面排水功能时，则这种路面又可称为透水性沥青混合料路面。

多孔隙沥青路面适合于人口稠密、雨水较多地区的高速公路。它的造价比普通沥青混凝土路面略高。多孔隙沥青混合料面层厚度一般为3～5cm，面层越厚，减噪效果越明显。

(6)乳化沥青碎石路面

乳化沥青碎石(Emulsified—Asphalt Macadam)是使用乳化沥青作为结合料，与粗集料、细集料及少量填料(或不加填料)按照适当比例配制，满足级配要求的矿质集料拌和而成的沥青混合料，通过冷拌冷铺将此混合料铺筑在满足要求的基层上所形成的路面结构。混合料的级配与沥青碎石混合料相同，压实后混合料的残留空隙率在10%以上，但结合料为乳化沥青。

乳化沥青的使用给公路建设与维修带来了许多益处。它可扩大沥青的使用范围，节约整个施工工艺过程的能耗，节省结合料的用量，延长施工季节，减少环境污染，改善施工条件。

乳化沥青碎石混合料除具有沥青碎石路面抗滑性好、高温稳定性高等优点外，亦具有上述乳化沥青的优点，可随拌随用或袋装备用，大面积罩面或小面积维修，使用非常方便。但同时应注意到，乳化剂产品质量的不稳定和乳化沥青工艺质量的不稳定，会使乳化沥青碎石混合料的质量发生较大变异，影响路面的铺筑质量。

乳化沥青碎石混合料适用于三级及三级以下公路的沥青面层，二级公路的罩面施工以及各级公路沥青路面的联结层或整平层。乳化沥青碎石混合料路面的沥青面层宜采用双层式：下层采用粗粒式乳化沥青碎石混合料，上层采用中粒式或细粒式乳化沥青碎石混合料。单层式只适用于少雨干燥地区或半刚性基层上使用。在多雨潮湿地区必须作上封层或下封层。

(7)高性能沥青路面(Superpave)

Superpave是英文Superior Performing Asphalt Pavement的缩写，意为高性能沥青路面。Superpave是美国公路战略研究计划(SHRP，1987～1993年)的重要研究成果之一。项目1993年完成后，美国联邦公路局(FHWA)会同美国各州公路与运输工作者协会(AASHTO)以及美国运输研究委员会(TRB)进行了大量的工作，以推广应用Superpave技术。从一项研究成果变成一项实用技术，Superpave技术大约经历了10个年头。

现在 AASHTO 已把有关 Superpave 技术列入正式的试验方法和规范，Superpave 已成为美国热拌沥青路面 HMA(Hot Mix Asphalt 的略写)的标准实践。

1995 年江苏省交通科学研究院率先引进 Superpave 技术，引起了公路界人士的关注，自 2000 年第一条试验路以来，现已超过 1 000 万吨 Superpave 设计的混合料铺筑在 1 000 多公里的高速公路上。目前，全国有 40 余套 Superpave 胶结料试验设备，80 余台 Superpave 旋转压实机，为进一步应用 Superpave 技术奠定了物质基础。目前 Superpave 技术在国内的应用已日益广泛。

SHRP 沥青研究的最终成果是 Superpave 沥青混合料设计与分析体系。Superpave 是一种改进的基于性能的体系，此体系规定了沥青胶结料和矿物集料性质，并进行了沥青混合料设计和分析路面性能。体系包括采用新的胶结料物理特性试验的沥青胶结料规范；一系列集料试验和规范；一个热拌沥青混合料设计和分析体系以及集成体系各部分的计算机软件。无论采用哪种设计方法，都需要进行现场控制检测，以保证现场生产的混合料符合试验室的设计。Superpave 胶结料规范和混合料设计方法同各种试验设备、试验方法和设计标准相容。

Superpave 体系的特性在于试验是在更能体现路面实际服务状况的温度和老化条件下进行的。Superpave 提及的路面损害(车辙、疲劳开裂和低温开裂)往往出现在路面寿命的相对典型阶段和某种温度条件。利用这些情况，Superpave 性能等级胶结料规范，在项目预测温度和老化条件下进行沥青测试，以此减少路面损坏。SHRP 研究人员还开发了新的设备标准以及结合其他领域使用的设备来进行胶结料试验，见图 1-2 所示。

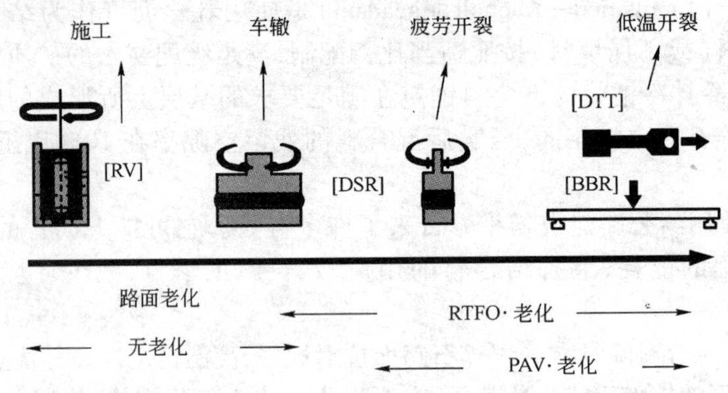

图 1-2 Superpave 沥青胶结料试验

Superpave 混合料设计和分析系统采用不断增加试验严酷程度和分析的严密性，为路面项目提供性能优越的混合料。Superpave 混合料设计方法包括：作为生产混合料成功的第一步——谨慎地进行材料选择和体积试配。Superpave 沥青混合料设计的四个基本步骤为：材料选择、设计集料结构选择、设计沥青胶结料含量选择和混合料水敏感性评估，见图 1-3 所示。

对较重要的、交通量较大的项目，应采用分析体系预估路面的使用性能，可以根据实际项目条件优化沥青混合料，这种仍然在开发之中的分析方法将采用愈加复杂、综合和全面的沥青混合料试验和模型，并根据需要对实际路面的结构、气候和交通量进行预测。

3. 粒料面层

以土作为结合料的各种碎石或砾石混合料，如泥结碎石和级配砾石等，其顶面宜设置砂土磨耗层和松散保护层。这类面层只能承受中等和轻交通量，属中级和低级路面。

4. 砌石路面

用块状石料、混凝土预制块或其他材料块料铺砌的路面称为砌石路面，如图 1-4 所示。

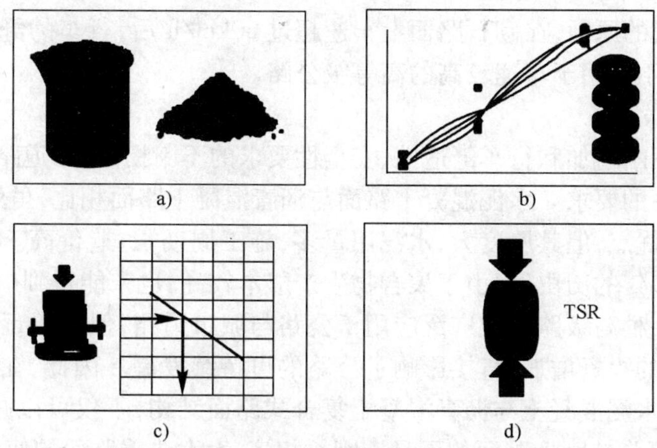

图 1-3 Superpave 混合料设计步骤

a)第一步:材料选择;b)第二步:设计集料结构;c)第三步:设计胶结量;d)第四步:水敏感性

现代路面设计,特别是城市道路路面设计不仅要满足交通荷载的要求,而且要与城市的景观艺术、人文及生态要求相适应。尤其是城市道路路面设计更要注重景观艺术及生态环境的要求,而砌石路面能更好地满足这些需要。

图 1-4 砌石路面示意图

砌石路面结构可适用于很多路面,特别是在对城市道路路面有景观艺术要求时,可优先考虑选择砌石路面结构。因为砌石路面在路面颜色、花纹图案等方面可进行选择,因此砌石路面可满足城市道路路面景观艺术的要求。而且砌石路面造价较低,砌筑的石块可重复使用,有利于环境保护,在工业化国家砌石路面已得到越来越多的使用。对砌筑的混凝土石块的表面进行特殊处理后,汽车在砌石路面上产生的噪声不会比在沥青路面上的噪声大。

在设计砌石路面时,可能更多地注重路面景观艺术的要求,同时,也要考虑工程上的要求。表 1-2 是砌石路面可适用的范围,是否选择砌石路面,不仅与路面所处的状况有关,而且与建筑工程师及路面使用者的喜好有关。

砌石路面的适用范围 表 1-2

交通荷载类型		
重型交通荷载	中型交通荷载	特殊交通荷载
(1)轴载及交通量均较大(标准轴载日交通量在 60~900 辆); (2)水平荷载较大	(1)标准轴载日交通量在 60 辆以内; (2)较小的其他荷载	(1)静荷载较大; (2)表面磨损较严重
适用范围举例		
(1)交通干线; (2)货运车辆停车场及货运车辆专行道; (3)客运车辆车道; (4)有重车使用的广场或步行街区; (5)集装箱货运区域; (6)工业园区; (7)港口运输通道	(1)住宅区街道; (2)停车场; (3)乡村及林区道路; (4)有汽车使用的广场或步行街区; (5)人行或自行车道; (6)庭院; (7)建筑平台及花园内道路; (8)铁路站台; (9)大型建筑物内地面	(1)集装箱放置区域; (2)军用车辆专用道; (3)公路铁路平交道口; (4)河岸或倾斜段需加固的区域; (5)水利工程及采矿工程中使用

由于路面平整度的原因，在砌石路面上车速超过 60km/h 后，行车的舒适性可能会受到影响。所以，砌石路面不适用于车速较高的高等级公路。

5. 复合式路面

随着交通量的不断增加和行车舒适性、安全性要求的不断提高，对道路路面的结构强度和使用性能提出了更高的要求。水泥混凝土路面与沥青混凝土路面相比，虽然具有强度高、耐磨性好、使用寿命长的优点，但其厚度大，水泥用量多，施工周期长，造价高。聚合物改性水泥混凝土的发展虽已有多年的历史，但由于聚合物生产成本较高，也未能得到广泛普及。

沥青路面作为一种高级路面被广泛应用于公路与城市道路，但由于近来沥青价格的不断上涨，使得沥青路面的投资增加，直接影响了公路的可持续发展。因此，在水泥混凝土路面上加铺沥青层，即修筑水泥混凝土与沥青混凝土复合式路面结构，不仅可以减少沥青用量（与柔性路面相比），而且可弥补刚性路面的不足。刚柔相济，大大改善路面的使用性能。

纵观目前国内外道路工程的发展状况，复合式路面大致有以下 5 种类型：

（1）上柔下刚复合式混凝土路面。

（2）上低塑下碾压复合式混凝土路面。

（3）碾压钢丝网水泥混凝土路面。

（4）素混凝土与钢纤维混凝土双层复合式路面。

（5）钢纤维混凝土与素混凝土三分层复合结构。

在众多复合式路面系列结构中，碾压混凝土（Roller Compacted Concrete，简称 RCC）与沥青混凝土（简称 AC）组成的 RCC—AC 复合式路面结构发展最为迅速，备受道路研究者关注。

RCC—AC 复合式路面结构主要由碾压混凝土（简称 RCC）与沥青混凝土（简称 AC）两部分组成。碾压混凝土（RCC）是一种含水率低，通过振动碾压施工工艺达到高密度、高强度的水泥混凝土。其特干硬性的材料特点和碾压成型的施工工艺特点，使得碾压混凝土路面具有节约水泥、收缩小、施工速度快、强度高、开放交通早等技术和经济上的优势。但 RCC 路面平整度差，难以形成粗糙面，在汽车高速行驶时抗滑性能下降较快。RCC 路面抗滑性、耐磨性、平整度等方面性能的不足，使其难以在高等级公路上得到广泛应用。

随着路面结构研究的不断深入，在 RCC 上加铺沥青混凝土（AC）面层后修筑的碾压水泥混凝土与沥青混凝土（RCC—AC）复合式路面能够有效地解决 RCC 路面抗滑性、耐磨性、平整度等三大难题，不仅克服了 RCC 路面的一些缺点，而且还能降低行车的冲击振动，减少汽车油耗、轮胎消耗及机械磨损，提高行驶的舒适性，降低运输成本，使性质截然不同的两种类型（RCC 与 AC）路面以复合的形式达到了高度的统一与和谐。

在 RCC—AC 复合式路面结构中，沥青混凝土层在一定厚度范围内即可改善行车的舒适性。随着沥青混凝土厚度的增加，下层 RCC 板的平整度可适当放宽（便于不同类型 RCC 路面的施工）。不仅如此，这种新型路面结构对下层 RCC 材料的要求也可以适当放宽，如可掺加适量的粉煤灰或用低强度等级水泥、地方非规格集料等，并可不考虑抗滑、耐磨性能，从而可降低工程造价。

二、基　　层

基层设置在面层之下，并与面层一起将车轮荷载的反复作用传递到底基层和垫层以及土基中。基层的质量对整个路面，特别是对路面的强度、使用质量和使用寿命都有十分重要的影响。因此，对基层材料的要求是应具有足够的抗压强度、密度和耐久性，并且能扩散应力(即应有较好的板体性)。由于基层不直接与车轮接触,故一般对基层材料的耐磨性不予严格要求。基层受自然因素的影响虽不如面层强烈,但仍应有足够的水稳定性,以防基层湿软后变形大,从而导致面层损坏。水泥混凝土面层下的基层则还应具有足够的耐冲刷性。

起承重作用的基层有时选用两层,其下面一层称作底基层。对底基层材料(包括集料和结合料)的要求可低于基层。设置的目的在于分担承重作用以减薄上基层厚度,并充分利用地方材料。

基层的类型主要有:

1. 半刚性基层(无机结合料稳定类)

(1)水泥稳定类:水泥稳定砂砾、砂、砾石、碎石土、未筛分碎石、石屑、土等。

(2)石灰稳定类:石灰稳定土、砂砾土、碎石土,以及用石灰土稳定级配砂砾、级配碎石和矿渣等。

(3)工业废渣稳定类:

①石灰粉煤灰(二灰)类:二灰、二灰土、二灰砂、二灰砂砾、二灰碎石、二灰矿渣等;

②水泥粉煤灰类:水泥粉煤灰稳定砂砾、碎石、砂等;

③石灰煤渣类:石灰煤渣、石灰煤渣土、石灰粉渣碎石、石灰煤渣砂砾、石灰煤渣矿渣、石灰煤渣碎石土等。

2. 柔性基层

柔性基层主要指沥青稳定粒料基层和粒料基层。

(1)沥青稳定粒料有沥青稳定碎石、沥青稳定砾石等。

(2)粒料基层有:

①嵌锁型:泥结碎石、泥灰结碎石、填细碎石等;

②级配型:级配碎石、级配砾石、符合级配的天然砂砾、部分砾石经轧制掺配而成的级配砾碎石。

半刚性基层(底基层)具有良好的力学性能,强度高、水稳定性好、板体性好。其强度不仅与使用材料本身性质有关,更主要的是混合料加水拌和碾压后发生的一系列物理—化学作用,强度随时间延长而逐渐提高。但这类基层的最大缺点是干缩或低温收缩时易产生裂缝。为减少开裂,可在混合料中掺入60% ~80%的粒料。无机结合料稳定类基层中,水泥稳定碎石(或石屑)的强度较高,适宜于大交通量、重轴载道路的基层,而无机结合料稳定土(如水泥土、石灰土、二灰土等)仅适宜于作高级路面的底基层。

3. 刚性基层

刚性基层主要指的是贫水泥混凝土和碾压混凝土。《公路水泥混凝土路面施工技术规范》(JTG F30—2003)[以下简称《施工规范》(JTG F30—2003)]按《公路路面基层施工技术规范》(JTJ 034—2000)1.0.5条的要求增设了贫混凝土基层的具体施工及质量检验规定。

贫混凝土是水泥用量很低的经济混凝土,实质上就是低强度等级混凝土。贫混凝土基层是刚性基层,在材料选择、配合比和施工技术要求等方面,均与半刚性基层差异较大,而更接近于水泥混凝土,并沿用水泥混凝土现有的原材料检验、配合比设计、施工设备、铺筑技术及所有的试验检测方法和手段。因此,目前我国公路行业标准将贫混凝土基层划归水泥路面设计和施工两个规范中。贫混凝土基层的设计计算是按照双层面板体系进行的。贫混凝土基层的原材料选择、配合比设计和施工技术及质量检验要求应遵循施工规范的各项规定。

严格讲，贫混凝土基层类型有：插入振捣式塑性贫混凝土基层、表面振动式无砂或少砂透水塑性贫混凝土基层、碾压式贫混凝土基层三种。《施工规范》（JTG F30—2003）仅指第一种；第二种正在研究中，尚不成熟，未列入；第三种需要按 10 ~ 15m 切缝，施工方式可用灰土摊铺机摊铺，按碾压混凝土要求进行；采用下碾压混凝土、上沥青路面或水泥路面的复合式路面时，应按碾压混凝土面层要求进行。《施工规范》（JTG F30—2003）对碾压式贫混凝土基层也未专门列入。

三、垫　　层

垫层是介于底基层和路基之间的层次，它的功能是改善路面结构的湿度和温度状况，以保证面层和基层的强度、刚度和稳定性不受土基水温状况变化所造成的影响。另一方面的功能是将基层传下来的车辆荷载应力加以扩散，以减少土基产生的应力和变形。同时也能阻止路基土挤入基层中，影响基层结构的性能。

常用的垫层材料分为两类：一类是由松散料，如砂、砾石、炉渣等组成的透水性垫层；另一类是用水泥或石灰稳定土等修筑的稳定类垫层。按其作用可分为排水层、隔离层、防冻胀层等。

路基处于下列状况的路段应设置垫层：地下水位高，排水不良，路基经常处于潮湿状态的路段；排水不良的土质路堑；有裂隙水、泉眼水等水文不良情况的岩石挖方路段；季节性冻胀地区可能产生冻胀的中湿、潮湿路段；基层可能受污染的路段。

四、路面结构层次选用的材料

各类路面各结构层次可选用的组成材料如表 1-3 所示。

各类路面各结构层次可选用的组成材料　　表 1-3

结构层次	路面类型				
	沥青路面	水泥混凝土路面	复合式路面	块料路面	粒料路面
面层	Superpave SMA 沥青混凝土 沥青碎石 乳化沥青碎石 沥青贯入碎石 沥青表面处治	普通水泥混凝土、钢筋混凝土、连续配筋混凝土、钢纤维混凝土、预应力混凝土、碾压混凝土	贫混凝土或经济混凝土+高强水泥混凝土或沥青混凝土	嵌锁式混凝土块料 整齐或半整齐块石	级配砾石或砾石 泥灰结碎石 粒料改善土等
基层	水泥或石灰—粉煤灰稳定碎石或砾石粒料 贫水泥混凝土 沥青碎石、沥青贯入式 沥青稳定碎（砾）石、水结碎石、泥灰结碎石				石灰、水泥或石灰、粉煤灰稳定土、砂砾
垫层	水泥、石灰或石灰—粉煤灰稳定土 碎石、砂或砂砾				

五、路　　拱

为了保证路面上雨水及时排出，减少雨水对路面的浸润和渗透而减弱路面结构强度，路面表面应做成人字形和折线形或抛物线形的路拱。等级高的路面，平整度和水稳定性较好，透水性也小，通常采用直线形路拱和较小的路拱横坡度。等级低的路面，为了有利于迅速排除路表积水，一般采用抛物线形路拱和较大的路拱横坡度。表1-4列出了各种不同类型路面的路拱平均横坡度。

选择路拱横坡度，应充分考虑有利于行车平稳和有利于横向排水两方面的要求。

各类路面的路拱平均横坡度 表1-4

路面类型	路拱平均横坡度(%)	路面类型	路拱平均横坡度(%)
沥青混凝土、水泥混凝土	1~2	碎石、砾石等粒料	2.5~3.5
其他类沥青类面层、整齐石块	1.5~2.5	炉渣土、砾石土、砂粒土等	3~4
半整齐石块、不整齐石块	2~3		

路拱的基本形式有抛物线形、人字形和折线形三种，见图1-5所示。

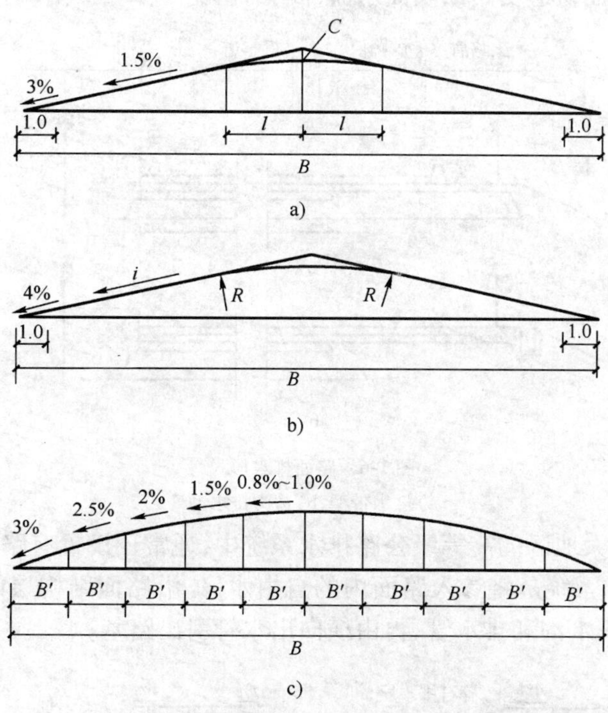

图1-5 路拱的基本形式(尺寸单位:m)

a)抛物线形;b)人字形;c)折线形

六、路 肩

行车道两侧的路肩，承受车辆的偶然停留作用，并对路面基层和垫层起侧向支承作用。路肩结构层和排水设计，应同路面结构层和排水通盘考虑。平整、坚实和不透水的路肩表面，既可增加行车道的有效宽度，又可改善路面边缘部分的工作条件，延长路面的使用寿命。

对于轻交通道路，可用级配良好的砾石或碎石作为路肩面层材料。中等交通道路，则宜在路肩表面铺设沥青表面处治层。重或繁重交通的道路，宜采用沥青混合料铺面，或者采用水泥混凝土铺面，并用拉杆同行车道路面相连。

路肩横坡度一般较路面横坡大1%，以利于迅速排除表面水。但是高速公路和一级公路的硬路肩采用与路面行车道相同的结构时，应采用与路面行车道相同的路面横坡度。

七、路 面 排 水

设置路面排水设施的目的，是迅速地将路面范围内的水排出路基，以保证行车安全。一般公路的路面排水设施，通常由路拱坡度、路肩横坡和边沟组成。高速公路和一级公路的路面排水，一般由路面(路肩)排水、中央分隔带排水组成，必要时可采用路面结构排水。

1. 路面(路肩)排水

路面排水由路面横坡、路肩横坡、拦水带，或路肩矩形边沟、路肩排水沟、泄水口和急流槽等组成。如图1-6所示为高速公路常见的路面排水形式。拦水带型排水是通过在硬路肩外侧边缘设置拦水带，由拦水带和路肩铺面组成的浅三角形边沟汇集路面表面水，并通过间隔一定距离设置的出水口和沿路堤坡面设置的竖向排水沟将水排出。此种排水方式适用于路堤较高，边坡坡面未作防护而易遭受路面表面水流冲刷的情况。

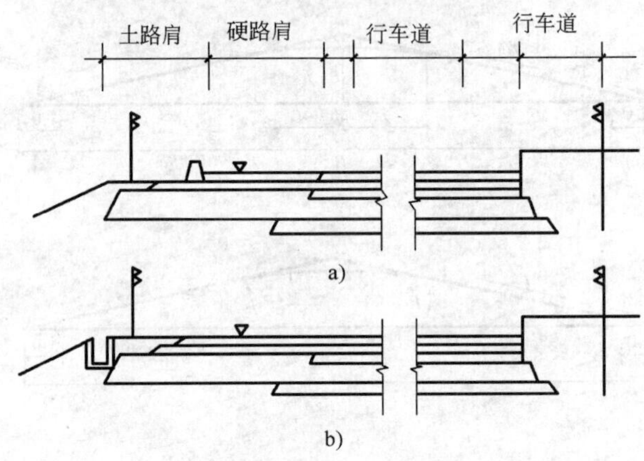

图1-6 路面排水形式

a)拦水带型；b)边沟排水型

此外，在降雨量较大地区的高等级公路排水系统中，通常还设置有路面边缘排水系统。如图1-7所示。边缘排水系统是将渗入路面内的自由水，先沿路面结构层的层间空隙或某一透水层次横向流入纵向集水沟和排水管，再由横向出水管引出路基。

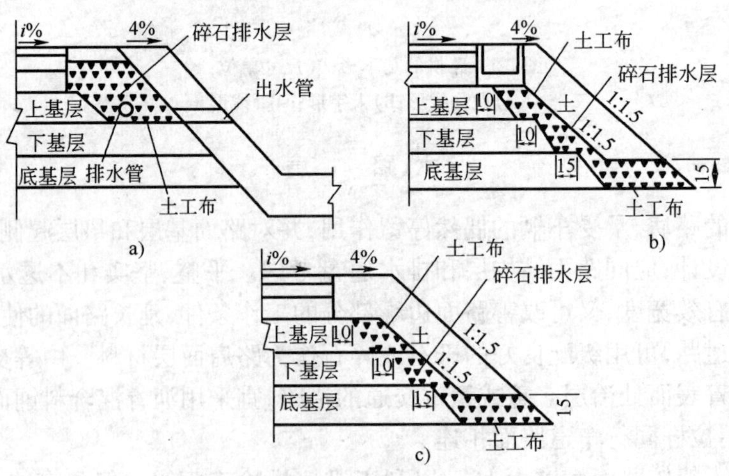

图1-7 路面边缘排水系统(尺寸单位：cm)

a)挖方路段；b)填方段($H>6$m或$3<H\leqslant6$m且$i\geqslant1\%$)；c)填方段($H\leqslant3$m或$3<H\leqslant6$m且$i<1\%$)

2. 中央分隔带排水

中央分隔带的排水设施，一般由排水沟(明沟、暗沟)、渗沟、雨水井、集水井和横向排水管等组成。高速公路和一级公路设有中央分隔带。若中央分隔带未设置排水设施，则做成中间高、两侧路面低，并通过单向路面(路肩)坡度横向排水。若分隔带设置排水设施，则分隔带两侧路面分别单独做成中间高两边低的路拱，向中间排水设施和路肩两个方向排水。如图1-8所示为中央分隔带排水形式。

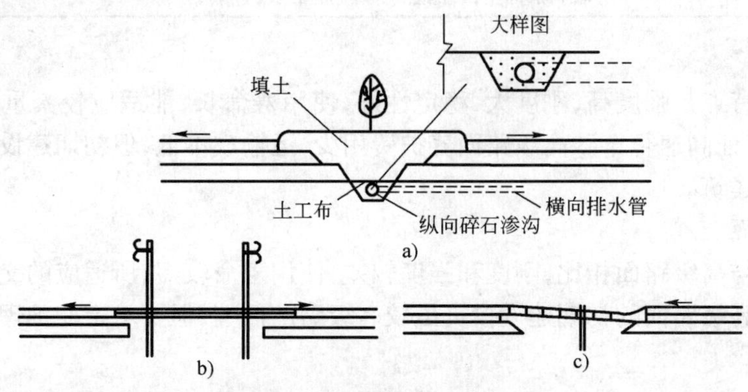

图1-8　中央分隔带排水形式

a)凸式绿化型；b)封闭型；c)超高浅碟式侧沟

3. 路面结构排水

由于材料组成和施工等原因，要做到沥青路面面层不透水是较困难的，水泥混凝土路面也由于接缝多和接缝易失效，而难免有少量的水渗入路面结构，影响路面强度。为迅速排除渗入路面结构的水，通常可采用开级配粒料(或结合料处治的开级配粒料)作排水基层，汇集渗入路面结构的水，并通过横坡排向外侧纵向排水管，再集中横向排水管排出路基，如图1-9所示。

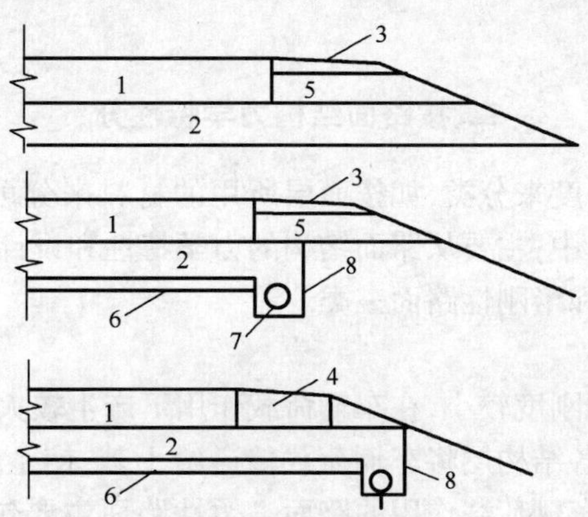

图1-9　路面结构排水构造

1-面层；2-透水基(垫)层；3-沥青路肩；4-混凝土路肩；5-路肩基层；6-过滤层；7-集水管；8-过滤织物

第三节　路面分类和分级

一、按面层的使用品质分

通常按路面面层的使用品质、材料组成类型以及结构强度和稳定性，将路面分为四个等级，如表1-5所示。

各等级路面所具有的面层类型及其所适用的公路等级　　表 1-5

路面等级	面层类型	所适用的公路等级
高级路面	沥青混凝土,水泥混凝土,厂拌沥青碎石,整齐石块或条石	高速公路、一级、二级公路
次高级路面	沥青贯入式,路拌沥青碎(砾)石,沥青表面处治,半整齐石块	二级、三级公路
中级路面	泥结或级配碎(砾)石,水结碎石,不整齐石块,其他粒料	三级、四级公路
低级路面	粒料加固土,其他当地材料加固或改善土	四级公路

1. 高级路面

高级路面的特点是强度高,刚度大,稳定性好,使用寿命长,能适应较繁重的交通量,路面平整无尘埃,能保证高速行车。高级路面养护费用少,运输成本低,但初期建设费用高,需要用质量高的材料来建筑。

2. 次高级路面

次高级路面与高级路面相比,刚度和强度较差,使用寿命较短,所适应的交通量较小,行车速度也较低。次高级路面的初期建设投资虽较高级路面低些,但要求定期护理,养路费用和运输成本也较高。

3. 中级路面

中级路面的强度和刚度低稳定性差,使用周期短,平整度差,易扬尘,仅能适应较小的交通量行车速度低。中级路面的初期建设投资虽然很低,但是养护工作量大,需要经常维修和补充材料,才能延长使用寿命,运输成本也高。

4. 低级路面

低级路面的强度和刚度最低,水稳定性差,路面平整性差,易扬尘,故只能保证低速行车,所适应的交通量最小,在雨季有时不能通车。低级路面的初期建设投资最低,但要求经常养护修理,而且运输成本最高。

二、按路面结构力学特性分

路面的类型可从不同角度来分类,如按面层所用的材料来分可分为水泥路面、沥青路面、砂石路面等。但在工程设计中,主要从路面结构的力学特性和设计方法的相似性出发,将路面划分为柔性路面、刚性路面和半刚性路面三类。

1. 柔性路面

柔性路面是指总体结构刚度较小,在车辆荷载作用下产生较大的弯沉变形,路面结构本身的抗弯拉强度较低,它通过各结构层将车辆荷载传递给土基,使土基承受较大的单位压力,主要靠抗压、抗剪强度来承受车辆荷载作用的路面。柔性路面主要包括各种未经处理的粒料基层和各类沥青面层、碎(砾)石或块石面层组成的路面结构。

2. 刚性路面

刚性路面主要指水泥混凝土作面层或基层的路面结构。与其他筑路材料比较,水泥混凝土的抗弯拉强度高,并且有较高的弹性模量,故呈现出较大的刚性。

3. 半刚性路面

半刚性路面用水泥、石灰等无机结合料处治的土或碎(砾)石及含有水硬性结合料的工业废渣修筑的基层,在前期具有柔性路面的力学性质,后期的强度和刚度均有较大幅度的增长,但仍小于水泥混凝土。由于这种材料的刚性处于柔性路面与刚性路面之间,因此把该基层和铺筑在它上面的沥青面层统称为半刚性路面,这种基层称为半刚性基层。在设计中,半刚性基层仍按柔性路面进行设计。

半刚性基层的显著特点是:整体性强、承载力高、刚度大、水稳性好,而且较为经济。高等级公路越来越多地采用半刚性基层。

在我国,半刚性材料已广泛用于修建高等级公路路面基层和底基层。表 1-6 列出了国内几条高等级公路半刚性基层路面的使用情况。

我国高等级公路采用的半刚性基层路面结构(单位:cm)　　表 1-6

公路名称	面层类型与厚度	基层类型与厚度	底基层类型与厚度
西安~铜川一级公路	4 中粒式沥青混凝土 +8 沥青碎石	18 二灰砾石	30 二灰土
西安~临潼高速公路	4 中粒式沥青混凝土 +5 粗粒式沥青混凝土 +6 沥青碎石	20 二灰砂砾	20 二灰土
广州~佛山高速公路	4 中粒式沥青混凝土 +5 粗粒式沥青混凝土 +6 沥青碎石	20、25、26 水泥稳定石屑	31、32、34、37 水泥稳定砂土　28、34、37 水泥稳定土
沈阳~大连高速公路	4 中粒式沥青混凝土 +8 沥青碎石	18 水泥稳定砂砾	15~39 天然级配砂砾
沈阳~大连高速公路	4 中粒式沥青混凝土 +5 粗粒式沥青混凝土 +6 沥青碎石	20 水泥稳定砂砾	15~35 级配砂砾
西安~宝鸡一级公路	4 中粒式沥青混凝土 +8 粗粒式沥青碎石 +0.7 沥青石屑下封层	20 二灰砂砾	20~25 二灰土
上海~嘉定高速公路	3 防清表层 +6 粗粒式沥青混凝土 +8 沥青贯入式	49 三灰碎石	
北京~塘沽高速公路	12~15(20~25)沥青层	20~25 水泥稳定粒料	25~35 石灰土、石灰水泥或二灰
上海~南京高速公路	4 中粒式沥青混凝土 +6 粗粒式沥青混凝土 +6 沥青碎石	18~40 二灰碎石	17~33 二灰土或 30~41 二灰土

需要加以说明的是,刚性路面、柔性路面和半刚性路面是从结构设计方法出发、以力学特性作为划分原则的,这种划分没有绝对的定量界限。随着材料科学的发展,刚性路面与柔性路面间的区别会变得模糊,如水泥混凝土添加聚合物,使得它在保留高强度的同时降低刚度,具有柔性路面的特性;而沥青改性的研究使得沥青混凝土随着气候的变化而变化的力学性质更加趋于稳定,从而具有刚性路面的特性。这说明不同的路面类型是处于发展和相互转化中的。

思考题

1. 沥青路面的发展经历几个时期?各有什么特点?
2. 路面结构在功能上有什么要求?
3. 路面按照使用品质和结构受力特性如何分类?

第二章　路面施工测量与检测

学习目标

了解路面测量的任务，熟悉水准测量及直线段放样。

本章重点

相关测量器具的使用方法；水准测量及放样；路面质量标准及检测方法。

本章难点

水准测量操作及计算；路线放样操作及计算；路面质量检测项目及标准。

公路工程施工测量与检测是公路建设中的一项重要工作，贯穿于公路工程施工全过程。在接受公路施工任务后，从开工到竣工以及公路施工过程中都要进行一系列的施工测量与检测。

由路面横断面结构图可知，路面结构自下而上为路基、底基层、基层和路面层。其中路基是公路工程的重要组成部分，是公路工程的基础，承受由路面传来的荷载。经检查验收合格的路基，在质量上已符合设计要求、质量标准以及规范的规定，它奠基了公路工程的外貌形状、纵向坡度、横向坡度和路宽。从这一观点来说，路基以上的路面各结构层的施工测量的主要任务是：

(1)控制路线外形尺寸，满足设计单位对路基以上各结构层的平面位置要求。

(2)控制路线纵断高程、横断高程(横坡度)、结构层厚度、路面平整度，满足设计单位对路基以上各结构层的高程位置要求。

底基层、基层和面层的施工测量与检测就是控制这些层面的平面位置和高程，使之满足设计文件、技术规范的质量技术要求。

第一节　水准测量

地面点的高程测量是确定地面点位置的基本工作。按照使用的仪器和实施的方法可将地面点的高程测量分为水准测量和三角高程测量。水准测量是采用水准仪和水准尺根据水平视线测定两点间的高差，一般适用于平坦地区测量；三角高程测量是采用经纬仪和测距仪测定竖直角和斜距，按照三角形原理计算两点间的高差，适用于非平坦地区。在路面工程中，高程测量常采用的是水准测量。

一、水准测量原理

水准测量的基本测法是：在图2-1中，已知A点的高程为H_A，只要能测出A点至B点的高程之差，简称高差 h_{AB}。则 B 点的高程 H_B 就可用下式计算求得：

$$H_B = H_A + h_{AB} \tag{2-1}$$

水准测量方法测定高差 h_{AB} 的原理如图2-1所示，在 A、B 两点上竖立水准尺，并在 A、B 两点之间安置一架可以得到水平视线的仪器即水准仪，设水准仪的水平视线截在尺上的位置分别为 M、N，过 A 点作一水平线与过 B 点的竖线相交于 C。因为 BC 的高度就是 A、B 两点之间的高差 h_{AB}。所以由矩形 $MACH$ 就可以得到计算 h_{AB} 的式：

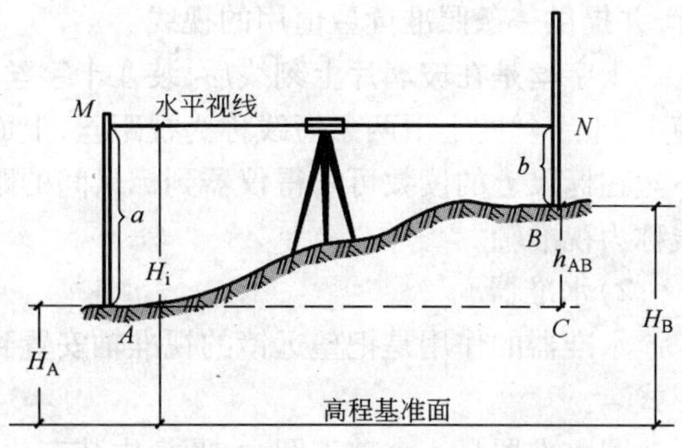

图 2-1　水准测量原理示意图

$$h_{AB} = a - b \tag{2-2}$$

测量时，a、b 的值是用水准仪瞄准水准尺时直接读取的读数值。因为 A 点为已知高程的点，通常称为后视点，其读数 a 为后视读数，而 B 点称为前视点，其读数 b 为前视读数。即：

$$h_{AB} = \text{后视读数} - \text{前视读数}$$

视线高：

$$H_i = H_A + a \tag{2-3}$$

B 点高程：

$$H_B = H_i - b \tag{2-4}$$

综上所述，要测量地面上两点间的高差或点的高程，所依据的就是一条水平视线，如果视线不水平，则上述公式不成立，测量将发生错误。**因此，视线必须水平，是水准测量中要牢牢记住的操作要领。**

二、水准仪和水准尺

1. 微倾式水准仪的构造

如图 2-2 所示，微倾式水准仪主要由望远镜、水准器和基座组成。水准仪的望远镜能绕仪器竖轴在水平方向转动，为了能精确地提供水平视线，在仪器构造上安置了一个能使望远镜上下做微小运动的微倾螺旋，所以称微倾式水准仪。

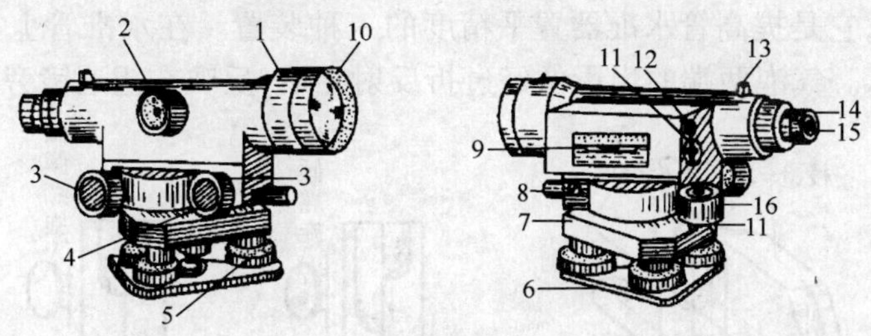

图 2-2　水准仪结构示意图

1-准星；2-物镜对光螺旋；3-微倾螺旋；4-微动螺旋；5-脚螺旋；6-连接板；7-基座；8-制动螺旋；9-水准管；10-物镜；11-校正螺钉；12-符合水准器观测镜；13-照门；14-目镜对光螺旋；15-目镜；16-水准盒

1）望远镜

望远镜由物镜、目镜和十字丝三个主要部分组成，它的主要作用是能使我们看清远处的目标，并提供一条照准读数值用的视线。

十字丝是在玻璃片上刻线后，装在十字丝环上，用三个或四个可转动的螺旋固定在望远镜筒上，十字丝的上下两条短线称为视距丝，上面的短线称上丝，下面的短线称下丝。由上丝和下丝在标尺上的读数可求得仪器到标尺间的距离。十字丝横丝与竖丝的交点与物镜光心的连线称为视准轴。

2）水准器

水准器的作用是把望远镜的视准轴安置到水平位置。水准器有管水准器和圆水准器两种形式。

圆水准器是一个玻璃圆盒，圆盒内装有化学液体，加热密封时留有气泡而成。圆水准器内表面是圆球面，中央画一小圆，其圆心称为圆水准器的零点，过此零点的法线称为圆水准器轴。当气泡中心与零点重合时，即为气泡居中。此时，圆水准轴线位于铅垂位置，也就是说水准仪竖轴处于铅垂位置，仪器达到基本水平状态。

管水准器简称水准管，它是把玻璃管纵向内壁磨成曲率半径很大的圆弧面，管壁上有刻画线，管内装有酒精与乙醚的混合液，加热密封时留有气泡而成，如图 2-3 所示。

水准管内壁圆弧中心为水准管零点，过零点与内壁圆弧相切的直线称为水准管轴。当气泡两端与零点对称时称气泡居中，这时的水准管轴处于水平位置，也就是水准仪的视准轴处于水平位置。水准管气泡偏离零点 2mm 弧长所对应的圆心角“τ”称为水准管分划值，即：

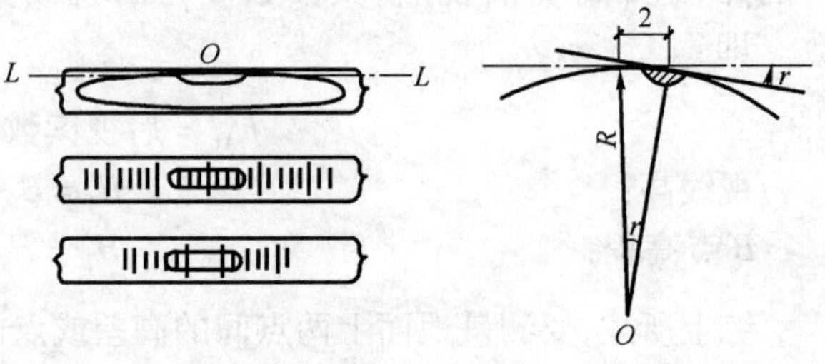

图 2-3 管水准器

$$\tau'' = \frac{2\rho''}{R} \tag{2-5}$$

式中：ρ''——206 265″，单位弧长所对应的秒值，即$\frac{180^\circ}{\pi} \approx \frac{(180 \times 60 \times 60)''}{3.1415926} \approx 206\,265''$；

R——水准管的圆弧半径（mm）。

一般以水准管分画值表示水准管的灵敏度，S_3 型水准仪的水准管分画值通常为（20″～30″）/2mm。

符合式水准器，它是提高管水准器置平精度的一种装置。在水准管上方装有一组符合棱镜组，如图 2-4 所示。气泡两端的半影像经过折反射之后，反映在望远镜旁的观测窗内。

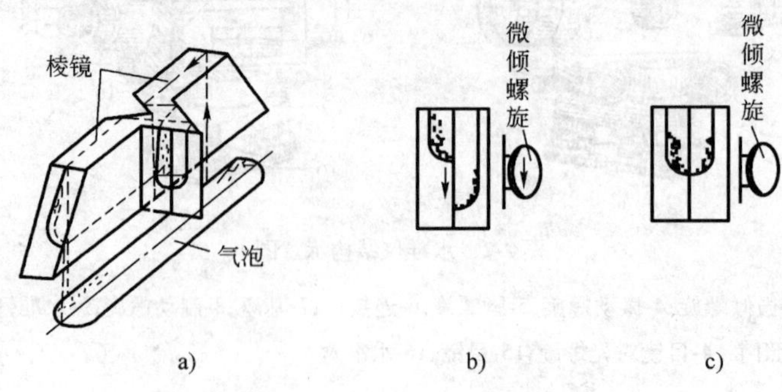

图 2-4 符合式水准器

3）基座

基座主要由轴座、脚螺旋和连接板组成。仪器上部通过竖轴插入座内，由基座承托整个仪器，仪器用连接螺旋与三脚架连接。

2. 水准尺

水准尺是与水准仪配合进行水准测量的工具。水准尺分为直尺、折尺和塔尺，如图2-5所示。双面水准尺的分画：一面是黑白相间的称黑色面（主尺），黑面分画尺底为零；另一面是红白相间的称红色面（辅助尺），红面刻画尺底为一常数：4 687mm或4 787mm。

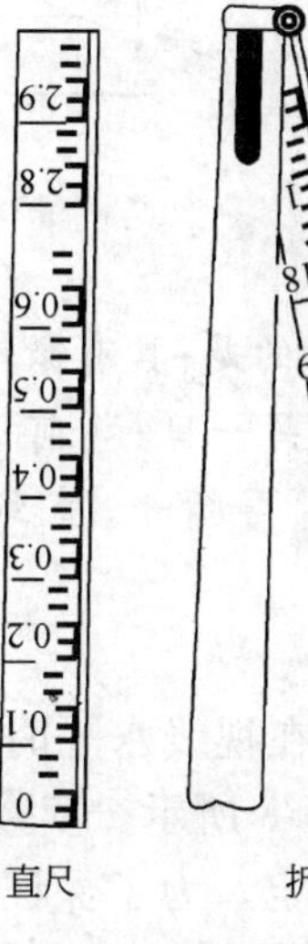

图2-5 水准尺

使用水准尺前一定要认清刻画特点。

尺垫是供支承水准尺和传递高程所用的工具。

三、水准仪的技术操作

在水准仪的使用过程中，应首先打开三脚架，把架头大致放水平，高度适中，踏实脚架尖后，将水准仪安放在架头上并拧紧中心螺旋。

水准仪的技术操作按以下四个步骤进行：粗平、照准、精平、读数。

1. 粗平

粗平就是通过调整脚螺旋，将圆水准气泡居中，使仪器竖轴处于铅垂位置，视线概略水平。具体做法是：用两手同时以相对方向分别转动任意两个脚螺旋，此时气泡移动的方向和左手大拇指旋转方向相同，如图2-6a）所示，然后再转动第三个脚螺旋使气泡居中，如图2-6b）所示。如此反复进行，直至在任何位置水准气泡均位于分画圆圈内为止。

在操作熟练后，不必将气泡的移动分解为两步，视气泡的具体位置而转动任两个脚螺旋直接使气泡居中。如图2-6c）所示。

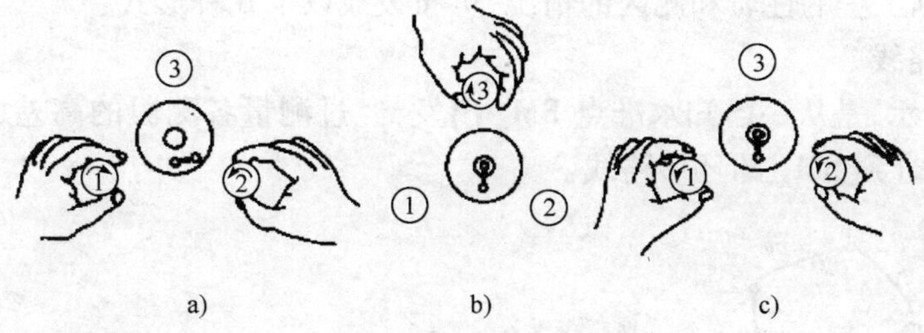

图2-6 粗平

2. 照准

照准就是用望远镜照准水准尺，以清晰地看清目标和十字丝。当眼睛靠近目镜上下微微晃动时，物像随着眼睛的晃动也上下移动，这就表明存在着视差。有视差就会影响照准和读数精度，如图2-7所示。消除视差的方法是仔细且反复交替地调节目镜和物镜对光螺旋，使十字丝和目标影像共平面，且同时都十分清晰。

3. 精平

精平就是转动微倾螺旋将水准管气泡居中，使视线精确水平，其做法是：慢慢转动微倾螺旋，使观察窗中符合水准气泡的影像符合。左侧影像移动的方向与右手大拇指转动方向相同。由于气泡影像移动有惯性，在转动微倾螺旋时要慢、稳、轻，速度不宜太快。

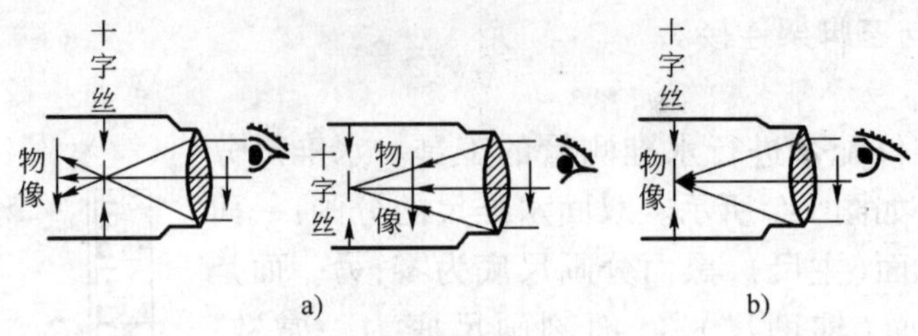

图 2-7

必须指出的是：具有微倾螺旋的水准仪粗平后，竖轴不是严格铅垂的，当望远镜由一个目标（后视）转瞄另一目标（前视）时，气泡不一定完全符合，还必须注意重新再精平，直到水准管气泡完全符合，才能读数。

4. 读数

读数就是在视线水平时，用望远镜十字丝的横丝在尺上读数，如图 2-8 所示。读数前要认清水准尺的刻画特征，呈像要清晰稳定。为了保证读数的准确性，读数时要按由小到大的方向，先估读 mm 数，再读出 cm、dm、m 数。读数前务必检查符合水准气泡影像是否符合，以保证在水平视线上读取数值。还要特别注意不要错读单位和发生漏零现象。

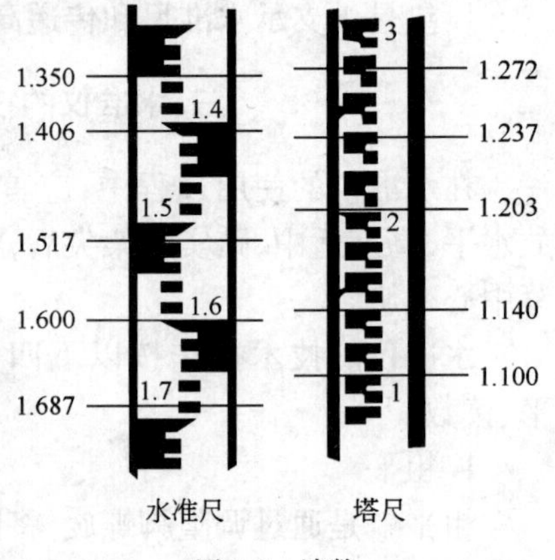

图 2-8 读数

四、普通水准测量实施

1. 水准点和水准路线

水准点是测区的高程控制点，一般缩写为“BM”，用“⊗”符号表示。

水准路线依据工程的性质和测区的情况，可布设成以下几种形式：

1）闭合水准路线

如图 2-9a）所示，是从一已知水准点 BM_A 出发，经过测量各测段的高差，求得沿线其他各点高程，最后又闭合到 BM_A 的环形路线。

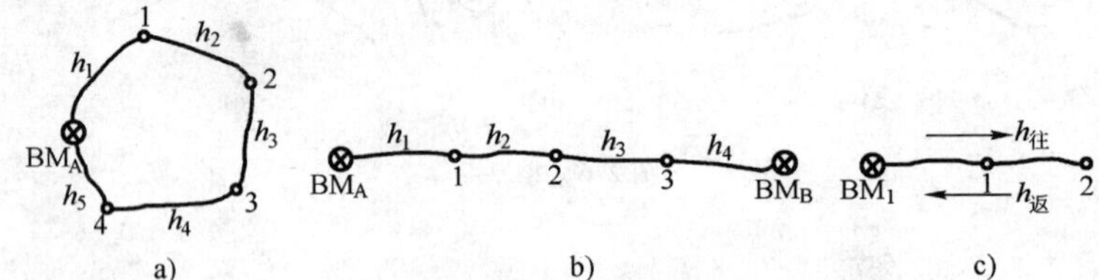

图 2-9 水准路线图

a）闭合水准路线；b）符合水准路线；c）支水准路线

2）附合水准路线

如图 2-9b）所示，是从一已知水准点 BM_A 出发，经过测量各测段的高差，求得沿线其他各点高程，最后附合到另一已知水准点 BM_B 的路线。

3）支水准路线

如图2-9c)所示;是从一已知水准点 BM_1 出发,沿线往测其他各点高程到终点2,又从2点返测到 BM_1,其路线既不闭合又不附合,但必须是往返施测的路线。

2. 施测方法

普通水准测量通常用经检校后的 DS_3 型水准仪施测。水准尺采用塔尺或单面尺,测量时水准仪应置于两水准尺中间,使前、后视的距离尽可能相等。具体施测方法如下:

(1)如图2-10,置水准仪于距已知后视高程点 A 一定距离的Ⅰ处,并选择好前视转点 ZD_1,将水准尺置于 A 点和 ZD_1 点上。

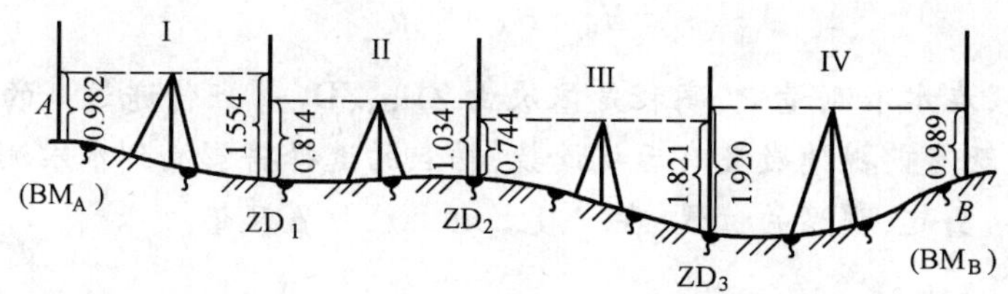

图2-10 施测方法

(2)将水准仪粗平后,先瞄准后视尺,消除视差。精平后读取后视读数值 a_1,并记入五等水准测量记录表中,见表2-1。

水准测量记录表(单位:m) 表2-1

点号	水准尺读数 后视	水准尺读数 前视	高差(m) +	高差(m) −	高程(m)	备注
BM_A	0.982				201.488	
				0.572		
ZD_1	0.814	1.554			200.916	
				0.220		
ZD_2	0.744	1.034			200.696	
				1.077		
ZD_3	1.920	1.821			199.619	
			0.931			
BM_B		0.989			200.550	$BM_A=201.488$
检验 Σ	4.460	5.398	$\sum_h=-0.938$			
检验	$\sum_a-\sum_b=-0.938$					

(3)平转望远镜照准前视尺,精平后,读取前视读数值 b_1,并记入五等水准测量记录表中,至此便完成了普通水准测量一个测站的观测任务。

(4)将仪器搬迁到第Ⅱ站,把第Ⅰ站的后视尺移到第Ⅱ站的转点 ZD_2 上,把原第Ⅰ站前视变成第Ⅱ站的后视。

(5)按(2)、(3)步骤测出第Ⅱ站的后、前视读数值 a_2、b_2,并记入五等水准测量记录表中。

(6)重复上述步骤测至终点 B 为止。

B 点高程的计算是先计算出各站高差:

$$h_i = a_i - b_i \qquad (i = 1,2,3,\cdots,n) \tag{2-6}$$

再用 A 点的已知高程推算各转点的高程,最后求得 B 点的高程。

即:
$$h_1 = a_1 - b_1 \qquad H_{ZD1} = H_A + h_1$$

$$h_2 = a_2 - b_2 \qquad H_{ZD2} = H_{ZD1} + h_2$$

$$\vdots \qquad\qquad \vdots$$

$$h_n = a_n - b_n \qquad H_B = H_{ZDn} + h_n$$

将上列左边求和得：

$$\sum_h = \sum a - \sum b = h_{AB} \tag{2-7}$$

从上列右边可知：

$$H_B = H_A + \sum h \tag{2-8}$$

需要指出的是，在水准测量中，高程是依次由 ZD_1、ZD_2 等点传递过来的，这些传递高程的点称为转点。转点既有前视读数又有后视读数，转点的选择将影响到水准测量的观测精度，因此转点要选在坚实、凸起、明显的位置，在一般土地上应放置尺垫。

3. 校核方法

1）计算校核

由公式（2-7）看出，B 点对 A 点的高差等于各转点之间高差的代数和，也等于后视读数之和减去前视读数之和的差值，即：

$$h_{AB} = \sum h = \sum a - \sum b \tag{2-9}$$

经上式校核无误后，说明高差计算是正确的。

按照各站观测高差和 A 点已知高程，推算出各转点的高程，最后求得终点 B 的高程。终点 B 的高程 H_B 减去起点 A 的高程 H_A 应等于各站高差的代数和，即：

$$H_B - H_A = \sum h \tag{2-10}$$

经上式校核无误后，说明各转点高程的计算是正确的。

2）测站校核

水准测量连续性很强，一个测站的误差或错误对整个水准测量成果都有影响。为了保证各个测站观测成果的正确性，可采用以下方法进行校核：

（1）变更仪器高法：在一个测站上用不同的仪器高度测出两次高差。测得第一次高差后，改变仪器高度（至少 10cm），然后再测一次高差。当两次所测高差之差不大于 3 ~ 5mm，则认为观测值符合要求，取其平均值作为最后结果；若大于 3 ~ 5mm 则需要重测。

（2）双面尺法：本法是仪器高度不变，而用水准尺的红面和黑面高差进行校核。红、黑面高差之差也不能大于 3 ~ 5mm。

3）成果校核

测量成果由于测量误差的影响，使得水准路线的实测高差值与应有值不相符，其差值称为高差闭合差，若高差闭合差在允许误差范围之内时，认为外业观测成果合格；若超过允许误差范围时，应查明原因进行重测，直到符合要求为止。一般等外水准测量的高差容许闭合差为：

平原微丘区 $f_{h容} = \pm 12\sqrt{n}\,(\text{mm})$

山岭重丘区 $f_{h容} = \pm 40\sqrt{L}\,(\text{mm})$ （2-11）

式中：L——水准路线长度（km）；

n——测站数。

五等水准测量的成果校核，主要考虑其高差闭合差是否超限。根据不同的水准路线，其校核的方法也不同，各水准路线的高差闭合差计算公式如下：

(1)附合水准路线：实测高差的总和与起、讫已知水准点高差之差值称为附合水准路线的高差闭合差。即：

$$f_{\mathrm{h}} = \sum h - (H_{终} - H_{始}) \tag{2-12}$$

(2)闭合水准路线：实测高差的代数和不等于零，其差值为闭合水准路线的高差闭合差。即：

$$f_{\mathrm{h}} = \sum h \tag{2-13}$$

(3)支水准路线：实测往、返高差的绝对值之差称为支水准路线的高差闭合差。即：

$$f_{\mathrm{h}} = | h_{往} | - | h_{返} | \tag{2-14}$$

如果水准路线的高差闭合差f_{h}小于或等于其容许的高差闭合差$f_{\mathrm{h容}}$，即$f_{\mathrm{h}} \leqslant f_{\mathrm{h容}}$，就认为外业观测成果合格，否则须进行重测。

4. 成果处理

水准测量的成果处理就是当外业观测成果的高差闭合差在容许范围内时，所进行的高差闭合差的调整，使调整后的各测段高差值等于应有值，也就是使$f_{\mathrm{h}} = 0$。最后用调整后的高差计算各测段水准点的高程。

高差闭合差的调整原则是与水准路线的测段站数或测段长度成正比，将闭合差反号分配到各测段上，并进行实测高差的改正计算。具体处理方法详见《公路施工测量手册》(第二版)(人民交通出版社，2007)。

此外水准仪在使用前，应进行检验与校正。首先应进行视检，其内容包括：顺时针和逆时针旋转望远镜，看竖轴转动是否灵活、均匀；微动螺旋是否可靠；瞄准目标后，再分别转动微倾螺旋和对光螺旋，看望远镜是否灵敏，有无晃动等现象；望远镜视场中的十字丝及目标能否调节清晰；有无霉斑、灰尘、油迹；脚螺旋或微倾螺旋均匀升降时，圆水准器及管水准器的气泡移动不应有突变现象；仪器的三脚架安放好后，适当用力转动架头时，不应有松动现象。具体操作方法详见《公路施工测量手册》(第二版)。

5. 注意事项

在水准测量过程中，具体操作应注意以下事项：

(1)水准测量过程中应尽量用目估或步测保持前、后视距基本相等来消除或减弱水准管轴不平行对于视准轴所产生的误差，同时选择适当观测时间，限制视线长度和高度来减少折光的影响。

(2)仪器脚架要踩牢，观测速度要快，以减少仪器下沉。

(3)估数要准确，读数时要仔细对光，消除视差，必须使水准管气泡居中，读完以后，再检查气泡是否居中。

(4)检查塔尺相接处是否严密，消除尺底泥土。扶尺者要身体站正，双手扶尺，保证扶尺竖直。

(5)记录要原始，当场填写清楚，在记错或算错时，应在错字上画一斜线，将正确数字写在错数上方。

(6)读数时，记录员要复诵，以便核对，并应按记录格式填写，字迹要整齐、清楚、端正。所有计算成果必须经校核后才能使用。

(7)测量者要严格执行操作规程，工作要细心，加强校核，防止错误。观测时如果阳光较强要撑伞，给仪器遮挡太阳。

第二节　施 工 放 样

一、放样与测量

放样是测量工作的另一种形式,通常意义上的测量,是对实地上已埋设标志的未知点用测量仪器进行观测,从而得到计算所需要的角度、距离和高差观测值,然后根据观测值和起算数据计算出未知点的坐标和高程;放样则是对已知点和设计点的坐标与高程进行反算,从而得到了放样所需要的角度、距离和高差数据,然后根据放样数据用测量仪器标定出设计点的实地位置,并埋设标志。由此可见,放样是通常测量的逆过程,正因为如此,放样与通常测量相比,有以下一些不利因素:

(1)通常测量时可做多测回重复观测;放样时不便多测回操作。

(2)通常测量时标志是事先埋好的,可待它们稳定后再开始观测;放样时观测与设点同时进行,标桩埋设地点也不允许选择。

(3)通常测量时由观测者瞄准固定目标进行读数,一人观测能够眼手协调工作,有利于提高观测速度和精度;放样时往往由观测者指挥助手移动目标进行瞄准,操作时间较长,且观测者与助手间的配合质量直接影响定点精度。

在放样精度要求较高的情况下,按上述放样过程直接标定出的点位往往不能满足其精度要求,为了提高放样精度,应对直接标定出的点位按需要的测量精度进行实测,并根据实测数据和设计数据的差值对点位进行修正,将点位归化到较精确的位置上去,这种精度较高的放样方法称之为归化法放样。

从以上论述可以看出,放样的基本任务是确定设计点的空间位置,放样的基本工作是距离放样、角度放样和高程放样。放样工作同样也需要控制测量提供足够数量的已知点作为其起算点。

二、施工放样的基本工作

施工放样的实质,是将图样上建筑物的一些轮廓点标定于实地上,为了标定这些特征点的空间位置,需要把已知的水平角度、水平距离和高程三个基本要素测设到实地上去。测设三个基本要素以确定点的空间位置,就是施工放样的基本工作。

1. 已知水平距离、水平角度和高程的测设(放样)

1)已知距离的放样

根据一已知点 A,沿一定的方向,测设出另一点 B,使 AB 的水平距离等于设计长度,称为距离放样,其程序与距离测量恰恰相反。

对于一般精度要求的距离,可用普通钢卷尺测设,测设时按给定的方向,量出所给定的长度值,即可将线段的另一端点测设出来。为了校核,对测设的距离进行往返测量,若其较差在限差以内时,可取其平均值作为最后结果,并对 B 点位置作适当改正。

当测设精度要求较高时,则要结合现场情况,预先进行钢尺的尺长、温度、倾斜等项改正。若设计的水平距离为 D,则在实地上应放出的距离 D' 为:

$$D' = D - \frac{\Delta l}{l}D - \alpha(t - t_0)D + \frac{h}{2D} \tag{2-15}$$

式中：Δl——尺长改正；

t——测设时的温度；

α——钢尺的膨胀系数，一般取$(1.16\times10^{-5}\sim1.25\times10^{-5})$℃；

h——线段两端点间的高差，可以预先用钢尺大概量出 AB 长度得到 B 点的位置后，再用水准仪测得。

【例 2-1】 如图 2-11 所示，拟测设的 AB 的距离为 90m。所用钢尺 $L_0=30$m，在温度 $t_0=+20$℃时，检定的长度为 $L=30.002$m，测设时的温度 $t=+6$ ℃。大概测量 AB 后，测得其高差为 $h=1.150$m，求测设时在地面应量出的长度 D'为多少？

【解】 由式(2-15)得：

$$D'=D-\frac{\Delta l}{l}D-a(t-t_0)D+\frac{h}{2D}$$

$$=\left[90-\frac{0.002}{30}\times90-12.5\times10^{-6}\times(6-20)\times90+\frac{1.15^2}{2\times90}\right]=90.017\text{m}$$

故从 A 点起沿 AB 方向实量 90.017m 得到 B 点，则 AB 的水平距离正好为 90m。

2）已知水平角的放样

测设水平角是根据一个已知方向和已知的角值，将角度的另一方向测设到地面上。对于一般精度要求的水平角，可采用盘左、盘右的方法测设，如图 2-12 所示。设在地面上已有方向线 OA，要在 O 点测设另一方向 OB，使$\angle AOB=\beta$。为此，置经纬仪于 O 点，用盘左位置瞄准 A 点，读取度盘读数，然后转动照准部，使度盘读数增加 β 角值，在视线方向上定出 B'点。再用盘右位置，重复上述步骤，在地面上定出 B''点。取 B'和 B''的中点 B，则$\angle AOB$ 就是要测设的 β 角。

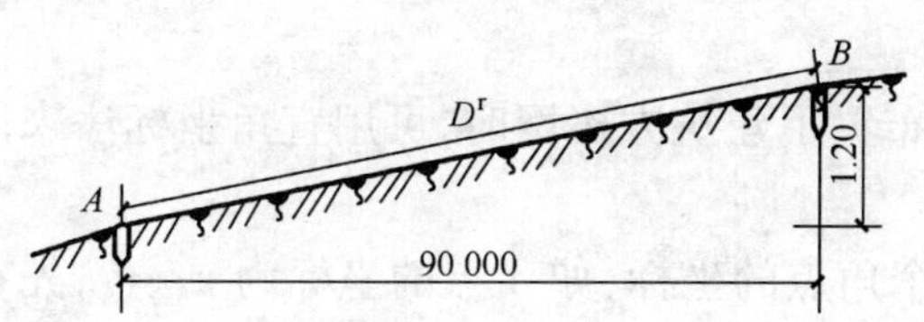

图 2-11 例 2-1 图(尺寸单位：m)

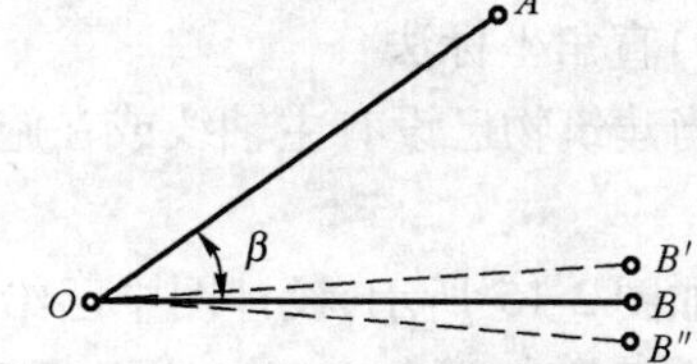

图 2-12 一般精度要求的水平角测设

当测设精度要求较高的水平角时，如图 2-13 所示，置经纬仪于 O 点，先用盘左位置按上述方法，测设出 B'。然后用经纬仪对$\angle AOB'$观测若干测回，测回数可根据要求精度确定，取平均值得$\angle AOB'=\beta_1$。设 β_1 比应测设的 β 角小 $\Delta\beta$，可根据 OB' 的长度和 $\Delta\beta$ 计算垂直距离 $B'B$ 为：

$$B'B=OB'\tan\Delta\beta\approx OB'\times\frac{\Delta\beta}{\rho}\tag{2-16}$$

从 B'点沿 OB'的垂线方向向外量出 $B'B$，即可定出 B 点，那么$\angle AOB$ 就是要测设的 β 角。

3）已知高程的放样

已知高程的放样是根据施工现场已有的水准点，用水准测量的方法，将设计的高程测设到地面上，即根据一个已知的高程，来测设另一个点的高程。如道路工程中路中心设计高程的测设；建筑工程中室内地坪的设计高程(假定为 ±0 的测设等均属此项工作)。

如图 2-14 所示,水准点 BM_5 的高程为 249.053m,现要求测设 A 点,使其等于设计高程 247.521m。为此在 BM_5 点和 A 点安置水准仪,后视 BM_5,得读数为 0.784m,则视线高程为:

$$H_i = (249.053 + 0.784) = 249.837\text{m}$$

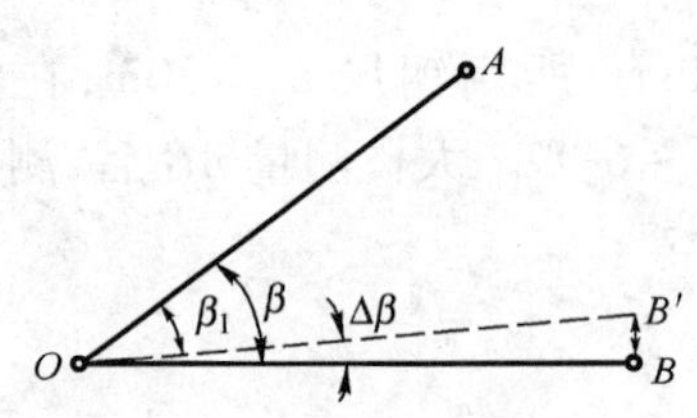

图 2-13 精度要求较高的水平角测设

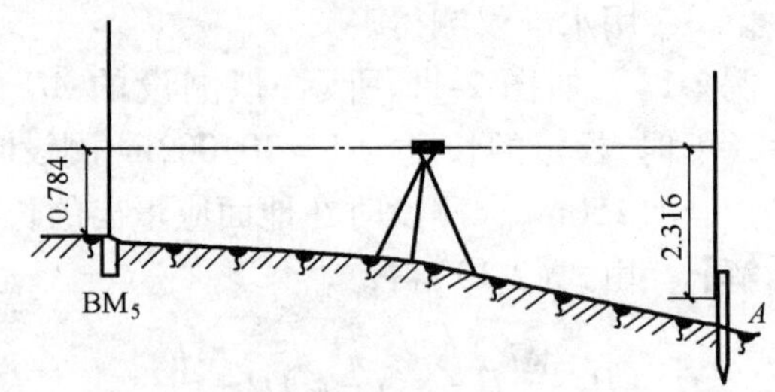

图 2-14 已知高程的放样(尺寸单位:m)

根据视线高程和 A 点设计高程可算出 A 点尺上的应读前视读数为:

$$H_i - H_A = (249.837 - 247.521) = 2.316\text{m}$$

测设时,先在 A 点打一木桩,在桩顶立尺读数,逐渐向下打桩,直至立在桩顶上水准尺的读数为 2.316m,此时桩顶的高程即为 A 点的设计高程。也可将水准尺沿木桩的侧面上下移动,直至尺上读数为 2.316m 时,沿尺底在木桩上画一水平线,钉一铁钉,即为 A 点的设计高程。

2. 点的平面位置测设

测设点的平面位置,可根据控制点分布的情况、地形及现场条件等,选用直角坐标法、极坐标法、角度交会法和距离交会法等。

1)直角坐标法

当建筑物已设有主轴线或在施工场地上已布置了建筑方格网时,可用直角坐标法来测设点位。

如图 2-15 所示,设计图中已给出建筑物 4 个角点的坐标,如 A 点的坐标为 x_A、y_A,先在建筑方格网的 O 点上安置经纬仪,瞄准 y 方向测设距离 y_A 得 E 点;然后搬仪器至 E 点,仍瞄准 y 方向,向左测设 90°角,沿此方向测设距离 x_A,即得 A 点位置,并沿此方向测设出 C 点。B、D 点的测设方法相同。最后应检查建筑物的边长是否等于设计长度,误差在限差之内即可。直角坐标法计算简单、施测方便、精度较高,但要求场地平坦,有建筑方格网可用。

2)极坐标法

根据一个极角和一段极距测设点的平面位置,称为极坐标法,如图 2-16 所示,A 点位置可由控制点 12 与 1A 的夹角 β 和 1A 的距离 D 来确定。极角 β 与极距 D 可由坐标反算求得。设 A 点的设计坐标为 x_A、y_A,则:

$$\left.\begin{aligned}
\tan\alpha_{1A} &= \frac{y_A - y_1}{x_A - x_1} \\
\beta &= \alpha_{1A} - \alpha_{12} \\
D_{1A} &= \frac{y_A - y_1}{\sin\alpha_{1A}} = \frac{x_A - x_1}{\cos\alpha_{1A}}
\end{aligned}\right\} \tag{2-17}$$

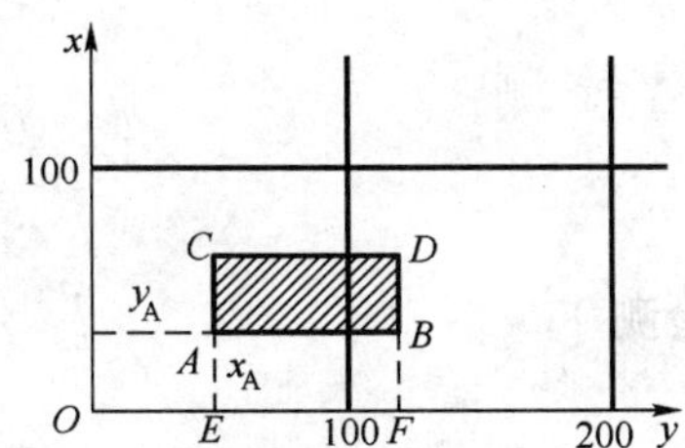

图 2-15　直角坐标法测设点位

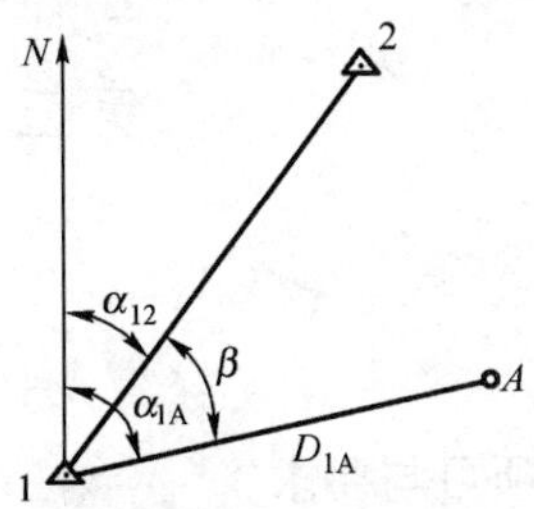

图 2-16　极坐标法测设点位

实地测设时，可置经纬仪于控制点 1 上，后视 2 点放出 β 角，然后沿视线方向测设距离 D_{1A}，即得 A 点位置。此法比较灵活，当使用全站仪放样时，极坐标法的优越性是显而易见的。

3）角度交会法

根据两个或两个以上的已知角度的方向交出点的平面位置，称为角度交会法。当待测点较远或不可到达时，如桥墩定位、水坝定位等，常用此法。如图 2-17 所示，A 为待测点，其坐标已知，根据控制点 I、II 的坐标，可算出交会角 β_1 和 β_2，然后用两台经纬仪在 I、II 点上分别放出交会角，两方向的交点即为 A 点位置。

4）距离交会法

根据两段已知距离交会出点的平面位置，称为距离交会法。如图 2-18 所示，A 为待测点，可用坐标反算或在设计图上求得 A 点至控制点 I、II 的水平距离 D_1 和 D_2，然后分别以 I、II 点为圆心，以 D_1、D_2 为半径作圆弧，其交点即为 A 点的位置。在施工中放样细部、场地平坦、距离不超过一皮尺长度时，用此法比较适宜。

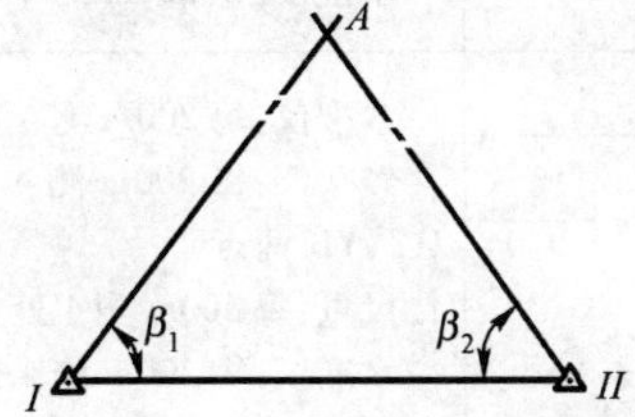

图 2-17　角度交会法测设点位

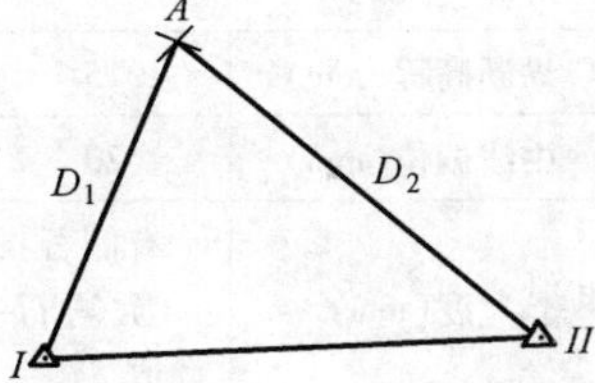

图 2-18　距离交会法测设点位

3. 已知坡度的测设

在道路、渠道、给排水工程中经常要测设指定的坡度线，又称放坡。如图 2-19 所示，要求由 A 点沿山坡测设一条坡度为 -2.5% 的坡度线，可先算出该坡度线的倾斜角为：

$$\alpha = -0.025 \times \frac{180°}{\pi} = -1°25'57''$$

然后安置经纬仪于 A 点，设置倾斜角 α，此时视线轴为要测设的坡度线。在视线方向上，按一定间距标出 1、2、3 等点，使各点桩顶立标尺或标杆的读数恰为仪器高 i 时，则各桩顶即为设计的坡度线。当要求精度不高时，也可用带角手水准测设。

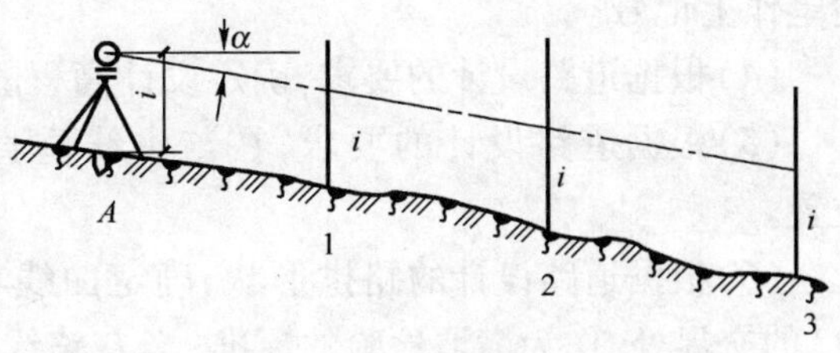

图 2-19　已知坡度的测设

第三节　路面施工质量检测

一、路基路面几何尺寸检测

1. 检测项目与要求

在路基路面施工过程中、交工验收期间及旧路调查中，都需要检测路基路面各部分的几何尺寸，以保证其符合规定的要求。几何尺寸检测所用的仪器与材料有：钢尺、经纬仪、全站仪、精密水准仪、塔尺、粉笔等。几种结构层的几何尺寸检测项目的要求见表2-2 。其他结构层检测目的要求参见《公路工程质量检验评定标准》(JTG F80/1—2004)。

几何尺寸检测要求　　表2-2

结构名称	检查项目	规定值或容许偏差		检查频率
		高速、一级公路	其他公路	
土方路基	纵断高程(mm)	+10　-15	+10　-20	经纬仪：每200m测4点 水准仪：每200m测4点，弯道加HY、YH两点 尺量：每200m测4处 标准仪：每200m测4个断面，每200m测4处
	中线偏位(mm)	50	100	
	宽度(mm)	不小于设置值	不小于设置值	
	横坡(%)	±0.3	±0.5	
	边坡	不陡于设置值	不陡于设置值	
水泥土基层	纵断高程(mm)	—	+5　-15	水准仪：每200m测4点 尺量：每200m测4处 水准仪：每200m测4个断面
	中线偏位(mm)	—	不小于设计值	
	宽度(mm)	—	±0.5	
沥青混凝土面层	纵断高程(mm)	±15	±20	水准仪：每200m测4点 经纬仪：每200m测4点，弯道加HY、YH两点 尺量：每200m测4处 水准仪：每200m测4个断面
	中线偏位(mm)	20	30	
	宽度(mm)	有侧石：±20 无侧石：不小于设计值	±30	
	横坡(%)	±0.3	±0.5	

2. 准备工作

(1)在路基或路面上准确恢复桩号。

(2)按随机取样的方法，在一个检测路段内选取测定的断面位置及里程桩号，在测定端面作上记号。通常将路面宽度、横坡、高程及中线偏位选在同一断面位置，且宜在整数桩号上。

(3)根据道路设计的要求，确定路基路面各部分的设计宽度的边界位置，在测定位置上用粉笔作上记号。

(4)根据道路设计的要求，确定设计高程的纵断面位置，在测定位置上用粉笔作上记号。

(5)根据道路设计的要求，在与中线垂直的横断面上，确定成型后的路面的实际中线位置。

(6)根据道路设计的路拱形状，确定曲线与直线部分的交界位置及路面与路肩(或硬路肩)的交界处，作为横坡检验的标准；当有路缘石或中央分隔带时，以两侧路缘石边缘为横坡测定的基准点，用粉笔做记号。

3. 纵断面高程测定

(1)将水准仪架设在路上平顺处整平,以路线附近的水准点高程为基准,依次将塔尺竖立在中线的测定位置上,测记测定点的高程读数,以 m 计,准确至 0.001m。

(2)连续测定全部测点,并与水准点闭合。

各测点的实测高程 h_i 与设计高程 h_{0i} 差为:

$$\Delta h = h_i - h_{0i}$$

4. 路面横坡测定

对于无中央分隔带的公路路面横坡是指路拱两侧直线部分的坡度;对于有中央分隔带的公路路面横坡是指路面与中央分隔带交界处及路面边缘与路肩交界处两点的高程差与水平距离的比值,以% 表示。其测定方法如下。

(1)对设有中央分隔带的路面,测定横坡时,将水准仪架设在路面平顺处整平,将塔尺分别竖立在路面与中央分隔带分界的路缘带边缘 d_1 处,以及路面与路肩交界(或外侧路缘石边缘)的标记 d_2 处,d_1 和 d_2 测点必须在同一横断面上。测量 d_1 和 d_2 处的高程,记录高程读数,以 m 计,准确至 0.001m。

(2)对无中央分隔带的路面,测定横坡时,将水准仪架设在路面平顺处整平,将塔尺分别竖在路拱曲线与直线部分的交界位置 d_1 处以及路面与路肩交界位置 d_2 处,d_1 和 d_2 测点必须在同一横断面上。测量 d_1 与 d_2 处的高程,记录高程读数,以 m 计,准确至 0.001m。

(3)用钢尺测量两测点的水平距离 B_i,以 m 计。对于高速公路及一级公路,准确至 0.005m;对于其他等级公路,准确至 0.01m。

各测点断面的横坡度 i_i 按式(2-18)计算,准确至一位小数,单位为%。按式(2-19)计算实测横坡 i_i 与设计横坡 i_{0i}之差 Δi_i。

$$i_i = \frac{h_{d_1} - h_{d_2}}{B_i} \times 100 \tag{2-18}$$

$$\Delta i_i = i_i - i_{0i} \tag{2-19}$$

式中:h_{d_1}、h_{d_2}——各测定断面两测点 d_1 与 d_2 的高程读数。

5. 路基路面宽度及中线偏差测定

路基宽度是指行车道与路肩宽度之和,以 m 计;路面宽度包括行车道、路缘带、变速车道、爬坡车道、硬路肩和紧急停车带的宽度,以 m 计。其测定方法如下:

用钢尺沿中心线垂直方向水平量取路基路面各部分的宽度,以 m 计。对于高速公路及一级公路,准确至 0.005m;对于其他公路,准确至 0.01m。

测量时量尺应保持水平,不得将尺紧贴路面量取,也不得使用皮尺。各测定断面的实测宽 B_i与设计宽度 B_{0i}之差 ΔB_i 为:

$$\Delta B_i = B_i - B_{0i} \tag{2-20}$$

实际路基、路面中心线与设计中心线的距离为中心偏差,用 Δ_{cL}表示,以 cm 计。对高速公路、一级公路,准确至 0.5cm;对于其他等级公路,准确至 1.0cm。其测量方法同宽度测量。

二、路面厚度检测

1. 路面厚度代表值与极值的允许偏差

路面各结构层厚度的检测方法与结构层的层位和种类有关,基层和砂石路面的厚度可用挖坑法测定,沥青面层及水泥混凝土路面板的厚度应用钻孔法测定。路面各层施工完成后及工程交工验收检查使用,必须进行厚度的检测。几种常用的路面结构层厚度的代表值与极值的允许偏差见表2-3。

几种常用的路面结构层厚度的代表值与极值的允许偏差　　表2-3

类型与层位		厚度(mm)				权值
		代表值		合格值		
		高速、一级公路	其他公路	高速、一级公路	其他公路	
水泥混凝土面层		-5	-5	-10	-10	3
沥青混凝土、沥青碎石面层		总厚度:-5%H 上面层:-10%H	-8%H	总厚度:-10%H 上面层:-20%H	-15%H	
沥青贯入式面层			-8%H或-5		-15%H或-10	3
水泥稳定粒料	基层	-8	-10	-15	-20	3
	底基层	-10	-12	-25	-30	
石灰土	基层	—	-10	—	-25	
	底基层	-10	-12	-25	-30	

1)抽检频率

水泥混凝土面层,每200m每车道检查2处;沥青混凝土、沥青碎石及沥青贯入式面层200m每车道检查1处;水泥稳定粒料基层及石灰稳定土底基层,每200m每车道检查1处。

2)仪具与材料

(1)挖坑用的镐、铲、凿子、锤子、小铲、毛刷。

(2)取样用路面取芯钻机及钻头、冷水机。钻头的标准直径为ϕ100mm,如芯样仅供测量厚度,不做其他试验时,对沥青面层与水泥混凝土板也可用直径ϕ50mm的钻头;对基层材料有可能损坏试件时,也可用直径为ϕ150mm的钻头,但钻孔深度均必须达到层厚。

2. 路面结构层厚度评定

路面结构层厚度评定,采用对路段内路面结构层厚度按代表值的允许偏差和单个测定值的允许偏差进行评定。厚度代表值为厚度的算术平均值的下置信界限值,即:

$$h_L = \bar{h} - S \cdot t_a / \sqrt{n} \tag{2-21}$$

式中:h_L——厚度代表值;

$\bar{h}$——厚度平均值;

S——标准差;

n——检查数量;

t_a——t分布中随测点数和保证率(置信度α)而变的系数(查t分布概率系数表)。采用的保证率:高速公路、一级公路基层、底基层为99%,面层为95%;其他公路基层、底基层为95%,面层为90%。

当厚度代表值大于等于设计厚度减去代表值允许偏差时,则按单个检查的偏差是否超过极限值来评定合格率;当厚度代表值小于设计厚度减去代表值允许偏差时,则相应分项工程评为不合格。

沥青面层一般按沥青铺筑层总厚度进行评定,但高速公路和一级公路多分为2~3层铺筑,应进行最上面一层厚度的检查与评定。

【例 2-2】 某路段水泥混凝土路面板厚度检测数据如表 2-4 所示。保证率为 95%，设计厚度 $h_d=25\text{cm}$，代表值容许偏差 $\Delta h=5\text{mm}$，试对该路段的板厚进行评价。

水泥混凝土路面板厚度检测结果（cm） 表 2-4

序号	1	2	3	4	5	6	7	8	9	10	11	12	13	14	15
厚度 h_i	25.1	24.8	25.1	24.6	24.7	25.4	25.2	25.3	24.7	24.9	24.9	24.8	25.3	25.3	25.2
序号	16	17	18	19	20	21	22	23	24	25	26	27	28	29	30
厚度 h_i	25.0	25.1	24.8	25.0	25.1	24.7	24.9	25.0	25.4	25.2	25.1	25.0	25.0	25.5	25.4

【解】 经计算得： $\bar{h}=25.05\text{cm}, S=0.24\text{cm}$

根据 $n=30, \alpha=95\%$，查 t 分布概率系数表得：

$$t_a/\sqrt{n}=0.310$$

厚度代表值为算术平均值的下置信界限，即：

$$\begin{aligned} h_L &= \bar{h}-S\cdot t_a/\sqrt{n} \\ &= 25.05-0.310\times0.24=24.98\text{cm} \end{aligned}$$

因为 $h_L>h_d-\Delta h=24.5\text{cm}$，所以该路段的板厚满足要求。

三、路面压实度检测

现场压实质量用压实度来表示。土基和路面基层的压实度是指压实层材料压实后的干密度与该材料的标准最大干密度之比，用百分数表示；沥青混凝土面层的压实度是指按规定方法采取的混合料试件毛体积密度与标准密度之比，也用百分数表示。

路面结构层的压实度以重型击实标准为准，沥青混凝土面层压实度以马歇尔稳定度击实成型标准、试验路密实度或理论密度为准。

下面主要介绍几种常用的压实度的检测方法。在压实度检测过程中，现场密度主要检测方法及各方法的适用范围见表 2-5。此外，我国也采用地质雷达快速检测路面材料的密实度。

现场密实度主要检测方法及各方法的适用范围 表 2-5

试验方法	适用范围
灌砂法	适用于在现场测定基层（或底基层）、砂石路面及路基土的各种材料压实层的密度和压实度检测。但不适用于填石路堤等有大孔洞或大孔隙材料的压实度检测
环刀法	适用于细粒土及无机结合料稳定细粒土的密度测试。但对无机结合料稳定细粒土，其龄期不宜超过 2d，且适用于施工过程中的压实度检测
核子法或无核密度仪法	适用于现场用核子（或无核）密度仪以散射法或直接透射法测定路基或路面材料的密度和含水率，并计算施工压实度。适用于施工质量的现场快速评定，不宜用做仲裁试验或评定验收试验
钻芯法	适用于检验从压实的沥青路面上钻取的沥青混合料芯样试件的密实度，以评定沥青面层的施工压实度，同时适用于龄期较长的无机结合料稳定类基层和底基层的密度检测

具体操作详见《公路路基路面现场测试规程》（JTG E60—2008）。

路面压实度评定以 1～3km 长的路段为检验评定单元，按要求检测的频率（见表 2-6）及方法进行现场压实度抽样检查，求算每一测点的压实度 K_i。

压实度评定要点是：

(1) 控制平均压实度的置信下限，以保证总体水平。

(2) 规定单元极限值不得超出给定值，防止局部隐患。

(3)规定扣分界限以区分质量优劣。

压实度检验评定要求 表 2-6

工程项目类型			规定值		检查方法和频率	权值
			高速、一级公路	其他公路		
填隙碎石（矿渣）	基层	代表值	—	85	灌砂法：每 200m 每车道 2 处	3
		极值	—	82		
	底基层	代表值	85	83		
		极值	82	80		
级配碎（砾）石	基层	代表值	98	98	按《公路工程质量检验评定标准》（JTG F80/1—2004）附录 B 检查，每 200m 每车道 2 处	3
		极值	94	94		
	底基层	代表值	96	96		
		极值	92	92		
石灰土（或）水泥土，石灰、粉煤灰土	基层	代表值	—	95	按《公路工程质量检验评定标准》（JTG F80/1—2004）附录 B 检查，每 200m 每车道 2 处	3
		极值	—	91		
	底基层	代表值	95	93		
		极值	91	89		
石灰稳定粒料	基层	代表值	—	97	按《公路工程质量检验评定标准》（JTG F80/1—2004）附录 B 检查，每 200m 每车道 2 处	3
		极值	—	93		
	底基层	代表值	96	95		
		极值	92	91		
水泥（或石灰、粉煤灰）稳定粒料	基层	代表值	98	97	按《公路工程质量检验评定标准》（JTG F80/1—2004）附录 B 检查，每 200m 每车道 2 处	3
		极值	94	93		
	底基层	代表值	96	95		
		极值	92	91		
沥青混凝土面层或沥青碎（砾）石面层			试验标准密度的 96%（*98%）；最大理论密度的 92%（*94%）；试验段密度的 98%（*99%）		按《公路工程质量检验评定标准》（JTG F80/1—2004）附录 B 检查，每 200m 每车道 1 处	3

注：表内压实度可选用其中的 1 个或 2 个标准评定，选用两个标准时，以合格率低的作为评定结果。带 * 号者是指 SMA 路面，其他为普通沥青混凝土路面。

检验评定段的压实度代表值 K_1（算术平均值的下置信界限）为：

$$K_1 = \overline{K} - S \cdot t_a / \sqrt{n} \geqslant K_0 \tag{2-22}$$

式中：$\overline{K}$——检验评定路段内各测点压实度的平均值；

t_a——t 分布中随测点数和保证率（或置信度 β）而变的系数（查 t 分布概率系数表）；高速公路、一级公路：基层、底基层为 99%，面层为 95%，$\alpha = 0.05$；其他公路：基层、底基层为 95%，面层为 90%，$\alpha = 0.10$；

S——检测值的标准差；

n——检测点数；

K_0——压实度标准值。

1. 基层、底基层

当 $K_i \geqslant K_0$，且单点压实度 K_i 全部大于等于规定值减 2 个百分点时，评定路段的压实度合格率为 100%；当 $K_i \geqslant K_0$，且单点压实度 K_i 全部大于等于规定极值时，按测定值不低于规定值减 2 个百分点的测点数计算合格率；当 $K_i < K_0$，或某一单点压实度 K_i 小于规定值时，该评定路段压实度为不合格，相应分项工程评为不合格。

2. 沥青面层

当 $K_i \geqslant K_0$，且全部测点大于等于规定值减 1 个百分点时，评定路段的压实度合格率为 100%；当 $K_i \geqslant K_0$，按测定值不低于规定值减 1 个百分点的测点数计算合格率；$K_i < K_0$ 或某一测点小于规定值时，评定路段压实度为不合格，相应分项工程评为不合格。

四、路面平整度检测

路面平整度是评定路面使用质量、施工质量及现有路面破坏程度的重要指标。它直接关系到行车安全性、舒适性以及营运经济性，并影响着路面的使用年限。

路面平整度的检测设备分为断面类和反应类两大类。断面类检测设备是测定路面表面凸凹情况的一种仪器，如最常用的 3m 直尺及连续式平整度仪；国际平整度指数（IRI）便是以此为基准建立的，这是平整度最基本的指标。反应类检测设备是测定由于路面凹凸不平引起车辆颠簸的情况，这是衡量驾驶员和乘客直观感受的平整度指标；因此，它实际上是舒适性能指标。最常用的是车载式颠簸累积仪。现已有更新的自动测试设备，如纵断面分析仪、路面平整度数据采集系统测定车等。

水泥混凝土路面和沥青路面平整度检测设备的比较见表 2-7；现行规范对面层、基层、底基层的平整度要求见表 2-8。

平整度测试方法比较 表 2-7

方法	特点	技术指标
3m 直尺	设备简单，结果直观，间断测试，工作效率低，反应凸凹程度	3m 直尺与面层最大间隙 h(mm)
连续式平整度仪	设备较复杂，连续测试，工作效率高，反应凸凹程度	平整度仪测定的标准差 σ(mm)
颠簸累积仪	设备复杂，连续测试，工作效率高，反应舒适性	单向累计值 VBI(cm/km)

具体操作详见《公路路基路面现场测试规程》（JTG E60—2008）。

面层、基层、底基层的平整度要求 表 2-8

结构类型	规定值或允许偏差						检查方法与频率	权值
	3m 直尺：最大间隙(mm)				平整度仪：标准偏差(mm)			
	高速、一级公路		其他公路		高速、一级公路	其他公路		
	基层	底基层	基层	底基层				
水泥混凝土面层	—	—	5.0	—	1.2(2.0)	2.0(3.2)	3m 直尺：每 200m 测两处 × 10 尺（水泥混凝土面层为半幅车道板带）；平整度仪：全线每车道连续按每 100m 计算 σ 或 IRI	2
沥青混凝土面层	—	—	5.0	—	1.2(2.0)	2.5(4.2)		
沥青碎石面层	—	—	5.0	—	1.2(2.0)	2.5(4.2)		3
沥青贯入式面层	—	—	8.0	—	—	3.5(5.8)		

续上表

结构类型	规定值或允许偏差						检查方法与频率	权值
	3m 直尺:最大间隙(mm)				平整度仪:标准偏差(mm)			
	高速、一级公路		其他公路		高速、一级公路	其他公路		
	基层	底基层	基层	底基层				
沥青表面处治面层	—	—	10	—	—	4.5(7.5)	3m 直尺:每 200m 测两处 × 10 尺(水泥混凝土面层为半幅车道板带);平整度仪:全线每车道连续按每 100m 计算 σ 或 IRI	2
水泥土基层,底基层	—	12	12	15	—	—		
水泥稳定土粒料基层、底基层	8	12	12	15	—	—		
石灰土基层、底基层	—	12	12	—	—	—		
石灰、粉煤灰土基层、底基层	—	12	12	15	—	—		
石灰、粉煤灰稳定粒料基层、底基层	8	12	12	15	—	—		
级配碎石基层、底基层	8	12	12	15	—	—		
填隙碎石矿渣基层、底基层	—	12	12	15	—	—		

注:括号中的数值为国际平整度指数 IRI(m/km)。

五、路面抗滑性能检测

通常抗滑性能被看作是路面的表面特性,并用轮胎与路面间的摩阻系数来表示。表面特性包括路表面微观构造(通常用石料磨光值 PSV 表示)和宏观构造(用构造深度 A 表示)。影响抗滑性能的因素有路面表面特性、路面潮湿程度和行车速度。

抗滑性能测试方法有:构造深度测试法(手工铺砂法、电动铺砂法、激光构造深度仪法)、摆式仪法、横向力系数测试法等。各方法的特点和测试指标如表 2-9 所示。

路面抗滑性能测试方法比较 表 2-9

测试方法	测试指标	原理	特点及适用范围
制动距离法	摩阻系数 f	以一定速度在潮湿路面上行驶的 4 轮小客车或轻货车,当 4 个车轮被制动时,测试出从车辆减速滑移到停止的距离,运用动力学原理,算出摩擦系数	测试速度快,必须中断交通
摆式仪法	摩擦摆值 BPN	摆式仪的摆锤底面装一橡胶滑块,当摆锤从一定高度自由下摆时,滑块面同试验表面接触。由于两者间的摩擦而损耗部分能量,使摆锤只能回摆到一定高度。表面摩擦阻力越大,回摆高度越小(即摆值越大)	定点测量,原理简单,不仅可以用于室内,而且可用于野外测试沥青路面及水泥混凝土路面的抗滑值
手工铺砂法 电动铺砂法	构造深度 TD (mm)	将已知体积的砂,摊铺在所要测试路表的测点上,量取摊平覆盖的面积。砂的体积与所覆盖平均面积的比值,即为构造深度	定点测量,原理简单,便于携带,结果直观。适用于测定沥青路面及水泥混凝土路面表面构造深度,用以评定路面表面的宏观粗糙度、排水性能及抗滑性

续上表

测试方法	测试指标	原　　理	特点及适用范围
激光构造深度测试法	构造深度 TD (mm)	中子源发射的许多束光线，照射到路表面的不同深度处，用 200 多个二极管接收返回的光束，利用二极管被点亮的时间差算出所测路面的构造深度	测试速度快，适用于测定沥青路面干燥表面的构造深度，用以评价路面抗滑及排水能力，但不适用于较多坑槽、显著不平整或裂缝过多的路段
摩擦系数测定车测定路面横向力系数	横向力系数 SFC	测试车上安装有两只标准试验轮胎，它们对车辆行驶方向偏转一定的角度。汽车以一定速度在潮湿路面上行驶时，试验轮胎受到侧向摩阻作用。此摩阻力除以试验轮上的载重，即为横向力系数	测试速度快，用于以标准的摩擦系数测试车测定沥青或水泥混凝土路面的横向力系数，结果可作为竣工验收或使用期评定路面抗滑能力使用

路面的抗滑摆值是指用标准的手提式摆式摩擦系数测定仪测定路面在潮湿条件下对摆的摩擦阻力。路表构造深度是指一定面积路表面凹凸不平的开口孔隙的平均深度。路面横向摩擦系数是指用标准的摩擦系数测定车测定，当测定轮与行车方向成一定角度且以一定速度行驶时，轮胎与潮湿路面之间的摩擦阻力与试验轮上荷载的比值。

高速公路、一级公路的路面应具有良好的抗滑性能，其沥青路面抗滑性能应符合表 2-10 的要求，二级及三级公路应根据各路段的具体情况采取必要的技术措施，以提高路面抗滑性能。在设计高速公路、一级公路的沥青表面层时，应选用抗滑、耐磨石料，其石料磨光值应大于 42。高速公路、一级公路的摩擦系数宜在竣工后第一个夏季采用摩擦系数测定车，以 50 ± 1km/h 的车速测定横向力系数（SFC）；宏观构造深度应在竣工后第一个夏季用铺砂法或激光构造深度仪测定，此时的测定值应符合表 2-10 规定的竣工验收值的要求。

对于水泥混凝土路面抗滑标准用构造深度表示：对高速公路、一级公路，构造深度 TD 不小于 0.7mm 且不大于 1.1mm，对于其他公路：TD 为不小于 0.5mm 且不大于 1.0mm。

沥青路面抗滑性能标准　　表 2-10

公路等级	竣工验收值		
	横向力系数	摩擦摆值 BPN	构造深度 TD(mm)
高速公路、一级公路	≥54	≥45	≥0.55

六、路面回弹弯沉检测

路面弯沉是汽车车轮荷载作用下路面表面产生的垂直变形值，它是反映路面整体抗压强度的一个综合指标。目前我国沥青路面设计方法采用的设计指标之一是路表回弹弯沉，并规定了双轮胎轮隙中心处路面表面最大回弹弯沉值应不大于交工验收弯沉值。在施工控制及施工验收中,，用到了交工验收弯沉值；在旧路的补强设计中，回弹弯沉值也是反映旧路强度的一个很重要的基本参数。在水泥混凝土路面中，弯沉检测用于接缝传荷能力和脱空的分析评定，所以正确地进行弯沉测试具有重要的意义。

路面在车轮作用下产生沉降，其总变形值等于总弯沉值。当车轮荷载卸除后，路面便向上回弹，其回弹变形值便是回弹弯沉值。总弯沉值与回弹弯沉之差便是残余弯沉。一般总弯沉比回弹弯沉大，表明路面除了产生弹性变形外还产生塑性变形；若总弯沉等于回弹弯沉，表明路面是完全弹性体；总弯沉小于回弹弯沉，表明路面产生隆起的塑性变形。

1. 关于弯沉值的几个基本概念

(1)弯沉

弯沉是指在规定的标准轴载作用下,路基和路面表面轮隙位置产生的总垂直变形(总弯沉)或垂直回弹变形(回弹弯沉),以0.01mm为单位。

(2)设计弯沉值

根据设计年限内一个车道上预测通过的累计当量轴次(N_e)、公路等级系数(A_c)、面层类型系数(A_s)和基层类型系数(A_b)而确定的路面弯沉设计值(L_d)。

$$l_d = 600 \cdot N_e^{-0.2} \cdot A_c A_s A_b \tag{2-23}$$

高等级高速公路路基顶面的回弹弯沉,由设计单位根据设计的土基回弹模量、所建高等级公路相同土质的路基的回弹模量和弯沉的关系综合确定。

(3)交工验收弯沉值

竣工验收弯沉值是检验路面是否达到设计要求的指标之一。当路面厚度计算以设计弯沉为控制指标时,则验收弯沉值小于等于设计弯沉值;当厚度计算以层底拉应力为控制指标时,应根据拉应力计算所得的结构厚度,重新计算路面弯沉值,该弯沉值即为竣工验收弯沉值。

2. 主要的弯沉测试方法

(1)贝克曼梁法

此法是一种传统方法,速度慢,静态测试,比较成熟,目前属于标准方法。

(2)自动弯沉仪法

利用贝克曼梁原理快速测定,属于静态测试范畴,但测定的是总弯沉,因此使用时应用贝克曼梁进行标定换算。

(3)落锤式弯沉仪法

近年来日本、丹麦等国研制了动力式落锤弯沉仪,并以量测冲击荷载作用下路面表面的弯沉,它可模拟快速行车对路面的弯沉效应。利用重锤自由落下的瞬间产生的冲击荷载测定弯沉,属于动态弯沉,并能反算路面的回弹模量,快速连续,使用时应用贝克曼梁进行标定换算。弯沉测量的目的:一是利用弯沉仪量测路面表面在标准轴载作用下的轮隙回弹弯沉值,用作评定路面强度的指标;二是通过对路面结构分层测定所得的回弹弯沉值,根据弹性体系垂直位移理论解,反算路面各结构层的材料回弹模量值。

思考题

1. 路面各结构层测量的任务是什么?

2. 简述钢尺测距的方法。

3. 简述水准仪按照精度可分为哪几类?

4. 简述利用水准仪检测时,可分为几个操作步骤?各个操作的具体内容是什么?

5. 简述路线中桩及边桩的放样方法。

6. 路面质量检测中,压实度检测采用什么方法?检测结果如何评定?

第三章　路面原材料技术要求

学习目标

熟悉路面原材料的材料性能和质量要求。

本章重点

无机结合料、集料、填料及沥青性能及质量要求。

本章难点

无机结合料及沥青材料的性能与质量要求。

第一节　无机结合材料

在路面工程中，常用到的结合料根据其材料的化学成分可分为无机结合料和有机结合料两大类。有机结合料主要是指沥青类材料，如石油沥青、煤沥青等；无机结合料则主要指水泥、石灰和粉煤灰。

一、水　　泥

水泥是制造各种形式的混凝土、钢筋混凝土和预应力钢筋混凝土构筑物的最基本的组成材料，广泛用于建筑、道路、水利和国防工程中，素有“建筑业的粮食”之称。水泥加水拌和后，经过物理—化学反应过程能由可塑性浆体变为坚硬的石状体，它不仅能在空气中硬化，而且能很好地在水中硬化，保持并继续发展其强度，因此，水泥属于水硬性胶凝材料。

水泥的品种很多，按化学成分可分为硅酸盐、铝酸盐、硫铝酸盐等多种系列水泥，其中应用最广为硅酸盐系列水泥。

硅酸盐系列水泥按其性能和用途，分为常用水泥和特种水泥。常用水泥是指大量用于一般土木建筑工程中的水泥，包括硅酸盐水泥、普通水泥、矿渣水泥、火山灰水泥、粉煤灰水泥、复合水泥等；特种水泥是指具有独特的性能，用于各类有特殊要求的工程中的水泥。

我国常用水泥的主要品种有硅酸盐水泥（分 I 型、II 型，代号为 P·I、P·II），普通硅酸盐水泥（简称普通水泥，代号 P·O），矿渣硅酸盐水泥（简称矿渣水泥，代号 P·S），火山灰质硅酸盐水泥（简称火山灰水泥，代号 P·P），粉煤灰硅酸盐水泥（简称粉煤灰水泥，代号 P·F）和复合硅酸盐水泥（简称复合水泥，代号 P·C）等。

（一）水泥的生产

常用水泥的生产有两大步骤：由生料烧制成硅酸盐水泥熟料和磨制硅酸盐系列水泥成品，其生产过程可概括为“两磨一烧”，如图 3-1 所示。

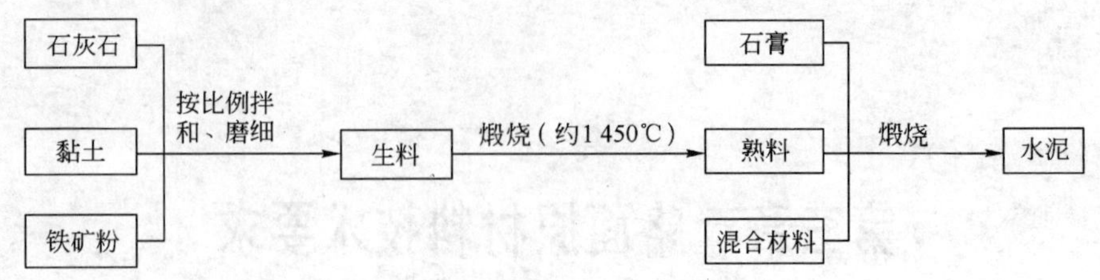

图 3-1 常用水泥主要生产流程

1. 水泥熟料的烧制

烧制硅酸盐水泥熟料的原材料主要是：提供 CaO 的石灰质原料，如石灰石、白垩等。提供 SiO_2、Al_2O_3 和少量 Fe_2O_3 的黏土质原料，如黏土、页岩等。此外，有时还配入铁矿粉等辅助原料。将上述几种原材料按适当比例混合后在磨机中磨细，制成生料，再将生料入窑进行煅烧，即制成黑色球状的水泥熟料。

硅酸盐水泥熟料主要由四种矿物组成，其名称、含量范围如下：

（1）硅酸三钙（$3CaO \cdot SiO_2$，简写为 C_3S），含量 36% ~60%。

（2）硅酸二钙（$2CaO \cdot SiO_2$，简写为 C_2S），含量 15% ~37%。

（3）铝酸三钙（$3CaO \cdot Al_2O_3$，简写为 C_3A），含量 7% ~15%。

（4）铁铝酸四钙（$4CaO \cdot Al_2O_3 \cdot Fe_2O_3$，简写为 C_4AF），含量 10% ~18%。

前两种矿物称硅酸盐矿物，一般占总量的 75% ~82%。

2. 磨制水泥成品

磨制水泥成品时的原材料包括水泥熟料、石膏和混合材料。用于水泥中的石膏一般是有水石膏或无水石膏。

用于水泥中的混合材料分为活性混合材料和非活性混合材料两大类。

活性混合材料是指那些与石灰、石膏一起，加水拌和后在常温下能形成水硬性胶凝材料的混合材料。活性混合材料中的主要活性成分为活性氧化硅和活性氧化铝。水泥生产中常用的活性混合材料有粒化高炉矿渣、火山灰质混合材料和粉煤灰等。

非活性混合材料是指不具活性或活性较低的人工或天然的矿物质，如石英砂、石灰石、黏土及不符合质量标准的活性混合材料等。它们掺入水泥中仅起调节水泥性质、降低水化热、降低强度等级和增加产量的作用。

把水泥熟料、适量石膏分别和不同种类、数量的混合材料混合在一起磨细，即可制成六七种常用水泥，各种常用水泥的组成见表 3-1。

我国常用水泥品种与组成 表 3-1

水泥品种	水泥代号	水泥组成		
		熟料	石膏	混合材料
Ⅰ型硅酸盐水泥	P·Ⅰ	硅酸盐水泥熟料 95% ~98%	天然石膏或工业副产石膏适量*（控制 SO_3 含量小于 3.5%）	不掺
Ⅱ型硅酸盐水泥	P·Ⅱ	硅酸盐水泥熟料 90% ~97%		掺加不超过水泥质量 5% 的石灰石或粒化高炉矿渣混合材料
普通硅酸盐水泥（简称普通水泥）	P·O	硅酸盐水泥熟料 80% ~92%		按质量比掺 6% ~15% 混合材料。掺活性混合材料时，最大掺和量不得超过 15%，其中允许用不超过水泥质量 5% 的窑灰或不超过水泥质量 10% 的非活性混合材料代替，非活性混合材料不得超过水泥质量的 10%

续上表

水泥品种	水泥代号	水泥组成		
		熟料	石膏	混合材料
矿渣硅酸盐水泥（简称矿渣水泥）	P·S	硅酸盐水泥熟料 25%～78%	天然石膏或工业副产石膏适量*（控制 SO_3 含量小于4.0%）	粒化高炉矿渣掺量按质量比为20%～70%，允许用石灰石、窑灰和火山灰质混合材料中的一种材料代替矿渣，代替数量不得超过水泥质量的8%，替代后水泥中粒化高炉矿渣不得少于20%
火山灰质硅酸盐水泥（简称火山灰水泥）	P·P	硅酸盐水泥熟料 45%～78%	天然石膏或工业副产石膏适量*（控制 SO_3 含量小于3.5%）	火山灰质混合材料掺加量按质量百分比计为20%～50%
粉煤灰硅酸盐水泥（简称粉煤灰水泥）	P·F	硅酸盐水泥熟料 55%～78%		粉煤灰掺量按质量百分比计为20%～40%
复合硅酸盐水泥（简称复合水泥）	P·C	硅酸盐水泥熟料 45%～83%		掺两种或两种以上混合材料，总掺量按质量百分比为15%～50%，允许用不超过8%的窑灰代替部分混合材料，掺矿渣时，混合材料掺量不得与矿渣水泥重复

注：一般水泥中石膏掺量为2%～5%。

（二）常用水泥的特性

1. 硅酸盐水泥

凡由硅酸盐水泥熟料、不超过水泥质量5%的石灰石或粒化高炉矿渣以及适量石膏磨细制成的水硬性胶凝材料，称为硅酸盐水泥。

1）硅酸盐水泥熟料的矿物成分

（1）C_3S。C_3S 是硅酸盐水泥熟料的主要矿物，其含量通常为50%左右。C_3S 水化较快，粒径为40～50μm 的 C_3S 颗粒水化28d后，其水化程度可达70%左右，所以，C_3S 强度发展较快，早期强度高，且强度增长快，28d 强度可达一年强度的70%～80%。就28d或一年的强度来说，在4种矿物中最高。C_3S 水化凝结时间正常，水化热较高，其水化产物对水泥早期强度和后期强度起主要作用。

（2）C_2S。C_2S 在熟料中含量一般为20%左右，是硅酸盐水泥熟料的主要矿物之一。C_2S 水化较慢，28d龄期仅水化20%左右，凝结硬化缓慢，早期强度较低；但28d以后强度仍能较快增长；在一年后，其强度可以超过 C_3S。C_2S 水化热较小，其水化产物对水泥早期强度贡献较小，但对后期强度起重要作用，且耐化学腐蚀性和耐干缩性较好。

（3）C_3A。熟料中 C_3A 含量在7%～15%之间。C_3A 水化迅速，放热量大，凝结时间很快，如不加石膏作缓凝剂，易使水泥速凝。C_3A 硬化也很快，它的强度3d就大部分发挥出来，故早期强度较高，但绝对值不高，以后几乎不再增长，甚至倒缩。C_3A 含量高的水泥浆体干缩变形大，抗硫酸盐侵蚀性能差。

（4）C_4AF。熟料中 C_4AF 含量在10%～18%之间。C_4AF 的水化速度在早期介于 C_3A 与 C_3S 之间，但随后的发展不如 C_3S。它的强度类似 C_3A，但后期还能不断增长，类似于 C_2S。C_4AF 的抗冲击性能和抗硫酸盐性能较好，水化热较 C_3A 低，强度较低，但对水泥抗折强度起重要作用。

上述矿物的特性归纳于表 3-2，它们的强度发展情况如图 3-2 所示。

硅酸盐水泥熟料矿物的基本特性 表 3-2

矿物	强度		水化凝结硬化速率	水化热	耐化学侵蚀性	干缩性
	早期	后期				
C_3S	良	良	较快	中	中	中
C_2S	差	优	慢	低	良	小
C_3A	良	中	快	高	差	大
C_4AF	良	中	较快	中	优	小

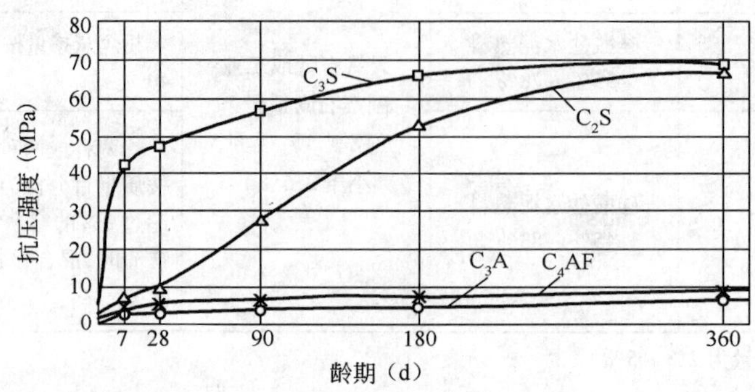

图 3-2 水泥熟料在硬化时的强度增长曲线

2）硅酸盐水泥主要特性

硅酸盐水泥中即使有混合材料，掺量也很少，因此硅酸盐水泥的特性基本上由水泥熟料特性决定。

（1）水化、凝结硬化快，强度高，尤其是早期强度高。硅酸盐水泥熟料中各矿物单独与水发生作用，将进行如下水化反应。

$2(3CaO \cdot SiO_2) + 6H_2O \longrightarrow 3CaO\ 2SiO_2 \cdot 3H_2O$（水化硅酸钙）$+ 3Ca(OH)_2$（氢氧化钙）

$2(2CaO \cdot SiO_2) + 4H_2O \longrightarrow CaO \cdot 2SiO_2 \cdot 3H_2O + Ca(OH)_2$

$3CaO \cdot Al_2O_3 + 6H_2O \longrightarrow 3CaO \cdot Al_2O_3 \cdot 6H_2O$（水化铝酸三钙）

$4CaO \cdot Al_2O_3 \cdot Fe_2O_3 + 7H_2O \longrightarrow 3CaO \cdot Al_2O_3 \cdot 6H_2O + CaO \cdot Fe_2O_3 \cdot H_2O$（水化铁酸钙）

充分水化的水泥浆体中，主要水化产物为水化硅酸钙凝胶，约占 70%；氢氧化钙结晶约占 20%；水化铝酸三钙凝胶和水化铁酸钙凝胶约占 7%；其余是未水化的水泥和次要组分。水泥作为多种矿物的集合体，水化时各矿物之间会互相影响。因此，水泥的水化反应过程及结果比较复杂。硅酸盐水泥与水拌和后的水化、凝结硬化可简化为如图 3-3 所示的过程。水泥加水拌和后，分散在水中的水泥颗粒开始与水发生水化反应，在水泥颗粒表面逐渐形成水化物膜层，此阶段的水泥浆既有可塑性又有流动性。随着水化反应的发展，膜层长厚并互相连接，浆体逐渐失去流动性，产生“初凝”，继而完全失去可塑性，并开始产生结构强度，即为“终凝”。水化反应进一步发展，水化产物不断填充毛细孔，水泥浆体逐渐转变为具有一定强度的水泥石固体，即为“硬化”。由于硅酸盐水泥熟料四种主要矿物中，C_3A 的水化、凝结和硬化很快，因此，若水泥中无石膏存在时，C_3A 会使水泥瞬间产生凝结。为了控制 C_3A 的水化和凝结硬化速度，就必须在水泥中掺入适量石膏。这样，C_3A 水化后的产物将与石膏反应，在水泥颗粒表面生成难溶于水的钙矾石（$3CaO \cdot SiO_2 \cdot 3CaSO_4$），阻碍 C_3A 水化，从而起到延缓水泥凝结的作用。不过,石膏掺量不能过多,否则不仅缓凝作用不大,而且还会引起水泥的体积安定性不良。在上述的水泥水化过程中,若忽略一些次要和少量的成分,硅酸盐水泥与水作用后生成的主要水化产物一般认为是:水化硅酸钙和水化铁酸钙凝胶、氢氧化钙、水化铝酸钙和水化硫铝酸钙晶体。

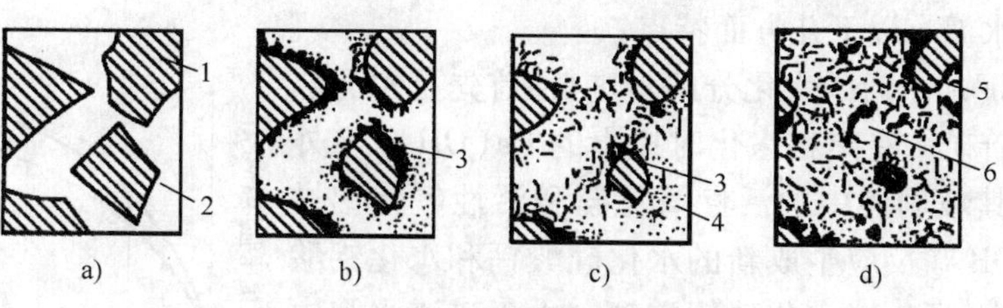

图 3-3　水泥凝结硬化过程示意图

a)分散在水中未水化的水泥颗粒;b)在水泥颗粒表面形成水化物膜层;c)膜层长大并相互连接(凝结);d)水化物进一步发展填充毛细孔

1-水泥颗粒;2-水分;3-凝胶;4-晶体;5-水泥颗粒的未水化内核;6-毛细孔

硅酸盐水泥中 C_3S 的含量高,有利于 28d 内的强度快速增长,同时较多的 C_3A 也有益于水泥石 1~3d 或稍长时间内的强度增长。C_2S 的强度发挥有益于硅酸盐水泥后期强度的增长。因此,硅酸盐水泥适宜配制高强混凝土及适用于要求早期强度高的混凝土。

(2)水化热大。水泥的水化反应为放热反应,水化过程放出的热量称为水泥的水化热。硅酸盐水泥的 C_3S 和 C_3A 含量高,所以水化热大,放热周期长。一般水化 3d 的放热量约为总水化热的 50%,7d 为 75%,3 个月达 90%,故硅酸盐水泥不宜在大体积工程中应用。

(3)耐腐蚀性差。硅酸盐水泥的抗侵蚀性在六大常用水泥中是最差的,但与钢材、木材相比,其耐腐蚀性能还是较好的。硅酸盐水泥硬化后(水泥石),在一般使用条件下有较高的耐久性。可是,在淡水、酸与酸性水和硫酸盐溶液等有害的环境介质中,则会发生各种物理—化学作用,导致强度降低,甚至破坏。

水泥石受侵蚀破坏的另一种典型现象,是水泥石中的 $Ca(OH)_2$ 与环境介质中的硫酸盐发生反应,生成硫酸钙($CaSO_4$),$CaSO_4$ 将和水泥石中的水化铝酸钙反应生成钙矾石,钙矾石比原体积增加 1.5 倍以上,因此会对水泥石造成极大的膨胀破坏作用。

水泥石的腐蚀往往是几种侵蚀的同时作用,互相影响结果。产生水泥石腐蚀的根本原因为:外部存在侵蚀介质;内部因为水泥石中存在易被腐蚀的 $Ca(OH)_2$ 和水化铝酸钙,以及水泥石本身不密实,很多侵蚀性介质易于进入内部的毛细孔道,从而使钙离子流失,水泥石受损,胶结力降低;有膨胀性产物形成,引起胀裂破坏。

硅酸盐水泥熟料含量高,所以水化产物中 $Ca(OH)_2$ 和水化铝酸钙的含量多,因此抗侵蚀性差,不宜在有腐蚀性介质的环境中使用。

(4)抗冻性好、干缩小。硅酸盐水泥中混合材料的含量或为零或极少,同样强度下所需水灰比较小,所以硅酸盐水泥硬化形成的水泥石较密实,抗冻性优于其他常用水泥,干缩也较小。

(5)耐热性差。硅酸盐水泥硬化水泥石的主要水化产物在高温下会发生脱水和分解,使结构遭到破坏。所以,其耐高温性较其他几种水泥差。

2. 普通水泥

普通水泥中混合材料的掺加量较少,其矿物组成的比例与硅酸盐水泥相似,所以普通水泥的性能、应用范围与同强度等级的硅酸盐水泥相近。由于普通水泥中掺入少量混合材料的主要作用是调节水泥的强度等级,因此它的强度等级比硅酸盐水泥多了 32.5 和 32.5R 两个等级，同时少了62.5和62.5R两个等级。与硅酸盐水泥相比，普通水泥的早期凝结硬化速度略微慢些，3d强度稍低，其他如抗冻性及耐磨性等也稍差些。

3. 矿渣水泥

矿渣水泥中熟料的含量比硅酸盐水泥少，掺入的粒化高炉矿渣量比较多，因此，与硅酸盐水泥相比，矿渣水泥有以下几方面特点：

(1)矿渣水泥加水后的水化分两步进行：首先是水泥熟料颗粒水化，接着矿渣受熟料水化时析出的$Ca(OH)_2$及外掺石膏的激发，其玻璃体中的活性氧化硅和活性氧化铝进入溶液，与$Ca(OH)_2$反应生成新的水化硅酸钙和水化铝酸钙，因为石膏存在，还生成水化硫铝酸钙。由于矿渣水泥中熟料的含量相对减少，而且水化分两步进行，因此凝结硬化慢，早期(3d、7d)强度低。但二次反应后生成的水化硅酸钙凝胶逐渐增多，所以其后期(28d后)强度发展较快，将赶上甚至超过硅酸盐水泥(见图3-4)。

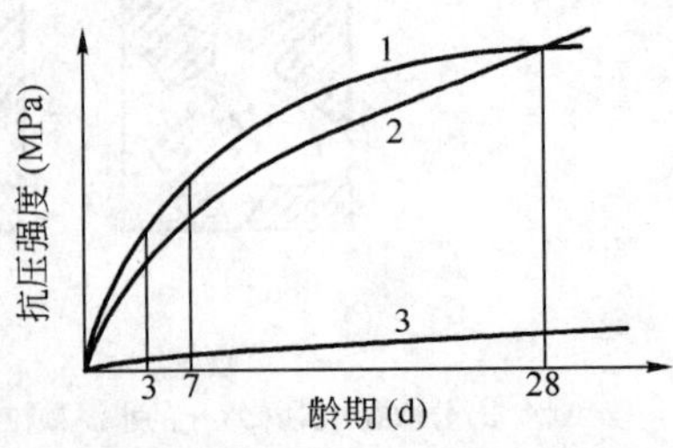

图3-4 矿渣水泥与硅酸盐水泥强度增长情况对比

1-硅酸盐水泥；2-矿渣水泥；3-粒化矿渣

(2)矿渣水泥中熟料的减少，使水化时发热量高的C_3S和C_3A含量相对减少，故水化热较低，可在大体积混凝土工程中优先选用。

(3)矿渣水泥水化产物中$Ca(OH)_2$含量少，碱度低，抗碳化能力较差，但抗溶出性侵蚀及抗硫酸盐侵蚀的能力较强。

(4)矿渣颗粒亲水性较小，故矿渣水泥保水性较差，泌水性较大，容易在水泥石内部形成毛细通道，增加水分蒸发。因此，矿渣水泥干缩性较大，抗渗性、抗冻性和抗干湿交替作用的性能均较差，不宜用于有抗渗要求的混凝土工程中。

(5)矿渣水泥的水化产物中$Ca(OH)_2$含量低，而且矿渣本身是水泥的耐火掺料，因此其耐热性较好，可用于耐热混凝土工程中。

(6)矿渣水泥水化硬化过程中，对环境的温度、湿度条件较为敏感。低温下凝结硬化缓慢，但在湿热条件下强度发展很快，故适于采用蒸汽养护。

4. 火山灰水泥

火山灰水泥和矿渣水泥在性能方面有许多共同点，如水化反应分两步进行，早期强度低，后期强度增长率较大，水化热低，耐蚀性强，抗冻性差，易碳化等。

由于火山灰水泥在硬化过程中的干缩较矿渣水泥更为显著，在干热环境中易产生干缩裂缝。因此，使用时须加强养护，使其在较长时间内保持潮湿状态。由于水化硅酸钙抗碳化能力差，易使水泥石表面产生“起粉”现象，因此火山灰水泥不宜用于干燥环境中的地上工程。

火山灰水泥颗粒较细，泌水性小，故具有较高抗渗性，宜用于有抗渗要求的混凝土工程中。

5. 粉煤灰水泥

粉煤灰本身就是一种火山灰质混合材料，因此，粉煤灰水泥实质上就是一种火山灰水泥，其水化硬化过程及其他诸方面性能与火山灰水泥极为相似。

粉煤灰水泥的主要特点是干缩性较小，甚至比硅酸盐水泥和普通水泥还小，因而抗裂性较好。

另外，粉煤灰颗粒较致密，且呈球形，故吸水少，所以粉煤灰水泥的需水量小，配制成的混凝土和易性较好。

6. 复合水泥

复合水泥中含有两种或两种以上规定的混合材料，因此复合水泥的特性与其所掺混合材料的种类、掺量及相对比例有密切关系。其特性与矿渣水泥、火山灰水泥、粉煤灰水泥有不同程度的相似之处。

(三)常用水泥的技术性质

根据国家标准《硅酸盐水泥、普通硅酸盐水泥》(GB 175—1999)对常用的硅酸盐水泥技术性质要求如下：

1. 细度

水泥的细度是指水泥颗粒的粗细程度，它直接影响水泥的性能和使用。水泥颗粒越细，水泥与水接触面积越大，水化越充分，水化速度越快。所以相同矿物组成的水泥，其细度愈大，早期强度愈高，凝结速度愈快，析水量减少。

试验研究表明，水泥颗粒粒径在45μm以下，才能充分水化，在75μm以上，水化则不完全。水泥细度提高，可使水泥混凝土的强度提高，工作性能得到改善，但在空气中的硬化收缩性增大，使混凝土发生裂缝的可能性增加。此外，细度提高导致粉磨能耗增加，成本提高。水泥的细度可用下列方法表示：

(1)筛析法

以80μm方孔筛上的筛余量百分率表示。我国的现行标准《水泥细度检验方法》(GB/T 1345—2005)规定，筛析法分为负压筛法和水筛法两种，当两者有争议时，以负压筛法为准。

(2)比表面积法

以每千克水泥总表面积(m^2/kg)表示。我国现行标准规定，比表面积测定采用勃压透气法。

国家标准《硅酸盐水泥、普通硅酸盐水泥》(GB 175—1999)中规定，硅酸盐水泥比表面积应大于$300m^2/kg$，普通硅酸盐水泥在80μm方孔筛上的筛余量不得超过10%。

2. 水泥净浆标准稠度

为使水泥凝结时间和安定性的测定结果具有可比性，在此两项测定时必须采用标准稠度的水泥净浆。我国标准规定，水泥净浆稠度采用维卡仪测定，以试杆沉入深度为6mm±1mm时的净浆为“标准稠度”，此时的用水量为标准稠度用水量。

3. 凝结时间

凝结时间是水泥从加水开始，到水泥浆失去可塑性所需的时间。凝结时间分为初凝时间和终凝时间。初凝时间是从水泥加水到水泥浆开始失去塑性的时间；终凝时间是从水泥加水到水泥浆完全失去塑性的时间。

《硅酸盐水泥、普通硅酸盐水泥》(GB 175—1999)规定，硅酸盐水泥的初凝时间不得早于45min，其终凝时间不得迟于6.5h。凡初凝时间不符合国家标准规定者为废品，终凝时间不符合国家标准规定者为不合格品。

水泥凝结时间用凝结时间测定仪进行测定。试样用标准稠度水泥净浆，温度控制在20℃±3℃，湿度>90%。水泥熟料矿物成分不同时，其标准稠度用水量亦有所不同，水泥磨得越细，标准稠度用水量越大。硅酸盐水泥的标准稠度用水量，一般在24%~30%之间。

水泥的凝结时间在施工中具有重要意义。初凝不宜过快，是为了保证有足够的时间在初凝之前完成混凝土成型等各工序的操作；终凝不宜过迟，是为了使混凝土在浇筑完毕后能尽早完成凝结硬化，以利于下一道工序及早进行。

4. 体积安定性

水泥的体积安定性是指水泥在凝结硬化的过程中,其体积变化的均匀性。如果水泥在凝结硬化过程中产生均匀的体积变化,则其体积安定性合格,否则为体积安定性不良。水泥的体积安定性不良,会使水泥制品混凝土构件产生膨胀性裂缝,影响工程质量,甚至引起严重的工程事故。因此,凡是体积安定性不良的水泥均作为废品处理,不能用于工程中。

水泥体积安定性不良的原因,主要是由于水泥熟料中含有过多的游离氧化钙和游离氧化镁,或掺加了过量的石膏。熟料中所含的游离氧化钙、游离氧化镁和石膏,在凝结硬化的过程中均会产生过大的体积膨胀,造成水泥石开裂。

国家标准规定,水泥的体积安定性可采用沸煮法检验。沸煮法又包括试饼法和雷氏法两种。试饼法是将标准稠度的水泥做成试饼,在水中沸煮3h,用肉眼观察其表面是否有裂纹,用直尺检查是否有翘曲现象,两者均无的水泥称为安定性合格。雷氏法是测定水泥浆在雷氏夹中沸煮硬化后的膨胀值,其膨胀量在规定值内的为安定性合格。当试饼法和雷氏法两者结论有矛盾时,以雷氏法结论为准。

但是,沸煮法只能检验水泥熟料中游离氧化钙过多的情况,而对游离氧化镁、石膏过量不适用。因此,国家标准规定,在水泥生产中要严格控制游离氧化镁和石膏的含量,其中游离氧化镁的含量不得超过5%,三氧化硫的含量不得超过3.5%;否则,必须分别用压蒸法、水浸法进行检验。

5. 强度及强度等级

水泥的强度是指水泥胶结能力的大小,这是评价水泥质量的重要指标,也是划分水泥强度等级的依据。

按国家标准《水泥胶砂强度检验方法(ISO法)》(GB/T 17671—1999)规定,采用软练胶砂法测定水泥强度。该方法是由按质量计的一份水泥、三份中国ISO标准砂,按0.50的水灰比拌制的一组塑性胶砂,制成40mm×40mm×160mm的试件,将试件连模一起在湿润条件下养护24h,脱模后在标准温度(20℃±1℃)的水中养护,分别测定3d和28d的抗压强度和抗折强度,根据测定结果对照国家标准,确定硅酸盐水泥的强度等级。

硅酸盐水泥的强度等级,分为42.5MPa、52.5MPa、62.5MPa,其中按3d强度又分为普通型(无R)和早强型(有R)。各龄期的强度均不得低于国家标准,否则应降级使用。

对硅酸盐水泥各龄期的强度要求见表3-3。

硅酸盐水泥各龄期的强度要求 表3-3

品　种	强度等级	抗压强度(MPa)		抗折强度(MPa)	
		3d	28d	3d	28d
硅酸盐水泥	42.5	17.0	42.5	3.5	6.5
	42.5R	22.0	42.5	4.0	6.5
	52.5	23.0	52.5	4.0	7.0
	52.5R	27.0	52.5	5.0	7.0
	62.5	28.0	62.5	5.0	8.0
	62.5R	32.0	62.5	5.5	8.0

续上表

品　种	强度等级	抗压强度(MPa)		抗折强度(MPa)	
		3d	28d	3d	28d
普通水泥	32.5	11.0	32.5	2.5	5.5
	32.5R	15.0	32.5	3.5	5.5
	42.5	16.0	42.5	3.5	6.5
	42.5R	21.0	42.5	4.0	6.5
	52.5	22.0	52.5	4.0	7.0
	52.5R	26.0	52.5	5.0	7.0

6. 水泥的水化热

水泥与水接触发生水化反应时所放出的热量，称为水泥的水化热。水泥的大部分水化热是在凝结硬化的初期放出，如硅酸盐水泥，1～3d 龄期内水化放热量为总热量的 50%，7d 龄期为 75%，6 个月为 83%～91%。水化热的大小和释放速率，主要取决于水泥熟料的矿物组成、混合材料种类和数量、水泥的细度、外加剂的种类、养护条件等。一般水泥强度等级高，水化热大；水泥颗粒细，水化速度快；掺加速凝剂时，其早期水化热也多。

冬季施工，水化热有利于水泥的正常凝结硬化，防止产生冻害；而大体积混凝土施工，高水化热是不利的，容易产生温度应力裂缝。

7. 碱的含量

碱含量是指水泥中氧化钠和氧化钾的含量。近些年来，在混凝土施工中发现了许多碱集料反应，即水泥中的碱和集料中的活性二氧化硅反应，生成膨胀性的碱硅酸盐凝胶，导致混凝土开裂。因此，当使用活性骨料时，要使用低碱水泥。国家标准规定，水泥中碱总含量(按 $Na_2O + 0.658K_2O$ 计算)不得大于 0.69%，或由双方协商供应水泥。

8. 密度与堆积密度

硅酸盐水泥的密度为 3.1～3.2g/cm^3。普通硅酸盐水泥、复合硅酸盐水泥略低，矿渣硅酸盐水泥为 2.8～3.0g/cm^3。火山灰硅酸盐水泥、粉煤灰硅酸盐水泥为 2.7～2.9g/cm^3。水泥堆积密度除与矿物组成、细度有关外，主要取决于堆积的紧密程度。堆积密度为 900～1 200kg/m^3，紧密状态下可达 1 600kg/m^3。

水泥的密度、堆积密度是比较重要的两个物理指标，在进行混凝土、砂浆配合比设计和水泥储运时都必须用到。

(四)影响常用水泥性能的因素

1. 水泥组成成分的影响

水泥的组成成分及各组分的比例是影响常用水泥性能的最主要因素。一般来讲，水泥中增加混合材料含量、减少熟料含量，将使水泥的抗侵蚀性提高，水化热降低，早期强度降低；水泥中提高 C_3S、C_3A 的含量，将使水泥的凝结硬化加快，早期强度高，同时水化热也大。

2. 水泥细度的影响

水泥颗粒越细，总表面积越大，与水的接触面积就越大，因此水化迅速，凝结硬化也相应增快，早期强度也高。但水泥颗粒过细，会增加磨细的能耗和提高成本，且不宜久存，过细水泥硬化时还会产生较大的收缩。

3. 养护条件(温度、湿度)的影响

水泥是水硬性胶凝材料，所以其水化、凝结硬化过程中必须有足够的水分，养护期间注意保持潮湿状态，有利其早期强度的发展，若缺少水分，不仅会导致水泥水化的停止，甚至还会产生裂缝。

通常，养护时温度升高，水泥的水化加快，早期强度发展也快。若在较低温度下硬化，虽强度发展较慢，但仍可获得较高的最终强度。不过在0℃以下，水结成冰后，水泥的水化将停止。

4. 龄期的影响

水泥的强度是随龄期增长而增加的，一般28d内强度发展较快，28d后显著减慢。水泥强度增加是因为随时间延续，水泥的水化程度在不断增大，凝胶物在不断增多和凝结硬化的缘故。

5. 拌和用水量的影响

在水泥用量不变的情况下，增加拌和用水量，会增加硬化水泥石中的毛细孔，使之强度下降。另外，增加拌和用水量，会增加水泥的凝结时间。

6. 储存条件的影响

储存不当，会使水泥受潮，颗粒表面发生水化而结块，严重降低强度。即使有良好的储存条件，在空气中的水分和 CO_2 的作用下，也会发生缓慢水化和碳化。经三个月，强度约降低10% ~20%，六个月降低15% ~30%，一年后将降低25% ~40%，所以水泥的有效储存期为三个月，不宜久存。

(五)水泥稳定土基层对水泥的要求

普通硅酸盐水泥、矿渣硅酸盐水泥和火山灰质硅酸盐水泥都可用于稳定土，但应选用初凝时间3h以上和终凝时间较长(宜在6h以上)的水泥；不应使用快硬水泥、早强(R型)水泥以及已受潮变质的水泥；宜采用32.5或42.5的水泥。

(六)水泥混凝土路面对水泥的技术要求

水泥混凝土质量的好坏，除了配合比及其搅拌质量外，与原材料的质量和技术指标有很大的关系。高速公路路面水泥混凝土是承受很大冲击、振动、疲劳、磨损、外界温湿度影响的动载结构用材料，它比静载结构用水泥混凝土材料的质量要求高得多。若用普通静载结构混凝土原材料的技术要求来衡量路面混凝土，将难以满足高速公路的苛刻使用条件和环境要求。因此，施工前和施工过程中，严格科学地选择和使用高质量的原材料，是建造优质高等级公路水泥混凝土路面的基本物质前提。

1. 水泥的品种、强度等级

高速公路水泥混凝土路面所用的水泥应采用抗折强度高、耐疲劳、收缩小、耐磨性强、抗冻性好的水泥。《公路水泥混凝土路面施工技术规范》(JTG F30—2003)规定：特重、重交通混凝土路面应采用旋窑道路硅酸盐水泥，宜采用旋窑硅酸盐水泥或普通硅酸盐水泥；中、轻交通的路面可采用矿渣硅酸盐水泥。低温天施工、有快通要求的路段可采用R型水泥，一般情况宜采用普通型水泥。各级交通路面水泥各龄期抗折强度、抗压强度不得低于表3-4的规定。

各级交通路面水泥各龄期的强度 表3-4

交通等级	特重交通		重交通		中、轻交通	
龄期(d)	3	28	3	28	3	28
抗压强度≥(MPa)	25.5	57.5	22.0	52.5	16.0	42.5
抗折强度≥(MPa)	4.5	7.5	4.0	7.0	3.5	6.5

2. 水泥的矿物组成、物理性能要求

各级公路混凝土路面所使用水泥的矿物组成、物理性能等路用品质要求应符合表3-5的规定。

各级交通路面用水泥的矿物组成和物理指标　　表3-5

水 泥 性 能	特重、重交通路面	中、轻交通路面
铝酸三钙	不宜>7.0%	不宜>9.0%
铁铝酸四钙	不宜<15.0%	不宜<12.0%
游离氧化钙	不得>1.0%	不得>1.5%
氧化镁	不得>5.0%	不得>6.0%
三氧化硫	不得>3.5%	不得>4.0%
碱含量	$Na_2O+0.658K_2O \leqslant 0.6\%$	怀疑有碱活性骨料时,≤0.6% 无碱活性骨料时,≤1.0%
混合材种类	不得掺窑灰、煤矸石、火山灰和黏土,有抗盐冻要求不得掺石灰、石粉	不得掺窑灰、煤矸石、火山灰和黏土,有抗盐冻要求不得掺石灰、石粉
出磨时安定性	雷氏夹或蒸煮法检验必须合格	蒸煮法检验必须合格
标准稠度需水量	不宜>28%	不宜>30%
烧失量	不得>3.0%	不得>5.0%
比表面积	宜在300~450(m^2/kg)	宜在300~450(m^2/kg)
细度(80btm)	筛余量不得>10%	筛余量不得>10%
初凝时间	不早于1.5h	不早于1.5h
终凝时间	不迟于10h	不迟于10h
28d干缩率	不得>0.09%	不得>0.10%
耐磨性	不得>3.6(kg/m^2)	不得>3.6(kg/m^2)

注:28d干缩率和耐磨性指标及试验方法采用《道路硅酸盐水泥》(GB 13693—92)标准。规定:水泥进场时每批量应附有齐全的矿物组成、物理、力学指标合格的检验证明。水泥进场时应附有检验证明,使用前应对水泥的安定性、凝结时间、标准稠度用水量、抗折强度、细度等主要技术指标检验合格后,方可使用。水泥的存放期不得超过三个月。

二、石　灰

石灰是以硅酸盐类岩石(石灰岩、白云岩、白垩、贝壳等)为原料,经过900℃~1 300℃高温的煅烧,分解出二氧化碳(CO_2)后所得到的一种胶凝材料,其主要成分是氧化钙(CaO)和氧化镁(MgO)。

1. 石灰的分类

石灰俗称白灰,根据成品加工方法的不同,可分为:

(1)块状生石灰:由原料煅烧而成的原产品,主要成分为氧化钙CaO。

(2)生石灰粉:由块状生石灰磨细而得到的细粉,其主要成分亦为氧化钙CaO。

(3)消石灰:将生石灰用适量的水消化而得到的粉末,亦称熟石灰,其主要成分氢氧化钙$Ca(OH)_2$。

(4)石灰浆:将生石灰与多量的水(约为石灰体积的3~4倍)消化而得可塑性浆体,称为石灰膏,主要成分为$Ca(OH)_2$和水。如果水分加得更多,则呈白色悬浮液,称为石灰乳。

建筑用石灰按氧化镁含量不同分为钙质石灰和镁质石灰。

2. 石灰生产工艺概述

将主要成分为碳酸钙($CaCO_3$)和碳酸镁($MgCO_3$)的岩石经高温煅烧(加热至900℃以上),逸出 CO_2 气体,得到白色或灰白色的块状材料即为生石灰,其主要化学成分为氧化钙(CaO)和氧化镁(MgO)。化学反应式如下。

$$CaCO_3 \xrightarrow{>900℃} CaO + CO_2 \uparrow \tag{3-1}$$

优质的石灰,色质洁白或略带灰色,质量较轻,其堆积密度为800~1 000kg/m^3。石灰在烧制过程中,往往由于石灰石原料尺寸过大或窑中温度不匀等原因,使得石灰中含有未烧透的内核,这种石灰称为“欠火石灰”。“欠火石灰”的颜色发青且未消化残渣含量高,有效氧化钙和氧化镁含量低,使用时缺乏黏结力。石灰烧制时,如果煅烧温度过高、时间过长,会使石灰表面出现裂缝或玻璃状的外壳,体积收缩明显,颜色呈灰黑色,块体密度大,消化缓慢,这种石灰称“过火石灰”。“过火石灰”使用时消解缓慢,甚至用于建筑结构物中仍能继续消化,以致引起体积膨胀,导致灰层表面剥落或产生裂缝等破坏现象,故危害极大。

3. 石灰的消化和硬化

1)石灰的消化

生石灰在使用前一般都需加水消解,这一过程称为“消化”或“熟化”。消化后的石灰称为“消石灰”或“熟石灰”,其化学反应式如下:

$$CaO + H_2O \longrightarrow Ca(OH)_2 + 64.9kJ/moL \tag{3-2}$$

此反应为放热反应,消化过程体积增大1~2.5倍。在石灰的消化期间应严格控制加水量和加水速度,对消化速度快、活性大的石灰,消化时加水要快,水量要足,并加速搅拌,避免已消化的石灰颗粒包围于未消化颗粒周围,使内部石灰不易消化。对消化速度慢的石灰,则应采用相反措施,使生石灰充分消化,尽量减少未消化颗粒含量。石灰在消化时,为了消除“过火石灰”的危害,可在消化后“陈伏”半月左右再使用。石灰浆在“陈伏”期间,在其表面应有一层水分,使之与空气隔绝,以防止碳化。

2)石灰的硬化

石灰的硬化过程包括干燥硬化和碳化硬化两部分。

(1)石灰浆的干燥硬化(结晶作用)。石灰浆在干燥过程中游离水逐渐蒸发,或被周围砌体吸收,$Ca(OH)_2$ 从饱和溶液中结晶析出,固体颗粒互相靠拢黏紧,强度也随之提高。其反应式如下:

$$Ca(OH)_2 + nH_2O \xrightarrow{\text{晶化}} Ca(OH)_2 \cdot nH_2O \tag{3-3}$$

(2)石灰浆的碳化硬化(碳化作用)。$Ca(OH)_2$,与空气中的 CO_2 作用生成碳酸钙晶体,石灰碳化作用只在有水条件下才能进行,其反应式如下:

$$Ca(OH)_2 + CO_2 \xrightarrow{\text{碳化}} CaCO_3 + H_2O \tag{3-4}$$

石灰浆体的硬化包括上面两个同时进行的过程,即表层以碳化为主,内部则以干燥硬化为主。

4. 石灰的特性

(1)可塑性和保水性好。生石灰熟化后形成的石灰浆是球状颗粒高度分散的胶体,表面附有较厚的水膜,降低了颗粒之间的摩擦力,具有良好的塑性,易铺摊成均匀的薄层。在水泥砂浆中加入石灰浆,可使可塑性和保水性显著提高。

(2)生石灰水化时水化热大，体积增大。

(3)硬化缓慢。石灰水化后凝结硬化时，结晶作用和碳化作用同时进行。由于碳化作用主要发生在与空气接触的表层，且生成的 $CaCO_3$ 膜层较致密，阻碍了空气中 CO_2 的渗入，也阻碍了内部水分向外蒸发，因而硬化缓慢。

(4)硬化时体积收缩大。由于石灰浆中存在大量的游离水分，硬化时大量水分蒸发，导致内部毛细管失水紧缩，引起显著的体积收缩变形，使硬化的石灰浆体出现干缩裂纹。所以，石灰除调成石灰乳作薄层粉刷外，不宜单独使用。

(5)硬化后强度低。石灰消化时理论用水量为生石灰质量的32.13%，但为了使石灰浆具一定的可塑性便于应用，同时考虑到一部分水分因消化时水化热大而被蒸发掉，故实际用水量很大，达生石灰质量的70%以上，多余水分在硬化后蒸发，将留下大量孔隙，因而石灰体密实度小，强度低。

(6)耐水性差。由于石灰浆硬化慢、强度低，在石灰硬化体中，大部分仍是尚未碳化的 $Ca(OH)_2$，$Ca(OH)_2$ 易溶于水，这会使得硬化石灰体遇水后产生溃散，故石灰不易用于潮湿环境。

石灰技术指标应符合表3-6的规定，应尽量缩短石灰的存放时间。石灰在野外堆放时间较长时，应覆盖防潮。

石灰的技术指标 表3-6

类别 / 指标 / 项目	钙质生石灰			镁质生石灰			钙质消石灰			镁质消石灰		
等级	I	II	III	I	II	III	I	II	III	I	II	III
有效钙加氧化镁含量(%)	≥85	≥80	≥70	≥80	≥75	≥65	≥65	≥60	≥55	≥60	≥55	≥50
未消化残渣含量5mm圆孔筛的筛余(%)	≤7	≤11	≤17	≤10	≤14	≤20						
含水率(%)							≤4	≤4	≤4	≤4	≤4	≤4
细度 0.71mm方孔筛的筛余(%)							0	≤1	≤1	0	≤1	≤1
细度 0.125mm方孔筛的筛余(%)							≤13	≤20	—	≤13	≤20	—
钙镁石灰的分类界限，氧化镁含量(%)	≤5			>5			≤4			>4		

注：硅、铝、镁氧化物含量之和大于5%的生石灰，有效钙加氧化镁含量指标，I等≥75%，II等≥70%，III等≥60%；未消化残渣含量指标与镁质生石灰指标相同。

使用等外石灰、贝壳石灰、珊瑚石灰等，应进行试验，如石灰稳定土的强度符合《公路路面基层施工技术规范》(JTJ 034—2000)的标准，即可使用。

对于高速公路和一级公路，宜采用磨细生石灰粉。

三、粉 煤 灰

粉煤灰(fly ash)是火力发电厂排放的废渣，磨细的煤粉在温度为1 100～1 500℃的锅炉中燃烧后排出的细灰即是粉煤灰。粉煤灰可以通过静电吸附或沉灰水池来收集，相应得到的粉煤灰分别叫干排灰和湿排灰。一般湿排灰居多。

粉煤灰为灰色或浅灰色粉末，属于火山灰质活性材料。它含有较多的活性氧化硅、活性氧化铝，它们与氢氧化钙在常温下起化学反应生成稳定的水化硅酸钙和水化铝酸钙，这些成分有助于混合料的硬化，增加强度。

1. 粉煤灰的物理及力学性质

(1)粒度

粉煤灰的粒度组成中,各种粒度的相对比例随原煤种类、煤粉细度以及燃烧条件的不同而有很大差异。

由于球形颗粒在浆体材料中可起润滑作用,所以如果粉煤灰中圆润的球形颗粒占多数,就具有需水量小、活性高的特点。反之,如果平均粒径大,组合粒子又多,需水量必然增多,其活性较差。一般认为,粉煤灰越细,球形颗粒越多,组合粒子越少,而且水化反应的界面增加,容易发挥粉煤灰的活性,从而提高强度。

(2)相对密度

粉煤灰相对密度比一般相同成分的矿物要小,数值在1.9~2.6之间。因为湿排灰中含有炉渣,干排灰的相对密度比湿排灰的相对密度要小。

(3)击实特性

粉煤灰的击实特性与黏土有相同点,但也有自己的特性。相同点是在达到最大干堆积密度之前随含水率的增长,干堆积密度增加,其含水率的增加对干堆积密度影响较小。但接近最大干堆积密度时,其变化较大。含水率在未达到最大干堆积密度之前即使在与最佳含水率相差一半的情况下,其干堆积密度也可能达到最佳值的90%。粉煤灰的最大干堆积密度比较小,比一般土的干堆积密度约小30%~40%。

(4)抗压强度

由于普通纯粉煤灰的活性太低,其无侧限抗压强度因而很低。随着粉煤灰中游离钙的增加,其抗压强度将会随着龄期增长。但是,粉煤灰的有侧限抗压强度较大。

目前,我国粉煤灰产量很大,全国年产量达5 000万吨以上,利用粉煤灰筑路,既能“变废为宝”减少污染,又能就地取材解决路用材料缺乏问题,并能提高道路质量,所以粉煤灰在道路工程中得到了广泛利用。

2. 粉煤灰品质要求

从路用性能来说,对粉煤灰的技术品质要求主要体现在主要化学成分含量、烧失量以及比表面积上。

一般要求,道路基层使用的粉煤灰中二氧化硫(SiO_2)、三氧化二铝(Al_2O_3)和三氧化二铁(Fe_2O_3)的总含量应大于70%(质量分数);粉煤灰的烧失量不应超过20%;粉煤灰的比表面积宜大于2 500cm^2/g。

国外一些标准限制粉煤灰的含碳量(或以烧失量表示)不超过8%~10%。但试验证明,即使粉煤灰的烧失量达20%,也能组成强度符合要求的二灰集料(或二灰土)混合料。尽管如此,一般烧失量增大总是会降低混合料的强度。所以,在有条件时,应尽可能选用烧失量低的粉煤灰。

另外,使用粉煤灰时应通过过筛来清除其中杂质;凝固的粉煤灰块应打碎过筛后再使用。

3. 石灰粉煤灰稳定土基层对粉煤灰的要求

粉煤灰中SiO_2、Al_2O_3和Fe_2O_3的总含量应大于70%,粉煤灰的烧失量不应超过20%;粉煤灰的比表面积宜大于2 500cm^2/g(或90%通过0.3mm筛孔,70%通过0.075mm筛孔)。且煤渣的最大粒径不应大于30mm,颗粒组成宜有一定级配,并不宜含杂质。

干粉煤灰和湿粉煤灰都可以应用。湿粉煤灰的含水率不宜超过35%。

4. 水泥混凝土路面对粉煤灰的技术要求

粉煤灰是作为一种活性掺和料掺在路面混凝土中。在高速公路水泥混凝土路面施工中，按照高性能道路混凝土的设计思想，推荐使用掺量在1/4～1/7水泥用量的I、II级原状或磨细干粉煤灰，其主要目的是在保证28d弯拉强度5.0MPa以上的前提下，取得粉煤灰混凝土一年龄期6～7MPa的高弯拉强度和优异的抗磨性能。因此，在公路路面工程中使用粉煤灰时，其设计和施工弯拉强度控制龄期依然使用28d，不使用56d或90d，目的是将粉煤灰所带来的长期强度增长预留作为路面抵抗超重载的强度储备。粉煤灰水泥混凝土必须在加强和延长养护时间、保证表面不失水的条件下，才能达到与长期强度增长相同步的高抗磨性。

水泥混凝土路面(包括碾压)应掺用质量指标符合表3-7规定的电收尘的I、II级干排或磨细粉煤灰，不得使用III级粉煤灰。贫混凝土、碾压混凝土基层或复合式路面底层应掺用符合表3-7规定的III级以上粉煤灰，不得使用等外粉煤灰。

粉煤灰分级和质量指标 表3-7

粉煤灰等级	细度(45μm气流筛，筛余量)(%)	烧失量(%)	需水量比(%)	含水率(%)	Cl^-	SO_3^{2-}	混合砂浆活性指数	
							7d	28d
I	≤12	≤5	≤95	≤1.0	<0.02	≤3	≥75	≥85(75)
II	≤20	≤8	≤105	≤1.0	<0.02	≤3	≥70	≥80(62)
III	≤45	≤15	≤115	≤1.5	—	≤3	—	—

注：①混合砂浆的活性指数为掺粉煤灰的砂浆与水泥砂浆的抗压强度比的百分数，适用于所配制混凝土强度等级≥C40的混凝土；当配制的混凝土强度等级<C40，混合砂浆的活性指数要求满足28d括号中的数值。

②45μm气流筛的筛余量换算为80μm水泥筛的筛余量换算系数约2.4，仅作参考。

③粉煤灰应测定总碱量，并于性能指标中予以说明。

④粉煤灰与本章其他矿物掺和料复合而成的产品，依其主要组成参照该类指标进行检验。

注意：上表中粉煤灰的分级规定与以前相比，增加了混合砂浆活性指数、氯离子含量和含水率的要求，混合砂浆活性指数是对粉煤灰没有化学成分规定的弥补。以前，由于没有此项要求，我们发现某些III级粉煤灰的活性比I、II级粉煤灰要高；而某些I、II级粉煤灰的活性相当低。我们掺粉煤灰，最主要是希望有更高的化学活性，使混凝土具备更高的长期弯拉强度，此项规定对制作高性能道路混凝土极其重要。氯离子含量的规定是钢筋混凝土结构越来越多地使用粉煤灰的情况下，必须要有防锈蚀要求；在无筋、无钢纤维混凝土中，此项规定允许放宽。含水率的要求主要是防止粉煤灰结块。

第二节 集 料

集料是指在混合料中起骨架和填充作用的粒料，包括碎石、砾石、机制砂、石屑、砂等。在路面结构中，集料应用很广泛。无论基层、沥青混合料面层还是水泥混凝土，集料都是其主要组成成分。

对于路面基层，现行规范规定，粒径大于2.36mm的集料，称为粗集料；粒径小于2.36mm的集料，称为细集料。不同材料基层对集料要求不同，详见《公路路面基层施工技术规范》(JTJ 034—2000)。

在沥青混合料中，粗集料是指粒径大于2.36mm的碎石、破碎砾石、筛选砾石和矿渣等。粗集料必须由具有生产许可证的采石场生产或施工单位自行加工。细集料则指粒径小于2.36mm的天然砂、人工砂(包括机制砂)及石屑。细集料也必须由具有生产许可证的采石场、采砂场生产。

在水泥混凝土中，粗集料是指粒径大于4.75mm的碎石、砾石和破碎砾石。细集料是指粒径小于4.75mm的天然砂、人工砂。

一、粗 集 料

1. 沥青混合料用粗集料

粗集料应该洁净、干燥、表面粗糙，质量应符合表3-8的规定。当单一规格集料的质量指标达不到表中要求，而按照集料配比计算的质量指标符合要求时，工程上允许使用。对受热易变质的集料，宜采用经拌和机烘干后的集料进行检验。

沥青混合料用粗集料质量技术要求 表3-8

指 标		单位	高速公路及一级公路		其他等级公路	试验方法
			表面层	其他层次		
石料压碎值	不大于	%	26	28	30	T 0316
洛杉矶磨耗损失	不大于	%	28	30	35	T 0317
表观密度	不小于	t/m^3	2.60	2.50	2.45	T 0304
吸水率	不大于	%	2.0	3.0	3.0	T 0304
坚固性	不大于	%	12	12	—	T 0314
针片状颗粒含量(混合料)	不大于	%	15	18	20	T 0312
其中粒径大于9.5mm	不大于	%	12	15	—	
其中粒径小于9.5mm	不大于	%	18	20	—	
水洗法<0.075mm颗粒含量	不大于	%	1	1	1	T 0310
软石含量	不大于	%	3	5	5	T 0320

注：①坚固性试验可根据需要进行。

②用于高速公路、一级公路时，多孔玄武岩的视密度可放宽至2.45t/m^3，吸水率可放宽至3%，但必须得到建设单位的批准，且不得用于SMA路面。

③对S14即3~5规格的粗集料，针片状颗粒含量可不予要求，小于0.075mm含量可放宽到3%。

粗集料的粒径规格应按表3-9的规定生产和使用。

沥青混合料用粗集料规格 表3-9

规格名称	公称粒径(mm)	通过下列筛孔(mm)的质量百分率(%)												
		106	75	63	53	37.5	31.5	26.5	19.0	13.2	9.5	4.75	2.36	0.6
S1	40~75	100	90~100	—	—	0~15	—	0~5						
S2	40~60		100	90~100	—	0~15	—	0~5						
S3	30~60		100	90~100	—	—	0~15	—	0~5					
S4	25~50			100	90~100	—	—	0~15	—	0~5				
S5	20~40				100	90~100	—	—	0~15	—	0~5			
S6	15~30					100	90~100	—	—	0~15	—	0~5		
S7	10~30					100	90~100	—	—	—	0~15	0~5		
S8	10~25						100	90~100	—	0~15	—	0~5		
S9	10~20							100	90~100	—	0~15	0~5		
S10	10~15								100	90~100	0~15	0~5		
S11	5~15								100	90~100	40~70	0~15	0~5	
S12	5~10									100	90~100	0~15	0~5	
S13	3~10									100	90~100	40~70	0~20	0~5
S14	3~5										100	90~100	0~15	0~3

2. 水泥混凝土用粗集料

粗集料应使用质地坚硬、耐久、洁净的碎石、碎卵石和卵石，并应符合《公路水泥混凝土路面施工技术规范》(JTG F30—2003)表3.3.1 的规定。高速公路、一级公路、二级公路及有抗(盐)冻要求的三、四级公路混凝土路面使用的粗集料级别应不低于II级，无抗(盐)冻要求的三、四级公路混凝土路面、碾压混凝土及贫混凝土基层可使用Ⅲ 级粗集料。有抗(盐)冻要求时，I级集料吸水率不应大于1.0％；II级集料吸水率不应大于2.0％。

用做路面和桥面混凝土的粗集料不得使用不分级的统料，应按公称最大粒径的不同采用2~4个粒级的集料进行掺配，并应符合《公路水泥混凝土路面施工技术规范》(JTG F30—2003)表3.3.2 合成级配的要求。卵石公称最大粒径不宜大于19.0mm；碎卵石公称最大粒径不宜大于26.5mm；碎石公称最大粒径不应大于31.5mm。贫混凝土基层粗集料公称最大粒径不应大于31.5mm；钢纤维混凝土与碾压混凝土粗集料公称最大粒径不宜大于19.0mm。碎卵石或碎石中粒径小于75μm 的石粉含量不宜大于1％。

二、细 集 料

1. 沥青混合料用细集料

细集料应洁净、干燥、无风化、无杂质，并有适当的颗粒级配，其质量应符合表3-10的规定。细集料的洁净程度，天然砂以小于0.075mm 含量的百分数表示，石屑和机制砂以砂当量(适用于0~4.75mm)或亚甲蓝值(适用于0~2.36mm 或0~0.15mm)表示。

沥青混合料用细集料质量要求 表3-10

项 目	单 位	高速公路、一级公路	其他等级公路	试验方法
表观密度，不小于	t/m^3	2.50	2.45	T 0328
坚固性(>0.3mm 部分)，不小于	%	12	—	T 0340
含泥量(小于0.075mm 的含量)，不大于	%	3	5	T 0333
砂当量，不小于	%	60	50	T 0334
亚甲蓝值，不大于	g/kg	25	—	T 0346
棱角性(流动时间)，不小于	s	30	—	T 0345

天然砂可采用河砂或海砂，通常宜采用粗、中砂，其规格应符合表3-11的规定，砂的含泥量超过规定时应水洗后使用，海砂中的贝壳类材料必须筛除。开采天然砂必须取得当地政府主管部门的许可，并符合水利及环境保护的要求。热拌密级配沥青混合料中天然砂的用量通常不宜超过集料总量的20%，SMA 和 OGFC 混合料不宜使用天然砂。

沥青混合料用天然砂规格 表3-11

方筛孔尺寸(mm)	通过各孔筛的质量百分率(%)		
	粗砂	中砂	细砂
9.5	100	100	100
4.75	90~100	90~100	90~100
2.36	65~95	75~90	85~100
1.18	35~65	50~90	75~100
0.6	15~30	30~60	60~84
0.3	5~20	8~30	15~45
0.15	0~10	0~10	0~10
0.075	0~5	0~5	0~5

石屑是采石场破碎石料时通过4.75mm或2.36mm的筛下部分，其规格应符合表3-12的要求。采石场在生产石屑的过程中应具备抽吸设备，高速公路和一级公路的沥青混合料，宜将S14与S16组合使用，S15可在沥青稳定碎石基层或其他等级公路中使用。

沥青混合料用机制砂或石屑规格 表3-12

规格	公称粒径（mm）	水洗法通过各筛孔的质量百分率（%）							
		9.5	4.75	2.36	1.18	0.6	0.3	0.15	0.075
S15	0~5	100	90~100	60~90	40~75	20~55	7~40	2~20	0~10
S16	0~3		100	80~100	50~80	25~60	8~45	0~25	0~15

注：①当生产石屑采用喷水抑制扬尘工艺时，应特别注意含粉量不得超过表中要求。

②机制砂宜采用专用的制砂机制造，并选用优质石料生产，其级配应符合S16的要求。

2.水泥混凝土用细集料

细集料应采用质地坚硬、耐久、洁净的天然砂、机制砂或混合砂，并应符合《公路水泥混凝土路面施工技术规范》（JTG F30—2003）表3.4.1的规定。高速公路、一级公路、二级公路及有抗（盐）冻要求的三、四级公路混凝土路面使用的砂应不低于II级，无抗（盐）冻要求的三、四级公路混凝土路面、碾压混凝土及贫混凝土基层可使用III级砂。特重、重交通混凝土路面宜使用河砂，砂的硅质含量不应低于25％。

细集料的级配要求应符合《公路水泥混凝土路面施工技术规范》（JTG F30—2003）表3.4.2的规定，路面和桥面用天然砂宜为中砂，也可使用细度模数在2.0~3.5之间的砂。同一配合比用砂的细度模数变化范围不应超过0.3，否则，应分别堆放，并调整配合比中的砂率后使用。

第三节 填　　料

填料主要应用在沥青类路面，在沥青混合料中，矿质填料（Mineral Filler）通常是指矿粉，其他填料如消石灰粉、水泥常作为抗剥落剂使用，粉煤灰则使用很少，在我国由于粉煤灰的质量往往不稳定，一般不允许在高速公路上使用。矿粉在沥青混合料中起到重要的作用，矿粉要适量，少了不足以形成足够的比表面吸附沥青，矿粉过多又会使胶泥成团，致使路面胶泥离析，同样造成不良的后果。

沥青混合料的矿粉必须采用石灰岩或岩浆岩中的强基性岩石等憎水性石料经磨细得到的矿粉，原石料中的泥土杂质应除净。矿粉应干燥、洁净，能自由地从矿粉仓流出，其质量应符合表3-13的技术要求。

沥青混合料用矿粉质量要求 表3-13

项目		单位	高速公路、一级公路	其他等级公路	试验方法
表观密度	不小于	t/m³	2.50	2.45	T 0352
含水率	不大于	%	1	1	T 0103 烘干法
粒度范围	<0.6mm	%	100	100	T 0351
	<0.15mm	%	90~100	90~100	
	<0.075mm	%	75~100	70~100	
外观			无团粒结块		
亲水系数			<1		T 0353
塑性指数			<4		T 0354
加热安定性			实测记录		T 0355

拌和机的粉尘可作为矿粉的一部分回收使用。但每盘用量不得超过填料总量的25%，掺有粉尘填料的塑性指数不得大于4%。

第四节　纤维稳定剂

纤维目前普遍使用于SMA混合料，在一般沥青混合料中也可以使用。目前常用木质素纤维，主要是絮状纤维。我国早期也使用石棉纤维，由于石棉粉尘属致癌物质，对人体有害，污染环境，绝大部分国家已禁止使用，我国使用也越来越少。近年来美国有一种观点认为木质素纤维拌制的沥青混合料不能再生使用，矿物纤维（大部分是玄武岩纤维）与集料品种一样，能再生使用，所以矿物纤维用量大为增加，一些州甚至规定不能再使用木质素纤维，这是一个值得重视的新动向。

根据《公路沥青路面施工技术规范》（JTG F40—2004），施工时在沥青混合料中掺加的纤维稳定剂宜选用木质素纤维、矿物纤维等，木质素纤维的质量应符合表3-14的技术要求。

木质素纤维质量技术要求　　表3-14

项　目	单　位	指　标	试验方法
纤维长度，不大于	mm	6	水溶液用显微镜观测
灰分含量	%	18±5	高温590～600℃燃烧后测定残留物
pH值		7.5±1.0	水溶液用pH试纸或pH计测定
吸油率，不小于		纤维质量的5倍	用煤油浸泡后放在筛上经振敲后称量
含水率（以质量计），不大于	%	5	105℃烘箱烘2h后冷却称量

第五节　施工用水

饮用水可直接作为施工用水。

在混凝土搅拌和养护施工过程中，混凝土用水的基本质量要求是：不能含影响水泥正常凝结硬化的有害杂质；无损于混凝土强度发展及耐久性；不能加快钢筋的锈蚀；不引起预应力钢筋脆断；保证混凝土表面不受污染。混凝土用水中的物质含量限值应符合表3-15中的规定。

混凝土用水中的物质含量限值　　表3-15

项　目	预应力混凝土	钢筋混凝土	素混凝土
pH值	>4	>4	>4
不溶物（mg/L）	<2 000	<2 000	<5 000
可溶物（mg/L）	<2 000	<5 000	<10 000
氯化物（以Cl^-计）（mg/L）	<500*	<1 200	<3 500
硫酸盐（以SO_4^{2-}计）（mg/L）	<600	<2 700	<2 700
硫化物（以S^{2-}计）（mg/L）	<100	—	—

注：使用钢丝或经热处理钢筋的预应力混凝土氯化物含量不得超过350mg/L。

混凝土工程实践证明，凡是饮用的自来水及清洁的天然水，都可用作拌制和养护混凝土。

第六节　外　加　剂

混凝土外加剂是指在拌制混凝土过程中，根据不同的要求，为改善混凝土性能而掺入的物质，其掺量一般不大于水泥质量的5%（特殊情况除外）。外加剂按其主要功能不同可分为：改善混凝土拌和物流变性能的外加剂、调节混凝土凝结时间和硬化性能的外加剂、改善混凝土耐久性的外加剂和改善混凝土其他性能的外加剂。道路与桥梁工程中常用的外加剂有减水剂、引气剂、早强剂、缓凝剂、速凝剂、膨胀剂、防冻剂、阻锈剂等。

一、减　水　剂

减水剂是指在混凝土拌和物坍落度基本相同的条件下，用来减少拌和用水量和增强作用的外加剂。减水剂按原材料及化学成分可分为：木质素磺酸盐类、聚烷基芳基磺酸盐类、磺化三聚氰胺甲醛树脂磺酸盐类、糖蜜类和腐殖酸类减水剂等。减水剂按功能和作用可分为普通减水剂、高效减水剂、早强减水剂、缓凝减水剂、引气减水剂等。

1.减水剂的作用机理

减水剂对新拌混凝土的作用机理，根据目前研究结果主要有下列作用：

1）吸附——分散作用

水泥在加水搅拌后，会产生一种絮凝状的结构，如图3-5a）所示。产生这种絮凝结构的原因很多，或因为水泥矿物成分在水化过程中所带电荷不同，产生异性电荷相互吸引而絮凝；或因水泥颗粒在溶液中的热运动，在某些边角处互相碰撞，相互吸引而形成的；或因水泥矿物水化后溶液化水膜产生某些缔合作用等。由于上述原因，在这些絮凝状结构中，包裹着很多拌和水，从而降低了新拌混凝土的工作性。

施工中为了保持新拌混凝土所需的工作性，必须在拌和时相应地增加用水量，这样就会促使水泥石结构中形成过多的孔隙，从而严重影响硬化混凝土的物理力学性质。当加入适量减水剂后，减水剂的憎水基团定向吸附于水泥质点表面，使水泥颗粒表面带有相同的电荷，在电性斥力作用下，使水泥颗粒发生分散，如图3-5b）所示，从而使游离水从絮凝体内释放出来，在不增加用水量的条件下，增加了混凝土拌和物的流动性。另外，减水剂还能在水泥颗粒表面形成一层溶剂水膜，如图3-5c）所示。

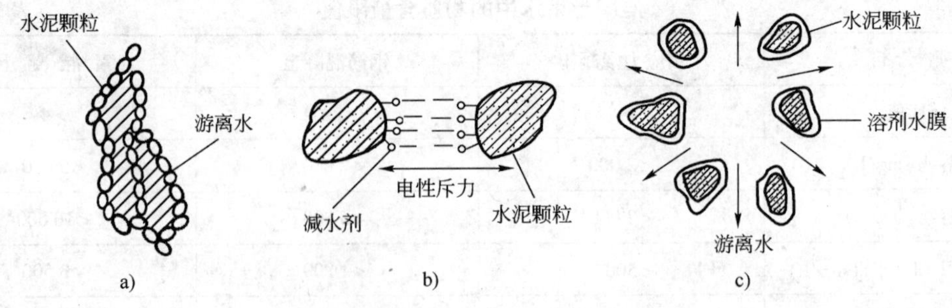

图3-5　水泥浆的絮凝结构和减水剂作用示意图

2）润滑作用

减水剂在水泥颗粒表面吸附定向排列，其亲水端极性很强，带有负电，很容易与水分子中氢键产生缔合作用，再加上水分子间的氢键缔合，使水泥颗粒表面形成一层稳定的溶剂化水膜，它不仅能阻止水泥颗粒间的直接接触，并在颗粒间起着润滑作用。同时，伴随减水剂的加入，也引进一定量的微细气泡（如图 3-6 所示），这些微细气泡是由减水剂的定向排列形成的分子膜，它们与水泥颗粒吸附膜带有相同电荷，因此气泡与水泥颗粒间也由于电性斥力而使水泥颗粒分散，从而增加水泥颗粒间的滑动能力。

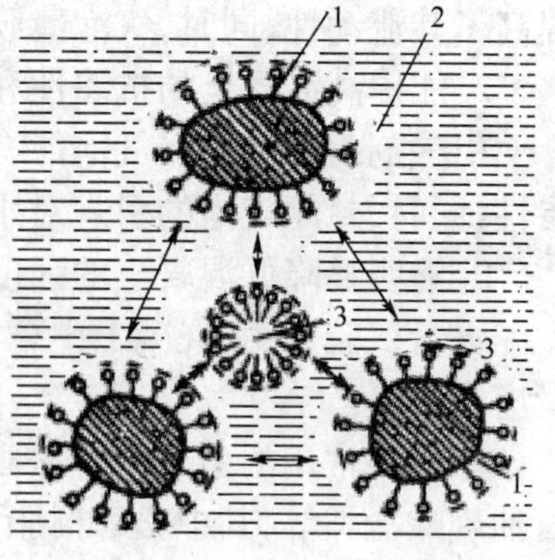

图 3-6　减水剂形成微细气泡润滑作用
1-水泥颗粒；2-减水剂；3-极性气泡

3）湿润作用

水泥加水拌和后，颗粒表面被水所湿润，其湿润状况对新拌混凝土的性能有很大影响。掺加减水剂后，由于减水剂在水泥颗粒表面定向排列，不仅能使水泥颗粒分散，而且能增大水泥的水化面积，影响水泥的水化速度。

综上可知，由于减水剂具有吸附分散作用、润滑作用和湿润作用，只要掺加少量的减水剂，就能使新拌混凝土的工作性显著地改善，并对硬化后的混凝土也带来一系列的优点。

2. 减水剂的技术经济效益

道路与桥梁工程实践证明，使用减水剂对混凝土主要有下列技术经济效益：

（1）在保证混凝土工作性和水泥用量不变的条件下，可以减少用水量提高混凝土强度；特别是高效减水剂可大幅度减小用水量，制备早强、高强混凝土。

（2）在保持混凝土用水量和水泥用量不变的条件下，可以增大混凝土拌和物的流变性；如果采用高效减水剂可制备大流动性混凝土。

（3）在保证混凝土工作性和强度不变条件下，可节约水泥用量 10% ~20%，从而可降低工程造价。

以上三项减水剂的技术经济效益，可由表 3-16 示例说明。

减水剂对混凝土的技术经济效益　　表 3-16

编号	混凝土名称	试验目的	材料组成				技术性质	
			水泥用量 m_c(kg/m^2)	用水量 m_w(kg/m^2)	水灰比 W/C	外加剂 UNF(%)	坍落度 H(mm)	抗压强度 $f_{cu.24}$ (MPa)
1	基准混凝土	对照组	345	185	0.54	—	30	38.2
2	掺外加剂混凝土	增大流动性	345	185	0.54	0.5	90	38.5
3		提高强度	345	166	0.48	0.5	30	44.5
4		节约水泥	308	166	0.54	0.5	30	38.0

二、引　气　剂

引气剂是指在搅拌混凝土过程中，能引入大量均匀分布、稳定而封闭的微小气泡，从而减少混凝土拌和物泌水离析，改善混凝土的和易性，并能提高混凝土的抗冻、耐久性能的外加剂。它是一种憎水性表面活性剂，对混凝土性能有以下影响：

1. 能改善混凝土拌和物的和易性

引入的大量均匀分布、稳定而封闭的微小气泡犹如滚珠，减少了水泥颗粒间的摩擦，从而提高了其流动性；同时，气泡薄膜的形成也会起到一定的保水作用。

2. 能提高混凝土的抗渗性和抗冻性

引气剂引入的封闭气泡能有效隔断毛细孔通道，并能减少泌水造成的孔隙，从而增强其抗渗性；同时，封闭气泡的引入对水结冰时膨胀能起到有效的缓冲作用，从而提高其抗冻性。

3. 能明显降低混凝土的强度

大量试验证明，混凝土中含气量增加1%，其抗压强度可降低4%～6%，所以引气剂的掺量应当适量。

工程中常用的引气剂有松香树脂类、烷基磺酸盐类、烷基苯磺酸盐类、脂肪醇磺酸盐类及石油磺酸盐类等，其中松香树脂类引气剂应用比较广泛，松香树脂类引气剂适宜的掺量为水泥质量的0.005%～0.01%，混凝土中的含气量为3%～6%。

三、早　强　剂

早强剂是指加速混凝土早期强度发展的外加剂。早强剂对水泥中的硅酸三钙和硅酸二钙等矿物的水化有催化作用，能加速水泥的水化和硬化，具有明显的早强作用。早强剂一般可分为无机早强剂（氯化物、硫酸盐系等）、有机早强剂（如三乙醇胺、三异丙醇胺、乙酸钠等）和复合早强剂三大类。

早强剂的特性是能促进水泥的水化和硬化，提高混凝土早期强度，缩短养护周期，从而提高模板和场地的周转率，加快施工进度，特别适用于冬季施工（最低气温不低于－5℃）和紧急抢修工程。

四、缓　凝　剂

缓凝剂是指掺入后能延缓混凝土拌和物的凝结时间，对混凝土后期物理力学性能无不利影响的外加剂。缓凝剂所以能延缓水泥的凝结时间，是因其在水泥及其水化物表面上具有吸附作用，或与水泥反应生成不溶层而达到缓凝的效果。

通常用的缓凝剂有羟基羧酸盐（如柠檬酸、酒石酸、水杨酸等）、多羟基碳水化合物（如糖蜜、含氧有机酸、多元醇等）和无机化合物（如Na_2SO_4、Na_3PO_4等）。在道路与桥梁工程中最常用的缓凝剂是糖蜜，其价格较低、效果较好，如在气温高、运距长的情况下，可防止混凝土拌和物发生过早坍落度损失；又如分层浇筑的混凝土，为防止出现冷缝，也常加入缓凝剂。另外，在大体积混凝土施工中，为了延长混凝土的放热速度，也可掺加缓凝剂。

五、速　凝　剂

速凝剂是指能促使混凝土迅速凝结硬化的外加剂。掺加速凝剂的混凝土，能使掺入水泥中的石膏丧失缓凝作用，使混凝土在较短时间内迅速凝结硬化。如我国生产的711型、红星一型等速凝剂，它们都是由几种具有促凝作用的材料复合而制成的，效果比较好。

实践证明，如果掺加2.5%～4%的速凝剂，可使混凝土在3min之内达到初凝，7～10min达到终凝，1d后强度提高2～3倍，28d后强度下降20%～35%。速凝剂主要用于喷射混凝土。

六、膨　胀　剂

膨胀剂是指能使混凝土（或砂浆）产生补偿收缩或微膨胀的外加剂。一般常用的明矾石膨胀剂,掺量为水泥质量的10% ~15%,掺量较大时可在钢筋混凝土中产生自应力。掺入膨胀剂后对混凝土的力学性质不会带来大的影响,可使混凝土的抗渗性提高到P30以上,从而大幅度提高其抗裂性能。

七、防 冻 剂

防冻剂是指能降低水和混凝土拌和物液相的冰点,使混凝土在相应负温下免受冻害,并在规定的养护条件下达到预期性能的外加剂。防冻剂通常有以下几种:

1. 亚硝酸钠和亚硝酸钙

这类防冻剂有降低冰点、早强、阻锈等作用,一般掺量为1% ~8%。

2. 氯化钠和氯化钙

这类防冻剂具有降低冰点的作用,但对混凝土中的钢筋有锈蚀作用,一般掺量为0.5% ~1.0%。

3. 碳酸钾、尿素等

在实际工程中,使用的防冻剂一般都是复合型的,同时具有防冻、早强、减水、阻锈等作用,有的还加入引气剂,从而可大大增强其防冻效果。

八、阻 锈 剂

阻锈剂是指能减缓混凝土中钢筋或其他预埋金属锈蚀的一种外加剂。工程中常用的阻锈剂是亚硝酸钠。有些外加剂中含有氯盐,氯盐对钢筋有较强的锈蚀作用,所以掺入阻锈剂后,可以减缓对钢筋的锈蚀,从而达到保护钢筋的目的。

除上述几类最常用的外加剂外,还有泵送剂、防水剂、消泡剂等多种外加剂,在工程中可根据工程需要进行选用。

第七节 钢筋和钢纤维

一、钢 筋

我国超重交通量、超重轴载高速公路以及渠化交通的收费站广场水泥混凝土路面要求所有缩缝都插传力杆,高速公路水泥混凝土路面所有纵缝中都必须使用拉杆。高速公路水泥混凝土路面接缝钢筋主要有传力杆、角隅钢筋和拉杆三大类。高速公路基层强度不足或路基沉降差较大的部位,应采用钢筋混凝土路面。高速公路桥面和隧道越来越多地使用钢纤维路面或双钢混凝土桥面。

各级公路混凝土路面、桥面搭板所用钢筋网、传力杆、拉杆等钢筋应符合《钢筋混凝土用焊接钢筋网》(YB/T 076)、《钢筋混凝土用热轧带肋钢筋》(GB 1 499)、《冷轧带肋钢筋》(GB 13 788)和《钢筋混凝土用热轧光圆钢筋》(GB 13 013)的技术要求。

《公路水泥混凝土路面施工技术规范》(JTG F30—2003)(以下简称《施工规范》)规定:各级公路混凝土路面、桥面和搭板所用钢筋应顺直,不得有裂纹、断伤、刻痕、表面油污和锈蚀。传力杆钢筋加工应锯断,不得挤压切断;断口应垂直、光圆,用砂轮打磨掉毛刺,并加工成2 ~3mm圆倒角。

二、钢 纤 维

《公路水泥混凝土路面施工技术规范》(JTG F30—2003)(以下简称《施工规范》)规定:各级公路路面、隧道钢纤维混凝土路面和双钢混凝土桥面所使用的钢纤维除应符合《混凝土用钢纤维》(YB/T 151—1999)外,尚应符合本节的特殊规定。

1. 钢纤维形状

公路路面和桥面混凝土中不得使用尖端锋利的可戳轮胎的钢丝切断形、两端带直角形或弯钩形钢纤维;不宜使用波浪状及其他拌和易成团的钢纤维。宜使用两端带锚固台的钢纤维。

2. 钢纤维技术要求

用于公路、隧道混凝土路面和桥面的钢纤维除应满足《混凝土用钢纤维》(YB/T 151—1999)的规定外,尚应符合下列技术要求:

1)钢纤维抗拉强度

钢纤维抗拉强度应符合表 3-17 的规定,单丝钢纤维抗拉强度等级不宜小于 600 级。

钢纤维抗拉强度等级 表 3-17

钢纤维等级	1 000 级	600 级
抗拉强度(MPa)	>1 000	>600 ~ 1 000

2)钢纤维长度

《施工规范》规定:钢纤维长度应与混凝土粗集料最大粒径相匹配,最短长度宜长于粗集料最大粒径的 1/3,最大长度不宜大于粗集料最大粒径的 2 倍。与标称值的偏差不应超过 ±10%。

钢纤维在混凝土中要真正起到提高弯拉强度、抗拉强度、抗裂和增加韧性等作用,其长度必须大于粗集料最大粒径,使钢纤维越过混凝土最大的粗集料,建立起越过集料搭接的微桥梁,方可奏效。因此,钢纤维长度必须与混凝土的最大粒径相匹配。混凝土最大粒径应为钢纤维长度 2/3 ~ 1/2,即跨越最大粒径的锚固长度不应小于 1/3。同时钢纤维长度也不可过长,过长的钢纤维搅拌不均匀或搅拌困难,钢纤维长度不应超过最大粒径 2 倍。与标称值的偏差实质上是钢纤维几何尺寸的匀质性要求。

3)钢纤维弯曲韧性

《施工规范》规定:90% 钢纤维应能经受沿直径 3mm 钢棒弯折 90°不断裂。首先,考虑到路面桥面切开的缩缝中,锚固在缩缝两侧的钢纤维,在荷载作用下承受着较大的剪切弯折应力,其次是对施工拌和振捣期间钢纤维弯折不断裂的要求。

4)钢纤维杂质

钢纤维表面不得有油污、锈斑、黏连及其他不利于与水泥黏结的杂质,钢纤维内的黏连片、铁屑、锈屑及杂质的总质量不应超过钢纤维总质量的 1%。钢纤维在使用前应检验杂质,并不得超标。

3. 钢纤维防锈

路面、桥面混凝土中使用的钢纤维宜有烤蓝等防锈蚀处理。路面、桥面钢纤维混凝土拌和物中氯离子含量限量值宜符合表 3-18 的规定。

路面、桥面钢纤维混凝土中氯离子含量的限量值 表 3-18

环境条件	不受冻淡水区	受冰冻不撒盐	撒除冰盐严重受冻区
氯离子限量	≤0.3%c	≤0.1%c	≤0.06%c

注：c 为单位水泥用量(kg/m)。

钢纤维混凝土氯离子含量限量值表3-18 的规定是参照《预拌混凝土》(GB 14902)对钢筋混凝土及预应力混凝土的要求制定。

第八节 沥 青

一、概 述

沥青是由一些极其复杂的碳氢化合物及其非金属(氧、硫、氮)的衍生物所组成的黑色或黑褐色晶固体、半固体或液体的混合物。沥青可溶于二硫化碳、四氯化碳、三氯甲烷和苯等有机溶剂。

沥青属于有机胶凝材料，与矿质混合料有非常好的黏结能力，是道路工程重要的筑路材料；沥青属于憎水性材料，结构致密，几乎不溶于水和不吸水，因此，广泛用于土木工程的防水、防潮和防渗工程。

在道路建筑中最常用的主要是石油沥青和煤沥青两类，其次是天然沥青。

(一)石油沥青的生产和分类

1. 石油沥青生产工艺概述

从油井开采出来的石油，一般简称原油，它是多种分子量大小不等的烃类(烷烃、环烷烃和芳香烃等)的复杂混合物。炼油厂将原油分馏而提取汽油、煤油、柴油和润滑油等石油产品后所剩残渣，再进行加工可制得各种石油沥青。目前，大量使用的都是石油沥青，其生产工艺流程见图3-7。

在常压塔底收集的常压渣油，能否直接加工沥青，主要决定于原油的稠度。我国大部分

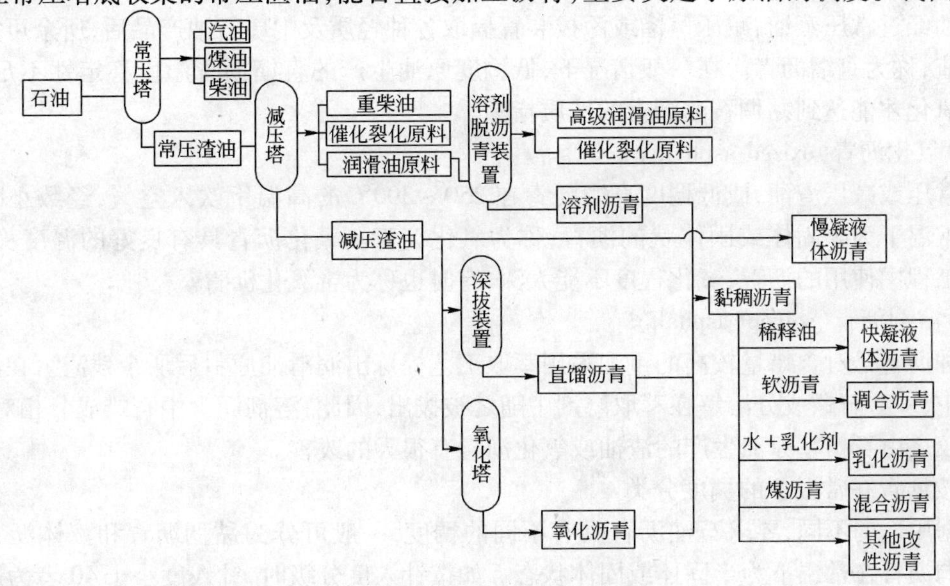

图 3-7 石油沥青生产工艺流程示意图

油田的大多数油井开采的原油，稠度均较低，所得常压渣油通常需要进入减压塔作减压蒸馏后，再进入氧化塔或深拔装置或溶剂脱沥青装置，经过进一步加工而得到沥青。但也有少数油井开采的原油稠度较大，其常压渣油稠度也大，直接经减压蒸馏或深拔后即可得到直馏沥青。

常用石油沥青主要是由氧化装置、溶剂脱沥青装置或深拔装置所生产的黏稠沥青。为了改善黏稠沥青的使用性能，还可采取各种方式将其加工成液体沥青、调合沥青、乳化沥青、混合沥青及其他改性沥青。

2. 石油沥青的分类

石油沥青可根据不同情况分类。

1）按原油成分分类

原油是生产石油沥青的原料。原油按其所含烃类成分或硫含量的不同可划分为几种基本类别（称为基属）。石油沥青的性质首先与石油沥青的基属有关。

原油根据关键馏分特性和含硫量可分为石蜡基原油、环烷基原油和中间基原油，以及高硫原油（含硫量大于2%，质量分数）、含硫原油（含硫量0.5%～2%）和低硫原油（含硫量小于0.5%）。由不同基属原油炼制的石油沥青可分为以下几种。

（1）石蜡基沥青

这种沥青因原油中含有大量烷烃，沥青中含蜡量一般大于5%，有的高达10%以上。蜡在常温下往往以结晶体存在，降低了沥青的黏结性和塑性。

（2）环烷基沥青

也称沥青基沥青，含有较多的环烷烃和芳香烃，所以此种沥青的芳香性高，含蜡量一般小于2%，沥青的黏结性和塑性均较高。

（3）中间基沥青

也称混合基沥青，所含烃类成分和沥青的性质一般均介于石蜡基和环烷基沥青之间。

我国石油油田分布广，但国产石油多属石蜡基和中间基原油。

2）按加工方法分类

（1）直馏沥青（straight-run asphalt）

原油经过常压蒸馏、减压蒸馏或深拔装置提取各种轻质及中质石油产品后，所余可用作沥青的残渣，称为直馏沥青。在一般情况下，低稠度原油生产的直馏沥青温度稳定性不足，还需要进行氧化才能达到黏稠石油沥青的性质指标。

（2）氧化沥青（oxized asphalt）

将常压或减压渣油，或低稠度直馏沥青在250～300℃的高温下吹入空气，经数小时氧化可获得常温下为半固体或固体状的沥青，称为氧化沥青。氧化沥青具有良好的温度稳定性。在道路工程中使用的沥青，氧化程度不能太深，有时也称为半氧化沥青。

（3）溶剂沥青（solvent asphalt）

这种沥青是对含蜡量较高的重油采用萃取工艺提炼出润滑油原料后所余残渣。在溶剂萃取过程中，一些石蜡成分溶解在萃取溶剂中随之被拔出，因此，溶剂沥青中石蜡成分相对减少，其性质较之由石蜡基原油生产的渣油或氧化沥青有很大的改善。

3）按沥青在常温下的稠度分类

根据用途的不同，要求石油沥青具有不同的稠度，一般可分为黏稠沥青和液体沥青两大类。黏稠沥青在常温下为半固体或固体状态。如按针入度分级时，针入度小于40者为固体沥青，针入度在40～300之间的为半固体沥青，而针入度大于300者为黏性液体状态沥青。液体沥青在常温下多呈黏稠液体或液体状态,并可按标准黏度分级划分为慢凝、中凝和快凝液体沥青。在生产应用中,常在黏稠沥青中掺入一定比例的溶剂,配制得稠度很低的液体沥青,称为稀释沥青。

(二)石油沥青的技术性质

用于现代沥青路面的沥青材料,应具备下列主要技术性质。

1. 黏滞性

黏滞性又称黏性(viscosity),是指沥青在外力作用下抵抗变形的能力。沥青受到外力作用后表现的变形,是由于沥青中组分胶团发生形变或胶团之间产生相互位移而产生的。

各种石油沥青的黏滞性变化范围很大,黏滞性的大小与组分及温度有关。当沥青质含量较高,又含适量的树脂、少量的油分时,则黏滞性较大。在一定温度范围内,当温度升高时,黏滞性随之降低,反之则增大。

黏滞性是与沥青路面力学性质联系最密切的一种性质。在现代交通条件下,为防止路面出现车辙,沥青的黏度的选择是首要考虑的参数。沥青的黏性通常用黏度表示。绝对黏度的测定方法因材而异,并且较为复杂,工程上常用相对黏度(条件黏度)来表示。

测定沥青相对黏度的主要方法是用标准黏度计法和针入度仪法。

1)针入度(penetration)

黏稠石油沥青的相对黏度用针入度仪测定的针入度来表示。

沥青的针入度是在规定温度和时间内,附加一定质量的标准针垂直贯入试样的深度,以0.1mm 表示。试验条件以 $P_{T,m,t}$ 表示,其中 P 为针入度,T 为试验温度,m 为荷重,t 为贯入时间。针入度值越小,表示黏度越大。

如某沥青在上述条件时测得针入度为65(0.1mm),可表示为:

$$P_{(25^\circ C,100g,5s)} = 65(0.1mm) \tag{3-5}$$

我国现行的黏稠石油沥青技术标准中,针入度是划分沥青技术等级的主要指标。针入度值越大,表示沥青愈软(黏度愈小)。

2)标准黏度计法

液体石油沥青(包括较稀的石油沥青和软煤沥青等)的相对黏度,可用标准黏度计测定的标准黏度表示。

标准黏度又称黏滞度,是测定液体沥青黏结性的常用技术指标。

《公路工程沥青及沥青混合试验规程》(JTJ 052—2000)规定,液体状态的沥青材料,在标准黏度计中,于规定的温度(20℃、25℃、30℃或60℃)条件下,通过规定的流孔直径(3mm、4mm、5mm 及 10mm)流出 50mL 所需的时间(单位:s),以 $C_{T,d}$ 表示。其中 C 为黏度,T 为试验温度,d 为流孔直径。如某沥青在60℃时,自5mm 孔径流出 50mL 沥青所需时间为 100s,表示为 $C_{60,5} = 100s$。在相同温度和相同流孔条件下,流出时间愈长,表示沥青黏度愈大。

在我国,液体沥青是采用标准黏度来划分技术等级的。

2. 延展性(ductility)(塑性)

延展性是指沥青在外力作用下产生变形而不破坏(裂缝或断开),除去外力后仍保持原形状不变的性质,它反映的是沥青受力时所能承受的塑性变形的能力。

石油沥青的延展性与其组分有关。石油沥青中树脂含量较多,且其他组分含量又适当时,则塑性较大。影响沥青塑性的因素有温度和沥青膜层厚度。温度升高,则延展性增大,膜层愈厚,则塑性愈高;反之,膜层愈薄,则塑性愈差。在常温下,塑性好的沥青不易产生裂缝,并可减少摩擦时的噪声。同时它对于沥青在温度降低时抵抗开裂的性能也有重要影响。沥青的塑性用延度表示。

《公路工程沥青及沥青混合料试验规程》(JTJ 052—2000)规定,用延度仪测定沥青延度。将沥青试样制成∞字形标准试模(中间最小截面积为1cm^2),在规定速度(5cm/min)和规定温度(25℃或15℃)下拉断,此时试件的长度即为沥青延度,以厘米表示。

沥青的延度越大,塑性越好,柔性和抗断裂性越好。

3.温度感应性(temperature susceptibility)(感温性)

温度感应性是指沥青的黏滞性和塑性随温度升降而变化的性能。当温度升高时,沥青由固态或半固态逐渐软化成黏流状态,当温度降低时由黏流态转变成固态甚至变脆。在工程上使用的沥青,要求有较好的温度稳定性。

1)高温感应性

沥青的高温感应性用软化点表示。

软化点是反映沥青温度敏感性的重要指标。由于沥青材料从固态至黏流态时有一定的形态变化间隔,故规定其中某一状态作为固态转到黏流态的起点,相应的温度称为软化点。软化点的数值随采用的仪器不同而异。

《公路工程沥青及沥青混合料试验规程》(JTJ 052—2000)规定,沥青软化点一般采用环与球法软化点仪测定。将沥青试样装入规定尺寸的铜环内(内径18.9mm),试样上放置标准钢球(质量为3.5g),以规定的升温速度(5℃/min)加热,使沥青软化下垂至规定距离时的温度(以℃表示)即为软化点。

软化点愈高,表明沥青的耐热性愈好,即温度稳定性愈好。

针入度是在规定温度下沥青的条件黏度,而软化点则是沥青达到规定条件黏度时的温度。软化点既是反映沥青材料感温性的一个指标,也是沥青黏度的一种量度。

以上所论及的针入度、延度、软化点是评价黏稠石油沥青路用性能最常用的经验指标,所以通称“三大指标”。

2)低温抗裂性

沥青低温抗裂性用脆点表示。

脆点是指沥青材料由黏塑状态转变为固体状态达到条件脆裂时的温度。

《公路工程沥青及沥青混合料试验规程》(JTJ 052—2000)规定,采用弗拉斯法测定沥青脆点。将沥青试样涂在金属片上,置于有冷却设备的脆点仪内。摇动脆点仪的曲柄,使涂有沥青的金属片产生弯曲,随制冷温度降低,沥青薄腊温度逐渐降低。沥青薄膜在击剑定弯曲条件下产生断裂时的温度,即为脆点。

在工程实际应用中,要求沥青具有较高的软化点和较低的脆点,否则容易发生沥青材料夏季流淌或冬季变脆甚至开裂等现象。

4.加热稳定性

沥青在过热或过长时间加热过程中,会发生轻馏分挥发、氧化、裂化、聚合等一系列物理及化学变化,使沥青的化学组成及性质相应地发生变化,这种性质称为沥青的加热稳定性。为了解沥青在路面施工及使用过程的耐久性,《公路工程沥青及沥青混合料试验规程》(JTJ 052—2000)规定,要进行沥青的加热质量损失和加热后残渣性质的试验。对于中、轻交通量用道路黏稠石油沥青,采用蒸发损失试验;对于重交通量用道路黏稠石油沥青,采用沥青薄膜加热试验;对于液体石油沥青,采用沥青的蒸馏试验。

1)沥青的蒸发损失试验

将50g沥青试样装入盛样皿(筒状,内径55mm±1mm,深35mm±1mm)内,置于烘箱内,在163℃下保持受热时间5h,冷却测定质量损失,并测定残留物的针入度。

沥青经加热损失试验后,由于沥青中轻质馏分挥发,不稳定成分发生氧化、聚合等作用,导致残留物性能与原始材料性能有很大差别,表现为针入度减小,软化点升高和延度降低。

2)沥青薄膜加热试验

该法是将50g±0.5g沥青试样装入盛样皿(内径140mm±1mm,深9.5~10mm)内,使沥青成为厚约3.2mm的薄膜,沥青薄膜在163℃的标准薄膜加热烘箱中加热5h后,取出冷却,测定其质量损失,并按规定的方法测定残留物的针入度、延度等技术指标。

3)液体石油沥青蒸馏试验

该法是测定试样受热时,在规定温度范围内蒸出的馏分含量,以占试样体积百分率表示。除非特殊需要,各馏分蒸馏的标准切换温度为225℃、316℃和360℃。通过此试验可了解液体沥青含各温度范围内轻质挥发油的数量,并可根据残留物的性质测定,预估液体沥青在道路路面中的性质。

5.安全性

沥青材料在使用时必须加热,当加热至一定温度时,沥青材料中挥发的油分蒸气与周围空气组成混合气体,此混合气体遇火焰则发生闪火。若继续加热,油分蒸气的饱和度增加,由于此种蒸气与空气组成的混合气体遇火焰极易燃烧,因而会引起熔油车间发生火灾或导致沥青烧坏,为此必须测定沥青的闪点和燃点。

闪点(闪火点)是指加热沥青挥发出的可燃气体与空气组成的混合气体在规定条件下与火接触,产生闪光时的沥青温度(℃)。

燃点(着火点)指沥青加热产生的混合气体与火接触能持续燃烧5s以上时的沥青温度。闪燃点温度相差10℃左右。

我国现行《公路工程沥青及沥青混合料试验规程》(JTJ 052—2000)规定,用克利夫兰开口杯式闪点仪测定沥青的闪点。

6.溶解度

沥青的溶解度是指石油沥青在三氯乙烯中溶解的百分率(即有效物质含量)。那些在三氯乙烯中不溶解的物质为有害物质(沥青碳、似碳物),会降低沥青的性能,应加以限制。

7.含水率

如果沥青中含有水分,施工中挥发太慢,会影响施工速度,所以要求沥青中含水率不宜过多。在沥青加热过程中,如水分过多,易产生"溢锅"现象,引起火灾,使材料损失。所以在熔化沥青时应加快搅拌速度,促进水分蒸发,控制加热温度。

8.沥青非常规的其他性能

1)针入度指数(penetration index)

应用经验的针入度和软化点试验结果,人们提出了一种能表征沥青的感温性和胶体结构的指标,称为针入度指数。由费普等人经过大量试验发现,沥青在不同温度下的针入度值,若以对数为纵坐标表示针入度,以横坐标表示温度,可得到如图3-8所示的直线关系,即

$$\lg P = AT + K \tag{3-6}$$

式中:A——针入度温度感应性系数,由针入度和软化点确定;

K——截距。

据试验研究认为，沥青达到软化点时的针入度约等于800(0.1m)，参见图3-8。因此斜率A可由式(3-7)表示。

$$A=\frac{\lg 800-\lg P_{(25℃,100g,5s)}}{T_{软}-25} \tag{3-7}$$

针入度温度感应性系数A与针入度指数PI的关系可按式(3-8)绘制成诺谟图(图3-9)。

$$\mathrm{PI}=\frac{30}{1+50A}\times 10 \tag{3-8}$$

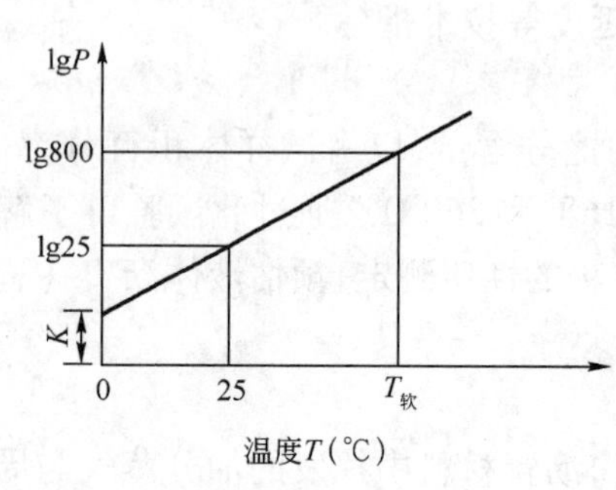

图3-8 针入度—温度分关系图

图3-9 确定沥青针入度指数用诺谟图

按针入度指数可将沥青划分为三种胶体结构。

2)劲度模量(stiffness modulus)

劲度模量是表示沥青的黏性和弹性联合效应的指标。大多数沥青在变形时呈现黏—弹性。当形变量较小、荷载作用时间较短时，以弹性形变为主；反之，以黏性形变为主。范·德·波尔在论述黏—弹性材料(沥青)的抗变形能力时，以荷载作用时间t和温度T作为应力δ与应变ε之比的函数。在一定荷载作用时间和温度条件下，应力与应变的比值称为劲度模量S_b(简称劲度)。故劲度模量可表示为：

$$S_b=\left(\frac{\delta}{\varepsilon}\right)_{t,T} \tag{3-9}$$

沥青的劲度模量S_b与温度T、荷载作用时间t和沥青流变类型(针入度指数PI)等参数有关，见式(3-10)。

$$S_b=f(T,t,\mathrm{PI}) \tag{3-10}$$

式中：T——欲求劲度时的路面温度与沥青软化点之差值(℃)；

t——荷载作用时间(s)；

PI——针入度指数。

按上述关系，范·德·波尔绘制成可以应用于实际工程的劲度模量诺谟图(图3-10)，利用此诺谟图求算沥青的劲度模量时，需要有4个参数。

(1)针入度值为800时的T_{800}对于用作沥青混合料的沥青，此时大致取其软化点。

(2)针入度指数PI通过计算法或诺谟图(图3-9)来确定。

(3)温度差(即路面实际温度与环球法软化点之间的温差)。

(4)加荷时间频率。对于路上的交通，有代表性的是0.02s(车速50~60km/h)。

根据上述参数求其劲度模量，可作为实际工程中的参考数值。

【例 3-1】 已知沥青软化点为 70℃,针入度指数为 2,路面温度 T 为 -10℃,荷载作用频率为 10^{-1}s,试计算沥青的劲度模量(图 3-10)。

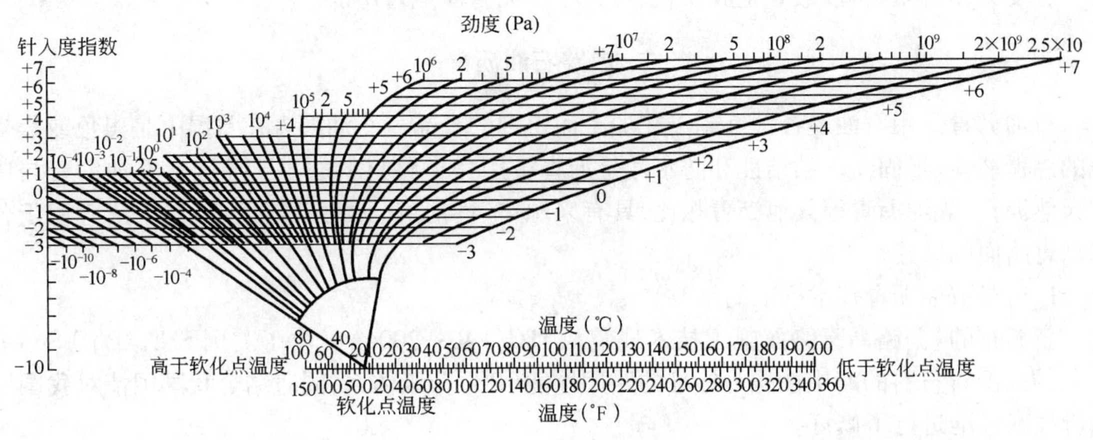

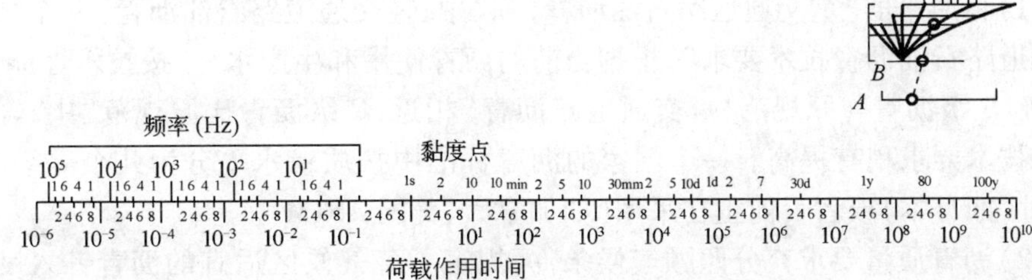

图 3-10 沥青劲度模量

解:(1)在 A 线上找到加载时间为 10^{-1}s 的点 a。

(2)已知路面温度与软化点之间的温差为 80℃,在 B 线上找到 80℃的点 b。

(3)在针入度指数的标尺上找到 +2,作一水平线。

(4)连接 ab 两点,并延长至与针入度指数 +2 的水平线相交点的劲度曲线顺至顶端,即为劲度模量,即 $S_b = 2 \times 10^8 N/m^2 = 200MPa$。

3)黏附性(adhesiveness)

黏附性是路用沥青的重要性能之一,它直接影响沥青路面的使用质量和耐久性。沥青裹覆石料后的抗水性(即抗剥性)不仅与沥青的性质有密切关系,而且亦与集料性质有关。当采用一种固定的沥青时,不同矿物成分的石料的剥落度也有所不同。从碱性、中性直至酸性石料,随着 SiO_2 含量的增加,剥落度亦随之增加。为保证沥青混合料的强度,在选择石料时应优先考虑利用碱性石料,当地缺乏碱性石料必须采用酸性石料时,可掺加各种抗剥剂以提高沥青与石料的黏附性。

对沥青与石料的黏附性的试验方法,我国现行《公路工程沥青及沥青混合料试验规程》(JTJ 052—2000)规定采用水煮法和水浸法。

4)老化

沥青在自然因素(热、氧化、光和水)的作用下,产生"不可逆"的化学变化,导致路用性能劣化,通常称之为老化。沥青老化后,在物理、力学性质方面,表现为针入度减少,延度降低,软化点升高,绝对黏度提高等。在化学组分含量方面,表现为饱和分变化甚少,芳香分明显转变为胶质(速度较慢),而胶质又转变为沥青质(速度较快),由于芳香分转变为胶质,不足以补偿胶质转变为沥青质,所以最终是胶质显著减少,而沥青质显著增加。

二、道路石油沥青

石油沥青是用石油经各种炼制工艺加工而得到的产品。石油沥青在常温下是黑色或黑褐色的黏稠液体、半固体。黏结性和防水性是沥青被用作道路材料的主要原因。石油沥青与诸如天然沥青、焦油沥青等其他沥青相比,具有来源广、性能好、无污染等优点,被广泛应用于公路沥青路面的修建。

1. 道路石油沥青技术标准的修改

新颁布的《公路沥青路面施工技术规范》(JTG F40—2004)吸收了美国 SHARP 的 Superpave 的以沥青材料的路用性能为标准的路用性能(PG)分级体系,同时结合我国国情对我国原沥青技术标准进行了修订。

对道路石油沥青技术要求的修改主要有以下内容:

(1)将原来的"重交通道路石油沥青"和"中、轻交通道路石油沥青"两个技术要求合并为一个"道路石油沥青技术要求",根据当前的沥青使用和生产水平,按技术性能分为 A、B、C 三个等级:B 级沥青与原规范"重交通道路沥青"相近,C 级沥青比原规范"中、轻交通道路石油沥青"技术要求稍有提高。一个国家的沥青标准中按质量水平分为几个等级的做法,国外也采用过(如日本)或者目前正在采用(如加拿大、美国 ASTM)。

(2)沥青质量要求充分照顾气候条件,规定了各气候区适宜的沥青针入度等级。尽管各气候区的差别甚小,但仍具有意义。

(3)增加了沥青的感温性指标针入度指数 PI 值。

(4)在适当提高软化点指标的基础上,A 级沥青增加了 60℃温度的动力黏度作为高温性能的评价指标。

(5)沥青的低温性能指标,A、B 级沥青改为 10℃延度,C 级沥青改为 15℃延度。这里需要注意的是,延度指标提得太高有可能影响其他指标。

(6)含蜡量仍然是标准中的重要指标。A 级沥青放宽到 2.2% 将有利于国产沥青的应用。此含蜡量是按试验规程的方法测定的,与德国的 DIN 法有所不同。

(7)老化试验统一为薄膜加热试验(TFOT),也允许用旋转薄膜加热试验(RTFOT)代替。

2. 道路石油沥青技术要求

道路石油沥青的质量应符合表 3-20 规定的技术要求。各个沥青等级的适用范围应符合表 3-19 的规定。经建设单位同意,沥青的 PI 值、60℃动力黏度,10℃延度可作为选择性指标。

道路石油沥青的适用范围 表 3-19

沥青等级	适用范围
A 级沥青	各个等级的公路,适用于任何场合和层次
B 级沥青	①高速公路、一级公路沥青下面层及以下的层次,二级及二级以下公路的各个层次; ②用作改性沥青、乳化沥青、改性乳化沥青、稀释沥青的基质沥青
C 级沥青	三级及三级以下公路的各个层次

道路石油沥青技术要求

表 3-20

指标	单位	等级	沥青标号																	试验方法[1]
			160 号[4]	130 号[4]	110 号			90 号					70 号[3]					50 号	30 号[4]	
针入度(25℃,5s,100g)	0.1mm		140 ~ 200	120 ~ 140	100 ~ 120			80 ~ 100					60 ~ 80					40 ~ 60	20 ~ 40	T 0604
适用的气候分区[6]			注[4]	注[4]	2-1	2-2	3-2	1-1	1-2	1-3	2-2	2-3	1-3	1-4	2-2	2-3	2-4	1-4	注[4]	附录 A[5]
针入度指数 PI[2]		A	-1.5 ~ +1.0																	T 0604
		B	-1.8 ~ +1.0																	
软化点(R&B),不小于	℃	A	38	40	43			45			44		46		45			49	55	T 0606
		B	36	39	42			43			42		44		43			46	53	
		C	35	37	41			42					43					45	50	
60℃动力黏度[2],不小于	Pa·s	A	—	60	120			160			140		180		160			200	260	T 0620
10℃延度[2],不小于	cm	A	50	50	40			45	30	20	30	20	20	15	25	20	15	15	10	T 0605
		B	30	30	30			30	20	15	20	15	15	10	20	15	10	10	8	
15℃延度,不小于	cm	A、B	100															80	50	
		C	80	80	60			50					40					30	20	
蜡含量(蒸馏法),不大于	%	A	2.2																	T 0615
		B	3.0																	
		C	4.5																	

续上表

指 标	单位	等级	沥青标号							试验方法[1]
			160 号[4]	130 号[4]	110 号	90 号	70 号[3]	50 号	30 号[4]	
闪点，不小于	℃		230			245	260			T 0611
溶解度，不小于	%		99.5							T 0607
密度(15℃)	g/cm³		实测记录							T 0603
TFOT（或 RTFOT）后[5]										T 0610 或 T 0609
质量变化，不大于	%		±0.8							
残留针入度比，不小于	%	A	48	54	55	57	61	63	65	T 0604
		B	45	50	52	54	58	60	62	
		C	40	45	48	50	54	58	60	
残留延度(10℃)，不小于	cm	A	12	12	10	8	6	4	—	T 0605
		B	10	10	8	6	4	2	—	
残留延度(15℃)，不小于	cm	C	40	35	30	20	15	10	—	T 0605

注：①试验方法按照现行《公路工程沥青及沥青混合料试验规程》(JTJ 052—2000)规定的方法执行。用于仲裁试验求取 PI 时的 5 个温度的针入度关系的相关系数不得小于 0.997。

②经建设单位同意，表中 PI 值、60℃动力黏度、10℃延度可作为选择性指标，也可不作为施工质量检验指标。

③70 号沥青可根据需要要求供应商提供针入度范围为 60～70 或 70～80 的沥青，50 号沥青可要求提供针入度范围为 40～50 或 50～60 的沥青。

④30 号沥青仅适用于沥青稳定基层。130 号和 160 号沥青除寒冷地区可直接在中低级公路上直接应用外，通常用作乳化沥青、稀释沥青、改性沥青的基质沥青。

⑤老化试验以 TFOT 为准，也可以 RTFOT 代替。

⑥气候分区见《公路沥青路面施工技术规范》(JTG F40—2004)附录 A。

续上表

指标	单位	SBS类(I类)				SBR类(II类)			EVA、PE类(III类)				验方法[1]
		I-A	I-B	I-C	I-D	II-A	II-B	II-C	III-A	III-B	III-C	III-D	
TFOT(或RTFOT)后残留物													
质量变化,不大于	%	±1.0											T 0610或T 0609
针入度比25℃,不小于	%	50	55	60	65	50	55	60	50	55	58	60	T 0604
延度5℃,不小于	cm	30	25	20	15	30	20	10	—				T 0605

注:①表中135℃运动黏度可采用《公路工程沥青及沥青混合料试验规程》(JTJ 052—2000)中的“沥青布氏旋转黏度试验方法(布洛克菲尔德黏度计法)”进行测定。若在不改变改性沥青物理力学性质并符合安全条件的温度下易于泵送和拌和,或经证明适当提高泵送和拌和温度时能保证改性沥青的质量,容易施工,可不要求测定。

②储存稳定性指标适用于工厂生产的成品改性沥青。现场制作的改性沥青对储存稳定性指标可不作要求,但必须在制作后,保持不间断的搅拌或泵送循环,保证使用前没有明显的离析。

制造改性沥青的基质沥青应与改性剂有良好的配伍性,其质量宜符合表3-20中A级或B级道路石油沥青的技术要求。供应商在提供改性沥青的质量报告时应提供基质沥青的质量检验报告或沥青样品。

六、煤 沥 青

各种天然有机物(如煤、木材、泥岩或页岩等)在隔绝空气的情况下,经焦化、干馏得到的黏性液体,通称“焦油”。焦油再经进一步加工而得到黏稠液体以致半固体的产品称为“焦油沥青”。通常加工焦油沥青的原料为煤,故称“焦油煤沥青”,简称“煤沥青”。

道路用煤沥青适用于下列情况:

(1)各种等级公路的各种基层上的透层,宜采用T-1或T-2级,其他等级不合喷洒要求时可适当稀释使用。

(2)三级及三级以下的公路铺筑表面处治或贯入式沥青路面,宜采用T-5、T-6或T-7级。

(3)与道路石油沥青、乳化沥青混合使用,以改善渗透性。

道路用煤沥青的标号根据气候条件、施工温度、使用目的选用,其质量应符合表3-24的规定。

道路用煤沥青技术要求 表3-24

试验项目		T-1	T-2	T-3	T-4	T-5	T-6	T-7	T-8	T-9	试验方法
黏度(s)	$C_{30.5}$	5~25	26~70								T 0621
	$C_{30.10}$			5~25	26~50	51~120					
	$C_{50.10}$						121~200	10~75	76~200		
	$C_{60.10}$									35~65	
蒸馏试验,馏出量(%)	170℃前,不大于	3	3	3	2	1.5	1.5	1.0	1.0	1.0	T 0641
	270℃前,不大于	20	20	20	15	15	15	10	10	10	
	300℃前,不大于	15~35	15~35	30	30	25	25	20	20	15	
300℃蒸馏残留物软化点(环球法)(℃)		30~45	30~45	35~65	35~65	35~65	35~65	40~70	40~70	40~70	T 0606
水分,不大于(%)		1.0	1.0	1.0	1.0	1.0	0.5	0.5	0.5	0.5	T 0612
甲苯不溶物,不大于(%)		20	20	20	20	20	20	20	20	20	T 0646
萘含量,不大于(%)		5	5	5	4	4	3.5	3	2	2	T 0645
焦油酸含量,不大于(%)		4	4	3	3	2.5	2.5	1.5	1.5	1.5	T 0642

思考题

1. 我国常用水泥有哪些品种？每个品种适用于什么范围？

2. 水泥混凝土强度形成的机理是什么？

3. 普通硅酸盐水泥技术指标有哪些？

4. 影响水泥性能的因素有哪些？

5. 水泥稳定碎石基层及水泥混凝土路面分别对水泥有什么要求？

6. 水泥混凝土路面及沥青混凝土路面分别对集料和填料有什么要求？

7. 石油沥青的技术性质有哪些？不同等级的道路石油沥青的使用范围是什么？

8. 什么是改性沥青？和普通沥青有什么区别？

第四章　路面混合料配合比设计

学习目标

熟悉各种路面基层、水泥混凝土路面、沥青路面配合比设计原理及方法。

本章重点

配合比设计中的基本概念：石灰剂量、级配、沥青含量、油石比等；路面基层、普通水泥混凝土路面及沥青路面配合比设计原理及方法。

本章难点

配合比设计原理、计算及调整。

路面施工过程中，基层的混合料组成设计，水泥混凝土和沥青混合料的配合比设计都是施工控制及确保路面工程质量的关键。在工程实际中，人们经常会发现即使原材料相同，由于配合比设计不当，常常会造成路基路面早期破损破坏现象。这正证明了配合比设计和控制的重要性。

第一节　基层混合料组成设计

目前，常用的路面基层主要有半刚性基层和柔性基层两大类。半刚性基层混合料组成设计内容主要包括：根据规范规定的强度标准要求，通过试验选取适宜稳定的土，确定相应无机结合料与稳定土之间的配合比例，确定混合料的最佳含水率等。基层混合料组成设计的最终目的是使基层混合料的强度达到设计规定要求。

一、半刚性基层

（一）水泥稳定土基层

在粉碎的或原来松散的土（包括各种粗、中、细粒土）中，掺入足量水泥和水，经拌和得到的混合料，在压实及养生后，其抗压强度符合规定的要求时，称为水泥稳定土。

水泥稳定土有良好的力学性能和板体性，它的水稳性和抗冻性都较石灰稳定土好。水泥稳定土的初期强度高并且强度随龄期增长而增加，它的力学强度还可视需要进行调整。一般可适用于各种交通类别道路的基层和底基层。

1. 一般规定

（1）各级公路用水泥稳定土的7d浸水抗压强度应符合表4-1的规定。

（2）水泥稳定土的组成设计应根据表4-1的强度标准，通过试验选取最适宜于稳定的土，确定必需的水泥剂量和混合料的最佳含水率，在需要改善混合料的物理力学性质时，还应确定掺加料的比例。

(3)综合稳定土的组成设计应通过试验选取最适宜于稳定的土,确定必需的水泥和石灰剂量以及混合料的最佳含水率。

水泥稳定土的抗压强度标准 表 4-1

层位 \ 公路等级	二级和二级以下公路	高速公路和一级公路
基层(MPa)	2.5~3②	3~5①
底基层(MPa)	1.5~2.0②	1.5~2.5①

注:①设计累计标准轴次小于 12×10^6 的公路可采用低限值;设计累计标准轴次超过 12×10^6 的公路可用中值;主要行驶重载车辆的公路应用高限值。某一具体公路应采用一个值,而不是某一范围。

②二级以下公路可取低限值;行驶重载车辆的公路,应取较高的值;二级公路可取中值;行驶重载车辆的二级公路应取高限值。某一具体公路应采用一个值,而不用某一范围。

(4)采用综合稳定时,如水泥用量占结合料总量的30%以上,应按本章的技术要求进行组成设计。水泥和石灰的比例宜取60:40、50:50或40:60。

(5)水泥稳定土的各项试验应按《公路工程无机结合料稳定材料试验规程》(JTJ 057—94)进行。

2.原材料的试验

(1)在水泥稳定土层施工前,应取所定料场中有代表性的土样按《公路土工试验规程》(JTG E40—2007)进行下列试验:

①颗粒分析;

②液限和塑性指数;

③相对密度;

④击实试验;

⑤碎石或砾石的压碎值;

⑥有机质含量(必要时做);

⑦硫酸盐含量(必要时做)。

(2)对级配不良的碎石、碎石土、砂砾、砂砾土、砂等,宜改善其级配。

(3)应检验水泥的强度等级和终凝时间。

3.混合料的设计步骤

(1)分别按下列5种①水泥剂量配制同一种土样、不同水泥剂量的混合料。

①做基层用

中粒土和粗料土:3%,4%,5%,6%,7%②

塑性指数小于12的细粒土:5%,7%,8%,9%,11%

其他细粒土:8%,10%,12%,14%,16%

②做底基层用

中粒土和粗料土:3%,4%,5%,6%,7%

塑性指数小于12的细粒土:4%,5%,6%,7%,9%

其他细粒土:6%,8%,9%,10%,12%

注:①在能估计合适剂量的情况下,可以将5个不同剂量缩减到3或4个。

②如要求用做基层的混合料有较高强度时,水泥剂量可用4%,5%,6%,7%,8%。

(2)确定各种混合料的最佳含水率和最大干(压实)密度,至少应做3个不同水泥剂量混合料的击实试验,即最小剂量、中间剂量和最大剂量。其他两个剂量混合料的最佳含水率和最大干密度用内插法确定。

(3)按规定压实度分别计算不同水泥剂量的试件应有的干密度。

(4)按最佳含水率和计算得的干密度制备试件。进行强度试验时,作为平行试验的最少试件数量应不小于表4-2的规定。如试验结果的偏差系数大于表中规定的值,则应重做试验,并找出原因,加以解决。如不能降低偏差系数,则应增加试件数量。

最少试件数量 表4-2

土类 \ 试件数量 \ 偏差系数	<10%	10% ~15%	15% ~20%
细粒土	6	9	
中粒土	6	9	13
粗粒土		9	13

(5)试件在规定温度下保湿养生6d,浸水24h后,按《公路工程无机结合料稳定材料试验规程》(JTJ 057—94)进行无侧限抗压强度试验。

(6)计算试验结果的平均值和偏差系数。

(7)根据表4-1的强度标准,选定合适的水泥剂量,此剂量试件室内试验结果的平均抗压强度 $\overline{R}$ 应符合公式(4-1)的要求:

$$\overline{R} \geqslant R_d/(1 - Z_\alpha C_v) \tag{4-1}$$

式中:R_d——设计抗压强度(表4-4);

C_v——试验结果的偏差系数(以小数计);

Z_α——标准正态分布表中随保证率(或置信度 α)而变的系数,高速公路和一级公路应取保证率95%,水泥改善土的塑性指数应不大于6,承载比应不小于240。

(8)工地实际采用的水泥剂量应比室内试验确定的剂量多0.5% ~1.0%。

采用集中厂拌法施工时,可只增加0.5%;采用路拌法施工时,宜增加1%。

(9)水泥的最小剂量应符合表4-3的规定。

水泥的最小剂量 表4-3

土类 \ 拌和方法	路拌法	集中厂拌法
中粒土和粗粒土	4%	3%
细粒土	5%	4%

(二)石灰稳定土基层

在粉碎的土和原来松散的土(包括各种粗、中、细粒土)中,掺入足量的石灰和水,经拌和、压实及养生后得到的混合料,当其抗压强度符合规定的要求时,称为石灰稳定土。

石灰稳定土具有良好的力学性能,并有较好的水稳性和一定的抗冻性,它的初期强度和水稳性较低,后期强度较高;但由于干缩、冷缩易产生裂缝。石灰稳定土可适用于各类路面的基层和底基层,但不宜用作高级路面的基层,而只用作底基层。

1. 一般规定

(1)各级公路用石灰稳定土的7d浸水抗压强度应符合表4-4的规定。

石灰稳定土的抗压强度标准 表4-4

公路等级 层位	二级和二级以下公路	高速公路和一级公路
基层(MPa)	≥0.8[①]	—
底基层(MPa)	0.5~0.7[②]	≥0.8

注:①在低塑性土(塑性指数小于7)地区,石灰稳定砂砾土和碎石土的7d浸水抗压强度应大于0.5MPa(100g平衡锥测液限)。

②低限用于塑性指数小于7的黏性土,且低限值宜仅用于二级以下公路。高限用于塑性指数大于7的黏性土。

(2)石灰稳定土的组成设计应根据表4-4的强度标准,通过试验选取最适宜于稳定的土,确定必需的或最佳的石灰剂量和混合料的最佳含水率,在需要改善混合料的物理力学性质时,还应确定掺加料的比例。

(3)采用综合稳定土时,如水泥用量占结合料总量的30%以下,则按本章的技术要求进行组成设计。

(4)石灰稳定土的各项试验应按《公路工程无机结合料稳定材料试验规程》(JTJ 057—94)进行。

2. 原材料试验

(1)在石灰稳定土层施工前,应取所定料场中有代表性的土样进行下列试验:

①颗粒分析;

②液限和塑性指数;

③击实试验;

④碎石或砾石的压碎值;

⑤有机质含量(必要时做);

⑥硫酸盐含量(必要时做)。

(2)如碎石、碎石土、砂砾、砂砾土等的级配不好,宜先改善其级配。

(3)应检验石灰的有效钙和氧化镁含量。

3. 混合料的设计步骤

(1)按下列石灰剂量配制同一种土样、不同石灰剂量的混合料:

①做基层用

砂砾土和碎石土:3%,4%,5%,6%,7%

塑性指数小于12的黏性土:10%,12%,13%,14%,16%

塑性指数小于12的黏性土:5%,7%,9%,11%,13%

②做底基层用

塑性指数小于12的黏性土:8%,10%,11%,12%,14%

塑性指数小于12的黏性土:5%,7%,8%,9%,11%

(2)确定混合料的最佳含水率和最大干(压实)密度,至少应做三个不同石灰剂量混合料的击实试验,即最小剂量、中间剂量和最大剂量,其余两个混合料的最佳含水率和最大干密度用内插法确定。

(3)按规定的压实度，分别计算不同石灰剂量的试件应有的干密度。

(4)按最佳含水率和计算得的干密度制备试件。进行强度试验时，作为平行试验的最少试件数量应不小于表4-5中的规定。如试验结果的偏差系数大于表中规定的值，则应重做试验，并找出原因，加以解决。如不能降低偏差系数，则应增加试件数量。

最少试件数量 表4-5

偏差系数 / 试件数量 / 土类	<10%	10% ~15%	15% ~20%
细粒土	6	9	
中粒土	6	9	13
粗粒土		9	13

(5)试件在规定温度下保温养生6d，浸水24h后，按《公路工程无机结合料稳定材料试验规程》(JTJ 057—94)进行无侧限抗压强度试验。

(6)计算试验结果的平均值和偏差系数。

(7)根据表4-4的强度标准，选定合适的石灰剂量。此剂量试件室内试验结果的平均抗压强度 $\overline{R}$ 应符合公式(4-2)的要求：

$$\overline{R} \geqslant R_d/(1 - Z_\alpha C_v) \tag{4-2}$$

式中：R_d——设计抗压强度(表4-4)；

C_v——试验结果的偏差系数(以小数计)；

Z_α——标准正态分布表中随保证率(或置信度 α)而变的系数，高速公路和一级公路应取保证率95%，即 $Z_\alpha = 1.645$；其他公路应取保证率90%，即 $Z_\alpha = 1.282$。

(8)工地实际采用的石灰剂量应比室内试验确定的剂量多0.5% ~1.0%。

采用集中厂拌法施工时，可只增加0.5%；采用路拌法施工时，宜增加1%。

(9)石灰稳定不含黏性土的级配碎石、未筛分碎石和级配砂砾用做高级沥青路面的基层时，碎石和砂砾的颗粒组成应符合《公路路面基层施工技术规范》(JTJ 034—2000)级配碎石(6.2.4条)或未筛分碎石(6.2.7条)或级配砾石(7.2.3条)的级配范围，并应添加黏性土。石灰和所加土的总质量与碎石或砂砾的质量比宜为1∶4 ~1∶5，即碎石或砾石在混合料中的质量应不少于80%。

二、柔性基层

(一)级配碎石

级配碎石宜用几种不同粒级的碎石组配而成。用做中间层的级配碎石更应用几种不同粒级的碎石组配而成。它能更好地保证碎石的颗粒组成符合规定的要求，并达到高的强度和稳定性。

材料要求：

(1)级配碎石或级配碎砾石用做二级和二级以下公路的基层时，其颗粒组成和塑性指数应满足表4-13中1号级配的规定。级配碎石用做高速公路和一级公路的基层时，其颗粒组成和塑性指数应满足表4-6中2号级配的规定；同时，级配曲线宜为圆滑曲线。

(2)在塑性指数偏大的情况下，塑性指数与0.5mm以下细土含量的乘积应符合下列规定：

(3)级配碎石用作中间层时,其颗粒组成和塑性指数应符合表4-6中2号级配的规定。

级配碎石或级配碎砾石的颗粒组成范围 表4-6

项目 \ 通过质量百分率(%) \ 编号		1	2
筛孔尺寸(mm)	37.5	100	
	31.5	90~100	100
	19.0	73~88	85~100
	9.5	49~69	52~74
	4.75	29~54	29~54
	2.36	17~37	17~37
	0.6	8~20	8~20
	0.075	0~7②	0~7②
液限(%)		<28	<28
塑性指数		<6(或9①)	<6(或9①)

注:①潮湿多雨地区塑性指数宜小于6,其他地区塑性指数宜小于9。
②对于无塑性的混合料,小于0.075mm的颗粒含量应接近高限。

(4)未筛分碎石用作二级和二级以下公路的底基层时,其颗粒组成和塑性指数应符合表4-7中1号级配的规定;用作高速公路和一级公路的底基层时,其颗粒组成和塑性指数应符合表4-7中2号级配的规定。

未筛分碎石底基层颗粒组成范围 表4-7

项目 \ 通过质量百分率(%) \ 编号		1	2
筛孔尺寸(mm)	53	100	
	37.5	85~100	100
	31.5	69~88	83~100
	19.0	40~65	54~84
	9.5	19~43	29~59
	4.75	10~30	17~45
	2.36	8~25	11~35
	0.6	6~18	6~21
	0.075	0~10	0~10
液限(%)		<28	<28
塑性指数		<6(或9*)	<6(或9*)

注:在潮湿多雨地区,塑性指数宜小于6,其他地区塑性指数宜小于9。

(5)级配碎石或级配碎砾石所用石料的压碎值应满足下列规定:

基层:

高速公路和一级公路　　不大于26%

二级公路　　不大于30%

二级以下公路　　不大于35%

底基层：
高速公路和一级公路　　不大于30%
二级公路　　不大于35%
二级以下公路　　不大于40%

第二节　路面水泥混凝土配合比设计

水泥混凝土路面具有承载能力大、稳定性好、使用寿命长、日常养护费用少等优点，是高等级、重交通公路路面的主要类型之一。积极发展水泥混凝土路面，对合理利用水泥资源，提高路面使用质量和寿命，缓和沥青供应不足的矛盾，增加公路高等级路面铺筑里程都具有重要意义。

一、普通混凝土配合比设计

与常规混凝土相比，路面混凝土主要是承受冲击、振动、疲劳、磨损等作用的动载结构，其控制技术指标是弯拉强度、耐疲劳性、耐久性、工作性等。技术指标不同，且要求比常规静载结构混凝土严格得多，因此，在配合比设计上具有路面自身特点，即非任何原材料都可以用来建造路面，也非满足静载结构的配合比可以满足路面要求。

1. 普通混凝土配合比设计应满足的技术要求

普通混凝土配合比设计适用于滑模摊铺机、轨道摊铺机、三辊轴机组及小型机具四种施工方式。普通混凝土路面的配合比设计在兼顾经济性的同时应满足下列三项技术要求：

1）弯拉强度

（1）各交通等级路面板的28d设计弯拉强度标准值f_r应符合《公路水泥混凝土路面设计规范》（JTG D40—2002）规定。

（2）计算配制28d弯拉强度的均值。

$$f_c = \frac{f_r}{1 - 1.04C_v} + ts \tag{4-3}$$

式中：f_c——配制28d弯拉强度的均值（MPa）；

f_r——设计弯拉强度标准值（MPa）；

s——弯拉强度试验样本的标准差（MPa）；

t——保证率系数，应按表4-8确定；

C_v——弯拉强度变异系数，应按统计数据在表4-9的规定范围内取值；在无统计数据时，弯拉强度变异系数应按设计取值；如果施工配制弯拉强度超出设计给定的弯拉强度变异系数上限，则必须改进机械装备和提高施工控制水平。

保证率系数 t　　表4-8

公路技术等级	判别概率 p	样本数 n（组）				
		3	6	9	15	20
高速公路	0.05	1.36	0.79	0.61	0.45	0.39
一级公路	0.10	0.95	0.59	0.46	0.35	0.30
二级公路	0.15	0.72	0.46	0.37	0.28	0.24
三、四级公路	0.20	0.56	0.37	0.29	0.22	0.19

各级公路混凝土路面弯拉强度变异系数 表 4-9

公路技术等级	高速公路	一级公路		二级公路	三、四级公路	
混凝土弯拉强度变异水平等级	低	低	中	中	中	高
弯拉强度变异系数 C_v 允许变化范围	0.05~0.10	0.05~0.10	0.10~0.15	0.10~0.15	0.10~0.15	0.15~0.20

2)工作性

(1)滑模摊铺机前拌和物最佳工作性及允许范围应符合表 4-10 的规定。

混凝土路面滑模摊铺最佳工作性及允许范围 表 4-10

界限 \ 指标	坍落度 s_t(mm)		振动黏度系数 η(Pa·s)
	卵石混凝土	碎石混凝土	
最佳工作性	20~40	25~50	200~500
允许波动范围	5~55	10~65	100~600

注:①滑模摊铺机适宜的摊铺速度应控制在 0.5~2.0m/min 之间。

②本表适用于设超铺角的滑模摊铺机;对不设超铺角的滑模摊铺机,最佳振动黏度系数为 250~600Pa·s;最佳坍落度卵石为 10~40mm;碎石为 10~30mm。

③滑模摊铺时的最大单位用水量卵石混凝土不宜大于 155kg/m³;碎石混凝土不宜大于 160kg/m³。

(2)轨道摊铺机、三辊轴机组、小型机具摊铺的路面混凝土坍落度及最大单位用水量,应满足表 4-11 的规定。

不同路面施工方式混凝土坍落度及最大单位用水量 表 4-11

摊铺方式	轨道摊铺机摊铺		三辊轴机组摊铺		小型机具摊铺	
出机坍落度(mm)	40~60		30~50		10~40	
摊铺坍落度(mm)	20~40		10~30		0~20	
最大单位用水量(kg/m³)	碎石	卵石	碎石	卵石	碎石	卵石
	156	153	153	148	150	145

注:①表中的最大单位用水量系采用中砂、粗细集料为风干状态的取值,采用细砂时,应使用减水率较大的(高)减水剂。

②使用碎卵石时,最大单位用水量可取碎石与卵石中值。

3)耐久性

(1)根据当地路面无抗冻性、有抗冻性或有抗盐冻性要求及混凝土最大公称粒径,路面混凝土含气量宜符合表 4-12 的规定。

路面混凝土含气量及允许偏差(%) 表 4-12

最大公称粒径(mm)	无抗冻性要求	有抗冻性要求	有抗盐冻要求
19.0	4.0±1.0	5.0±0.5	6.0±0.5
26.5	3.5±1.0	4.5±0.5	5.5±0.5
31.5	3.5±1.0	4.0±0.5	5.0±0.5

(2)各交通等级路面混凝土满足耐久性要求的最大水灰(胶)比和最小单位水泥用量应符合表 4-13 的规定。最大单位水泥用量不宜大于 400kg/m³ 时;掺粉煤灰时,最大单位胶材总量不宜大于 420kg/m³。

混凝土满足耐久性要求的最大水灰(胶)比和最小单位水泥用量　　表4-13

公路技术等级		高速公路、一级公路	二级公路	三、四级公路
最大水灰(胶)比		0.44	0.46	0.48
抗冰冻要求最大水灰(胶)比		0.42	0.44	0.46
抗盐冻要求最大水灰(胶)比		0.40	0.42	0.44
最小单位水泥用量(kg/m^3)	42.5级	300	300	290
	32.5级	310	310	305
抗冰(盐)冻时最小单位水泥用量(kg/m^3)	42.5级	320	320	315
	32.5级	330	330	325
掺粉煤灰时最小单位水泥用量(kg/m^3)	42.5级	260	260	255
	32.5级	280	270	265
抗冰(盐)冻掺粉煤灰最小单位水泥用量(42.5级水泥)(kg/m^3)		280	270	265

注:①掺粉煤灰,并有抗冰(盐)冻性要求时,不得使用32.5级水泥。
②水灰(胶)比计算以砂石料的自然风干状态计(砂含水率≤1.0%;石子含水率≤0.5%)。
③处在除冰盐、海风、酸雨或硫酸盐等腐蚀性环境中、或在大纵坡等加减速车道上的混凝土,最大水灰(胶)比可比表中数值降低0.01~0.02。

(3)严寒地区路面混凝土抗冻等级不宜小于F250,寒冷地区不宜小于F200。

(4)在海风、酸雨、除冰盐或硫酸盐等腐蚀环境影响范围内的混凝土路面和桥面,在使用硅酸盐水泥时,应掺加粉煤灰、磨细矿渣或硅灰掺合料,不宜单独使用硅酸盐水泥,可使用矿渣水泥或普通水泥。

2. 外加剂的使用应符合下列要求

(1)高温施工时,混凝土拌和物的初凝时间不得小于3h,否则应采取缓凝或保塑措施;低温施工时,终凝时间不得大于10h,否则应采取必要的促凝或早强措施。

(2)外加剂的掺量应由混凝土试配试验确定。引气剂的适宜掺量可由搅拌机内的拌和物含气量进行控制。实际路面和桥面引气混凝土的抗冰冻、抗盐冻耐久性,宜采用《公路水泥混凝土路面施工技术规范》(JTG F30—2003)附录F.1、F.2规定的钻芯法测定,测定位置:路面为表面和表面下50mm;桥面为表面和表面下30mm;测得的上下两个表面的最大平均气泡间距系数不宜超过表4-14的规定。

混凝土路面和桥面最大平均气泡间距系数(μm)　　表4-14

环境 \ 公路技术等级		高速公路、一级公路	其他公路
严寒地区	冰冻	275	300
	盐冻	225	250
寒冷地区	冰冻	325	350
	盐冻	275	300

(3)引气剂与减水剂或高效减水剂等其他外加剂复配在同一水溶液中时,应保证其共溶性,防止外加剂溶液发生絮凝现象。如产生絮凝现象,应分别稀释、分别加入。

3. 配合比参数的计算应符合下列要求

(1)水灰(胶)比的计算和确定

①根据粗集料的类型,水灰比可分别按下列统计公式计算:

碎石或碎卵石混凝土:
$$\frac{W}{C}=\frac{1.5684}{f_c+1.0097-0.3595f_s} \tag{4-4}$$

卵石混凝土:
$$\frac{W}{C}=\frac{1.2681}{f_c+1.5492-0.4709f_s} \tag{4-5}$$

式中:W/C——水灰比;

f_c——配制28d弯拉强度均值;

f_s——水泥实测28d抗折强度(MPa)。

②掺用粉煤灰时,应计入超量取代法中代替水泥的那一部分粉煤灰用量(代替砂的超量部分不计入),用水胶比$\frac{W}{C+F}$代替水灰比$\frac{W}{C}$。

③应在满足弯拉强度计算值和耐久性(表4-13)两者要求的水灰(胶)比中取小值。

(2)砂率应根据砂的细度模数和粗集料种类,查表4-15取值。在软做抗滑槽时,砂率在表4-15基础上可增大1%~2%。

砂的细度模数与最优砂率关系 表4-15

砂细度模数		2.2~2.5	2.5~2.8	2.8~3.1	3.1~3.4	3.4~3.7
砂率 S_P(%)	碎石	30~34	32~36	34~38	36~40	38~42
	卵石	28~32	30~34	32~36	34~38	36~40

注:碎卵石可在碎石和卵石混凝土之间内插取值。

(3)根据粗集料种类和表4-10和表4-11中适宜的坍落度,分别按下列经验式计算单位用水量(砂石料以自然风干状态计):

碎石:
$$W_o=104.97+0.309S_L+11.27\frac{C}{W}+0.61S_P \tag{4-6}$$

卵石:
$$W_o=86.89+0.370S_L+11.24\frac{C}{W}+1.00S_P \tag{4-7}$$

式中:W_o——不掺外加剂与掺和料混凝土的单位用水量(kg/m^3);

S_L——坍落度(mm);

S_P——砂率(%);

C/W——灰水比,水灰比之倒数。

掺外加剂的混凝土单位用水量应按式(4-8)计算:

$$W_{ow}=W_o\left(1-\frac{\beta}{100}\right) \tag{4-8}$$

式中:W_{ow}——掺外加剂混凝土的单位用水量(kg/m^3);

β——所用外加剂剂量的实测减水率(%)。

单位用水量应取计算值和表4-10或表4-11的规定值两者中的小值。若实际单位用水量仅掺引气剂不满足所取数值,则应掺用引气(高效)减水剂,三、四级公路也可采用真空脱水工艺。

(4)单位水泥用量应由式(4-9)计算,并取计算值与表4-24规定值两者中的大值。

$$C_o=\left(\frac{C}{W}\right)W_o \tag{4-9}$$

式中:C_o——单位水泥用量(kg/m^3);

其余符号意义同上。

(5)砂石料用量可按密度法或体积法计算。按密度法计算时,混凝土单位质量可取 2 400 ~ 2 450kg/m^3;按体积法计算时,应计入设计含气量。采用超量取代法掺用粉煤灰时,超量部分应代替砂,并折减用砂量。经计算得到的配合比,应验算单位粗集料填充体积率,且不宜小于70%。

(6)重要路面、桥面工程应采用正交试验法进行配合比优选。

4.采用真空脱水工艺

采用真空脱水工艺时,可采用比经验式(4-6)和式(4-7)计算值略大的单位用水量,但在真空脱水后,扣除每立方米混凝土实际吸除的水量,剩余单位用水量和剩余水灰(胶)比分别不宜超过表4-11 最大单位用水量和表4-13 最大水灰(胶)比的规定。真空脱水混凝土抗压强度试件成型方法可参考《公路水泥混凝土路面施工技术规范》(JTG F30—2003)附录 E.1。

5.路面混凝土掺用粉煤灰

路面混凝土掺用粉煤灰时,其配合比计算应按超量取代法进行。粉煤灰掺量应根据水泥中原有的掺和料数量和混凝土弯拉强度、耐磨性等要求由试验确定。I、II 级粉煤灰的超量系数可按表4-16 初选。代替水泥的粉煤灰掺量:I 型硅酸盐水泥宜≤30 %;II 型硅酸盐水泥宜≤25%;道路水泥宜≤20%;普通水泥宜≤15%;矿渣水泥不得掺粉煤灰。

各级粉煤灰的超量取代系数 表4-16

粉煤灰等级	I	II	III
超量取代系数 k	1.1 ~ 1.4	1.3 ~ 1.7	1.5 ~ 2.0

二、贫混凝土配合比设计

1.基层贫混凝土配合比设计应符合三项技术要求

1)强度

基层贫混凝土设计强度应符合表4-17 的规定。

贫混凝土基层的设计强度标准值(MPa) 表4-17

交通等级	特重	重	中等
7d 施工质检抗压强度 f_{cu7}	10.0	7.0	5.0
28d 设计抗压强度标准值 $f_{cu,k}$	15.0	10.0	7.0
28d 设计弯拉强度标准值 $f_{c,k}$	3.0	2.0	1.5

2)工作性

贫混凝土的坍落度应满足表4-10 或表4-11 的要求。

3)耐久性

(1)满足耐久性要求的贫混凝土最大水灰(胶)比宜符合表4-18 的规定。

满足耐久性要求的贫混凝土最大水灰(胶)比 表4-18

交通等级	特重	重	中等
最大水灰(胶)比	0.65	0.68	0.70
有抗冻要求的最大水灰(胶)比	0.60	0.63	0.65

(2)在基层受冻地区,贫混凝土中应掺引气剂,并控制贫混凝土含气量为4% ±1%。当水灰(胶)比不能满足抗冻耐久性要求时,宜使用引气减水剂。当高温摊铺坍落度损失较大时,

可使用引气缓凝减水剂。

2. 贫混凝土配合比计算

1）配制28d抗压强度$f_{cu,o}$可按式(4-10)计算。

$$f_{cu,o} = f_{cu,k} + t_1 S_1 \tag{4-10}$$

式中：$f_{cu,o}$——贫混凝土配制28d抗压强度(MPa)；

$f_{cu,k}$——混凝土28d设计抗压强度标准值(MPa)，按表4-17取值；

t_1——抗压强度保证率系数，高速公路应取1.645；一级公路应取1.28；二级公路应取1.04；

S_1——抗压强度标准差，宜按不小于6组统计资料取值；无统计资料或试件组数小于6组时可取1.5(MPa)。

2）水灰比应按式(4-11)计算，并取计算值与表4-18规定值两者中的小值。

$$\frac{W}{C} = \frac{A \cdot f_{ce}}{f_{cu,o} + A \cdot B \cdot f_{ce}} \tag{4-11}$$

式中：f_{ce}——水泥实测28d抗压强度(MPa)；无实测值时，也可按式(4-12)计算；

A、B——回归系数，碎石及碎卵石$A=0.46$、$B=0.07$；卵石$A=0.48$、$B=0.33$。

$$f_{ce} = \gamma \times f_{cek} \tag{4-12}$$

f_{cek}——水泥抗压强度等级(MPa)；

γ——水泥抗压强度富余系数，应按统计资料取值；无统计资料时可在1.08～1.13范围内取值。

3）贫混凝土单位水泥用量可按式(4-13)计算。

$$C_P = 0.5\zeta C_o \tag{4-13}$$

式中：C_P——贫混凝土的单位水泥用量(kg/m^3)；

ζ——工作性及平整度放大系数，可取1.1～1.3；

C_o——路面混凝土单位水泥用量(kg/m^3)。

4）掺用粉煤灰时，单位胶材总量可按式(4-14)计算。

$$J_z = 0.5C_o(1 + F_P k) \tag{4-14}$$

式中：J_z——单位胶材总量(kg/m^3)；

F_P——代替水泥的粉煤灰掺量，可取0.15～0.30；

k——粉煤灰超量取代系数，可按表4-16中要求取值。

5）不掺粉煤灰贫混凝土的单位水泥用量宜控制在160～230kg/m^{3}之间；在基层受冻地区最小单位水泥用量不宜低于180kg/m^3。掺粉煤灰时，单位水泥用量宜在130～175kg/m^{3}之间；单位胶材总量宜在220～270kg/m^{3}之间；基层受冻地区最小单位水泥用量不宜低于150kg/m^3。

6）根据水灰(胶)比和单位水泥(胶材)用量，计算单位用水量。

7）砂率可按表4-19选用。

基层贫混凝土的砂率 表4-19

砂细度模数		2.2～2.5	2.5～2.8	2.8～3.1	3.1～3.4	3.4～3.7
砂率 S_P(%)	碎石混凝土	24～28	26～30	28～32	30～34	32～36
	卵石混凝土	22～26	24～28	26～30	28～32	30～34

注：碎卵石可在碎石和卵石混凝土之间内插取值。

8)砂、石料用量可用密度法或体积法计算。在采用体积法计算时,应计入含气量。

三、配合比确定与调整

1)由上述各经验公式推算得出的普通混凝土、钢纤维混凝土、碾压混凝土和贫混凝土配合比,应在实验室内按下述步骤和《公路工程水泥及水泥混凝土试验规程》(JTG E30—2005)规定方法进行试配检验和调整:

(1)首先检验各种混凝土拌和物是否满足不同摊铺方式的最佳工作性要求。检验项目包括含气量、坍落度及其损失、振动黏度系数、改进 VC 值、外加剂品种及其最佳掺量。在工作性和含气量不满足相应摊铺方式要求时,可在保持水灰(胶)比不变的前提下调整单位用水量、外加剂掺量或砂率,不得减小满足计算弯拉强度及耐久性要求的单位水泥用量、钢纤维体积率。

(2)对于采用密度法计算的配合比,应实测拌和物视密度,并应按视密度调整配合比,调整时水灰比不得增大,单位水泥用量、钢纤维掺量不得减小,调整后的拌和物视密度允许偏差为 ±2.0%。实测拌和物含气量 α(%)及其偏差应满足表 4-12 的规定,不满足要求时,应调整引气剂掺量直至达到规定含气量。

(3)以初选水灰(胶)比为中心,按 0.02 增减幅度选定 2 ~4 个水灰(胶)比,制作试件,检验各种混凝土 7d 和 28d 配制弯拉强度、抗压强度、耐久性等指标(有抗冻性要求的地区,抗冻性为必测项目,耐磨性及干缩为选测项目)。也可保持计算水灰(胶)比不变,以初选单位水泥用量为中心,按 15 ~20kg/m^3 增减幅度选定 2 ~4 个单位水泥用量;钢纤维混凝土还应以选定的钢纤维掺量为中心,按 0.1% 增减幅度选定 2 ~4 个钢纤维掺量,制作试件并做上述各项检验。

(4)施工单位通过上述各项指标检验提出的配合比,在经监理或建设方中心实验室验证合格后,方可确定为实验室基准配合比。

2)实验室的基准配合比应通过搅拌楼实际拌和检验和不小于 200m 试验路段的验证,并应根据料场砂石料含水率、拌和物实测视密度、含气量、坍落度及其损失,调整单位用水量、砂率或外加剂掺量。调整时,水灰(胶)比、单位水泥用量、钢纤维体积率不得减小。考虑施工中原材料含泥量、泥块含量、含水率变化和施工变异性等因素,单位水泥用量应适当增加 5 ~10kg。满足试拌试铺的工作性、28d(至少 7d)配制弯拉强度、抗压强度和耐久性等要求的配合比,经监理或建设方批准后方可确定为施工配合比。

3)施工期间配合比的微调与控制应符合下列要求:

(1)根据施工季节、气温和运距等的变化,可微调缓凝(高效)减水剂、引气剂或保塑剂的掺量,保持摊铺现场的坍落度始终适宜于铺筑,且波动最小。

(2)降雨后,应根据每天不同时间的气温及砂石料实际含水率变化,微调加水量,同时微调砂石料称量,其他配合比参数不得变更,维持施工配合比基本不变。雨天或砂石料变化时应加强控制,保持现场拌和物工作性始终适宜摊铺和稳定。

第三节　沥青混合料配合比设计

一、分　　类

沥青混合料是经人工合理选择级配组成的矿质混合料和适量的沥青黏结料经拌和所组成的一种优质的高级路面材料。将其摊铺后,经碾压成形,形成各种类型的沥青路面。

沥青混合料包括沥青混凝土混合料和沥青碎石混合料。

沥青混凝土混合料是由不同粒径的石料、砂、矿粉按最佳级配原则与适量的沥青材料拌和而成。即：

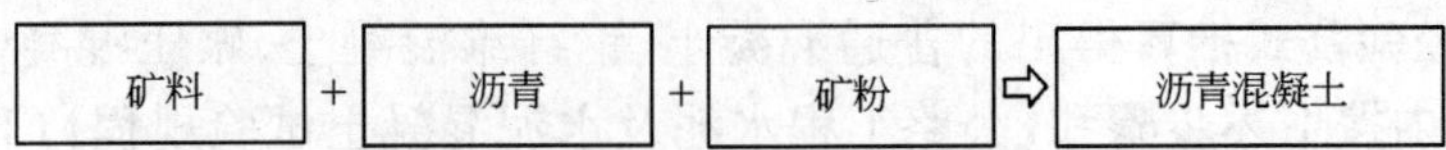

沥青混凝土对矿料的级配要求很严，空隙率小于10%，矿质混合料中粗粒含量较少。沥青混凝土强度主要靠沥青本身的黏聚力及沥青与矿料之间的黏附力而形成，矿料的内摩阻力不如沥青碎石路面。

沥青碎石混合料是由沥青和一定级配的矿料组成的混合料。即：

沥青碎石混合料粗集料较多，空隙率大于10%，渗水性较大，强度较沥青混凝土低，热稳定性较好，不易起“波浪”和“发软”。

沥青混合料的分类根据不同的划分标准有不同的分类：按沥青结合料的种类可分为石油沥青混合料和煤沥青混合料；按施工条件可分为热拌热铺沥青混合料、热拌冷铺沥青混合料和冷拌冷铺沥青混合料；按沥青混合料的密实度可分为密实型沥青混合料（残留空隙率为3% ~6%）、空隙型沥青混合料（残留空隙率为6% ~10%）；按矿料级配类型可分为连续级配沥青混合料、间断级配沥青混合料。

《公路沥青路面施工技术规范》(JTG F40—2004)对热拌沥青混合料的分类见表4-20。

热拌沥青混合料种类 表4-20

混合料类型	密级配			开级配		半开级配	公称最大粒径（mm）	最大粒径（mm）
	连续级配		间断级配	间断级配				
	沥青混凝土	沥青稳定碎石	沥青玛蹄脂碎石	排水式沥青磨耗层	排水式沥青碎石基	沥青稳定碎石		
特粗式	—	ATB - 40	—	—	ATPB - 40	—	37.5	53.0
粗粒式	—	ATB - 30	—	—	ATPB - 30	—	31.5	37.5
	AC - 25	ATB - 25	—	—	ATPB - 25	—	26.5	31.5
中粒式	AC - 20	—	SMA - 20	—	—	AM - 20	19.0	26.5
	AC - 16	—	SMA - 16	OGFC - 16	—	AM - 16	16.0	19.0
细粒式	AC - 13	—	SMA - 13	OGFC - 13	—	AM - 13	13.2	16.0
	AC - 10	—	SMA - 10	OGFC - 10	—	AM - 10	9.5	13.2
砂粒式	AC - 5	—	—	—	—	AM - 5	4.75	9.5
设计空隙率（%）	3 ~5	3 ~6	3 ~4	>18	>18	6 ~12		

注：空隙率可按配合比设计要求适当调整。

二、沥青混合料配合比设计步骤

沥青混合料的配合比设计是施工过程中一项十分重要的工作，是规范路面施工的核心内容之一。配合比设计不能满足于达到规范的技术要求，满足规范指标只是一个起码要求，并不一定是最优化的设计。一个好的设计应该具有良好的使用性能、施工操作性好及变异性小，容易压实，尤其是经得起实践考验，确保沥青路面不产生损坏。

施工过程中执行规范时，必须考虑到当地的实际情况，必要时对技术要求作适当的调整。各地应该根据当地的材料、施工水平、经济实力、习惯，尤其是使用多年的成功经验，制订更具体的指标。

工程上存在的一个普遍问题是施工使用的材料与配合比设计使用的材料不一样，所以施工单位施工采用材料应尽可能保证与配合比设计所使用的材料一样。材料和用量总是在一个允许的范围内波动，以便混合料性能保持相对的稳定。

高速公路、一级公路沥青混合料的配合比设计应在调查以往类似材料的配合比设计经验和使用效果的基础上，按以下步骤进行：

(1)目标配合比设计阶段。用工程实际使用的材料按目标配合比设计方法，优选矿料级配，确定最佳沥青用量，使之符合配合比设计技术标准和配合比设计检验要求。以此作为目标配合比，供拌和机确定各冷料仓的供料比例、进料速度及试拌使用。

(2)生产配合比设计阶段。对间歇式拌和机，应按规定方法取样测试各热料仓的材料级配，确定各热料仓的配合比，供拌和机控制室使用。同时选择适宜的筛孔尺寸和安装角度，尽量使各热料仓的供料大体平衡。并取目标配合比设计的最佳沥青用量 OAC、OAC ±0.3% 等 3 个沥青用量进行马歇尔试验和试拌，通过室内试验及从拌和机取样试验综合确定生产配合比的最佳沥青用量，由此确定的最佳沥青用量与目标配合比设计的结果差值不宜大于 ±0.2%。对连续式拌和机可省略生产配合比设计步骤。

(3)生产配合比验证阶段。拌和机按生产配合比结果进行试拌、铺筑试验段，并取样进行马歇尔试验，同时从路上钻取芯样观察空隙率的大小，由此确定生产用的标准配合比。标准配合比的矿料合成级配中，至少应包括 0.075mm、2.36mm、4.75mm 及公称最大粒径筛孔的通过率接近优选的工程设计级配范围的中值，并避免在 0.3 ~ 0.6mm 处出现"驼峰"。对确定的标准配合比，宜再次进行车辙试验和水稳定性检验。

经过三阶段配合比设计确定标准配合比和级配曲线后，按施工质量检验允许的波动值得到施工质量检验级配范围。同样，标准级配曲线也可能不一定接近工程设计级配范围的中值，施工波动范围也可能超出工程设计范围。确定施工级配允许波动范围。根据标准配合比及规范质量管理要求中各筛孔的允许波动范围，制订施工用的级配控制范围，用以检查沥青混合料的生产质量。

经设计确定的标准配合比在施工过程中不得随意变更。但生产过程中应加强跟踪检测，严格控制进场材料的质量，如遇材料发生变化并经检测沥青混合料的矿料级配、马歇尔技术指标不符合要求时，应及时调整配合比，使沥青混合料的质量符合要求并保持相对稳定，必要时需重新进行配合比设计。

二级及二级以下其他等级公路热拌沥青混合料的配合比设计可按上述步骤进行。当材料与同类道路完全相同时，也可直接引用成功的经验。

三、热拌沥青混合料配合比设计方法

1. 一般规定

(1)本方法适用于密级配沥青混凝土及沥青稳定碎石混合料。

(2)热拌沥青混合料的配合比设计应通过目标配合比设计、生产配合比设计及生产配合比验证三个阶段,确定沥青混合料的材料品种及配合比、矿料级配、最佳沥青用量。现行《公路沥青路面施工技术规范》(JTG F40—2004)采用马歇尔试验配合比设计方法。如采用其他方法设计沥青混合料时,应按现行《公路沥青路面施工技术规范》(JTG F40—2004)规定进行马歇尔试验及各项配合比设计检验,并报告不同设计方法的试验结果。

(3)热拌沥青混合料的目标配合比设计宜按图4-1的步骤进行。

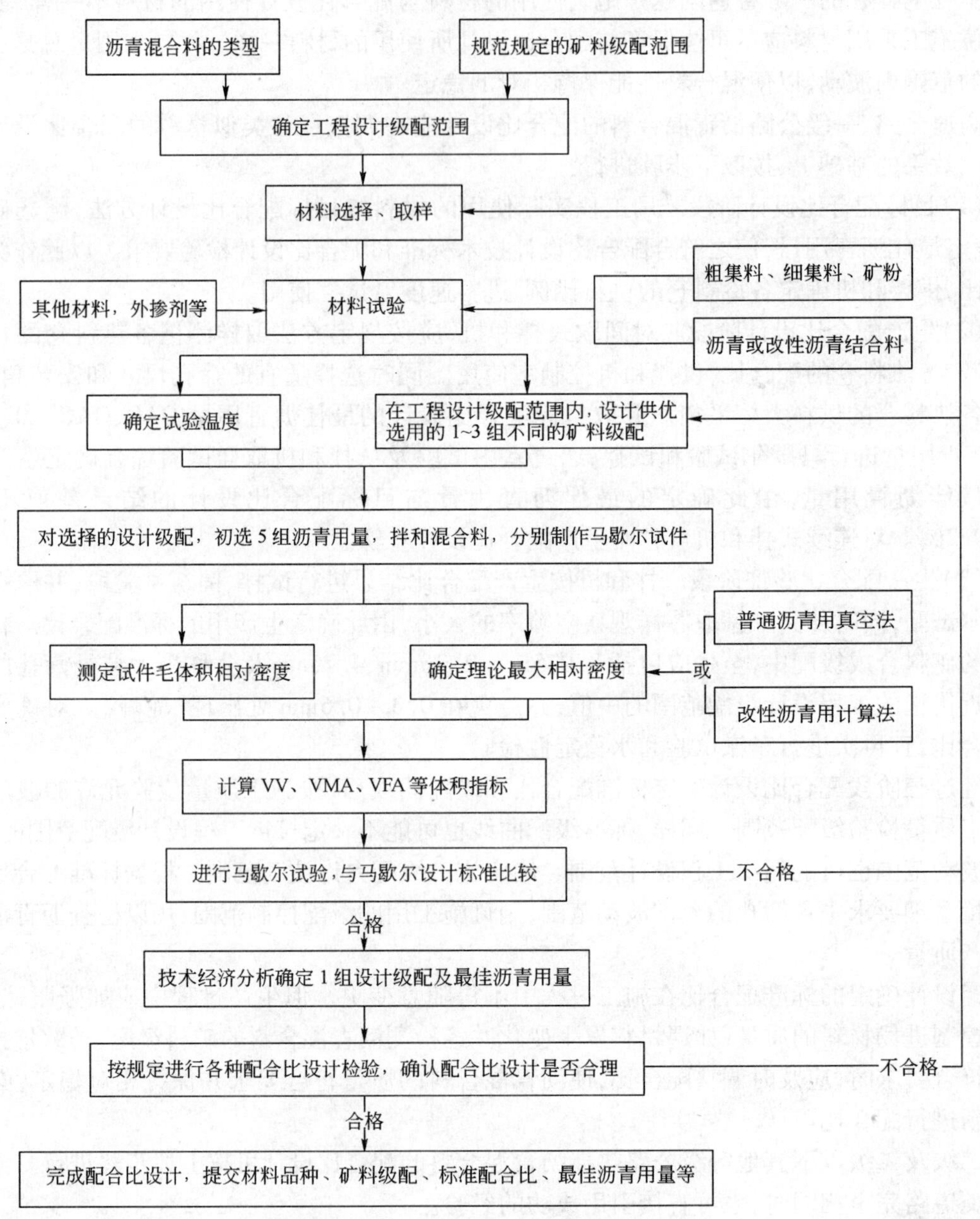

图4-1　密级配沥青混合料目标配合比设计流程图

(4)配合比设计的试验方法必须遵照现行试验规程的方法执行。混合料拌和必须采用小型沥青混合料拌和机进行,混合料的拌和温度与试件制作温度应符合现行《公路沥青路面施工技术规范》(JTG F40—2004)的要求。

(5)生产配合比设计可参照本方法规定的步骤进行。

2. 确定工程设计级配范围

(1)沥青路面工程的混合料设计级配范围由工程设计文件或招标文件规定，密级配沥青混合料的设计级配宜在《公路沥青路面施工技术规范》(JTG F40—2004)5.3.2规定的级配范围内，根据公路等级、工程性质、气候条件、交通条件和材料品种，通过对条件大体相当的工程的使用情况进行调查研究后调整确定，必要时允许超出规范级配范围。密级配沥青稳定碎石混合料可直接以现行《公路沥青路面施工技术规范》(JTG F40—2004)规定的级配范围作工程设计级配范围使用。经确定的工程设计级配范围是配合比设计的依据，不得随意变更。

(2)调整工程设计级配范围宜遵循下列原则：

①首先按《公路沥青路面施工技术规范》(JTG F40—2004)表5.3.2-2确定采用粗型(C型)或细型(F型)的混合料。对夏季温度高、高温持续时间长，重载交通多的路段，宜选用粗型密级配沥青混合料(AC-C型)，并取较高的设计空隙率。对冬季温度低、且低温持续时间长的地区，或者重载交通较少的路段，宜选用细型密级配沥青混合料(AC-F型)，并取较低的设计空隙率。

②为确保高温抗车辙能力，同时兼顾低温抗裂性能的需要。配合比设计时宜适当减少公称最大粒径附近的粗集料用量，减少0.6mm以下部分细粉的用量，使中等粒径集料增多，形成S型级配曲线，并取中等或偏高水平的设计空隙率。

③确定各层的工程设计级配范围时应考虑不同层位的功能需要，经组合设计的沥青路面应能满足耐久、稳定、密水、抗滑等要求。

④根据公路等级和施工设备的控制水平，确定的工程设计级配范围应比规范级配范围窄，其中4.75mm和2.36mm通过率的上下限差值宜小于12%。

⑤沥青混合料的配合比设计应充分考虑施工性能，使沥青混合料容易摊铺和压实，避免造成严重的离析。

3. 材料选择与准备

(1)配合比设计的各种矿料必须按现行《公路工程集料试验规程》(JTG E42—2005)规定的方法，从工程实际使用的材料中取代表性样品。进行生产配合比设计时，取样至少应在干拌5次以后进行。

(2)配合比设计所用的各种材料必须符合气候和交通条件的需要。其质量应符合现行《公路沥青路面施工技术规范》(JTG F40—2004)第4章规定的技术要求。当单一规格的集料某项指标不合格，但不同粒径规格的材料按级配组成的集料混合料指标能符合规范要求时，允许使用。

4. 矿料配比设计

(1)高速公路和一级公路沥青路面矿料配合比设计宜借助电子计算机的电子表格用试配法进行，其他等级公路沥青路面也可参照进行。

(2)矿料级配曲线按《公路工程沥青及沥青混合料试验规程》(JTJ 052—2000)T 0725的方法绘制(图4-2)。以原点与通过集料最大粒径100%的点的连线作为沥青混合料的最大密度线，以表4-21泰勒曲线标定的尺寸为横坐标，矿料级配设计计算表示例见表4-22。

(3)对高速公路和一级公路，宜在工程设计级配范围内计算1~3组粗细不同的配比，绘制设计级配曲线，分别位于工程设计级配范围的上方、中值及下方。设计合成级配不得有太多的锯齿形交错，且在0.3~0.6mm范围内不出现“驼峰”。当反复调整不能满意时，宜更换材料设计。

泰勒曲线的横坐标(mm) 表4-21

d_i	0.075	0.15	0.3	0.6	1.18	2.36	4.75	9.5
$x=d_i^{0.45}$	0.312	0.426	0.582	0.795	1.077	1.472	2.016	2.754
d_i	13.2	16	19	26.5	31.5	37.5	53	63
$x=d_i^{0.45}$	3.193	3.482	3.762	4.370	4.723	5.109	5.969	6.452

矿料级配设计计算表示例 表4-22

筛孔(mm)	10~20mm(%)	5~10mm(%)	3~5mm(%)	石屑(%)	黄砂(%)	矿粉(%)	消石灰(%)	合成级配	工程设计级配范围		
									中值	下限	上限
16	100	100	100	100	100	100	100	100.0	100	100	100
13.2	88.6	100	100	100	100	100	100	96.7	95	90	100
9.5	16.6	99.7	100	100	100	100	100	76.6	70	60	80
4.75	0.4	8.7	94.9	100	100	100	100	47.7	41.5	30	53
2.36	0.3	0.7	3.7	97.2	87.9	100	100	30.6	30	20	40
1.18	0.3	0.7	0.5	67.8	62.2	100	100	22.8	22.5	15	30
0.6	0.3	0.7	0.5	40.5	46.4	100	100	17.2	16.5	10	23
0.3	0.3	0.7	0.5	30.2	3.7	99.8	99.2	9.5	12.5	7	18
0.15	0.3	0.7	0.5	20.6	3.1	96.2	97.6	8.1	8.5	5	12
0.075	0.2	0.6	0.3	4.2	1.9	84.7	95.6	5.5	6	4	8
配比	28	26	14	12	15	3.3	1.7	100.0			

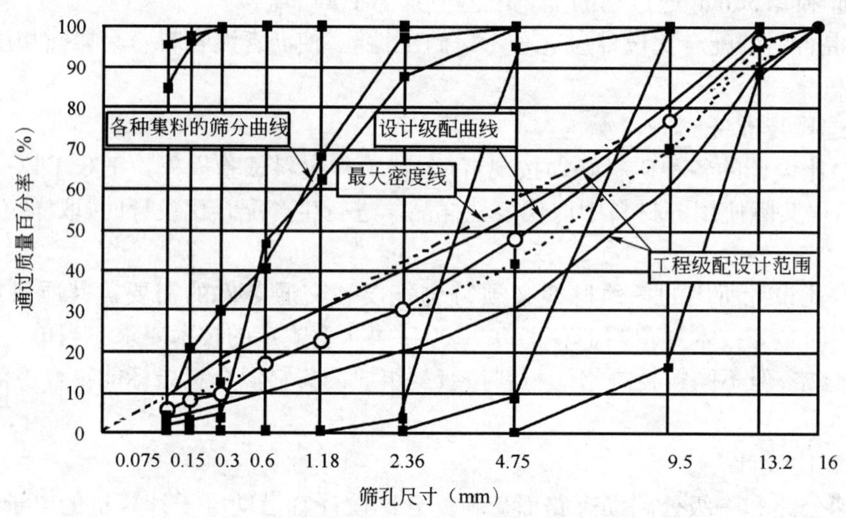

图4-2 矿料级配曲线示例

(4)根据当地的实践经验选择适宜的沥青用量,分别制作几组级配的马歇尔试件,测定VMA,初选一组满足或接近设计要求的级配作为设计级配。

5. 马歇尔试验

(1)配合比设计马歇尔试验技术标准按现行《公路沥青路面施工技术规范》(JTG F40—2004)第5章的规定执行。

(2)沥青混合料试件的制作温度按现行《公路沥青路面施工技术规范》(JTG F40—2004)

5.2.2 规定的方法确定，并与施工实际温度相一致，普通沥青混合料如缺乏黏温曲线时可参照表4-23，改性沥青混合料的成型温度在此基础上再提高10～20℃。

热拌普通沥青混合料试件的制作温度（℃） 表4-23

施工工序	石油沥青的标号				
	50号	70号	90号	110号	130号
沥青加热温度	160～170	155～165	150～160	145～155	140～150
矿料加热温度	集料加热温度比沥青温度高10～30（填料不加热）				
沥青混合料拌和温度	150～170	145～165	140～160	135～155	130～150
试件击实成型温度	140～160	135～155	130～150	125～145	120～140

注：表中混合料温度，并非拌和机的油浴温度，应根据沥青的针入度、黏度选择，不宜都取中值。

(3)按式(4-15)计算矿料混合料的合成毛体积相对密度 γ_{sb}。

$$\gamma_{sb}=\frac{100}{\frac{P_1}{\gamma_1}+\frac{P_2}{\gamma_2}+\cdots+\frac{P_n}{\gamma_n}} \tag{4-15}$$

式中：P_1、P_2、…、P_n——各种矿料成分的配比，其和为100；

γ_1、γ_2、…、γ_n——各种矿料相应的毛体积相对密度，粗集料按《公路工程沥青及沥青混合料试验规程》(JTJ 052—2000)T 0304 方法测定，机制砂及石屑可按T 0330 方法测定，也可以用筛出的2.36～4.75mm 部分矿料的毛体积相对密度代替，矿粉(含消石灰、水泥)以表观相对密度代替。

注：①沥青混合料配合比设计时，均采用毛体积相对密度(无量纲)，不采用毛体积密度，故无需进行密度的水温修正。

②生产配合比设计时，当细料仓中的材料混有其他杂质而无法采用筛分替代法时，可将0.075mm 部分筛除后以统货实测值计算。

(4)按式(4-16)计算矿料混合料的合成表观相对密度 γ_{sa}。

$$\gamma_{sa}=\frac{100}{\frac{P_1}{\gamma'_1}+\frac{P_2}{\gamma'_2}+\cdots+\frac{P_n}{\gamma'_n}} \tag{4-16}$$

式中：P_1、P_2、…、P_n——各种矿料成分的配比，其和为100；

γ'_1、γ'_2、…、γ'_n——各种矿料按试验规程方法测定的表观相对密度。

(5)按式(4-17)和式(4-18)预估沥青混合料的适宜油石比 P_a 或沥青用量 P_b。

$$P_a=\frac{P_{a1}\times\gamma_{sb1}}{\gamma_{sb}} \tag{4-17}$$

$$P_b=\frac{P_a}{100+\gamma_{sb}}\times100 \tag{4-18}$$

式中：P_a——预估的最佳油石比(与矿料总量的百分比)(%)；

P_b——预估的最佳沥青用量(占混合料总量的百分数)(%)；

P_{a1}——已建类似工程沥青混合料的标准油石比(%)；

γ_{sb}——集料的合成毛体积相对密度；

γ_{sb1}——已建类似工程集料的合成毛体积相对密度。

注：作为预估最佳油石比的集料密度，原工程和新工程也可均采用有效相对密度。

(6)确定矿料的有效相对密度。

①对非改性沥青混合料,宜以预估的最佳油石比拌和两组的混合料,采用真空法实测最大相对密度,取平均值,然后由式(4-19)计算合成矿料的有效相对密度 γ_{se}:

$$\gamma_{se} = \frac{100 - P_b}{\frac{100}{\gamma_t} - \frac{P_b}{\gamma_b}} \tag{4-19}$$

式中:γ_{se}——合成矿料的有效相对密度;

P_b——试验采用的沥青用量(占混合料总量的百分数)(%);

γ_t——试验沥青用量条件下实测得到的最大相对密度,无量纲;

γ_b——沥青的相对密度(25℃/25℃),无量纲。

②对改性沥青及 SMA 等难以分散的混合料,有效相对密度宜直接由矿料的合成毛体积相对密度与合成表观相对密度按式(4-20)计算确定,其中沥青吸收系数 C 值根据材料的吸水率由式(4-21)求得,材料的合成吸水率按式(4-22)计算:

$$\gamma_{se} = C \times \gamma_{sa} + (1 - C) \times \gamma_{sb} \tag{4-20}$$

$$C = 0.033\,W_x^{\,2} - 0.2936\,W_x + 0.9339 \tag{4-21}$$

$$W_x = \left(\frac{1}{\gamma_{sb}} - \frac{1}{\gamma_{sa}}\right) \times 100 \tag{4-22}$$

式中:γ_{se}——合成矿料的有效相对密度;

C——合成矿料的沥青吸收系数;

W_x——合成矿料的吸水率;

γ_{sb}——材料的合成毛体积相对密度;

γ_{sa}——材料的合成表观相对密度。

(7)以预估的油石比为中值,按一定间隔(对密级配沥青混合料通常为0.5%,对沥青碎石混合料可适当缩小间隔为0.3%~0.4%),取5个或5个以上不同的油石比分别成型马歇尔试件。每一组试件的试样数按现行试验规程的要求确定,对粒径较大的沥青混合料,宜增加试件数量。

注:5个不同油石比不一定选整数,如预估油石比4.8%,可选3.8%、4.3%、4.8%、5.3%、5.8%等。《公路沥青路面施工技术规范》(JTG F40—2004)B.5.6.1中规定的实测最大相对密度通常与此同时进行。

(8)测定压实沥青混合料试件的毛体积相对密度 γ_f 和吸水率,取平均值。测试方法应遵照以下规定执行:

①通常采用表干法测定毛体积相对密度;

②对吸水率大于2%的试件,宜改用蜡封法测定的毛体积相对密度。

注:对吸水率小于0.5%的特别致密的沥青混合料,在施工质量检验时,允许采用水中重法测定的表观相对密度作为标准密度,钻孔试件也采用相同方法;但配合比设计时不得采用水中重法。

(9)确定沥青混合料的最大理论相对密度

①对非改性的普通沥青混合料,在成型马歇尔试件的同时,按式(4-19)要求用真空法实测各组沥青混合料的最大理论相对密度 γ_{ti}。当只对其中一组油石比测定最大理论相对密度时,也可按式(4-23)或式(4-24)计算其他不同油石比时的最大理论相对密度 γ_{ti}。

②对改性沥青或SMA混合料宜按式(4-23)和式(4-24)计算各个不同沥青用量混合料的最大理论相对密度。

$$\gamma_{ti} = \frac{100 + P_{ai}}{\frac{100}{\gamma_{se}} + \frac{P_{ai}}{\gamma_b}} \tag{4-23}$$

$$\gamma_{ti} = \frac{100}{\frac{P_{si}}{\gamma_{se}} + \frac{P_{bi}}{\gamma_b}} \tag{4-24}$$

式中:γ_{ti}——相对于计算沥青用量P_{bi}时沥青混合料的最大理论相对密度,无量纲;

P_{ai}——所计算的沥青混合料中的油石比(%);

P_{bi}——所计算的沥青混合料的沥青用量,$P_{bi} = P_{ai}/(1 + P_{ai})$(%);

P_{si}——所计算的沥青混合料的矿料含量,$P_{si} = 100 - P_{bi}$(%);

γ_{se}——矿料的有效相对密度,按式(4-19)或式(4-20)计算,无量纲;

γ_b——沥青的相对密度(25℃/25℃),无量纲。

(10)按式(4-25)~式(4-27)计算沥青混合料试件的空隙率、矿料间隙率VMA、有效沥青的饱和度VFA等体积指标,取1位小数,进行体积组成分析。

$$VV = \left(1 - \frac{\gamma_f}{\gamma_t}\right) \times 100 \tag{4-25}$$

$$VMA = \left(1 - \frac{\gamma_f}{\gamma_{sb}} \times P_s\right) \times 100 \tag{4-26}$$

$$VFA = \frac{VMA - VV}{VMA} \times 100 \tag{4-27}$$

式中:VV——试件的空隙率(%);

VMA——试件的矿料间隙率(%);

VFA——试件的有效沥青饱和度(有效沥青含量占VMA的体积比例)(%);

γ_f——按前述方法测定试件的毛体积相对密度,无量纲;

γ_t——沥青混合料的最大理论相对密度,按前述方法计算或实测得到,无量纲;

P_s——各种矿料占沥青混合料总质量的百分率之和,即$P_s = 100 - P_b$(%);

γ_{sb}——矿料混合料的合成毛体积相对密度,按式(4-15)计算。

(11)进行马歇尔试验,测定马歇尔稳定度及流值。

6. 确定最佳沥青用量(或油石比)

(1)按图4-3的方法,以油石比或沥青用量为横坐标,以马歇尔试验的各项指标为纵坐标,将试验结果点入图中,连成圆滑的曲线。确定均符合现行《公路沥青路面施工技术规范》(JTG F40—2004)规定的沥青混合料技术标准的沥青用量范围OAC_{min}~OAC_{max}。选择的沥青用量范围必须涵盖设计空隙率的全部范围,并尽可能涵盖沥青饱和度的要求范围,并使密度及稳定度曲线出现峰值。如果没有涵盖设计空隙率的全部范围,试验必须扩大沥青用量范围重新进行。

注:绘制曲线时含VMA指标,且应为下凹型曲线,但确定OAC_{min}~OAC_{max}时不包括VMA。

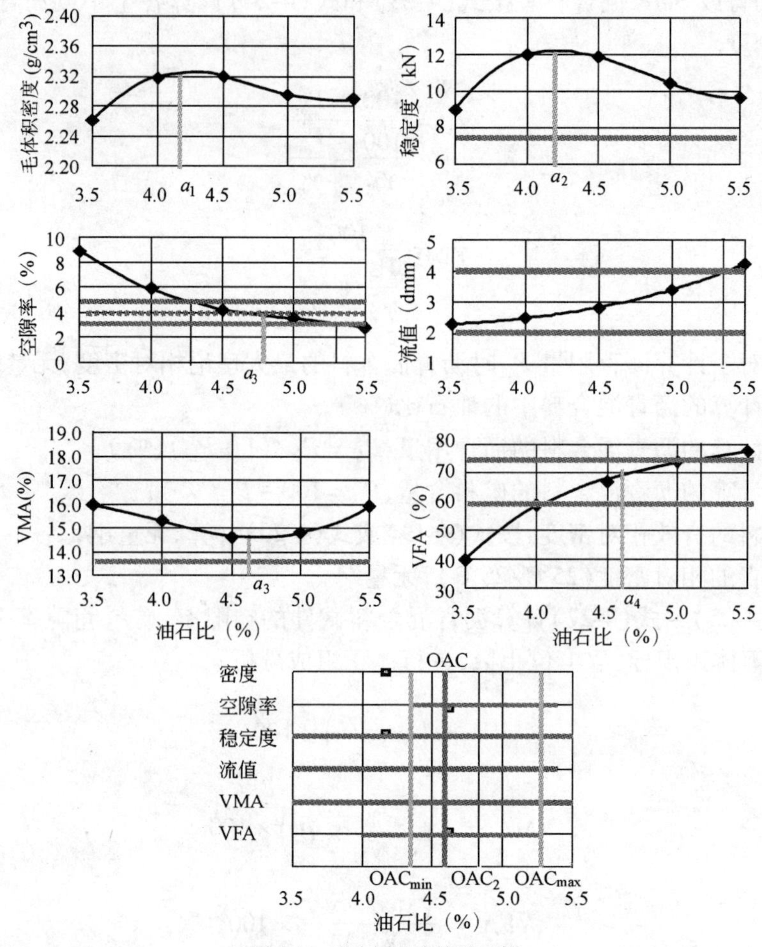

图 4-3 马歇尔试验结果示例

注:图中 $a_1=4.2\%$,$a_2=4.25\%$,$a_3=4.8\%$,$a_4=4.7\%$,$OAC_1=4.49\%$(由 4 个平均值确定),$OAC_{min}=4.3\%$,$OAC_{max}=5.3\%$,$OAC_2=4.8\%$,$OAC=4.64\%$。此例中相对于空隙率 4% 的油石比为 4.6%。

(2)根据试验曲线的走势,按下列方法确定沥青混合料的最佳沥青用量 OAC_1。

①在曲线图 4-3 上求取相应于密度最大值、稳定度最大值、目标空隙率(或中值)、沥青饱和度范围的中值的沥青用量 a_1、a_2、a_3、a_4。按式(4-28)平均值作为 OAC_1。

$$OAC_1=(a_1+a_2+a_3+a_4)/4 \tag{4-28}$$

②如果在所选择的沥青用量范围未能涵盖沥青饱和度的要求范围,按式(4-29)取 3 者的平均值作为 OAC_1。

$$OAC_1=(a_1+a_2+a_3)/3 \tag{4-29}$$

③对所选择试验的沥青用量范围,密度或稳定度没有出现峰值(最大值经常在曲线的两端)时,可直接以目标空隙率所对应的沥青用量 a_3 作为 OAC_1,但 OAC_1 必须介于 OAC_{min} ~ OAC_{max} 的范围内。否则应重新进行配合比设计。

(3)以各项指标均符合技术标准(不含 VMA)的沥青用量范围 OAC_{min} ~ OAC_{max} 的中值作为 OAC_2。

$$OAC_2=(OAC_{min}+OAC_{max})/2 \tag{4-30}$$

(4)通常情况下取 OAC_1 及 OAC_2 的中值作为计算的最佳沥青用量 OAC。

$$OAC = (OAC_1 + OAC_2)/2 \tag{4-31}$$

(5)按式(4-31)计算的最佳油石比 OAC,从图 4-3 中得出所对应的空隙率和 VMA 值,检验是否能满足现行《公路沥青路面施工技术规范》(JTG F40—2004)表 5.3.3-1 或表 5.3.3-2 关于最小 VMA 值的要求。OAC 宜位于 VMA 凹形曲线最小值的贫油一侧。当空隙率不是整数时,最小 VMA 按内插法确定,并将其画入图 4-3 中。

(6)检查图 4-3 中相应于此 OAC 的各项指标是否均符合马歇尔试验技术标准。

(7)根据实践经验和公路等级、气候条件、交通情况,调整确定最佳沥青用量 OAC。

①调查当地各项条件相接近的工程的沥青用量及使用效果,论证适宜的最佳沥青用量。检查计算得到的最佳沥青用量是否相近,如相差甚远,应查明原因,必要时重新调整级配,进行配合比设计。

②对炎热地区公路以及高速公路、一级公路的重载交通路段,山区公路的长大坡度路段,预计有可能产生较大车辙时,宜在空隙率符合要求的范围内将计算的最佳沥青用量减小 0.1% ~0.5% 作为设计沥青用量。此时,除空隙率外的其他指标可能会超出马歇尔试验配合比设计技术标准,配合比设计报告或设计文件必须予以说明。但配合比设计报告必须要求采用重型轮胎压路机和振动压路机组合等方式加强碾压,以使施工后路面的空隙率达到未调整前的原最佳沥青用量时的水平,且渗水系数符合要求。如果试验段试拌试铺达不到此要求时,宜调整所减小的沥青用量的幅度。

③对寒区公路、旅游公路、交通量很少的公路,最佳沥青用量可以在 OAC 的基础上增加 0.1% ~0.3%,以适当减小设计空隙率,但不得降低压实度要求。

(8)按式(4-32)和式(4-33)计算沥青结合料被集料吸收的比例及有效沥青含量。

$$P_{ba} = \frac{\gamma_{se} - \gamma_{sb}}{\gamma_{se} \times \gamma_{sb}} \times \gamma_b \times 100 \tag{4-32}$$

$$P_{be} = P_b - \frac{P_{ba}}{100} \times P_s \tag{4-33}$$

式中:P_{ba}——沥青混合料中被集料吸收的沥青结合料比例(%);

P_{be}——沥青混合料中的有效沥青用量(%);

γ_{se}——集料的有效相对密度,按式(4-19)计算,无量纲;

γ_{sb}——材料的合成毛体积相对密度,按式(4-15)求取,无量纲;

γ_b——沥青的相对密度(25℃/25℃),无量纲;

P_b——沥青含量(%);

P_s——各种矿料占沥青混合料总质量的百分率之和,即 $P_s = 100 - P_b$(%)。

注:如果需要,可按式(4-34)和式(4-35)计算有效沥青的体积百分率 V_b 及矿料的体积百分率 V_g。

$$V_{be} = \frac{\gamma_f \times P_{be}}{\gamma_b} \tag{4-34}$$

$$V_g = 100 - (V_{be} + VV) \tag{4-35}$$

(9)检验最佳沥青用量时的粉胶比和有效沥青膜厚度,步骤如下:

①按式(4-36)计算沥青混合料的粉胶比,宜符合 0.6 ~1.6 的要求。对常用的公称最大粒径为 13.2 ~19mm 的密级配沥青混合料,粉胶比宜控制在 0.8 ~1.2 范围内。

$$FB = \frac{P_{0.075}}{P_{be}} \tag{4-36}$$

式中：FB——粉胶比，沥青混合料的矿料中0.075mm通过率与有效沥青含量的比值，无量纲；

$P_{0.075}$——矿料级配中0.075mm的通过率（水洗法）（%）；

P_{be}——有效沥青含量（%）。

②按式（4-37）方法计算集料的比表面，按式（4-38）计算沥青混合料的沥青膜有效厚度。各种集料粒径的表面积系数按表4-24计算：

$$SA = \sum(P_i \times FA_i) \tag{4-37}$$

$$DA = \frac{P_{be}}{\gamma_b \times SA} \times 10 \tag{4-38}$$

式中：SA——集料的比表面积（m^2/kg）；

P_i——各种粒径的通过百分率（%）；

FA_i——相应于各种粒径的集料的表面积系数，如表4-24所列；

DA——沥青膜有效厚度（μm）；

P_{be}——有效沥青含量（%）；

γ_b——沥青的相对密度（25℃/25℃），无量纲。

注：各种公称最大粒径混合料中大于4.75mm尺寸集料的表面积系数FA均取0.0041，且只计算一次，4.75mm以下部分的FA_i如表4-24示例。该例的SA=6.60m^2/kg。若混合料的有效沥青含量为4.65%，沥青的相对密度1.03，则沥青膜厚度为DA=4.65/1.03/6.60×10=6.83μm。

集料的表面积系数计算示例 表4-24

筛孔尺寸（mm）	19	16	13.2	9.5	4.75	2.36	1.18	0.6	0.3	0.15	0.075	集料比表面总和SA（m^2/kg）
表面积系数FA_i	0.0041	—	—	—	0.0041	0.0082	0.0164	0.0287	0.0614	0.1229	0.3277	
通过百分率P_i（%）	100	92	85	76	60	42	32	23	16	12	6	
比表面$FA_i \times P_i$（m^2/kg）	0.41	—	—	—	0.25	0.34	0.52	0.66	0.98	1.47	1.97	6.60

7. 配合比设计检验

（1）对用于高速公路和一级公路的密级配沥青混合料，需在配合比设计的基础上按现行《公路沥青路面施工技术规范》（JTG F40—2004）要求进行各种使用性能的检验，不符合要求的沥青混合料，必须更换材料或重新进行配合比设计。其他等级公路的沥青混合料可参照执行。

（2）配合比设计检验按计算确定的设计最佳沥青用量在标准条件下进行。如按照前述方法将计算的设计沥青用量调整后作为最佳沥青用量，或者改变试验条件时，各项技术要求均应适当调整，不宜照搬。

（3）高温稳定性检验。对公称最大粒径等于或小于19mm的混合料，按规定方法进行车辙试验，动稳定度应符合现行《公路沥青路面施工技术规范》（JTG F40—2004）表5.3.4-1的要求。

注：对公称最大粒径大于19mm的密级配沥青混凝土或沥青稳定碎石混合料，由于车辙试

件尺寸不能适用，不宜按现行《公路沥青路面施工技术规范》（JTG F40—2004）方法进行车辙试验和弯曲试验。如需要检验可加厚试件厚度或采用大型马歇尔试件。

（4）水稳定性检验。按规定的试验方法进行浸水马歇尔试验和冻融劈裂试验，残留稳定度及残留强度比均必须符合现行《公路沥青路面施工技术规范》（JTG F40—2004）表5.3.4-2的规定。

注：调整沥青用量后，马歇尔试件成型可能达不到要求的空隙率条件。当需要添加消石灰、水泥、抗剥落剂时，需重新确定最佳沥青用量后试验。

（5）低温抗裂性能检验。对公称最大粒径等于或小于19mm的混合料，按规定方法进行低温弯曲试验，其破坏应变宜符合现行《公路沥青路面施工技术规范》（JTG F40—2004）表5.3.4-3要求。

（6）渗水系数检验。利用轮碾机成型的车辙试件进行渗水试验检验的渗水系数宜符合现行《公路沥青路面施工技术规范》（JTG F40—2004）表5.3.4-4要求。

（7）钢渣活性检验。对使用钢渣的沥青混合料，应按规定的试验方法检验钢渣的活性及膨胀性试验，并符合现行《公路沥青路面施工技术规范》（JTG F40—2004）5.3.4-5的要求。

（8）根据需要，可以改变试验条件进行配合比设计检验，如按调整后的最佳沥青用量、变化最佳沥青用量OAC ±0.3%、提高试验温度、加大试验荷载、采用现场压实密度进行车辙试验，在施工后的残余空隙率（如7% ~8%）的条件下进行水稳定性试验和渗水试验等，但不宜用规范规定的技术要求进行合格评定。

8. 配合比设计报告

（1）配合比设计报告应包括工程设计级配范围选择说明、材料品种选择与原材料质量试验结果、矿料级配、最佳沥青用量及各项体积指标、配合比设计检验结果等。试验报告的矿料级配曲线应按规定的方法绘制。

（2）当按前述调整沥青用量作为最佳沥青用量，宜报告不同沥青用量条件下的各项试验结果，并提出对施工压实工艺的技术要求。

思考题

1. 半刚性路面基层配合比设计的最终控制指标是什么？
2. 路面普通水泥混凝土配合比设计应满足什么要求？
3. 沥青混合料的种类有哪些？
4. 沥青混合料配合比设计可分为几个阶段，各阶段的任务是什么？
5. 热拌沥青混合料目标及生产配合比步骤有哪些？
6. 沥青混合料目标及生产配合比设计中，最佳油石比是怎么确定的？
7. 沥青混合料配合比检验内容有哪些？

第五章　公路路面工程筑路机械

学习目标

1. 了解公路机械化施工的概念及要求。
2. 了解压实机械、路面机械的工作原理。
3. 熟悉施工机械的功能,作用及应用范围。

本章重点

压实机械、路面机械的分类、功能、适用范围及方法。

本章难点

1. 压实机械、路面机械的工作原理。
2. 路面施工时,各个机械的使用注意事项。

第一节　概　　述

一、高等级公路机械化施工的意义与重要性

现代化施工建设是当今公路建设的发展主流,而机械化施工是高等级公路施工建设的重要措施与手段,是公路建设发展的必然趋势。高等级公路建设发展的特点是工程量大,工程质量要求高,施工技术工艺复杂,建设周期短,施工难度日趋复杂;而在实行招投标制的今天,企业更加注重施工的质量与经济效益。

公路机械化施工是通过合理地选用机械化施工机械、科学地组织施工来完成工程作业的全过程。公路机械化施工的评定是以施工的机械化程度来衡量,即:

$$\text{机械化程度} = \frac{\text{机械设备完成的实际工作量(或实物工程量)}}{\text{全部工程量}} \times 100\%$$

机械化程度愈高,工程施工中机械完成的实际工作量占总工程施工量的比例就愈大。机械化施工程度的高低,在一定程度上反映出工程施工周期的快慢、施工质量的高低和施工效益的好坏问题。要提高公路机械化施工水平,必须从以下几方面入手:

首先,提高机械化装备水平。在公路工程机械化施工中,没有机械、就无从谈论机械化施工;没有良好的机械化施工设备,就无从谈起较高的施工机械化程度。对能够采用机械化施工作业的,应该尽可能采用机械化施工,以替代或减轻繁重的体力劳动,改善劳动条件,加快施工进度;同时使用机械化施工有利于克服和减少人力资源的不足,扩大施工范围,在一定程度上还可以减少施工对环境的破坏与影响。

其次,选择最适宜的施工机型与机种。根据不同的施工对象和要求,选择不同的施工机械,使机型与机种更加适宜工程施工的要求;并合理组合各种机型与机种,充分发挥各种机械的效能,才能加快施工进度,降低物资消耗和施工成本,保证工程质量,最终获得更高的经济效益。

再者,合理的工程施工组织计划与指导。公路工程施工不仅受各种自然因素的影响,而且工程量大,战线长,机械设备数量多,种类复杂。计划周密、组织合理、管理科学,才可能组织产生各项分部工程,使浩大的工程施工分部细化,并周密严谨地组合在一起,最终完成其施工工程。如果各道作业工序之间相互矛盾,机械和劳动力调配紊乱,必将导致工程消耗增加、工期迟缓、效率低下,施工质量与安全难以保证。

随着科学技术的不断发展,高质量、高效率、高自动化程度的公路施工机械不断涌现,以满足公路建设高标准、高等级和高速度发展的需要。结合实际的施工条件,采用先进的机械化施工设备装备施工队伍;加强施工设备的使用和维护、维修等管理,是提高机械化施工水平的重要内容与途径。

二、高等级公路机械化施工的要求

高等级公路机械化施工是提高施工效率、保证施工质量、加快施工建设速度、减轻劳动强度、降低施工成本和提高施工效益的重要手段。高等级公路机械化施工在技术、组织与管理上具有更高的要求。

首先高等级公路机械化施工需要有严密的施工组织与管理,有充足的燃料能源;要有良好的维修设备与维修人员、附属设施与充足的零配件供应以及相应的运输条件;要有一定业务专长的技术人员与较为熟练的技术工人。

其次,为了在整个施工过程中均衡协调各个作业和各道工序,需要有足够数量、种类和规格的机械施工设备、操作管理与维修人员。

高等级公路机械化施工中的机械化施工程度在很大程度上决定了工程施工质量的好坏、施工效率的高低、工期的快慢以及施工成本和效益的多少。但是机械化施工程度高也不完全能说明采用机械施工的优越性所在。因为即使是在机械化程度一定时,由于施工技术、管理水平和施工组织的差异,完成相同的工程量,在施工进度、技术经济效果和节约劳动力等方面会出现较大的差别。因此机械化施工不是停留在仅仅为了代替人的劳动,或完成人工无法完成的施工作业。机械化施工有着自己更为广泛的内涵,它不仅体现在机械化程度上,面且更注重在机械化水平上,体现在机械化设备利用程度与利用率上。机械化施工应该是涉及施工机械、施工技术、施工组织和施工管理等学科的现代施工技术,是施工技术与管理技术的结合,是技术经济在工程施工中的体现。

第二节　压 实 机 械

一、静力式光面滚压路机

(一)概述

静力式光面滚压路机的工作装置是沉重的光面滚轮,它是借滚轮自重的静压力作用对被压层进行压实工作的,故压实深度不大,一般用于分层压实。它常用于碾压路基、路面、广场和其他各类工程的地基,使之达到足够的承载力和表面平整度的要求。由于它结构简单、工作平稳、碾压面积大、压实质量较好,因此,目前筑路工程中使用很广泛。

这种压路机常用的分类方法有两种:一种是按滚轮和轮轴数目的不同来分(图 5-1);另一种是按整机质量的不同来分。

按压路机的滚轮和轮轴的数目的不同,静力式光面滚压路机可分为二轮二轴式(图 5-1a)、三轮二轴式(图 5-1b)和三轮三轴式(图 5-1c)三种类型。

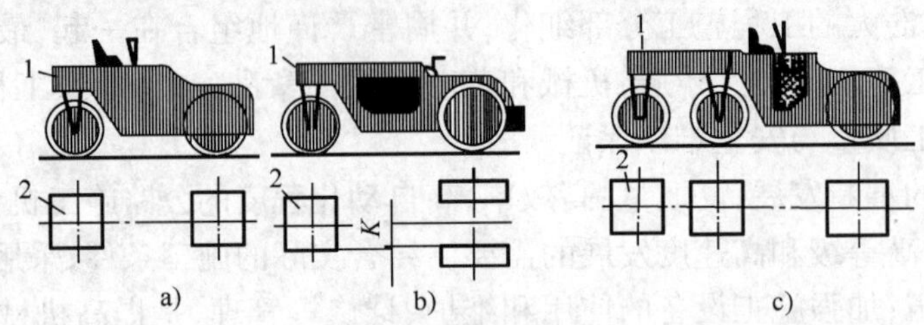

图 5-1 压路机按照碾轮数和轴数分类简图

a)两轮两轴式;b)三轮两轴式;c)三轮三轴式

1-机身;2-碾压轮

按压路机的整机质量的不同,一般可分为小型、轻型、中型、重型和超重型五种类型,分别为:机重 3 ~ 5t 为小型;5 ~ 8t 为轻型,8 ~ 10t 为中型,10 ~ 15t 为重型,15t 以上为超重型。

小型压路机都是二轮二轴式,宜用于压实人行道或沥青混凝土路面的修补等养路工程;轻型压路机大多是二轮二轴式,宜用于压实轻型沥青混凝土路面和广场等工程,中型压路机有二轮二轴式和三轮二轴式两种,宜用于压实路基、地基以及初压铺砌层等工程;重型压路机有三轮二轴式和三轮三轴式两种,适用于压实路基和砾石、碎石以及沥青混凝土路面的最终压实工作;超重型压路机是一种新产品,徐州工程机械生产的 18 ~ 21t 三轮二轴压路机就属于超重型,它宜用于路基的最终压实以及重型石砌层和路面的压实工作。

上述按机重划分压路机的类型和适用范围只是指一般情况而言,并无严格的划分界限。

静力式光面滚压路机可以用来压实公路路基和路面、铁路路基、建筑物基础及土石坝、河堤、广场和机场跑道等各类工程基地。路面基层施工中均用到了光面滚静力压路机。

(二)压路机总体结构

静力式光面滚压路机总体结构如图 5-2 所示。

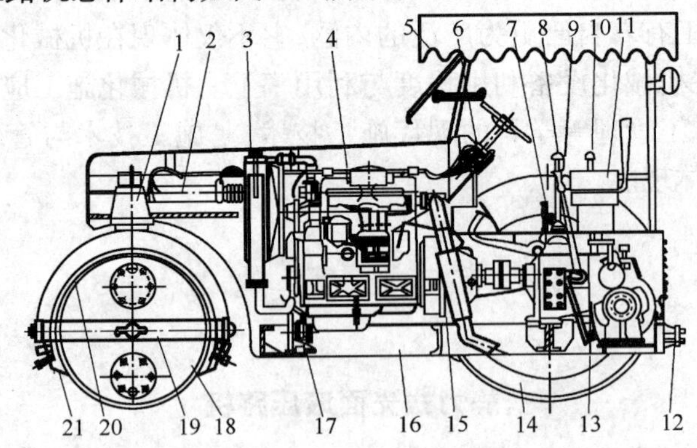

图 5-2 3Y12/15 型压路机结构

1-转向立轴轴承;2-转向油缸;3-散热水箱;4-柴油机;5-遮阳棚;6-液压转向器;7-制动锁定手柄;8-变速操纵杆;9-差速锁手柄;10-换向操纵手柄;11-座椅;12-后牵引座;13-变速器;14-驱动轮;15-主离合器;16-机架和机身;17-液压油泵;18-转向轮;19-框架;20-"H"形架;21-刮泥板

1. 压路机的动力装置

静力式压路机多采用柴油机作为动力装置，并且以采用四行程135系列柴油机居多。相对汽油机而言，具有工作可靠、经济性好、扭矩储备系数大等优点。

2. 压路机传动系统

压路机在构造上具有滚压时速度缓慢、短途转移时速度较快、在滚压终点时又能迅速掉头等特点，因此可以避免局部凹陷和使压实层产生波纹等。

压路机传动系统主要是将动力装置所发出的动力，经减速增扭后传给驱动压轮，使压路机能够根据需要实现前进、后退和改变运行速度，从而保证压路机在滚压地段往复行驶，达到对被压材料的压实。

静力式压路机采用机械式传动系统，一般由主离合器、变速机构、换向机构、差速机构（三轮压路机）和末级传动机构等组成。

3. 压路机的碾压轮

压路机的碾压轮是压路机实施碾压作业的工作装置，也是自行式压路机的行走装置。碾压轮按其压实特性不同，可分为静压式碾压轮和振动碾压轮。静压式碾压轮按其结构形式的不同，可分为刚性光轮、轮胎轮和羊角（凸块）轮。静压刚性碾压轮按其功用的不同，可分为转向压轮和驱动压轮。

（三）静力式光面滚压路机的使用

路面压实的目的在于获得表面最大的密实度，使道路表面形成一层坚硬的外壳，以保护它在自然气候和运输工具的作用下，都能保持铺砌层的相对稳定。

路面铺砌层碾压的一般方法和路基的压实一样，从初压到以后各个阶段所选用的压路机也是先轻后重，速度由低到高。

为了防止混合料黏附在轮面上，影响碾压质量，应在压路机的滚轮面上抹乳化剂或洒水（有的压路机没有专门的轮面散水装置）。

在碾压过程中，应注意下列事项：

（1）相邻两碾压带应重叠0.2～0.3m。

（2）压路机的驱动轮应越过两段铺筑层横接缝和纵跃缝0.5～1.0m。

（3）前段横接缝处可留5～8m，纵接缝处留0.2～0.3m不予碾压，待与下段铺筑层摊铺后再一起进行碾压。

（4）路面的两侧应多压2～3遍，以保证路边缘的稳定。

（5）根据需要，碾压时可向铺筑层上洒少量的水，以利于压实和减少石料被压碎。

（6）不允许压路机在刚刚压实或正在碾压的路段内掉头或紧急制动。

（7）压路机应尽量避免在压实段同一横断面位置换向。

碾压不同的路面时，压路机的选用及施工程序也不同，应严格执行相关规定。

二、振动压路机

（一）概述

1. 振动压路机的压实原理

振动压路机碾压轮内有振动器，可以使钢轮产生振动。如图5-3所示，振动器内有一根驱动轴，轴上有偏心块，驱动轴高速转动，带动偏心块一同高速转动，偏心块的高速转动会产生离心力，这个离心力以同样的速度高速转动，转动的离心力带动钢轮产生剧烈的振动。如果仔细地观察振动轮的振动状况，就会发现，振动轮跟随离心力做小幅度的圆周运动，虽然振动的幅度很小，但由于钢轮的本身的具有较大的质量，而且，振动频率较快，实际产生的振动力是很大的。振动力作用在被压实材料上，产生振动压实。

振动轮对地面冲击一次，被压实材料就产生一个冲击波，这个冲击波在被压实材料的内部沿纵深方向扩散和传播，随着振动轮的不断振动，冲击波也将不断产生和持续扩散，被压实的材料的颗粒在冲击波的作用下，由静止状态变为振动状态，这种振动状态使颗粒间的摩擦阻力大为降低，为颗粒的运动创造了十分有利的条件，图 5-4 为材料颗粒在振动状态下内摩擦阻力减小示意图，被压实材料由原来松散堆积的不稳定状态，逐渐变为相互填充的状态，大颗粒之间相互嵌合，小颗粒在振动下运动到大颗粒的缝隙中，逐步形成密实稳定状态，振动轮的自重和冲击力加快了填充密实的速度。

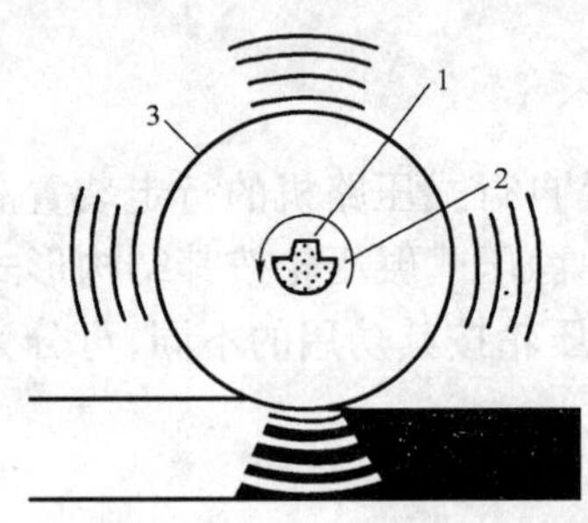

图 5-3　振动轮振动原理

1-振动轴；2-偏心块；3-碾压轮

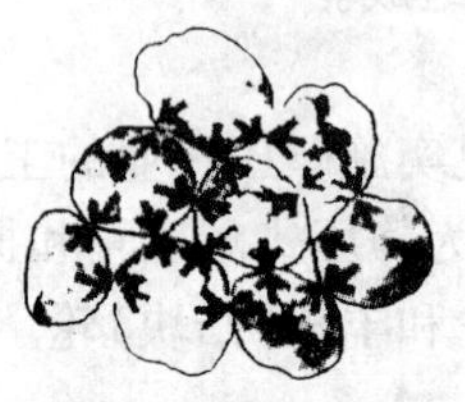

静止状态颗粒间相互支撑摩擦力较大

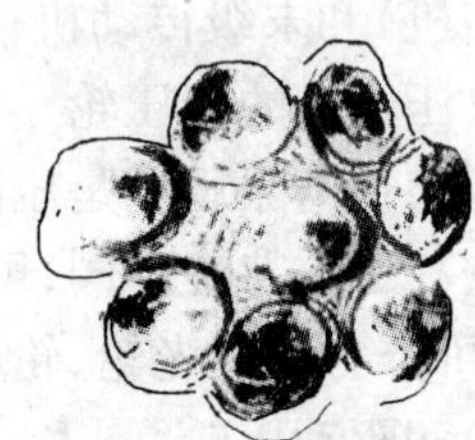

振动状态摩擦力减少

图 5-4　材料颗粒在振动状态下内摩阻力减小

当被压实材料初步密实后形成一个整体，材料的刚性增大，材料传播振动能力增强，振动轮的振动频率接近材料的固有频率，材料与碾压轮形成共振，使被压实材料的振动加大，振动力继续向纵深传播，使深层材料得到密实由此可见，振动压路机是靠振动轮的高频振动，产生冲击波，使材料产生共振，材料内摩阻力大为降低，再利用压路机的自重和冲击力将材料压实，这样提高了压路机压实的密实度和压实速度，使材料的深层得到压实，压实能力大大优于静力压路机。

2. 振动压路机的优点

(1)振动压路机比静作用压路机压实深度大，压实后密实度高，压实后稳定性好。

(2)通过启动或关闭振动器的方法以及改变振幅的方法，可以调整压路机的压实能力。

(3)振动压路机的生产率高，当所需要的路面压实度相同时，振动压路机压实遍数相对变少。

(4)振动压路机特别适用于压实沥青混合料，由于振动作用，可使混合料与其他集料充分渗透、糅合。故压实后路面耐磨性好，返修率低。

(5)振动压路机可以适应低温施工，当环境温度较低或沥青混合料温度较低时，利用振动压路机压实能力强、压实遍数少、压实速度快的优点，可以尽快地将材料压实成型，可减小低温施工的风险。

3. 用途

振动压路机是工程施工的重要设备之一，它适用在公路、铁路、机场、港口、建筑等工程中，用来压实各种土壤(多为非黏性)、碎石料、各种沥青混凝土等。在公路施工中，多用于在路基、路面的压实，是筑路施工中不可缺少的压实设备。

在路面工程施工中，通常采用两种类型的振动压路机：轮胎驱动振动压路机和双钢轮振动压路机。

（二）轮胎驱动振动压路机的总体构造

振动压路机随机型的不同，其总体构造也有一些差异。轮胎驱动振动压路机总体构造一般由发动机、传动系统、操纵系统、行走装置（振动轮和驱动轮）以及车架（整体式和铰接式）等组成。轮胎驱动铰接式振动压路机总体构造如图 5-5 所示。

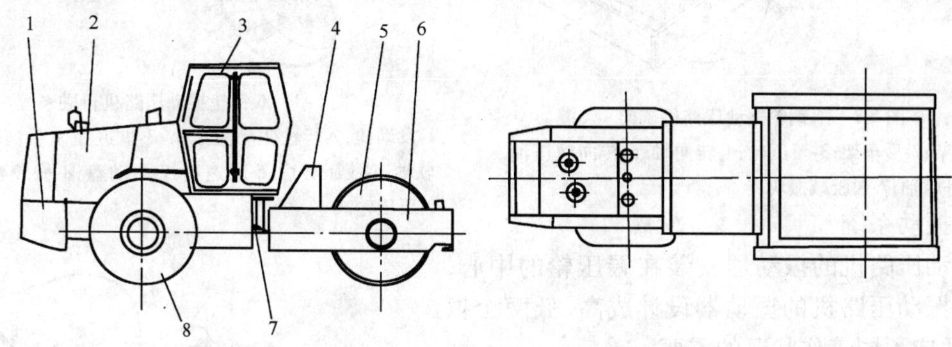

图 5-5　轮胎驱动铰接式振动压路机总体结构图

1-后机架；2-发动机；3-驾驶室；4-挡板；5-振动轮；6-前机架；7-铰接轴；8-驱动轮胎

（三）双钢轮振动压路机的总体构造

沥青路面采用双钢轮振动压路机，前后两个钢轮均能振动，大大提高了压路机的压实效率，外形如图 5-6 所示

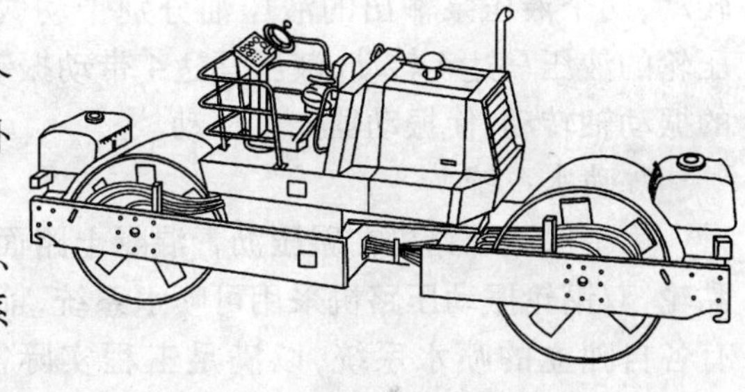

图 5-6　双钢轮振动压路机

双钢轮振动压路机由动力和传动系统、车架、转向系统、行驶系统、制动系统、振动系统、喷水系统等组成。

1. 动力和传动系统

双钢轮振动压路机采用柴油作为动力，采用全液压传动将动力输出。

2. 车架

双钢轮压路机有多种结构形式，但多数采用铰接式车架，结构如图 5-7 所示。

3. 转向系统

双钢轮振动压路机转向采用液压助力转向，结构与静力作用压路机基本相同，此处不再赘述。

4. 行驶系统行驶系统结构（图 5-8）

双钢轮振动压路机的行驶系统采用变量液压控制技术，通过改变变量液压泵输出液压油的流量，可以改变行驶液压马达的转速，从而控制压路机的速度。通过液压泵输出流量的连续控制，可以使压路机实现无级变速。通过控制液压泵输出油液的方向，控制压路机前进或倒退。

5. 制动系统

制动系统采用液压驱动制动摩擦片进行制动。制动器是有行驶液压系统自动控制，不需要驾驶员特别操作，停车时制动器自动产生制动，行驶时行驶液压泵输出的高压油使制动液压活塞松开制动，解除对压路机的制动作用，压路机可以行驶。

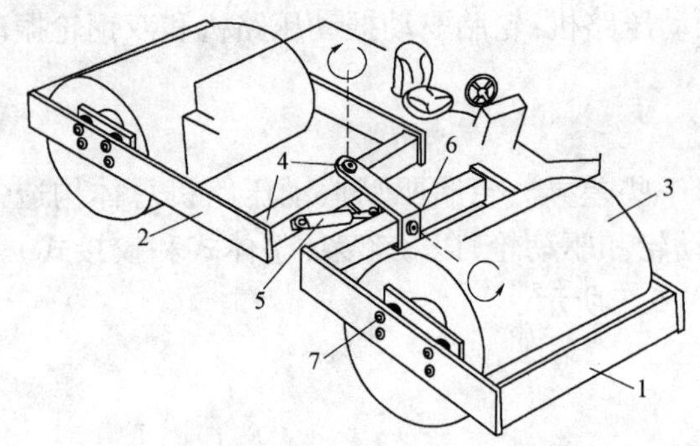

图 5-7 双钢轮振动压路机车架

1-前车架；2-后车架；3-碾压轮；4-转向轴；5-转向液压油缸；6-平衡轴；7-橡胶减振块

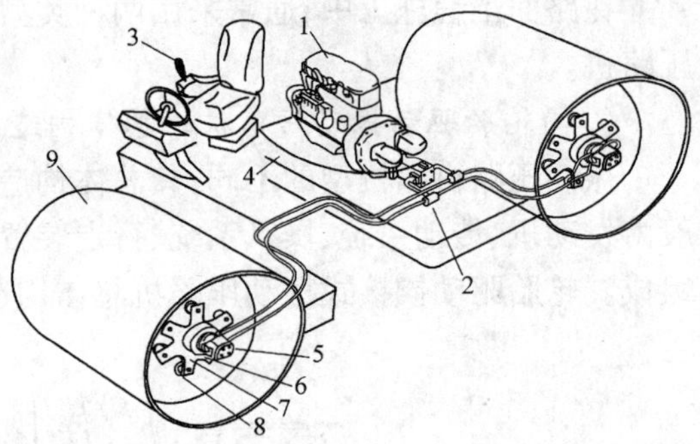

图 5-8 双钢轮振动压路机行驶系统

1-发动机；2-行驶驱动液压泵；3-进退控制手柄；4-传动软轴；5-液压马达；6-减速箱；7-驱动盘；8-橡胶减振块；9-碾压轮

6. 振动系统

振动压路机的振动器安装在碾压轮的中心，大多数振动压路机的振动器设计成高、低两个振幅，以适应不同工作状况的需要。

双钢轮振动压路机振动系统采用液压传动，如图 5-9 所示，发动机 1 带动液压泵 2 和液压泵 3 转动，两个液压泵输出的液压油分别带动两个碾压轮的液压马达 4 转动，液压马达 4 带动振动器 5 的振动轴转动，使振动器产生振动。

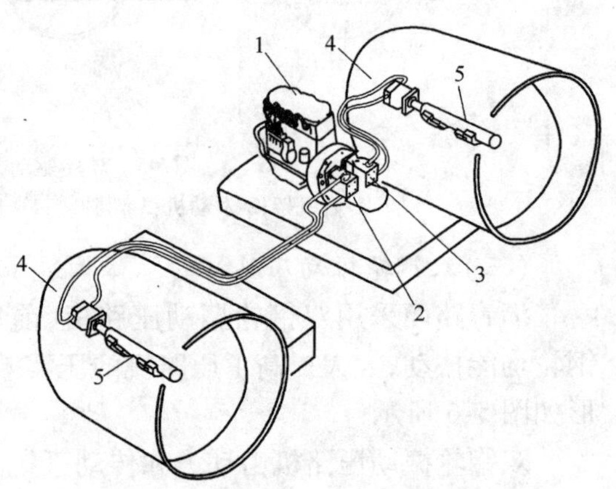

图 5-9 双钢轮振动压路机振动系统

1-发动机；2-前轮振动液压泵；3-后轮振动液压泵；4-液压马达；5-振动轴

7. 喷水系统

为了保证压路机在碾压沥青混凝土路面时不黏轮，双钢轮振动压路机采用可喷水系统，前后轮有各自独立的喷水系统，以满足工程实际需要。有的压路机上还有应急喷水系统，确保工程顺利开展。

三、轮胎式压路机

(一)概述

轮胎式压路机是一种靠机械自身的重力，通过特制的充气轮胎对铺层材料进行压实的机械。它除有垂直压实力外，还有水平压实力。这种水平压实力不但沿机械行驶方向有压实力的作用，而且沿机械的横向也有压实力的作用。由于压实力能沿各个方向作用于材料颗粒，再加上橡胶轮胎的弹性所产生的一种“揉搓作用”，产生了极好的压实效果，所以可得到最大的密实度。如果用光面滚压路机压实沥青混合料，钢轮的接触线在沥青混合料的大颗粒之间会形成“过桥”现象，这种“过桥”所留下的空隙，就会产生不均匀的压实。相反，橡胶轮胎柔曲并沿着这些轮廓压实，从而产生压实表面积较好的密实度。同时由于轮胎的柔性，不是将沥青混合料推在它的前面，而是给混合料覆盖上最初的接触点，给材料以很大的垂直力，这样就会避免光面滚压路机经常出现的裂缝现象。另外轮胎压路机还具有可增减配重、改变轮胎充气压力的特点，这样更有利于对各种材料的压实。基于以上特点，轮胎压路机不仅可以广泛用于压实各类建筑基础、路基和路面，而且更有益于压实沥青混凝土路面。

轮胎压路机可以分为拖式和自行式两种。拖式轮胎压路机又可以分为单轴式和双轴式两种。单轴式轮胎压路机的所有轮胎都装在同一根轴上，其优点是外形较小、机动灵活，可用于较狭窄工作面的压实工作；双轴式轮胎压路机的所有轮胎分别在前后两根轴上，多用于大面积工作面的压实作业，重型和超重型轮胎压路机多采用这种形式。由于拖式轮胎压路机现在应用极少，所以本章只介绍自行式轮胎压路机（以下简称轮胎式压路机）。

轮胎压路机有以下分类方法。

1. 按轮胎的负载情况分

可分为多个轮胎整体受载、单个轮胎独立受载和复合受载三种。在多个轮胎整体受载的情况下（图5-10a），压路机的重力 G 在不同连接构件的帮助下，将其重力分配给每个轮胎，当压路机在不平路面上运行时，轮胎的负载将重新分配，其中某个轮胎将出现超载现象。在单个轮胎独立受载的情况下［图5-10b）中的轮胎6和9］，压路机的轮胎是独立负载，不会出现个别轮胎的超载现象。在复合受载的情况下，一部分轮胎独立受载，另一部分轮胎整体受载。现代轮胎式压路机大多采用复合负载形式。

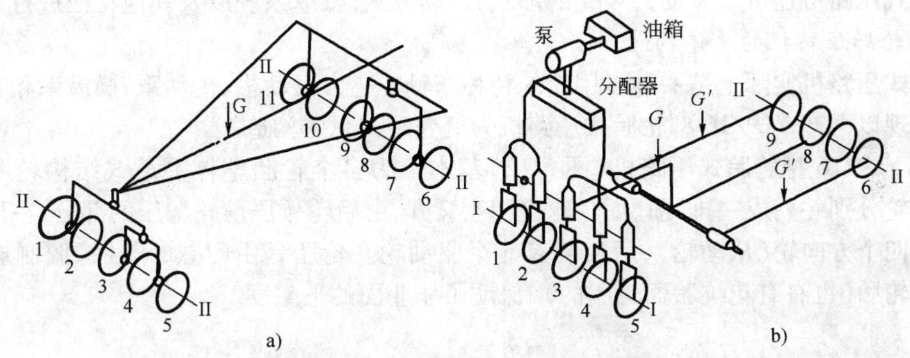

图5-10　双钢轮振动压路机振动系统

a）多个轮胎整体受载；b）轮胎复合受载

I-I-压路机前轴；II-II-压路机后轴；1～11-轮胎

2. 按轮胎在轴上的安装方式分

可分为各轮胎单轴安装、通轴安装和复合安装三种。所谓单轴安装就是一轮一轴，各轴之间无直接连接、彼此独立；通轴安装的各轮共用同一根轮轴，而复合安装是指既有单轴安装又有通轴安装。现代轮胎式压路机多用复合安装。

3. 按平衡系统的形式分

可分为机械式、液压式、气压式和复合式等几种。液压式和气压式平衡系统可以保证压路机在坡道上工作时，其机身和驾驶室保持在水平位置，而机械式的这种能力就较差。

4. 按轮胎在轴上的布置分

可以分为轮胎交错布置、行列布置和复合布置三种（图5-11）。在现代压路机中，最广泛采用的是交错布置方案。

5. 按转向方式分

可以分为偏转车轮转向、转向轮轴转向和铰接转向三种。

偏转车轮转向和转向轮轴转向，会引起前、后轮不同的转弯半径，其值相差很大，可使前、后轮的重叠宽度减小到零，会导致压路机沿碾压带宽度压实的不均匀性。要提高这种转向形式的压实质量，就必须大大增加轮胎的重叠宽度，其结果又会导致减小压实带的宽度和降低压路机的生产率。

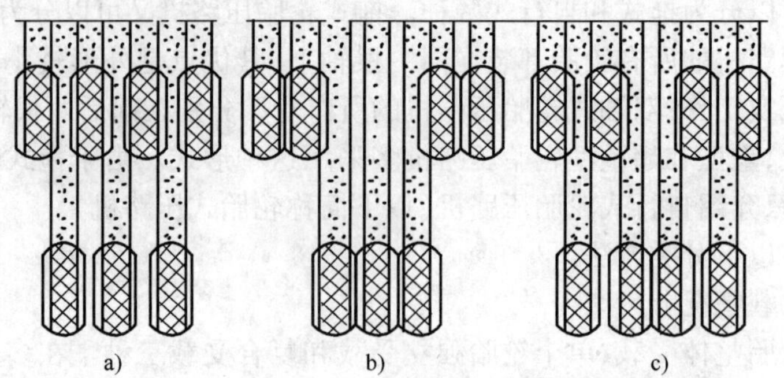

图 5-11　轮胎压路机轮胎布置图

a)交错布置;b)行列布置;c)复合布置

前后轮偏转车轮转向、前后转向轮轮轴转向和铰接转向是较先进的形式,在一定的条件下,可以获得等半径的转向。这样,当压路机在弯道上工作时,就可以保证压路机前后轮具有必要的重叠宽度。但对铰接车架,由于轴距减小,压路机的稳定性较差。

轮胎式压路机还可以按动力装置的形式、传动方式、操纵系统以及其他特征进行分类。

(二)轮胎压路机的总体构造

轮胎式压路机实际上是一种多用途的特种车辆。它由发动机、传动系、操纵系和行走部分等组成。现以国产 YL9/16 型轮胎式压路机为例介绍其总体构造。

国产 YL9/16 型轮胎式压路机(图 5-12)基本上为多个轮胎整体受载式结构轮胎交替布置,前、后轮分别并列成一排,前、后轮轮迹相互叉开,由后轮碾压前轮漏压的部分,在压路机的前面装有四个方向轮(从动轮),后面装有 5 个驱动轮。轮胎是由耐热、耐油橡胶制成的无花纹的光面轮胎(也有有花纹胎面轮胎的),保证了作业面的平整度。

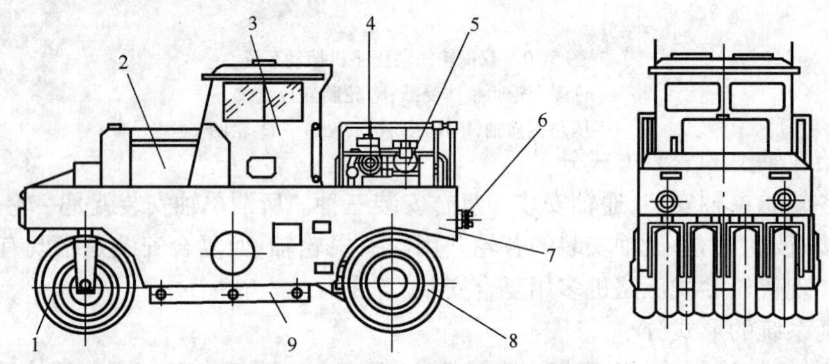

图 5-12　YL9/6 型轮胎压路机构造简图

1-方向轮;2-发动机;3-驾驶室;4-汽油机;5-水泵;6-拖挂装置;7-机架;8-驱动轮;9-配重铁

第三节　路面机械

一、稳定土厂拌设备

(一)概述

1.用途和工作原理

稳定土厂拌设备是专门用于拌制各种以水硬性材料为结合料的稳定混合料的搅拌机组。由于混合料的拌制是在固定场地集中进行的,使厂拌设备具有材料级配准确、拌和均匀、节省材料、便于计算机自动控制、统计、打印各种数据等优点，因而广泛用于公路和城市道路的基层、底基层施工。稳定土厂拌设备也适用于其他货场、停车场、航空机场等工程建设中所需的稳定材料的拌制任务。

用厂拌设备获得稳定混合料的施工工艺，习惯上称为厂拌法，其工作原理为：各种选定物料如石灰、碎沙石、土粒、粉煤灰等，用装载机装入配料机料斗，经皮带给料机计量给出，送至皮带集料机；同时，稳定剂如石灰、水泥等粉料经气送等各种途径送进粉料存仓，由螺旋输送机输入计量料斗，再使用粉料给料机计量给出，送至皮带集料机。各种骨料、粉料由集料机输送至搅拌机拌和，在搅拌机物料入口上部设有形体喷头，根据混合前各种物料的含水率情况，可在此使用供水系统喷加适量的水，以调整混合粉料的含水率，使之达到工程所需的要求。在必要的情况下，可采用相应的供给系统喷淋各种不同的稳定液。搅拌混合好的成品稳定土经上料皮带机送至混合料存仓暂存，存仓底部有可控的斗门，开启斗门向停放于存仓下的载货车卸料，然后闭斗暂存、换车。

2. 类型及适用条件

稳定土厂拌设备可以根据主要结构、工艺性能、生产率、机动性及拌和方式等进行分类。

根据生产率大小，稳定土厂拌设备可以分为小型（生产率小于200t/h）、中型（生产率200～400t/h）、大型（生产率大于400～600t/h）和特大型（生产率大于600t/h）四种。

根据稳定土厂拌设备拌和工艺可分为非强制跌落式、强制间歇式、强制连续式三种。强制连续式厂拌设备又可分为单卧轴强制搅拌式和双卧轴强制搅拌式两种；在诸多的形式中，双卧轴强制连续式是最常用的搅拌形式。

根据设备的布局和机动性，稳定土厂拌设备可分为移动式、分总成移动式、部分移动式、可搬式和固定式等五种结构形式。

移动式稳定土厂拌设备是将全部装置安装在一个专用的拖式底盘上，形成一个较大型的半挂车，可以及时地转移施工地点。设备从运输状态转到工作状态不需要吊装机具，仅依靠自身液压机构就可实现部件的折叠和就位。这种稳定土厂拌设备一般是中小型，多用于工程分散、频繁转移的公路施工工程。

分总成移动式稳定土厂拌设备是将各主要总成分别安装在几个专用底盘上，形成两个或多个半挂车或全挂车形式。使用时由各挂车分别被拖到施工现场，依靠吊装机具将其组合到工作状态，并可根据实际施工场地的具体条件合理布置各总成。这种形式多在大中型设备中采用，适用于工程量较大的公路施工工程。

部分移动式稳定土厂拌设备是将主要的部件安装在一个或几个特制的底盘上，形成一组或几组半挂车或全挂车形式，依靠拖动来转移工地，而将小的部件采用拆散搬移的方式，依靠汽车运输完成工地转移。这种形式在中大型设备中采用，适用于城市道路和公路工程施工。

可搬式稳定土厂拌设备是将各主要总成分别安装在两个或多个底架上，各自装车运输实现工地转移，再依靠吊装机具将几个总成安装组合到工作状态。这种形式在大、中、小型设备中都有采用，具有造价较低、维修方便等优点，适用于各种工程量的城市道路和公路工程施工。

固定式稳定土厂拌设备固定安装在预先选好的场地上，形成一个固定的稳定土生产工厂，一般不需要搬迁。因此，一般规模较大，具有大、特大的生产能力，适用于城市道路施工或工程量大而集中的施工工程。

（二）拌和厂设备构造

1. 总体构造和生产工艺过程

由于稳定土厂拌设备的厂牌、规格、型号较多，结构布局多样，所以各种厂拌设备的组成会有所不同。一般来说，稳定土厂拌设备主要由矿料配料机组、集料皮带输送机、结合料储存配给系统、搅拌器及供水系统、电器控制系统、成品料皮带输送机和成品储料斗等组成，其总体组成及布置如图 5-13 所示。

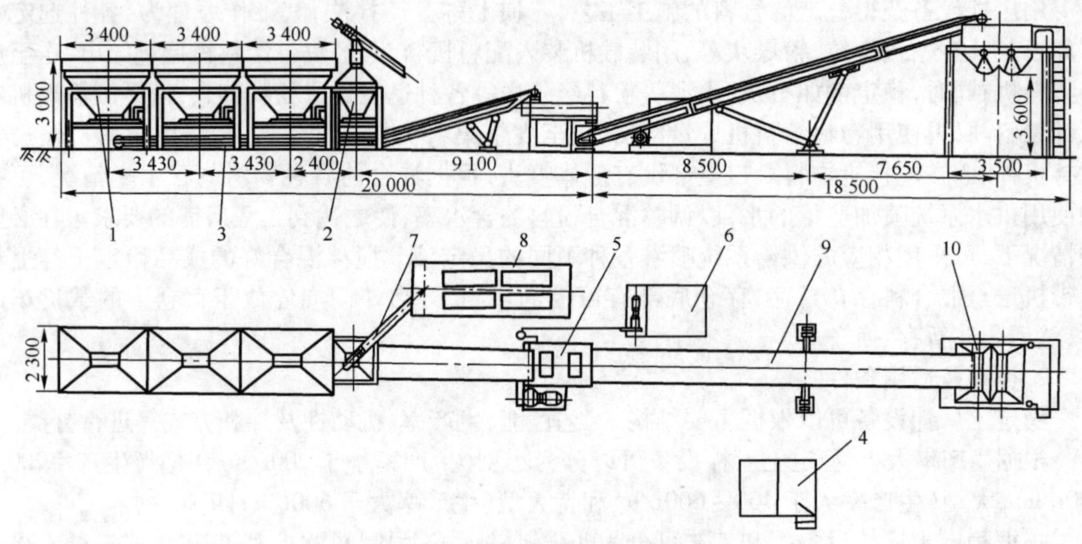

图 5-13　稳定土厂拌设备简图（尺寸单位：mm）

1-配料机；2-粉料配料机；3-集料机；4-电路控制柜；5-搅拌机；6-供水系统；7-螺旋输送机；8-卧式粉料仓；9-成品皮带机；10-成品料储仓

稳定土厂拌设备可以拌制水泥稳定土、石灰稳定土和石灰工业废渣稳定土。这里的水泥稳定土和石灰稳定土都是一个广义的名称，它既包括各种稳定细粒土（如塑性指数不同的各种黏性土、砂和石屑等），也包括各种稳定中粒土和粗粒土（如砂砾土、碎石土、级配砂砾、级配碎石等）。厂拌设备拌制各类稳定土时的工艺流程基本相同。以拌制水泥稳定碎石底基层稳定材料为例，其生产工艺流程如图 5-14 所示。

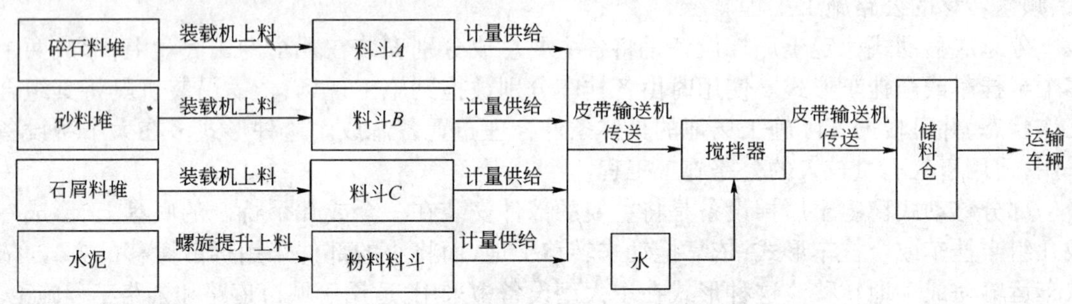

图 5-14　水泥稳定土拌制工艺流程图

2. 主要结构及上作原理

1）配料机组

配料机组一般由几个料斗和相对应的配料机、水平集料皮带输送机、机架等组成。每个配料机都是一个完整独立的部分，可根据用户需要进行组配。配料机由料斗、料门、配料皮带输送机及驱动装置等组成。如图 5-15 所示。

图 5-15　配料机结构示意图

1-料斗；2-水平集料皮带输送机；3-机架；4-配料机

料斗由钢板焊接而成，通常在上口周边装有挡板，以增加料斗的容量；斗壁上装有仓壁振动器，以消除物料结拱现象。根据物料的种类和下料的实际情况,通过调整振动电机的偏心块来调整其振动力的大小。在配料过程中,根据实际情况对料斗进行间歇振动。

料斗上口还装有倾斜的栅网,以防装载机上料时将粒径过大的矿料装入料斗而影响供料性能。装黏性材料所用的料斗内部必须装置有强制破拱器,破拱型料斗一定要装栅网,才能保证安全生产。

出料闸门安装在料斗下方,调节其开度可以改变配料皮带输送机的供料量。配料皮带输送机用调速电机或液压马达通过减速器驱动,皮带输送机后部有张紧装置,用于调节皮带输送机正常张紧度和修正皮带跑偏量。配料机的作用是将物料从料斗中带出并对材料进行计量。改变斗门开度和改变配料皮带输送机的速度均能改变单位时间内的供料量。根据设备的实际生产情况,在确定了配料斗的生产率后确定调速电机的转速时,配料斗斗门开启高度既要大于物料直径以保证顺畅出料,同时又要尽可能保证调速电机的转速避开低速区,使其在中高速区(500 ~ 1 000r/min)运行,以延长其使均寿命,保证配料精度。

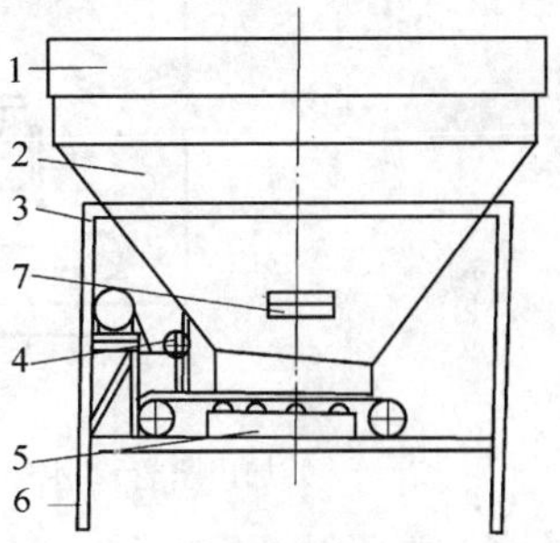

图 5-16 WCB200 型稳定土厂拌设备配料机结构图

1-加高舷板;2-料斗;3-斗架;4-斗门调节器;5-集料皮带机;6-加高支脚;7-振荡器

机架为型钢焊成的框架结构,起支承作用。在移动式的配料机组中机架还应有轮系、制动装置、拖挂装置、灯光系统等,必须具备行走功能并保证行驶的安全性。稳定土厂拌设备配料机及构图如图 5-16 所示。

2)集料皮带输送机和成品料皮带输送机

集料皮带输送机用于将配料机组供给的集料送到搅拌器中;成品料皮带输送机用于将搅拌器拌制好的成品料连续输送到储料仓。稳定土厂拌设备的皮带输送机与通用皮带输送机的工作原理和结构形式相同。

3)结合料配给系统

结合料配给系统包括粉料储仓、螺旋输送机和粉料给料计量装置。

粉料储仓按结构形式分为立式储仓和卧式储仓。立式储仓具有占地面积小、容量大、出料顺畅等优点,最适合于固定式厂拌设备使用。卧式储仓同立式储仓相比,仓底必须增设一个水平螺旋输送装置,才能保证出料顺畅。但卧式储仓具有安装和转移方便、上料容易等优点,广泛用于移动式、可搬式等厂拌设备。

4)搅拌器

搅拌器是稳定土厂拌设备的关键部件。它的结构形式有多种,其中双卧轴强制连续式搅拌器具有适应性强、体积小、效率高、生产能力大等优点,是常用的结构形式。

5)供水系统

供水系统是稳定土厂拌设备的必要组成部分。WCB200 型稳定土厂拌设备的供水系统由水泵(带电动机)、水箱、三通、供水阀、回水阀、流量计、喷嘴或喷孔和管路等组成,如图 5-17 图所示。

水箱由钢板焊接而成。水泵与电动机装在同一个机座上。三通一端与水泵出口相连,其余两端分别连接到供水阀和回水阀,供水阀用于接通或切断向搅拌器内供给的水,供水阀的后方串联有 LZB-80 型玻璃转子流量计,该流量计能直接显示出供水量的瞬时值。供水量的大小应能保证拌制的稳定土达到出厂设计要求的含水率。考虑到碾压之前的运输和摊铺工序中水分的蒸发散失,通常的施工工艺设计中稳定土的含水率应稍大于其碾压时的最佳含水率。由于水泵的转速、吸程及扬程近似不变,水泵的供水量为定值,所以当供水阀打开时,调节回水阀的开度和回水量就可以调节向搅拌器的供水量。

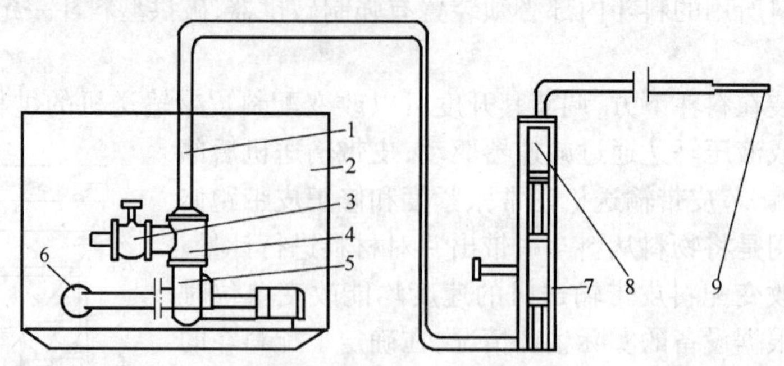

图 5-17 WCB200 型稳定土厂拌设备供水系统

1-加出水管;2-水箱;3-回水阀;4-三通;5-水泵;6-旋塞阀;7-供水阀;8-流量计;9-喷水管

6)成品料仓

成品料仓是稳定土厂拌设备的一个独立部分,其功用是在运输车辆交替或短时间内无运输车辆时,为使厂拌设备连续工作而将成品料暂时储存起来。

成品料仓的结构形式有多种,常见的有:料仓直接安装在搅拌器底部;直接悬挂在成品料皮带输送机上;带有固定支脚,安装在预先设置好的水泥混凝土基础上等。为了防止卸料时混合料产生离析现象,需控制卸料高度,卸料高度越大,离析现象越严重。因此,有些厂拌设备的料仓设计成能调节卸料高度的结构形式。

二、水泥混凝土搅拌输送车

(一)概述

1. 混凝土搅拌输送车的类型

混凝土搅拌输送车是运送混凝土的专用设备。它的特点是在运量大、运距远的情况下,能保证混凝土的质量均匀。一般是在混凝土制备点与浇灌点距离较远时使用,特别适用于道路、机场、水利等大面积的工程施工及特殊工程的机械化施工中运送商品混凝土。目前国内外生产的混凝土搅拌输送车的型号很多。根据搅拌筒驱动装置不同,可分为机械式和液压式两类,其中以液压式的应用较广;根据搅拌筒动力供给方式的不同,可分成两种形式:一种是动力从汽车发动机分动箱引出,通过减速器和开式齿轮直接驱动搅拌筒或通过油泵及液压马达驱动搅拌筒;另一种形式是采用单独发动机驱动搅拌筒。水泥混凝土搅拌输送车的型号分类及表示方法见表 5-1。

混凝土搅拌输送车型号分类及表示方法 表 5-1

类	组	型	特性	代号	代号含义	主参数	
						名称	单位表示法
混凝土机械	混凝土搅拌输送车 J(搅)C(车)	飞轮取力	—	JC	飞轮取力混凝土搅拌输送车	搅拌容量	m^3
		前端取力	Q(前)	JCQ	前端取力混凝土搅拌输送车		
		单独驱动	D(单)	JCD	单独驱动混凝土搅拌输送车		
		前端卸料	L(料)	JCL	前端卸料混凝土搅拌输送车		

2. 搅拌输送车的输送方式

根据搅拌楼(站)至施工现场距离和材料供应条件的不同,搅拌输送车可分为下列几种输送方式:

(1)新鲜混凝土输送。对成品混凝土的输送,适用于运距 8 ~ 12km 以下。先将搅拌输送车开至混凝土搅拌楼(站)的搅拌机出料口下,搅拌输送车的搅拌筒以进料速度旋转进行加料,加料完毕后输送车即驶出。在输送途中,搅拌筒对混凝土不断地慢速搅拌,以防止混凝土初凝和离析。输送车到达施工现场后,搅拌筒反转卸出混凝土。

(2)半干料搅拌输送。对尚未配足水的混凝土加足水量,边搅拌边输送。

(3)干料搅拌输送。若运距在 12km 以上,通常是将已经称量的砂、石和水泥等干配合料装入输送车的搅拌筒内,待运送到离施工现场前 15 ~ 20min 时,开动搅拌筒并加水搅拌。到达施工现场后,便完成搅拌并反转卸料。

(4)搅拌混凝土后输送。当搅拌站无搅拌机时,搅拌输送车可作搅拌机使用,搅拌后再输送至施工现场;把经过称量的砂、石和水泥等物料加入输送车的搅拌筒,搅拌后再输送到施工现场。

(二)搅拌输送车结构

混凝土搅拌输送车一般由运载底盘、搅拌筒、驱动装置、给水装置和操纵系统等组成,如图 5-18 所示。

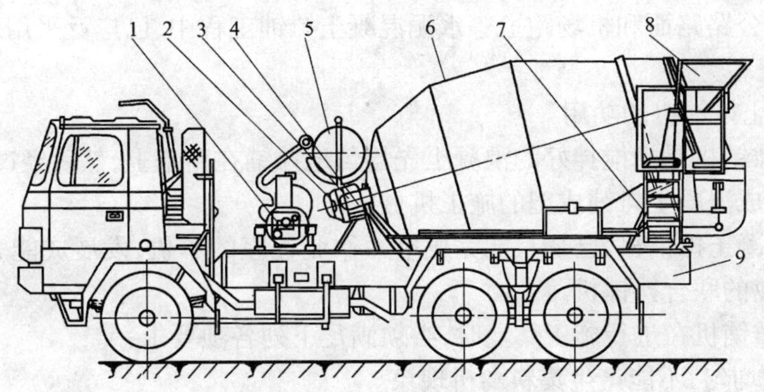

图 5-18 混凝土搅拌输送车

1-泵连接组件;2-减速机总成;3-液压系统;4-机架;5-供水系统;6-搅拌筒;7-操纵系统;8-进出料装置;9-底盘车

1)运载底盘

运载底盘一般采用现有的汽车底盘。有时为了降低重心,也采用半拖挂式专用底盘。

2)搅拌筒

搅拌筒为单口型筒体,支承在不同平面的三个支点上,即筒体下端的中心软安装在机架的轴承座内,另一端由滚道支承在一对滚轮上,搅拌筒轴线与水平面的倾斜角为 16° ~ 20°。筒体底部端面封闭,出上部的开口进料和卸料,见图 5-19。

搅拌筒的内部壁面焊有两条相隔 180°的带状螺旋叶片,以保证物料沿螺旋线滚动和上下翻动,防止混凝土离析和凝固。当搅拌筒正转时,物料顺着螺旋叶片进入搅拌筒内进行拌和;当搅拌筒反转时,拌和好的混凝土则沿着螺旋叶片向外旋出。卸料速度由搅拌筒的反转转速控制。为了引导进料,防止物料进入时损坏叶片,在筒口处设置一段导管。拌和好的混凝土沿着导管外表面与筒口内壁之间的环形槽卸出。

在搅拌筒料口一端设置有装料与卸料机构(图 5-20)。与搅拌筒相连的进料斗铰接在支架上。进料斗的进料口与搅拌筒内的进料导管口贴紧，以防物料漏出。清洗搅拌筒时，只要将进料斗向上翻转，露出搅拌筒的料口即可。两块固定卸料槽分别装在支架的两侧，活动卸料槽可通过调节盘和调节杆来适应不同卸料位置的要求。

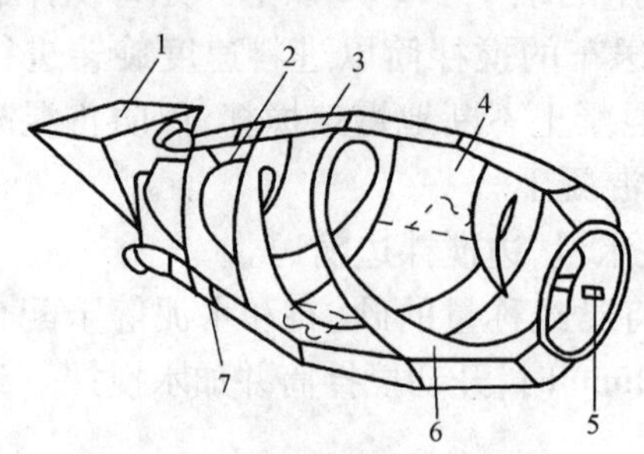

图5-19 搅拌筒内部构造

1-加料斗；2-进料导管；3-搅拌筒壳体；4-辅助搅拌叶片；5-中心轴；6-带状螺旋叶片；7-环形滚道

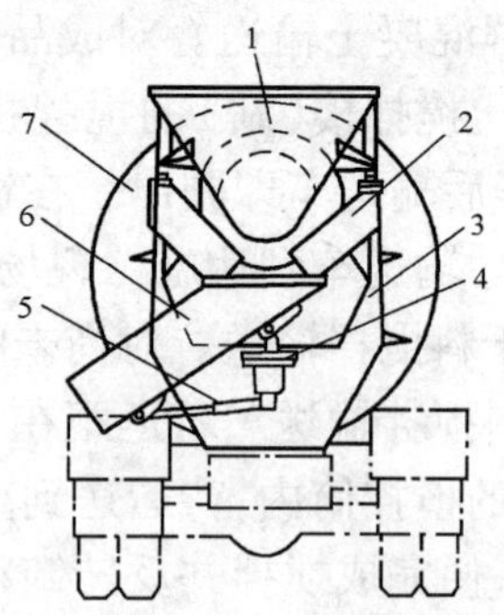

图5-20 装料与卸料机构

1-进料斗；2-固定卸料槽；3-支架；4-调节转盘；5-调节杆；6-活动卸料槽；7-搅拌筒

三、水泥混凝土摊铺机

(一)概述

在城市道路、公路路面和机场跑道等水泥混凝土摊铺工程中，已广泛采用水泥混凝土摊铺机进行施工。

1. 水泥混凝土摊铺机的功用

水泥混凝土摊铺机是把搅拌好的混凝土先均匀地摊铺在路基上，然后经过振实、整平和抹光等作业程序，完成混凝土摊铺成型的施工机械。

目前，水泥混凝土摊铺机，已从只能完成单一作业程序的单机，发展成能完成摊铺、振实、整平和抹光等作业的联合摊铺机。

水泥混凝土摊铺机在进行施工作业时，必须满足下列各项要求：

(1)摊铺必须均匀，不能产生集料离析现象。

(2)摊铺在基层上的混凝土必须有均等的余留高度，以确保混凝土经振实、整平和抹光后符合规定的铺筑厚度。

(3)能对摊铺的混凝土进行充分而有效的振实。振实是混凝土铺筑过程中最重要的作业程序，它对摊铺质量影响很大。

(4)经过振实的混凝土铺层，必须得到整平，并达到设计要求，其误差应在规定范围内。混凝土摊铺机既可提高铺筑层的内在质量，也可提高路面的外观技术水平和生产效率。

2. 混凝土摊铺机的分类

1)按性能和施工方式分类

混凝土摊铺机按其性能和施工方式可分为轨道式和滑模式两种类型。

轨道式摊铺机是沿袭习惯的水泥混凝土摊铺程序而设计的机械，早期的轨道式摊铺机是由多台完成单一作业程序的机械组成，故称之为“摊铺列车”。它由布料机、振捣机和抹光机等组成。它们一起在铺设的两根轨道上行驶。目前已有可一次完成多种作业程序的综合型轨道摊铺机和可以大范围内调整摊铺宽度的桁架型轨道式混凝土摊铺机。

滑模式摊铺机是机架两侧装有长模板，对水泥混凝土进行连续摊铺、振实、整形的机械。

这种机械集摊铺、振实、修整于一体,结构紧凑,操作集中方便,可实现自动控制,节省人力、物力,加快施工进度,提高经济效益。

滑模式摊铺机是一种新型水泥混凝土路面施工机械,它集计算机、自动控制技术、精密机械制造、现代水泥混凝土和高速公路工程技术为一体,称之为 Robot Concrete Pavement Machine。它的出现,突破了过去以固定模板修筑水泥混凝土路面的传统工艺方法,能够自动铺筑出公路路拱、超高、下滑弯道和交坡,能适应面板厚度的变化,并能自动设置传力杆、拉杆乃至铺设大型钢筋网片,能摊铺普通水泥混凝土路面、所有缩缝均设置传力杆的混凝土路面、间断配筋和连续配筋的钢筋混凝土路面等。

2)按用途分类

混凝土摊铺机按其用途可分为路缘铺筑机、路基铺筑机、路面摊铺机和沟渠摊铺机等,其中沟渠摊铺机适用于河床的斜面摊铺,主要用于河道和堤坝的施工铺筑,它的摊铺宽度较大。

3)按行走方式分类

按其行走方式,混凝土摊铺机可分为轮胎式、钢轮式和履带式,现代滑模式摊铺机一般都采用履带行走机构,轨道式摊铺机采用钢轮式行走机构。

3. 混凝土摊铺机的基本结构

混凝土摊铺机的结构因制造厂及机型的不同而异,但工作装置一般由布料器、刮平板、振捣器(包括振捣掺和振捣梁)、整平机、抹光机等装置组成;同时,还需要机架、行走机构、操纵控制系统和其他一些辅助机构的有机配合。有的机型组成装置多、功能全,有的组成装置少、功能少;有的机型将全部装置集于一体;有的分成两台或两台以上的独立单机。

(二)滑模式水泥混凝土摊铺机

滑模式摊铺机在铺筑混凝土路面时,不需另设轨道和模板,就能按照要求的路面宽度、厚度和拱度对混凝土挤压成型。总体结构如图 5-21 所示。

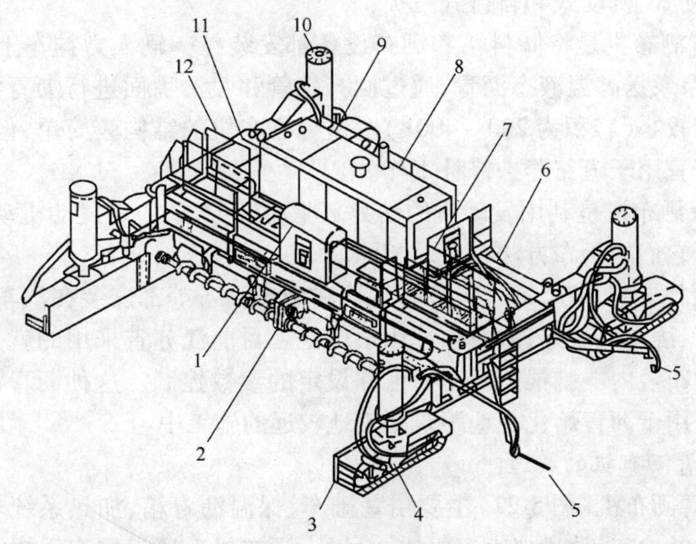

图 5-21　SF350 型滑模式摊铺机外形

1-控制室;2-螺旋摊铺器总成;3-履带总成;4-转向传感器总成;5-调平传感器总成;6-伸缩式机架;7-扶梯;8-发动机;9-油箱;10-支脚立柱;11-端梁;12-走台扶梯;

滑模式摊铺机的作业过程如下:

(1)螺旋布料器将自卸车或水泥混凝土搅拌车卸在路基上的水泥混凝土横向均匀地摊铺开。

(2)由一级进料计量装置刮平板初步刮平混凝土,将多余的混合料往前推移。

(3)用内部振捣器对混合料进行初步振实、捣固。

(4)用外振捣器再次振实,并将外露大粒径集料强制压入。

(5)由二级进料计量器进料控制板(在成型盘前)再次刮平混合料,并控制进入成型盘的混凝土的数量。

(6)用成型盘对捣实后的混凝土进行挤压成型。

(7)利用定型盘对铺层进行平整、定型和修边。

摊铺时,倒在机器前方的混合料由螺旋布料器均匀地摊铺在路基上,随着机器的前进由刮平板计量出进入内部振捣器的混凝土方量,余料被推向前方。经内部振捣器高频振捣,排除铺层内部间隙和空气,再经过外部振捣器上下振实,强制外露集料下沉,从而填平、压实铺层,表面只留下灰浆。接着由进料控制板、成型盘和侧模板进行第二次计量和压实成形。最后由定形盘和侧模板整平抹光,完成路面铺筑。

四、沥青洒布车

(一)概述

沥青洒布机是一种黑色路面机械,它是公路、城市道路、机场和港口码头建设的主要设备。当用贯入法和表面处治法修筑、修补沥青(或渣油)路面时,沥青洒布机可以用来完成高温液态沥青(渣油)的储存、转运和洒布工作。

沥青洒布机主要由储料箱和洒布设备两大部分组成。储料箱的作用是储存高温液态的沥青,并且具有一定的保温作用;洒布设备的作用是洒布沥青。沥青的加温是由专门的熔化锅进行的。高温液态沥青向储料箱的注入或由储料箱向洒布设备的输出均靠沥青泵来完成。沥青洒布机大致可分手动式、机动式和自行式三类:

(1)手动式沥青洒布机是将储料箱和洒布设备都安装在一辆人力挂车上,利用人工手摇沥青泵或手压活塞泵泵送高温液态沥青,通过洒布软管和喷油嘴面进行沥青洒布作业。洒布管为手提式,储料箱较小(容积为200~400L)。这种洒布机的结构较简单,但劳动强度较大、工作效率低,一般只宜用于道路养护修补工作。

(2)机动式沥青洒布机是利用发动机的动力来驱动沥青泵,即以发动机动力取代人力,提高了沥青洒布能力,它们的洒布方法与手动相同。

(3)自行式沥青洒布机(图5-22)是将储料箱和洒布设备等都安装在汽车底盘上,由于行动灵活、工作效率高、洒布质量好,故目前使用很广泛。目前江苏省采用的就是这种自行式的智能型洒布机,其洒布量由电脑根据行车速度和设定的参数控制。这种沥青洒布机多用于新建路面工程,特别适用于沥青熔化基地距筑路工地较远的施工中。

(二)自行式沥青洒布机的构造

现代自行式沥青洒布机(图5-22)主要由基础车、保温沥青箱、加热系统、传动系统、循环洒布系统、操纵机构及检查、计量仪表等组成。另外,洒布机上还设置有手提式洒布器及手提式喷灯,其工作过程是:沥青泵将熔化池中的热沥青吸入沥青箱中,基础车将沥青运输到施工现场,通过加热系统将沥青加热到工作温度,控制机构将喷洒阀门开启,沥青泵将沥青以一定的压力输送到洒布管和喷嘴后按一定的洒布量喷洒到路面上。作业结束后,沥青泵反向运转,将循环管路中的残留沥青吸回到沥青箱中。

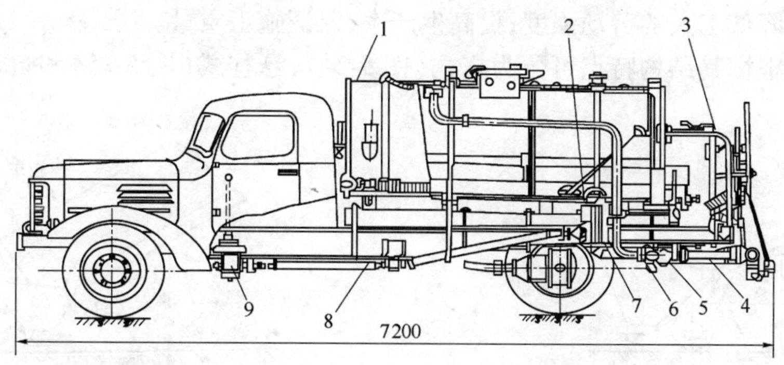

图 5-22　沥青洒布机结构示意图(尺寸单位:mm)

1-沥青箱;2-主三通阀;3-操纵机构;4-管道系统;5-左管道三通阀;6-放油口;7-沥青泵;8-传动轴;9-动力输出系统

(三)自行式沥青洒布机的使用

为了保证沥青洒布机的正常工作,在每次洒布完毕后都要将循环洒布管道中的残余沥青抽回到储料箱内。若工作后当天不再使用,还要用柴油或煤油清洗储料箱、沥青泵和管道,以防沥青凝固,影响下次使用。此外,在每次使用前都要检查沥青泵是否被凝固的沥青堵塞,若发现有凝固现象,需用手提喷灯将其烤热熔化,直至泵的齿轮能灵活转动为止。

为了提高沥青的洒布质量,还需注意下列事项:

(1)要求洒布机有稳定的行驶速度(此速度可根据施工要求而确定)。同时要求汽车驾驶员与操作台上掌握洒油的操作者相互密切配合,动作协调一致,以确保沥青洒布均匀。

(2)要保持沥青的适当温度。因沥青的温度与其黏度成反比,而黏度又决定了沥青泵的输出量,若沥青的温度不适当,则其黏度的变化就会引起沥青泵输出量的变化,使洒布量不均匀,从而影响洒布质量。

(3)要选择好喷嘴的离地高度。因喷嘴的离地高度不同时,其洒布的宽度也不同。除此以外,还要求汽车轮胎有足够的气压。若轮胎低压作业,由于储料箱内液料的增减会使轮胎产生较大的变形,势必影响到喷嘴离地高度的变化。

(4)要保持稳定的洒布压力。若洒布压力不稳,喷出沥青的扇形形状就会变化,导致洒布不均匀。

(5)在洒布作业时,要注意前后两次喷洒的接缝。一般纵向应重叠 10 ~ 15cm,横向应重叠 20 ~ 30cm。

(6)沥青洒布机在加注或洒布液态沥青时,由于沥青温度很高,因此必须注意安全,相互要密切配合,防止烫伤或跌倒。在使用固定喷灯加热时,储料箱内的沥青液面应高于火管。在洒布过程中,不应使用喷灯,以确保安全。洒布机喷洒高度如图 5-23 所示。

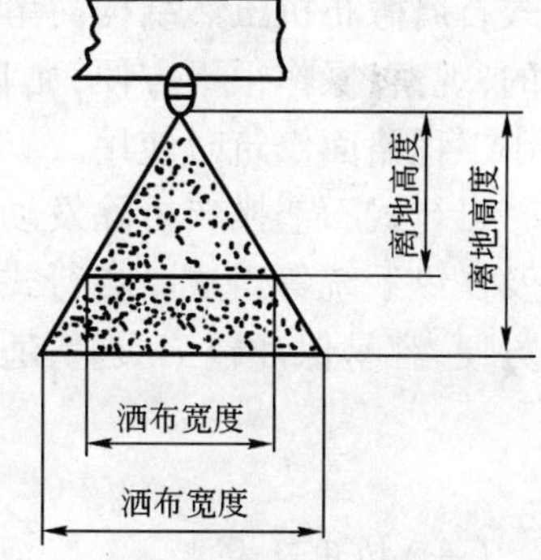

图 5-23　喷洒离地高度与洒布宽度的关系

五、石屑撒布机

(一)用途、分类

石屑撒布机是采用层铺法铺筑沥青路面的专用机械,其主要用途是:在喷洒沥青的路基上均匀地撒布一定粒径的石屑,以修筑路面层,也可在修筑泥结碎石路面时撒布细石料。使用石屑撒布机可大大降低工人的劳动强度，提高生产率，保证施工质量。

石屑撒布机根据其结构特点可分为拖式（图 5-24）、悬挂式（图 5-25）和自行式（图 5-26）三种形式。

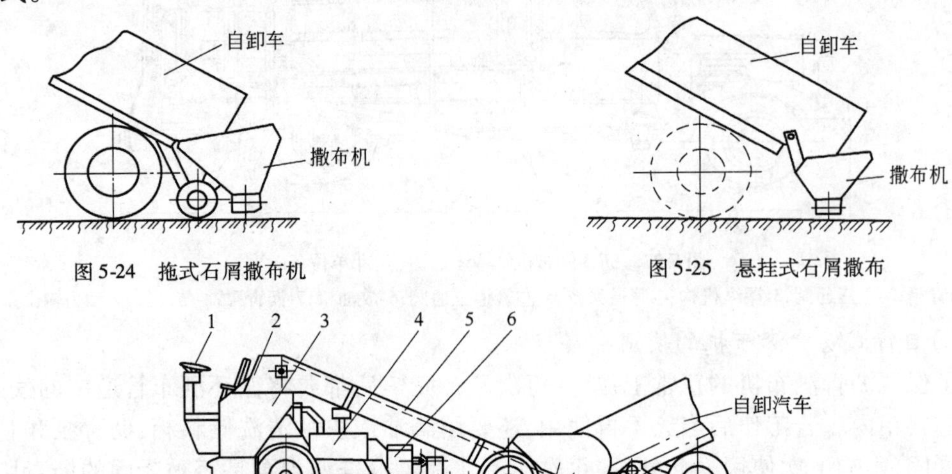

图 5-24　拖式石屑撒布机

图 5-25　悬挂式石屑撒布

图 5-26　自行式石屑撒布机

1-方向盘；2-拨料辊；3-前料斗；4-发动机；5-带式输送机；6-变速器；7、9-万向节；8-副变速器；10-后料斗；11-后液压缸；12-后挂钩

（二）基本原理

拖式石屑撒布机是挂在运料自卸车的挂钩上，自由卸车倒挡行驶顶推着石屑撒布机进行作业。悬挂式石屑撒布机悬挂在自卸车的料斗上，自卸车倒挡行驶进行撒布作业。拖式及悬挂式石屑撒布机虽然结构简单、便于制造、成本低，但石屑撒布作业是在自卸车倒行状态下进行的，观察、操作很不方便，尤其是悬挂式石屑撒布机，给施工带来很大的不便，因此他们只适宜小工程路面修筑时使用。

自行式石屑撒布机除发动机及底盘外，由前料斗、带式输送机、后料斗、可控制斗门、撒布器及操纵系统等组成。自行式石屑撒布机机动性好、转场方便，视野好，便于观察撒布情况，操纵方便，容易保证施工质量，适合于工程量大的道路和广场工程使用。

六、沥青混凝土拌和机

（一）功用及要求

将不同料仓的碎石、天然砂或破碎砂等按适当的配合比配制成符合规定级配范围的混合料，加热后，与适当比例的热沥青及矿粉在规定的温度下拌和均匀所得的混合料称为热拌沥青混凝土混合料，拌制这种混合料的机械就称为沥青混凝土拌和机。

矿（砾）石和砂子是沥青混凝土的主骨料，统称为集料。砂子用来增加矿料与沥青的黏结面积，石粉作为填充料与沥青共同形成的一种糊状黏结物，填充于集料之间，既可使沥青不至于从碎石表面流失，又可防止水分的浸入，以增加碎石料之间的强度，从而提高沥青混凝土的强度。此外，由于石料的性质不随温度的变化而变化，所以，它与沥青混合而成的糊状物受温度变化的影响较小，可提高黏结物的稳定性，以利沥青混凝土混合料的摊铺面提高路面质量。

将沥青混凝土混合料摊铺到路面基层上，经过整形、压实后所形成的板块结构就是沥青混凝土路面面层。该面层具有很高的强度和密实度，在常温下具有一定的塑性、不透水性和水稳性，有较大的抵御自然和交通载荷的能力，而且使用寿命长、耐久性好，可作为高等级公路的优质柔性路面。

为使沥青混凝土混合料在摊铺时具有良好的和易性与均匀性，拌制好的混合料应具有140～160℃的工作温度和精确的配比。通常，应将沥青加热到140～160℃，以保证其具有一定的流动性；集料必须烘干并加热到160～200℃，才能保证其被沥青很好地裹覆和黏结在一起。此外，还要根据混合料的用途确定集料的级配及集料与沥青黏结剂的配合比例（油石比）。

为生产上述组成和要求的沥青混凝土混合料，要求沥青混凝土拌和机必须设置下列单独设备和系统：集料的烘干与加热设备、集料的筛分与称量设备、沥青的加热与保温设备、沥青的称量设备、拌和器、相应的储仓及升运设备，传动系统与控制系统等。另外，为了保护环境，还必须设置除尘装置。

（二）总体结构和工艺流程

按工艺流程的不同，目前国内外最常用的沥青混凝土拌和机有间歇强制式和连续滚筒式两种形式，而我国目前使用的以间歇强制式为主。下面就介绍间歇强制式拌和机总体结构及其搅拌工艺过程。

1. 总体结构

间歇强制式沥青混凝土拌和机总体结构如图5-27所示。其特点是初级配的冷集料在干燥滚筒内采用逆流加热方式烘干加热，然后经筛分计量（质量），再在搅拌器中与按质量计量的石粉和热态沥青搅拌均匀即成为沥青混合料。由于结构的特点，间歇强制式沥青混凝土拌和机能保证矿料的级配、油石比达到相当精确的程度，而且也容易根据需要随时变更矿料级配和油石比，所以拌制出的沥青混合料质量好，可满足各种施工要求。因此，这种设备在国内外使用较为普遍。其缺点是工艺流程长、设备复杂、建设投资大、耗能高、搬迁困难、对除尘设备要求高（除尘设备投资通常达到整套设备投资的30%～40%）。

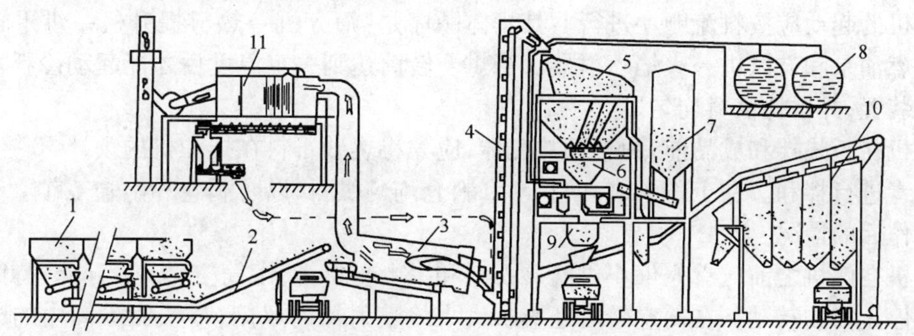

图5-27　间歇强制式沥青混凝土拌和机总体结构图

1-冷集料储存及配料装置；2-冷集料带式输送机；3-冷集料干燥滚筒；4-热集料提升机；5-热集料筛分及储存装置；6-热集料计量装置；7-石粉储仓；8-沥青供给系统；9-搅拌器；10-成品料储仓；11-除尘装置

2. 工艺流程

间歇强制式沥青混凝土拌和机拌和工艺过程如图5-28所示。

结合图5-28说明间歇强制式沥青混凝土拌和机的工作过程。砂、碎石从冷料仓按照目标配合比设定的比例经冷料输送皮带进入冷集料干燥滚筒；冷集料在干燥筒中经喷出的油料燃

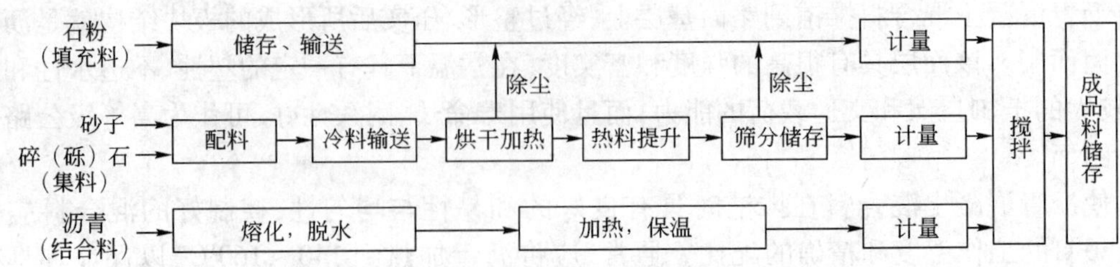

图 5-28　间歇强制式沥青混凝土拌和机拌和工艺流程图

烧加热并在引风机的作用下，粉尘进入除尘装置，经过除尘后粉，尘中颗粒较粗的细料与加热后的集料一起经过热料提升机进入拌和楼顶部的振动筛上；分级的振动筛通过振动筛分，使不同粒级范围的集料进入拌和机不同的热料仓；热料仓中的集料再按照生产配合比的设定比例，经过计量系统控制逐个加载到集料称上称重，同时控制系统控制石粉经螺旋输送器添加到石粉称重系统，沥青经沥青泵抽入沥青称量系统中称重；集料、石粉与沥青进入搅拌器中搅拌；搅拌好的混合料放入搅拌器出料口下方小车中，再由小车把混合料转入沥青混合料储料仓中（也可以由搅拌器下方的出料口直接放入载货汽车中）。

（三）沥青混凝土拌和机的使用

沥青混凝土拌和机在使用时，由于涉及面较广，且与施工成本和工程质量关系较大，故应注意合理使用。现将其使用的注意事项简述如下：

1. 工作前的准备

拌和机在工作前需进行一次全面的检查。如检查各部位紧固螺丝是否松动，拌和机内是否有余料，皮带是否跑偏，各机组及辅助设备安装是否正确，沥青管接头是否漏气，电气系统是否正常等等。

对于移动式拌和设备，就位后还需放下前后支腿，将平板车抬起，并保持水平位置，使轮胎卸荷。

2. 运转中的有关规定

由于沥青混凝土拌和机是由两个机组相辅助的设备配套工作的，故必须按其规程进行运转。拌和机的起动应按料流顺序进行。其具体顺序是：筛分机→热料提升机→烘干转筒→除尘装置→燃油泵和鼓风机→火焰喷射器。当烘干转筒达到一定温度后才能起动冷料输送机和配料给料装置，并保持供料均匀。

拌和机在正式拌和成品前，为了预热壳体，应先将热砂石料在拌和机内预拌 10 ~ 15min 后再喷入沥青进行拌和。在工作中，应向料斗和料仓均匀供料，以防满仓和串仓工作。

3. 工作后的情况

拌和机在停机之前应首先停止供给砂石料和少上粉料，使滚筒空转 3 ~ 5min，待筒内出完余料后再停止筒的转动。在筒空转时还应加大火焰喷射器的风门，尽快驱除筒内的废气并使筒冷却，然后关闭其油门和燃油泵的总油门。停机时，应将烘干转筒、料斗和料仓以及拌和机内余料卸空；并且每次工作完毕必须立即用柴油清洗沥青系统，以防沥青凝固堵塞管路和卡死沥青泵。

七、沥青混凝土摊铺机

（一）概述

沥青混凝土摊铺机是沥青路面专用施工机械。它的作用是将拌制好的沥青混凝土混合料均匀地摊铺在路面底基层或基层上，构成沥青混凝土基层或沥青混凝土面层。摊铺机能够准确保证摊铺层厚度、宽度、路面拱度、平整度和密实度，因而广泛用于公路、城市道路、大型货场、停车场、码头和机场等工程中的沥青混凝土摊铺作业，也可用于稳定材料和干硬性水泥混凝土材料的摊铺作业。

目前沥青混凝土摊铺机发展趋势为：产品系列的发展更加丰富；全液压、全自控的先进摊铺机替代各型老产品。

（二）沥青混凝土摊铺机分类、特点及适用范围

（1）按摊铺宽度，摊铺机可分为小型、中型、大型和超大型四种。

小型最大摊铺宽度一般小于3 600mm，主要用于路面养护和城市巷道路面修筑工程。

中型最大摊铺宽度在4 000～6 000mm，主要用于一般公路路面的修筑和养护工程。

大型最大摊铺宽度一般在7 000～9 000mm之间，主要用于高等级公路路面工程。

超大型最大摊铺宽度为12 000mm，主要用于高速公路路面施工。使用装有自动调平装置的超大型摊铺机摊铺路面，纵向接缝少，整体性及平整度好，尤其摊铺路面表层效果最佳。

（2）按走行方式，摊铺机分为拖式和自行式两种，其中自行式又分为履带式、轮胎式两种。

拖式摊铺机是将收料、输料、分料和熨平等作业装置安装在一个特制的机架上组成的摊铺作业装置。工作时靠运料自卸车牵引或顶推进行摊铺作业。它的结构简单，使用成本低，但其摊铺能力小，摊铺质量低，所以拖式摊铺机仅适用于三级以下公路路面的养护作业。

履带式摊铺机（图5-29）一般为大型摊铺机，其优点是接地比压小、附着力大，摊铺作业时很少出现打滑现象，运行平稳；其缺点是机动性差、对路基凸起物吸收能力差、弯道作业时铺层边缘圆滑程度较轮胎式摊铺机低，且结构复杂，制造成本较高。履带式摊铺机多为大型和超大型机，多用于大型公路工程的施工。

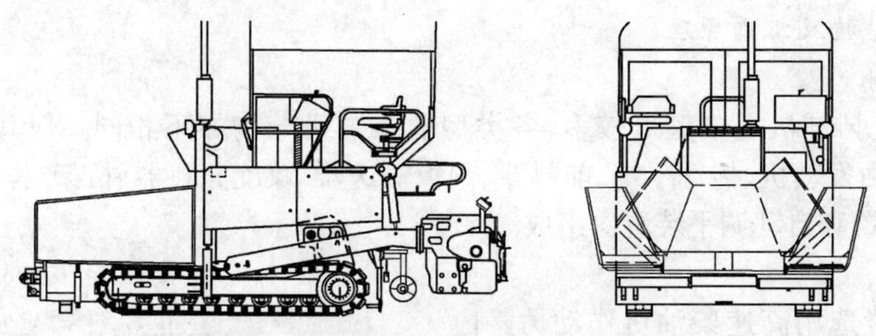

图5-29　履带式沥青混凝土摊铺机外形

轮胎式摊铺机靠轮胎支撑整机并提供附着力，它的优点是转移运行速度快、机动性好、对路基凸起物吸收能力强、弯道作业易形成圆滑边缘；其缺点是附着力小，在摊铺路幅较宽、铺层较厚的路面时易产生打滑现象，另外它对路基凹坑较敏感。轮胎式摊铺机主要用于道路修筑与养护作业。

（3）按动力传动方式，摊铺机分为机械式和液压式两种。

机械式摊铺机的行走驱动、输料传动、分料传动等主要传动机构都采用机械传动方式。这种摊铺机具有工作可靠、维修方便、传动效率高、制造成本低等优点，但其传动装置复杂，操作不方便，调速性和速度匹配性较差。

液压式摊铺机的行走驱动、输料和分料传动、熨平板延伸、熨平板和振捣器的振动等主要传动机构采用液压传动方式，从而使摊铺机结构简化、质量减轻、传动冲击和振动减缓、工作速

度等性能稳定,并便于无级调速及采用电液全自动控制。随着液压传动技术可靠性的提高,在摊铺机上采用液压传动的比例迅速增加,并向全液压方向发展。全液压和以液压传动为主的摊铺机,均设有电液自动调平装置,具有良好的使用性能和更高的摊铺质量,因而广泛应用于高等级公路路面施工。

(4)按熨平板的延伸方式,摊铺机分为机械加长式和液压伸缩式两种。

机械加长式熨平板:它是用螺栓把基本(最小摊铺宽度的)熨平板和若干加长熨平板组装成所需作业宽度的熨平板。其结构简单、整体刚度好、分料螺旋(亦采用机械加长)贯穿整个摊铺槽,使布料均匀。因而大型和超大型摊铺机一般采用机械加长式熨平板,最大摊铺宽度可达8 000~12 500mm。

液压伸缩式熨平板:它是靠液压缸伸缩无级调整其长度,使熨平板达到要求的摊铺宽度。这种熨平板调整方便省力,在摊铺宽度变化的路段施工更显示其优越性。但与机械加长式熨平板对比,其整体刚性较差,在调整不当时,基本熨平板和可伸缩熨平板间易产生铺层高差,并因分料螺旋不能贯穿整个摊铺槽,可能造成混合料不均而影响摊铺质量。因而,采用液压伸缩式熨平板的摊铺机最大摊铺宽度不超过8 000mm。

(5)按熨平板的加热方式,分为电加热、液化石油气加热和燃油加热三种形式。

电加热:由摊铺机的发动机驱动的专用发电机产生的电能来加热,这种加热方式加热均匀、使用方便、无污染,熨平板和振捣梁受热变形较小。

液化石油气(主要用丙烷气)加热:这种加热方式结构简单,使用方便,但火焰加热欠均匀,污染环境,不安全,且燃气喷嘴需经常清洗。

燃油(主要指轻柴油)加热:燃油加热装置主要由小型燃油泵、喷油嘴、自动点火控制器和小型鼓风机等组成,其优点是可以用于各种工况,操作较方便,燃料易解决,但和燃气加热同样有污染,且结构较复杂。

(三)总体结构及工作原理

1. 总体结构

沥青混凝土摊铺机规格型号较多,各类型的摊铺机结构亦不相同。但其主要结构如图5-30所示,一般由发动机、传动系统、前料斗、刮板输送器、螺旋分料器、机架、操纵控制系统、行走系统、熨平装置和自动调平装置等组成。

(1)发动机

摊铺机一般选用高速柴油机作动力。由于摊铺机始终处于较高的环境温度下工作,较多地选用风冷柴油机以保证其工作可靠性。摊铺机应稳定在选定的作业速度下连续工作,这一原则对选用发动机提出了更高的要求。即发动机应具有足够的持续功率和良好的外特性,发动机要与液压传动和机械传动有最佳的功率匹配。

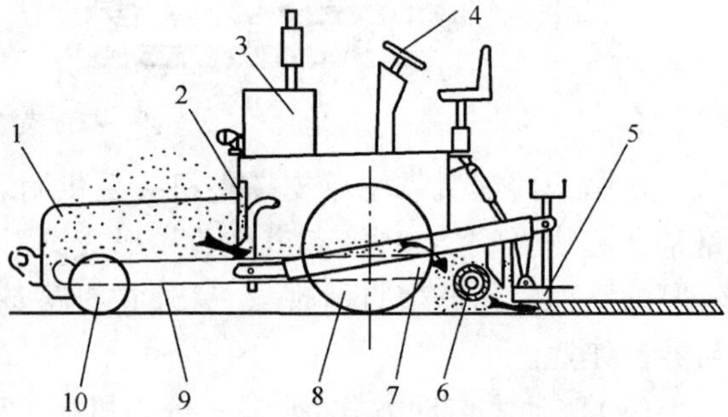

图5-30　摊铺机结构示意图

1-前料斗;2-闸门;3-发动机及传动系统;4-操纵系统;5-熨平板;6-螺旋分料器;7-刮板输送器;8-后轮; 9-机架;10-前轮

(2)传动系统

摊铺机的传动系统主要包括行走传动和供料传动两大部分,另外还有控制系统及熨平装置的动力传动。

目前国内外摊铺机的传动系统有机械传动及液压传动两种。机械传动在中小型摊铺机中采用较多,如国产LT6摊铺机行走系统为机械传动,料斗及熨平板的提升等以液压为动力,大型摊铺机均采用液压传动。

(3)前料斗

前料斗位于摊铺机的前部,是接受运料车的卸料及存放沥青混合料的容器。前料斗由左右边斗、铰轴、支座、起升油缸等组成,左右边斗之间有刮板输送器,运料车卸入前料斗的混合料由刮板输送器送到螺旋分料器前,随着摊铺机的前行作业,前料斗中部的混合料逐渐减少,此时需升起左右边斗,使两侧的混合料滑落移动到中部,以保证供料的连续性。图5-31为摊铺机前料斗结构示意图。

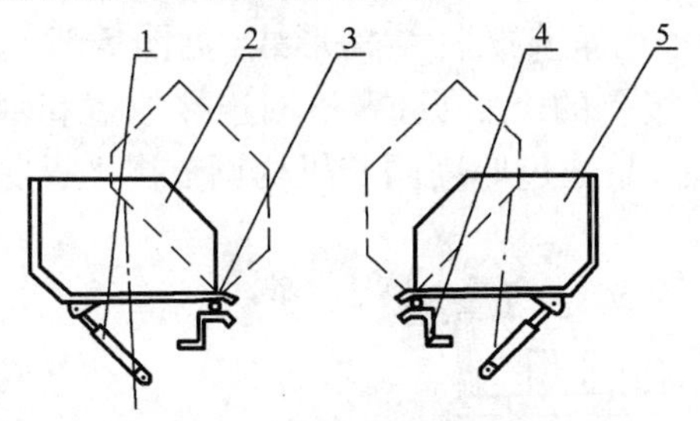

图5-31　前料斗结构示意图
1-油缸;2-左边斗;3-铰轴;4-支座;5-右边斗

(4)刮板输送器

刮板输送器位于前料斗的底部,是摊铺机的供料机构。刮板输送器将前料斗内的混合料向后输送到螺旋分料器的前部。小型摊铺机设置一个刮板输送器,中大型摊铺机设置两个输送器,便于控制左右两边的供料量。在前料斗的后壁还设置有供料闸门,调节闸门高低可调节供料量。刮板输送器由驱动轴、张紧轴、刮板链、刮板等组成。

(5)螺旋分料器

螺旋分料器设在摊铺机后方摊铺室内。其功能是把刮板输送器输送到摊铺室中部的热混合料,左右横向输送到摊铺室全幅宽度。螺旋分料器是由两根大螺距、大直径叶片的螺杆组成,其螺杆旋向相反,以使混合料由中部向两侧输送,为控制料位高度,左右两侧设有料位传感器。螺旋叶片采用耐磨材料制造,或进行表面硬化处理。左右两根螺旋轴固定在机架上,其内端装在后链轮或齿轮箱上,由左右两个传动链或锥齿轮分别驱动(液压传动的螺旋轴亦通过链传动或锥齿轮传动)。为适应不同摊铺厚度的需要,有的摊铺机螺旋分料器可调节离地高度。螺旋轴左右两侧各成独立系统,既可同时工作,又可单侧工作。

(6)机架

机架是摊铺机的骨架,一般均为焊接结构件。机架与前后桥(轮胎式摊铺机)或驱动轮座、从动轮座、托链轮座(履带式摊铺机)无弹性悬挂,都采用刚性连接。摊铺机机架最前方设有顶推辊,其作用是顶推运料自卸车后轮胎,使自卸车和摊铺机同步前进,向料斗连续卸料。行进中顶推辊与自卸车后轮胎接触并处于滚动状态。顶推辊的离地高度,应与汽车轮胎相适应。

(7)行走系统

轮胎式摊铺机的行走系统由前轮和后轮组成。前轮位于前料斗下部,采用铁芯挂胶实心轮以降低前料斗的高度。前轮又是摊铺机的转向轮系,大型轮胎式摊铺机由于负荷较大,有的采用双前桥结构。为了改善大型轮胎式摊铺机的驱动性能,已出现前后桥双驱动的摊铺机。摊铺机的后轮为整机的驱动轮系,选用直径较大的充气或充液轮胎。前后轮一般固定于机架外侧,构成四支点结构,对地面不平度的适应性较差。为改善对地面的适应性,新机型的前桥采用铰接式结构,使行走系统成为三支点与地面接触,增加了摊铺机的稳定性和驱动性能。

履带式摊铺机的行走系统和一般工程机械的结构相同,但其履带为无刺型履带,履带板上黏附有橡胶板,以增加附着力和改善行走性能。

(8)熨平装置

熨平装置是摊铺机的主要工作装置，其功能是将输送到摊铺室内全幅宽度的热混合料摊平、捣实和熨平。一般摊铺机的熨平装置由牵引臂、刮料板、振捣梁、熨平板、厚度调节机构、拱度调整机构等组成。熨平板和振捣梁设置在螺旋分料器的后部，最前端设有刮料板，熨平板两端装有端面挡板。熨平板、前刮料板和左右端面挡板所包容的空间称摊铺槽或摊铺室，端面挡板可使摊铺层获得平整边缘。

左右两牵引臂铰接在机架中部，整个熨平装置靠提升油缸悬挂在机身后部，自动调平装置的控制油缸装在牵引臂和机架的接点位置，用以自动调整熨平板的高低位置。整个机构形成一套悬挂装置。工作时，熨平装置于铺层上呈浮动状态。

熨平板后部外端设有左右两个厚度调节机构，一般采用垂直螺杆结构形式（见图 5-32），靠旋动螺杆调整摊铺厚度。牵引臂铰接点处设有多组连接孔的牵引板，靠不同连接位置和牵引臂连接，以调整熨平板的初始工作角。摊铺厚度的控制，是通过厚度调节机构调节熨平板底板与地面的夹角实现的。

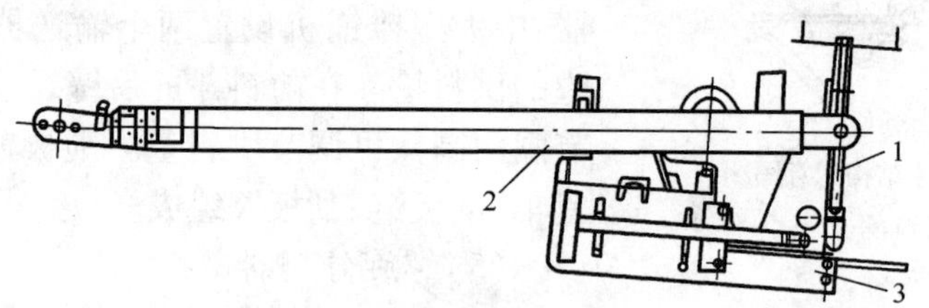

图 5-32　熨平板厚度调节机构

1-厚度调节机构；2-侧臂；3-熨平板

熨平装置框架内部装有拱度调整机构，由螺杆、锁定螺母和标尺等组成。旋动螺杆可使两熨平板上端分开或合拢，从而使底板中部抬升或下降，形成熨平板底平面的曲拱度，在标尺上示出拱度值的大小。拱度值一般在 ±3% 范围内调整。调拱机构和左右两端厚度调整机构配合调整，可使熨平板底面形成水平的、双斜坡的和单斜坡三种形式（如图 5-33 所示），以满足摊铺三种不同横断面的需要。

振捣器位于刮料板和熨平板之间，悬挂在偏心轴上，液压马达通过传动装置驱动偏心轴转动，使振捣梁做往复运动，对混合料进行初捣实。一般都采用定量的齿轮泵和齿轮电动机，电动机的正向或反向旋转由换向阀控制，其正反方向旋转和偏心装置的配合可以改变激振力的振幅。振捣器只能调幅（有级或无级调整行程），但不能变频。一般振频为 30Hz，振幅分 4mm 和 8mm 两级。

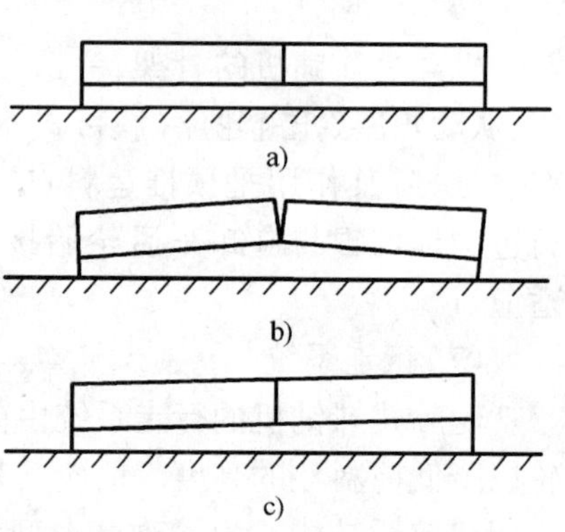

图 5-33　摊铺层横截面形状调整示意图

a）水平的；b）双斜坡的；c）单斜坡的

机械偏心振动器安装在熨平板框架内。振捣熨平板分左右两块，两根偏心轴安装其内并以万向节连接。两根偏心轴的偏心轮错开 180°，液压马达驱动偏心轴，左右两块熨平板交替对摊铺层施振。这种振动器振频和振幅均为定值，高振频可达 70Hz，振幅 4 ~ 5mm，偏心轴转速一般在 1 000 ~ 1 500r/min 之间。

垂直液压振动器与机械偏心式振动器不同之处在于，其液压马达驱动的垂直振动体弹性悬挂在熨平板框架上部，使熨平板产生共振。其恒定振幅为 4mm 或 5mm，振频可在 0 ~ 75Hz 间无级调节。

液压伸缩式熨平装置因其摊铺宽度可随时调整,在宽度变化频繁的路段如城市道路等有较好的适应性能,其结构有两件式和三件式两种。三件式是通常采用较多的一种结构形式,如图5-34a)所示,伸缩部分缩回时即为基本摊铺宽度,当需加宽时,伸缩部分分别向两边伸缩。为达到平整度的要求,可伸缩部分熨平板底面设有高度调节机构,在改变摊铺宽度时必须及时调整伸缩部分熨平板的高度,如图5-34c)所示,才能保证铺面平整一致。图5-34b)为两件式结构示意图,缩回时熨平板重合为基本摊铺宽度,需加大摊铺宽度时,一块向左伸出,另一块向右伸出,以满足不同宽度的要求。

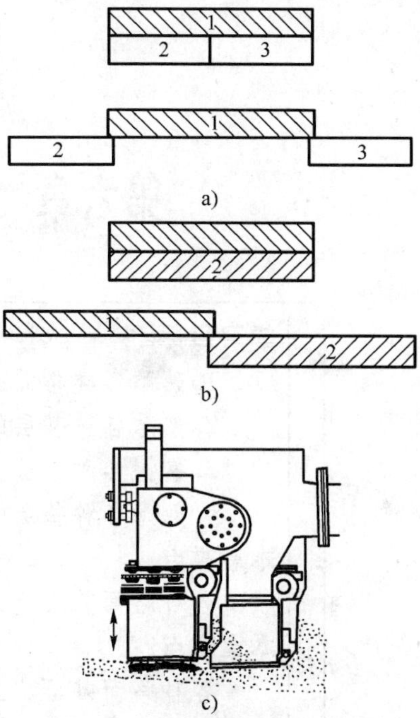

1 2 3
1 2 3
a)
1 2
1 2
b)
c)

图5-34 液压伸缩熨平板结构示意图

(9)操纵控制系统

摊铺机的操纵控制系统比较复杂,由于摊铺机的类型、结构和自动控制程度不同,操纵控制系统的区别较大。一般结构有行走、变速、差速器操纵、转向、料斗倾翻、发动机油门控制、熨平板升降、刮板输料和螺旋分料速度控制、熨平板加热、熨平板延伸、拱度和厚度的操纵等。

大型全液压摊铺机为便于作业,将方向行走等操作系统做成可移动式,按作业需要可任意移动到方便的位置。

思考题

1. 高等级公路机械化施工的要求是什么?
2. 静力式光面滚压路机及振动压路机的适用范围及优缺点?
3. 沥青路面施工可采用的压实机械有哪几种?各有什么作用?
4. 路面稳定土厂拌设备生产工艺流程是什么?
5. 水泥混凝土搅拌输送车的作用是什么?
6. 水泥混凝土摊铺机的作用和摊铺时的作业要求是什么?
7. 水泥混凝土滑模摊铺作业包括哪些内容?
8. 为提高路面沥青洒布质量,应采取什么措施?
9. 间歇强制式沥青混凝土拌和机工作原理及工艺流程是什么?
10. 沥青混凝土摊铺机的分类有哪些?各有什么特点?
11. 沥青混凝土摊铺机熨平板的作用是什么?

第六章　路面基层施工及质量控制

学习目标

1. 熟悉各类路面基层的基本概念、各类基层的特点及适用范围。

2. 熟悉各种基层的施工工艺。

3. 掌握各种基层的施工方法和质量控制指标。

4. 熟悉各种基层的质量管理规定。

本章重点

各种路面基层施工工艺、方法。

本章难点

各种路面基层施工工艺、方法的异同及各自的优缺点；根据要求选择合理的施工工艺和方法。

第一节　概　　述

一、各类基层简介

1. 水泥稳定土

在粉碎的或原来松散的土(包括各种粗粒土、中粒土和细粒土)中，掺入足够量的水泥和水，经拌和得到的混合料经摊铺压实及养生后，当其抗压强度和耐久性符合规定要求时，称为水泥稳定土。

用水泥稳定砂性土、粉性土和黏性土得到的混合料，简称水泥土；用水泥稳定砂得到的混合料，简称水泥砂。

用水泥稳定粗粒土或中粒土得到的混合料，视所用材料，可简称水泥碎石(级配碎石和未筛分碎石)、水泥砂粒等。

在稳定各种土时，时常根据设计强度和耐久性要求，以及地方材料供应情况，同时用水泥和石灰、水泥和粉煤灰稳定某种土得到的混合料，简称综合稳定土。

在实际应用中，也可以用水泥或水泥粉煤灰等稳定各种粒状矿渣。

另外，仅使用少量水泥改善各种土的塑性指数或提高其强度(如 CBR 值)而达不到水泥稳定土的强度要求时，这种材料可称为水泥改善土。

2. 石灰稳定土

在粉碎的或原来松散的土(包括各种粗粒土、中粒土和细粒土)中，掺入足够数量的石灰和水，经拌和得到的混合料经摊铺压实及养生后，当其抗压强度和耐久性符合规定要求时，称为石灰稳定土。

用石灰稳定细粒土得到的混合料,简称石灰土。

用石灰稳定粗粒土或中粒土得到的混合料,视所用原材料而定,原材料为天然砂粒土时,简称为石灰砂粒土;原材料为天然碎石时,简称为石灰碎石土。

用石灰稳定级配砂粒(砂砾中无土)或级配碎石(包括未筛分碎石)时,也分别简称石灰砂粒土和石灰碎石土。

同时用石灰和水泥稳定某种土得到的混合料,简称综合稳定土。

另外,仅使用少量石灰改善各种土的塑性指数或提高其抗压强度(如 CBR 值),而达不到石灰稳定土规定的强度要求时,这种材料可称为石灰改善土。

3. 石灰工业废渣稳定土

工业废渣包括:粉煤灰、炉渣、煤渣、高炉矿渣(镁渣)、钢渣(已经过崩解达到稳定)、镁渣、煤矸石和其他粉状废渣。用一定比例的石灰与这些废渣中的一种或两种经过加水拌和、压实和养生后得到的一种强度和耐久性都很大提高并符合规范规定的混合料,称为石灰工业废渣稳定土(简称石灰工业废渣)。

石灰工业废渣材料可分为两大类:石灰粉煤灰和石灰其他废渣类。

同时用石灰和粉煤灰稳定细粒土(含砂)拌和得到的混合料,简称二灰土。

同时用石灰和粉煤灰稳定级配砂砾(砂砾中无土)和级配碎石(包含未筛分碎石)拌和得到的混合料,分别简称二灰砂粒和二灰碎石。

4. 级配碎石

粗、细碎石集料和石屑各占一定比例的混合料,当其颗粒组成符合密实级配,经拌和、摊铺、碾压成型及养生后,当其抗压强度、稳定性、密度符合规定要求时,称为级配碎石。

级配碎石可用未筛分碎石和石屑组成,也可以由预先筛分成几个(如四个)大小不同粒级的碎石组配而成。

缺乏石屑时,也可添加细沙砾或粗砂,但其强度和稳定性不如添加石屑的级配碎石;也可以用颗粒组成合适的含细集料较多的砂砾与未筛分碎石组成级配碎砾石。

二、常用基层材料的适用范围

我国常用的基层材料包括水泥稳定土、石灰稳定土、石灰工业废渣稳定土、级配碎石、级配砾石或级配砂砾、填隙碎石,它们各自的适用范围如下。

1. 半刚性类材料

水泥稳定类、石灰粉煤灰稳定类材料适用于各级公路的基层和底基层,但是稳定细粒土不能用作高级公路的基层。石灰稳定类材料适用于各级公路的底基层,也可作二级和二级以下公路的基层,但石灰稳定细粒土及粒料含量少于 50% 的碎(砾)石灰土不能用作高级路面的基层。

2. 级配碎石、级配砾石或级配砂砾

级配碎石适用于各级公路的基层和底基层,也可用于沥青面层与半刚性基层之间的过渡层。

级配砾石或级配砂砾可用于二级和二级以下公路的基层,也可用于各级公路的底基层。

3. 填隙碎石

在二级以下的公路上,填隙碎石可以用作各种路面的底基层;填隙碎石也可以用做应力消减层。

干法施工的填隙碎石在国外(如英国、印度等)的施工规范中称干结碎石,湿法施工的填隙碎石在国外的施工规范中称水结碎石。

干法施工的填隙碎石特别适宜于在干旱地区,因为该施工方法不需用水。

目前我国高等级公路常用的基层类型有水泥稳定土基层、石灰稳定土基层、石灰粉煤灰稳定土基层。以后几个章节将重点介绍这三类基层的施工。

第二节　水泥稳定土路拌法施工

对水泥稳定土施工的要求是:要得到一个水泥剂量符合规定,水和水泥分布均匀、密实度大的混合料,经过养生后,水泥稳定土成为一种结硬的整体性材料,而且表面平整,且有规定的路拱。

按拌和方法分,水泥稳定土的施工方法主要有三种:第一种方法是就地拌和法(或称路拌法),采用这种方法时,先将要稳定的土(可能是沿线挖的就地土,也可能是从附近取土坑中挖的经选择的土)摊铺在下承层上,整型后在上摊铺水泥,也可能是在已翻松整形的原路基上或老中级路面上摊铺水泥,然后用多程式拌和机(在同一条工作道上必需拌和多次才能使水泥土混合料均匀)或单程式拌和机(在同一条工作道上只需拌和一次就能使水泥土混合料均匀)进行拌和,并进行整平和压实;第二种方法是用移动式拌和机沿路线拌和;第三种方法是中心站拌和法(或称集中厂拌法),即集中在某一场地,用集中式拌和机拌和水泥混合料,用自卸车将拌成的混合料运送到铺筑工地,然后进行摊铺和压实。国内目前主要是采用第一种和第三拌和方法,因此本节将重点介绍。

一级公路和高速公路要求采用厂拌法,其他等级公路视情况选择。

采用路拌法铺筑水泥稳定土,需要一系列机械配合,例如,用水泥稳定已经压实的路基上层时,首先要使用松土机、耕地机或旋转式翻土机破碎土,用犁或松土机保证按规定的深度均匀地疏松土。在实际工作中,经常的做法是将选定的材料运至路基上(或底基上),然后用水泥稳定。在这种情况下,在取土场需要有推土机、装载机或挖掘机(当土中含较多超尺寸颗粒时,还需要有筛分的机械)以及自卸卡车,然后要用平地机将已疏松的土或运到路基上的选用材料摊平并粗整至规定的路拱。用洒水车(在水源处,还可能需要设置抽水泵)均匀洒水,使土达到合适的含水率。人工或用撒布机撒布水泥,用专门的旋转或稳定土拌和机(低等级公路上有时也用旋转或翻土机或粉碎拌和机)将水泥拌到土中去。用平地机整平已拌和均匀的水泥土混合料,最后用合适的压路机进行碾压成型。

采用路拌法施工,一个非常重要的问题是必须严格避免在稳定土层下部留下"素土"夹层,特别在下卧层也是半刚性材料的情况下,这点尤为重要。一旦在半刚性基层下部留下"素土"夹层,特别是细粒土的粒料土夹层,半刚性基层和其上沥青面层在开放交通后就很容易被破坏,其类工程教训是深刻的。

实践证明,用路拌法施工时,不管使用什么样的拌和机,都需要设专人在拌和机后面经常检查(用铁锹挖翻)是否拌和到底。可靠的办法是用多铧犁(四铧或者五铧犁)跟在拌和机后面从底部将素土翻起一遍,再用专用拌和机拌和一遍。水泥稳地土路拌法施工的工艺流程见图(图6-1)。

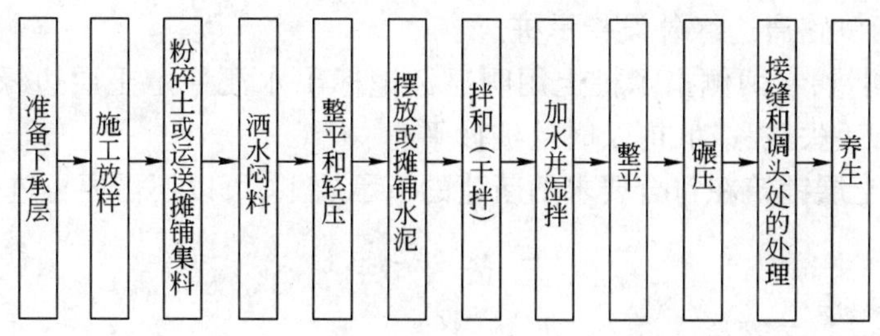

图 6-1　水泥稳定土路拌法施工工艺流程

一、准备下承层

(1)水泥稳定土的下承层表面应平整、坚实,具有规定的路拱,没有任何松散的材料和软弱地点。下承层的平整度和压实度应符合有关技术规范的要求。

①对于土基不论是路堤还是路堑,必须用 12 ~ 25t 三轮压路机或等效的碾压机械进行比碾检验(压 3 ~ 4 遍)。在碾压过程中,如发现土过干、表层松散,应适当洒水;如土过湿,发生"弹簧"现象,应该采用挖开晾晒、换土、掺石灰或水泥等措施进行处理。

②对于底基层、应进行压实度检查,对于柔性底基层还应进行弯沉值测定。一般情况下每 50 延米为一断面,每个断面至少测两个点(内外双轮间隙各一个点)。凡不符合设计要求的路段,必须根据具体情况,分别采用补充碾压、换填好的材料、挖开晾晒等措施,使之达到有关规范的规定标准。

补强的方法可以有多种,如增加底基层的密实度(可以采用重型压路机或振动压路机在合适含水率下补充碾压,也可以采用打夯措施)、加厚底基层(此方法会影响到结构的高程变化)、改善底基层的材料或挖换质量好的材料。对每一个强度不足的路段,应根据具体情况确定补强方法。补强后,应该再次进行弯沉检查。如果由于开放交通,底基层上已出现坑槽、搓板等缺陷,则应该仔细校正。在填补坑槽之前,应先将原坑槽的上部 5 ~ 8cm 挖松并适当洒水,然后与新填补的材料一起压实。表面的搓板,应该用平地机刮除。如底基上层松散,则应该耙松 8 ~ 10cm 深,并洒水重新碾压。此外,还应加查底基层的坡度和路拱,看其是否符合设计要求。如检查结果,实际坡度路拱不符合设计要求,则应该进行校正。或将高处刮低,或在低处加料补高(加料补高前,也应先将低处的上部 5 ~ 8cm 耙松并适当洒水,然后与新填补的材料一起压实)。如果是符合要求的新完成的底基层,则不需要进行上述准备工作。

③底基层或老路面上的低洼和坑洞,应仔细填补及压实;搓板和辙槽,则应刮除;松散处应耙松洒水并更新碾压,使之达到平整密实。

④新完成的底基层或土基,必须按相关规范的规定进行验收。凡验收不合格,必须采取措施,使其达到标准后,方可铺筑水泥稳定土层。

⑤应逐个断面检查下承层高程是否符合设计要求。下承层高程的误差应符合相关技术规范的规定。

(2)在槽式断面的路段,两侧路肩上每隔一定距离(如 5 ~ 10m)应交错开挖泄水沟(或做盲沟)。

二、施 工 放 样

(1)在底基层或老路面或土基上恢复中线,直线段每 15 ~ 20m 设一桩,平曲线段每 10 ~

15m 设一桩,并在两侧路肩边缘外设指示桩。

(2)进行水平测量,在两侧指示桩上用明显标记标出水泥稳定土层边缘的设计高程。施工过程中,标桩如有丢失或移动,应及时补桩抄平。

如果水泥稳定土层铺筑在符合要求的新建的下承层上,可以不需要再进行施工放样。

三、备　　料

1. 利用老路面或土基上部材料

(1)老路面上或土基表面的石块等杂物必须清除干净。

(2)每隔 10 ~20m 挖一个洞,使洞底高程与预定的水泥稳定土层的底面高程相同,并在洞底做一标记,以控制翻松及粉碎的深度。

(3)必须仔细控制翻松和粉碎的深度。如翻松和粉碎的深度过深,就会降低混合料中的水泥剂量;如翻松和粉碎的深度太浅,所得稳定土层就太薄。将翻松层内土的干密度与水泥稳定土层的预期干密度相比较,可以确定翻松土层的合适深度。

犁或能控制深度的强固的齿能将土挖翻到需要深度使用。使用松土机和耕作机时,容易在路基上留下凹槽,因此经常用犁将土向路中心翻松,使处治层的边部(在路肩上)形成一个垂直面,以防止处治层宽度超过规定。通常,含细土不多的砂砾土和砂土不需要预先粉碎,可以直接加水拌和。但当土中黏土成分较大或含有大土块时,则必须进行粉碎。在已运完土的路段可供两天工作时,就开始粉碎土。土的粉碎非常重要,水泥稳定土成功与否,与土块是否粉碎到要求的程度有密切关系。可采用圆盘耙、旋转耕作机、稳定土拌和机或旋转松土机等设备并配合平地机或铧犁进行粉碎。许多土在其天然状态(特别是较干时)难于粉碎,可以在粉碎工作开始之前,喷洒适量的水预湿土壤,使其柔软并易于粉碎。粉碎过程中,为达到最好的粉碎效果所需要的水量,随土类而变。但不应该让水分超过拌和及压实所需要的最佳值。土中黏粒含量增加时,粉碎需要更严格地控制含水率。塑件指数较大的土的含水率接近缩限时,土粒可能紧缩在一起,变成硬块,处于这种状态的黏性土粉碎得慢,而且困难。当这种土的含水率接近或大于塑限时,土虽容易被机械刀片切开,但能再黏结在一起。因此,需要加水预湿时,应在粉碎开始之前 8 ~24h 加水,以便水有充足的时间渗入土块,并使土变松变软。

粉碎结束时,80% 以上的土团(石料除外)应该小于 5mm。用平地机将粉碎的土整平,使其均匀分布在预定长度和预定宽度的路段上。

2. 利用料场的集料

在一般情况,水泥稳定土层(特别是水泥稳定基层)所用的土应是经过选择、技术经济都比较合理的土料。

(1)料场选择:将沿线所有料场的土料,用肉眼鉴别,初步选定一些备用料场。从每个备用料场取有代表性的土料,送试验室进行原土料及水泥土混合料的物理力学性质试验,根据试验结果,选定准备开采使用的料场(同时确定水泥剂量)。

(2)选料采集:如料层上有覆盖土、树木、草皮等杂物,则首先应该将它们清除干净(通常使用推土机)。在推选集料的过程中,应该在预定采料深度范围内自上而下采集集料,不应分层采集,避免将不合格的土料推入选料堆中。如发现土料有明显变化,则应该及时采取有代表性的样品送试验室进行规定的各项试验。

(3)计算材料用量:根据各路段水泥稳定土层的宽度、厚度及预定的干密度,计算各路段需要的干燥集料数量。

根据料场集料的含水率和所有运料车辆的吨位,计算每车料的堆放距离。

根据水泥稳定土层的厚度和预定的干密度及水泥剂量,计算每一平方米(m^2)水泥稳定土需用的水泥用量,并计算每袋(通常重50kg)水泥的摊铺面积。

根据水泥稳定土层的宽度,确定摆放水泥的行数,计算每行水泥的间距。

根据每包水泥的摊铺面积和每行水泥的间距,计算每袋水泥的纵向间距。

(4)选料的运输和堆放:选料装车时(通常用装载机或挖掘机),应该注意每辆卡车(通常用自卸卡车)的装载数量基本相等。根据各路段需要的选料数量按计算距离卸料。在该料场供应的路段范围内,由远到近将土料堆放在路的一侧。应该严格掌握卸料的距离,避免选料不够或过多。运至路段的选料,最好当天摊铺均匀,第二天就用水泥处治。应该避免将料长时间堆放,造成水分大量蒸发,或遭雨而使含水率过大,甚至造成弹簧现象。堆放在路幅上的料堆,在下雨时会阻止雨水排出路外,并成为一个滞水堆,使雨水更多地渗入下承层。由于料堆的保护作用,渗入下承层中的水很难蒸发,在随后的施工过程中,局部含水率过大的下承层经常发生弹簧现象。已经摊铺的选料如遭雨淋,特别在雨量较大的情况下,不但选料本身可能变得过分潮湿,而且为雨水侵入下承层创造了十分有利的条件,因而下承层也可能变得过分潮湿,在随后的施工中,这些过湿状态的土都可能造成弹簧现象。

如果选料中有较大的土块,或小于5mm的土团(石料除外)少于80%,则也应该进行粉碎,然后用平地机整平。如选料中超尺寸的石料颗粒过多,则应该在料场进行筛除。

必须注意的是,在选料摊铺前应该使下承层表面湿润。

四、摊 铺 集 料

(1)应事先通过试验确定集料的松铺系数(或压实系数,它是混合料的松铺干密度与压实干密度的比值)。人工摊铺混合料时,其松铺系数可参照表6-1。

混合料松铺系数参考表　　表6-1

材料名称	松铺系数	备注
水泥稳定砂砾	1.30~1.35	
水泥土	1.53~1.58	现场人工摊铺土和水泥,机械拌和人工整平

(2)摊铺集料应在摊铺水泥之前一天进行。摊料长度应以日进度的需要量为度,够次日一天内完成掺加水泥、拌和、碾压成型即可。但在雨季施工,不宜提前一天将料铺开,应及时摊铺料并保证后续工艺在降雨之前全部完成。

(3)用平地机或其他合适的机具将料均匀地摊铺在预定的宽度上,表面应力求平整,并有规定的路拱。摊料过程中,应将土块、超尺寸颗粒及其他杂物拣除。如果集料中有较多的土块,应进行粉碎。

(4)及时检验松铺材料的厚度,视其是否符合预计要求。

$$松铺厚度=压实厚度\times松铺系数$$

必要时,应进行减料或者补料工作。

(5)除洒水车外,严禁其他车在集料层上通行。

五、洒 水 预 湿

实际上在翻松和粉碎土的过程中,就需要洒水预湿土。如需处治的是运到底基层及以上的选料(包括各种砂砾土和细粒土),也应该洒水预湿。洒水预湿素土,可以使水在土中分布较为均匀,节省摊铺水泥后的加工操作时间。由于在撒铺水泥的时候,大部分需要的水量已经加进土里,在撒铺水泥后的拌和过程中,就可以减少洒水工作量。预湿土(特别是预湿中粒土和粗粒土)可以使拌和过程中水泥立即黏结在砂粒和砾石颗粒上,而不至于漏落到处治层的底部。如需处治土的含水率比最佳含水率低2% ~3%,水泥和土就更容易拌和。但是,对含砂较多的土,即使含水率比最佳含水率大1% ~2%,也可以拌和。经过预湿的土(包括各种中粒土和粗粒土),更容易碾压密实。预湿过程中,应使土的含水率约为最佳含水率的70%,预湿时,应该将水均匀地喷洒在土上,水浸入土颗粒后,蒸发损耗就减少。如果隔天预湿素土,有可能遭受降雨而变得过分潮湿,则可在当天的清晨进行预湿工作。

如为水泥和石灰综合稳定土,应先将石灰和土拌和后一起洒水焖料。

严禁洒水车在洒水段停留和掉头。

六、整平和轻压

土经过预湿之后,应该整型成要求的路拱和坡度,并用6 ~8t的两轮光面滚压路机碾压1 ~2遍,使素土层具有平整光滑的表面,同时具有一定的密实度,以便摊铺水泥。

七、摆放和摊铺水泥

按计算的每袋水泥的纵横间距,用石灰或水泥在集料层上做安放水泥的标记。水泥应在当日用汽车(运水泥的车应有防雨设备)直接送至摊铺路段,直接卸在做标记的地点,并检查有无遗漏和多余;然后打开水泥袋将水泥倒在集料层上,并用刮板将水泥均匀摊开。应注意每袋水泥的摊铺面积相等。水泥摊铺完毕后,表面应没有空白位置,也没有水泥过分集中的地点。

在大型施工工地,有时用散装水泥撒布车(可装25t水泥)撒铺水泥。用撒布车撒铺水泥比用人工撒铺水泥要均匀得多。使用效率高的撒布车时,即使水泥剂量只有1%也能撒布均匀;而用人工摊铺水泥时,实际可能操作的最小水泥剂量约为2%。

如果预湿的土被水泥撒布机械压实,水泥撒铺完后,应立即耙松被压实土,并开始拌和。通常可用平地机的齿耙松土。

八、拌　　和

这个阶段的目的是使水泥完全均匀地分布到土中。用旋转式松土机或专门的稳定土拌和机进行拌和,在用机械拌和的前1 ~2遍,通常是进行“干拌”;然后边洒水边拌和,即进行“湿拌”。干拌的目的是使水泥分布到全部土中,不要求达到完全拌和,而是预防加水过程水泥成团。所谓干拌,实际上是拌和预湿的土及水泥,并不是要求土是干的。

国产灰土拌和机与稳定土拌和机都可以用于干拌和湿拌。

用稳定土拌和机进行拌和,拌和深度应达到稳定层底。应设专人跟随拌和机,随时检查拌和深度并配合拌和机操作员调整拌和深度,严禁在拌和层底部留有“素土”夹层。应略破坏(约1 ~2cm,不应过多)下承层的表面,以利上下层黏结。通常应拌和两遍以上,在最后一遍拌和之前,必要时可先用多铧犁紧贴底面翻拌一遍,直接铺在土基上的拌和层也应避免“素土”夹层。

对于一般道路(二级以下公路),在没有专用拌和机械的情况下,也可以用农用旋转耕作机与多铧犁或平地机配合进行拌和(但这两种机械的拌和效果差,拌和要求的时间长,对水泥稳定土的强度有影响)。先用平地机或铧犁(四铧犁或五铧犁)将铺好水泥的集料翻拌两遍,使水泥分布到集料中,但不应翻犁到底,以防止水泥落到底部。第一遍由路中心开始,将混合料向中间翻,机械应慢速前进。第二遍应是相反,从两边开始,将混合料向外侧翻,接着用旋转耕作机拌和两遍,再用铧犁或平地机将底部料翻起。随时检查调整翻犁的深度,使稳定土层全部翻透。严禁在稳定上层与下承层之间残留一层“素土”,也应防止翻犁过深或过多破坏下承层的表面,通常应翻犁两遍。

在没有专用拌和机械的情况下,也可以用缺口圆盘耙与多铧犁或平地机相配合,拌和水泥稳定细粒土和中粒土(但应注意拌与效果与拌和时间不能过长)。采用平地机或铧犁在前面翻拌,圆盘耙跟在后面拌和,即采用边翻边耙的方法。圆盘耙的速度应尽量快,使水泥与集料拌和均匀,共翻拌 4 遍。开始的两遍不应翻犁到底,以防水泥落到底部;后面的两遍,应翻犁到底,随时检查调整翻犁的深度,要求同上。

九、补充洒水和湿拌

(1)在上述拌和过程结束时,特别在用农业机械进行拌和的情况下,如果混合料的含水率不足,应用喷管式洒水车补充洒水。洒水距离应长些,水车起洒处和另一端“掉头”处都应超出拌和段 2m 以上。洒水车不应在正进行拌和以及当天计划拌和的路段上“掉头”和停留,以防局部水量过大。

常用的洒水车仅两侧各有一个喷嘴,喷出的水量不均匀,不适宜用作路面施工。应在后面改接一根 ϕ50mm 长约 2m 的横向水平钢管。管壁钻三排 ϕ4mm 孔眼。洒水车不应使洒水中断。

(2)洒水后,应再次进行拌和,使水分在混合料中分布均匀。拌和机械应紧跟在洒水车后面进行拌和,尤其在纵坡大的路段上应配合紧密,减少水分流失。

(3)洒水及拌和过程中,应及时检查混合料的含水率,含水率宜略大于最佳值,不应小于最佳值,可用含水率快速测定仪测定混合料的含水率。混合料的最佳含水率也可以在现场人工控制。最佳含水率时的混合料,在手中能紧捏成团,落在地能散开,并应参考室内试验最佳含水率时混合料的状态。稳定粗粒土和中粒土,较最佳含水率大 0.5% ~1.0%;稳定细粒土,较最佳含水率大 1% ~2%。

(4)混合料拌和均匀后应色泽一致,没有灰条、灰团和花面,没有粗细颗粒“窝”,且水分合适和均匀。

(5)在洒水拌和过程中,应配合人工拣出超尺寸颗粒,消除粗细颗粒“窝”以及局部过分潮湿或过分干燥之处。

十、整　　形

混合拌和均匀后,立即用平地机进行初平。在直线段,平地机由两侧向路中心进行刮平;在曲线段,平地机由内侧向外侧进行刮平,需要时,再返回刮 1 ~2 遍。用轮胎压路机、轮胎拖拉机或平地机立即在刚初平的路段上快速碾压一遍,以暴露潜在的不平整,再用平地机如前整平(在用轮胎压路机碾压时,因轮胎表面没有花纹,碾压后表面比较光滑。在用平地机整平前,应该先用齿耙把低洼处的表层 5mm 以上耙松,避免在较光滑的表面上产生薄层找补的情况)。必要时,用新拌成的水泥土混合料进行找补,然后再用平地机整平一次。每次整平都要按照要求的坡度和路拱进行,特别要注意接缝处的整平,务必使接缝顺适平整。整平工作还应包括路肩在内。

当用人工整型时,应用锹和耙先将混合料摊平,用路拱板进行初步整型。用拖拉机初压1~2遍后,根据实测的压实系数,确定纵横断面的高程,并设置标记和挂线,利用锹和耙按线整型,并再用路拱板校正成型。如为水泥土,在拖拉机初压之后,可用重型框式路拱板(拖拉机牵引)进行整型。

水泥稳定土基层表面的低洼处,严禁用薄层水泥土混合料找补。因为薄层找补极易在使用过程中脱皮压碎,导致面层破坏。因此,水泥稳定上摊铺和整平时,要严格掌握纵向坡度和路拱。摊铺时,一般要按"宁高勿低"的原则,最后整平(终平)时,一般要按"宁刮勿补"的原则处理。在薄沥青面层的情况下,这点尤为重要。

在整型过程中,严禁任何车辆通行,并配合人工消除粗细集料窝。

十一、碾　　压

(1)根据路宽、压路机的轮宽和轮距的不同,制订碾压方案,以求各部分碾压到的次数尽量相同(通常路面的内侧应多压2~3遍)。

(2)水泥稳定土层整平到需要的断面和坡度后,混合料的含水率等于或略大于最佳含水率时,立即用12t以上三轮压路机、重型轮胎压路机或振动压路机在路基全宽内进行碾压。直线段,由两侧路肩向路中心碾压,平曲线段,由内侧路肩向外侧路肩进行碾压。碾压时,应重叠1/2轮宽,后轮必须超过两段的接缝处,后轮压完路面全宽时,即为一遍,一般需要碾6~8遍。压路机的碾压速度开始两遍以采用1.5~1.7km/h为宜,以后每遍宜2.0~2.5km/h。采用人工摊铺整形的稳定土层,宜先用拖拉机或6~8t两轮压路机或轮胎压路机碾压1~2遍,然后再利用重型压路机碾压。

(3)严禁压路机在已完成的或正在碾压的路段上掉头或紧急制动,应保证稳定土层表面不受破坏。

(4)碾压过程中,水泥稳定土的表面始终保持湿润,如水分蒸发过快,应及时补洒少量的水,但严禁洒大量的水碾压。

(5)碾压过程中,如发生"弹簧"、松散起皮等现象,应及时翻开换以新的水泥土混合料或添加适量的水泥重新拌和,或用其他方法处理,使其达到质量要求。

(6)经过拌和整形的水泥稳定土,宜在水泥初凝前并应在试验确定的延迟时间内完成碾压,并达到要求的密实度,同时没有明显的轮迹。在水泥稳定土碾压的最后阶段,必须特别注意:在压路机过重的情况下,稳定土可能遭受过大的压力,过大的应力和碾压时间过长,都可能使水泥稳定土裂缝或使水泥水化过程中刚形成的结构遭到破坏,从而降低水泥稳定土的强度。

(7)在碾压结束之前,用平地机再终平一次,使其顺适,路拱和超高符合设计要求。终平应仔细进行,必须将局部高出部分刮除并扫出路外,对于局部低洼之处,不再进行找补,可留待铺筑沥青面层或水泥混凝土面层时处理。

十二、接缝和"掉头"处的处理

(1)同时施工的两工作段衔接时,应采用搭接。前一段拌和整形后,留5~8m不进行碾压;后段施工时,前段留下未压部分,应再加部分水泥重新拌和,并与后段一起碾压。

(2)经过拌和、整形的水泥稳定土,应在试验确定延迟时间内完成碾压。步骤如下:

①在已碾压完成的水泥稳定土层末端,沿稳定土挖一条横贯铺筑层的宽约30cm的槽,直挖到下承层顶面。此槽应与路的中心线垂直,靠稳定土的一面应切成垂直面,并放两根与实厚

度等厚、长为全宽一半的方木紧贴其垂直面(图6-2)。

②用原挖出的素土回填槽内其余部分。

③如拌和机械或其他机械必须到已压成的水泥稳定土层上掉头,应采取措施保护掉头作业段。一般可在准备用于掉头约8~10m长的稳定土层上,先覆盖一张厚塑料布或油毡纸,然后铺上约10cm厚的土、砂或砂砾。

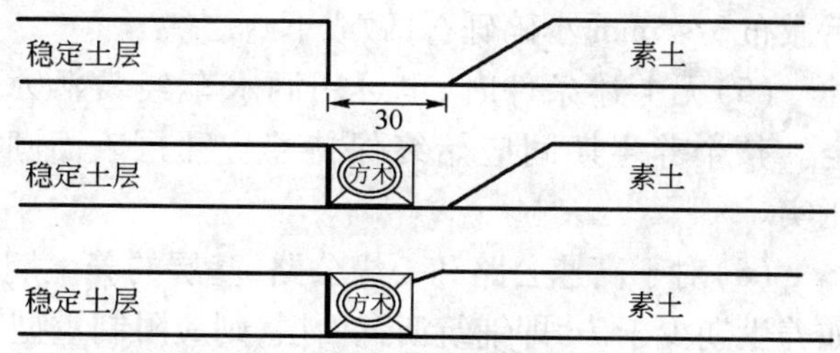

图6-2　横向接缝处理示意图(尺寸单位:cm)

④第二天,邻接作业段拌和后,除去方木,用混合料回填。靠近方木未能拌和的一小段,应人工进行补充拌和。整平时,接缝处的水泥稳定土应较已完成断面高出约5cm,以利形成一个平顺的接缝。

⑤整平后,用平地机将塑料布上大部分土除去(注意勿刮破塑料布),然后人工除去余下的土,并收起塑料布。

在新混合料碾压过程中,应将接缝修整平顺。

(3)纵缝的处理。水泥稳定土层的施工应避免纵向接缝,在必须分两幅施工时,纵缝必须垂直相接,不应斜接,步骤如下:

①在前面一幅施工时,在靠近中央一侧用方木或钢模板做支撑,方木或钢模板的高度与稳定土层的压实厚度相同。

②混合料拌和结束后,靠近支撑木(或板)的一部分,应人工进行补充拌和,然后整形和碾压。

③养生结束后,在铺筑另一幅之前,拆除支撑木(或板)。

④第二幅混合料拌和结束后,靠近第二幅的部分,应人工进行补充拌和,然后进行整形和碾压。

十三、养生及交通管制

水泥稳定土经拌和、压实后,必须有一段养生时间,使稳定土层表面经常湿润,防止水泥稳定土中的水分蒸发,以保证水泥充分发挥作用。这是一个十分重要的问题,可以用潮湿的帆布、粗麻袋、稻草麦秸或其他合适的潮湿材料覆盖,但不能用潮湿的有黏性的土覆盖,因为这种土会黏结在稳定土层表面,难以清除干净。

(1)水泥稳定土底基层(或基层)分层施工时,下层水泥稳定土碾压完后,在采用重型振动压路机碾压时,宜养生7d后铺筑上层水泥稳定土。在铺筑上层稳定土之前,应始终保持下层表面湿润。在铺筑上层稳定土时,宜将下层表面清扫干净后撒少量水泥或洒水量水泥浆。底基层养生7d后,方可铺筑基层。

(2)每一段碾压完成并经压实度检查合格后,应立即开始养生。

(3)如采用湿砂进行养生,砂层厚宜7~10cm厚,砂铺匀后,应立即洒水并保持砂的潮湿状态。养生结束后,必须将覆盖物清除干净。

(4)对于基层,也可以采用沥青乳液进行养生,沥青乳液的用量按0.8~1.0kg/m^2(指沥青用量)选用,宜分两次喷洒。第一次喷洒沥青含量约35%的慢裂沥青乳液,使其能稍透入基层表面,第二次喷洒浓度较大的沥青乳液。如不能避免施工车辆在养生层上通行,应在乳液分裂后撒布 3 ~ 5mm 小碎砾石，做成下封层。

(5)无上述条件时，也可用洒水车经常洒水进行养生。每天洒水的次数应视气候而定。整个养生期间应始终保持稳定土层表面潮湿，应注意表层情况；必要时，用两轮压路机压实。

(6)对于高速公路和一级公路，基层的养生期不宜少于 7d。对于二级和二级以下的公路，如养生期少于 7d 即铺筑沥青面层，则应限制重型车辆通行。

(7)对于二级和二级以下公路，如基层上为水泥混凝土面板，且面板是用小型机械施工的，则基层完成后可较早铺筑混凝土面层。

(8)在养生期间采用覆盖措施的水泥稳定土层上，除洒水车外，应封闭交通。在采用覆盖措施的水泥稳定土层上，不能封闭交通时，应限制重车通行。其他车辆的车速不应超过 30km/h。

(9)养生期结束后，如其上为沥青面层，应先清扫基层，并立即喷洒透层或黏层沥青。在喷洒透层或黏层沥青后，宜在上均匀撒布 3 ~ 8mm 的小碎(砾)石，用量约为全铺一层用量的 60% ~ 70%。

在清扫干净的基层上，也可先做下封层，以防止基层干缩开裂，同时保护基层免遭施工车辆破坏，宜在铺设下封层后的 10 ~ 30d 内开始铺筑沥青面层的底面层。如为水泥混凝土面层，不宜让基层长期曝晒，以免开裂。

第三节　水泥稳定土中心站集中厂拌法施工

对于高等级道路，特别是高速公路应采用集中拌和法制备基层和底基层混合料(直接放在土基上的一层可以采用路拌法)，以保证拌和质量和消除“素土”夹层的危险。

在需要从离开道路一定距离的料场或取土坑借用选料(或土)进行水泥稳定的情况下，直接在料场或取土坑就近专门的基地，适宜用固定式拌和机制备水泥稳定土混合料。此时，虽然稍增大了运输工作量，但水泥稳定土的质量却往往有很大改进。在居民区建筑道路，以及对于集中工程(飞机场、广场)，适合采用集中拌和法。

有条件的时候，特别是高速公路和一级公路，应采用专用稳定土集中厂拌和机械拌制混合料。

一、设备准备

采用中心站拌和法时，所需要的机械主要有三部分：

(1)用于准备工作，在料场或取土坑需要推土机、装载机或皮带运输机，有时还可能需要筛分机、粉碎机、自卸卡车。

在道路上准备下承层(整型成要求的路拱和坡度、压实)，需要平地机和压路机，有时还可能需要洒水车、水泵等。

(2)在中心站用于制备水泥稳定土混合料，需要专用稳定土拌和站、装载机等。

(3)用于铺筑现场，需要自卸载货汽车、摊铺机、压路机、平地机(需要整修时)、洒水车等。

二、下承层准备、施工放样

同路拌法。

三、备　　料

选择原则同路拌法。各种不同材料(水泥、土、外掺剂等)及不同规格集料(碎石或砾石、石屑、砂)应隔离,分别堆放。在潮湿多雨地区或其他地区的雨季施工时,应采取措施,保护集料,特别是细集料(如石屑和砂等)应有覆盖,防止雨淋。水泥防潮更为重要。土块应粉碎,最大尺寸不得大于15mm。

四、拌　　和

集中拌和时应注意以下事项:

(1)拌和机与摊铺机的生产能力应互相匹配。对于高速公路和一级公路,为了保持摊铺机连续摊铺,拌和机的产量宜大丁600t/h,并可采用两台拌和机,即每台拌和能力大于300t/h。

(2)在正式拌制混合料之前,必须先调试所用的设备,使混合料的颗粒组成和含水率都达到规定的要求。原集料的颗粒组成发生变化时,应重新调试设备。

(3)配料应准确,拌和应均匀。

(4)拌和出来混合料的含水率宜略大于最佳值,使混合料运到现场摊铺后碾压的含水率不小于最佳值。因此,在拌和过程中应根据集料和混合料含水率的大小,及时调整加水量。

(5)当采用连续式的稳定土厂拌设备拌和时,应保证集料的最大粒径和级配符合要求。

五、运　　输

可将拌好的混合料从拌和机直接卸入自卸卡车,尽快送到铺筑现场。车上的混合料应加以覆盖,减少水分损失。运输的时间一般要限制在30min以内。

六、摊　　铺

对于高速公路和一级公路,必须采用沥青混凝土摊铺机或专用的稳定粒料摊铺机摊铺。

对于其他公路,有条件宜用摊铺机摊铺,但至少采用平地机摊铺,个别面积较小的路段可以采用人工摊铺。

将水泥稳定土混合料通过自卸卡车直接卸入摊铺机的料斗内,由摊铺机均匀摊铺。最好采用两台摊铺机同时摊铺,这两台摊铺机可以是一前一后(相距5~10m)错列前进。在只能用一台较小型的摊铺机工作时,可以在两条线或几条工作道上交替摊铺,但任何一条工作道都不能比邻接的工作道摊铺得太早,相邻接工作道上任一地点摊铺混合料的间隔时间不能超过25min。摊铺均匀的料应当立即碾压。当摊铺机允许摊铺宽度较大时,也可以采用单台摊铺一次摊铺成型,但要注意摊铺过程中混合料的离析。在摊铺机后面应设专人消除粗细集料离析现象,特别应该铲除局部粗集料"窝",并用新拌混合料填补。

使用摊铺机铺筑水泥稳定土混合料时,必须严格遵守操作技术规程,才能达到较好的平整度。为了得到一个平整的基层顶面,可以采取下列措施:

(1)保持整平板前的混合料高度不变。

(2)保持螺旋分料器有80%的时间在工作状态。

(3)减少停机/开动的次数,避免运料载货汽车碰撞摊铺机。

(4)一次铺筑厚度不超过25cm,分层摊铺时,上层厚度取10cm。

(5)工程计划要减少横向接缝。

(6)做好横向接缝,立即用直尺检验。

(7)经常检验控高钢丝和调整传感器。

(8)经常用直尺检验表面。

(9)保持摊铺机在良好共作状态。

如果摊铺机铺成的水泥稳定基层的平整度不好,只要粒料的最大粒径不超过 40mm 和摊铺时间不长,可以用平地机轻轻刮平,丢弃刮出的废料。平地机刮平后,需用轮胎压路机将表面碾压紧密。

如使用自动平地机摊铺,可按以下步骤摊铺混合料:

(1)根据铺筑层的厚度和要求达到的压实干密度,计算每车混合料的摊铺面积。

(2)将混合料均匀地卸在路幅中央,路幅宽时,也可将混合料卸成两行。

(3)用平地机将混合料按松铺厚实度摊铺均匀。

(4)设一个 3~5 人的小组,携带一辆装有新拌混合料的车,跟在平地机后面,及时铲除粗集料“窝”和粗集料“带”,补以新拌的均匀混合料,或补撒拌匀细混合料,并与粗集料拌和均匀。

用摊铺机和平地机摊铺混合料后的整形和碾压均与路拌法相同。

七、接 缝 处 理

1. 集中厂拌法施工时的横向接缝要求

(1)用摊铺机摊铺混合料时,不宜中断,如因故中断时间超过 2h,应设置横向接缝,摊铺机应驶离混合料末端。

(2)人工将末端含水率合适的混合料弄整齐,紧靠混合料放两根方木,方木的高度应与混合料的压实厚度相同,整平紧靠方木的混合料。

(3)方木的另一侧用砂砾或碎石回填约 3m 长,其高度应高出方木几厘米。

(4)将混合料碾压密实。

(5)在重新开始摊铺混合料之前,将砂砾或碎石和方木除去,并将下承层顶面清扫干净。

(6)摊铺机返回到已压实层的末端,重新开始摊铺混合料。

(7)如摊铺中断后,未按上述方法处理横向接缝,而中断时间已越过 2h,则应将摊铺机附近及其下面未经压实的混合料铲除,并将已碾压密实且高程和平整度符合要求的末端挖成与路中心线垂直并垂直向下的断面,然后再摊铺新的混合料。

2. 应避免纵向接缝

高速公路和一级公路的基层应分两幅摊铺,宜采用两台摊铺机一前一后相隔约 5~10m 同步向前摊铺混合料,并一起进行碾压,但必须注意横坡的一致性。

在不能避免纵向接缝的情况下,纵缝必须垂直相接,严禁斜接,并符合下列规定:

(1)在前一幅摊铺时,在靠中央的一侧用方木或钢模板做支撑,方木或钢模板的高度应与稳定土层的压实厚度相同。

(2)养生结束后,在摊铺另一幅之前,拆除撑木(或板)。

平地机摊铺混合料时,横向接缝和纵形接缝的处理方法同路拌法。

八、养生及交通管制

同路拌法。

第四节　石灰稳定土路拌法施工

石灰稳定土的施工与水泥稳定土的施工基本相同。当前,我国广泛采用路拌法施工,近年来,随着高速公路的建设速度和规模增大,在部分地区和高速公路路面施工中,也采用中心站集中拌和法(简称厂拌法)施工。本节主要讲路拌法施工。

路拌法施工石灰稳定土的工艺流程见图(图6-3)。

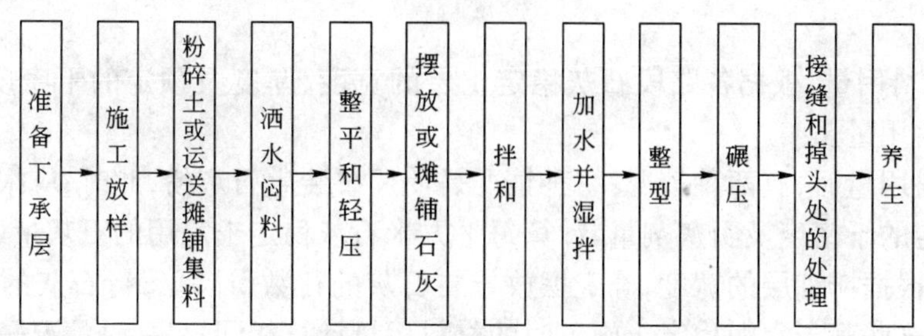

图6-3　石灰稳定土路拌法施工的工艺流程

一、准备下承层

准备下承层的方法与水泥稳定土的施工方法相同。

二、施 工 放 样

施工放样方法同水泥稳定土路拌法施工方法。

三、备　　料

1. 利用老路面或土基上部材料

(1)老路面上或土基表面的石块等杂物必须首先清除干净。

(2)每隔10~20m挖一个洞,使洞底高程与预定的石灰稳定土层的底面高程相同,并在洞底做一标记,以控制翻松及粉碎的深度。

(3)用犁、松土机或装有强固齿的平地机以推土机将老路面或土基的上部翻松到预定的深度,土块应粉碎至符合要求。

(4)应用犁将土向路中心翻松,使预定处治层的边部成一个垂直面,防止处治宽度超过规定。

(5)采用专用机械粉碎黏性土。在无机械的情况下,也可以用旋转耕作机、圆盘耙粉碎塑性指数不大的土。

2. 利用料场的集料

(1)采集集料前,应先将树木、草皮和杂土清除干净,集料中的超规格尺寸颗粒应设法粉碎或予以筛除,使其颗粒满足最大粒径要求。

(2)应在预定的深度范围内采集集料,不应分层采集,不应将不合格的集料采集在一起,应将集料先分层堆放在一场地上,然后从前到后(上下层一起装入汽车)将料运送到施工现场。

(3)对于塑性指数小于15的黏性土,机械拌和时,可视土质和机械性能确定是否需要过筛。人工拌和时,应筛除15mm以上的土块。事实上,在实际工程中,土块的粉碎是必要的,但较困难,一般必须借助专用机械(或农用机械),并且要多次粉碎方能满足规定的要求。

(4)石灰宜选在公路两侧宽敞而临近水源且地势较高的场地集中堆放。预计堆放时间较长时,应用土、塑料布或其他材料覆盖封存。生石灰应在使用前7~10d充分消解。每吨生石灰消解需要用水量一般约为500~800kg。消解后的石灰应保持一定的湿度,以免粉尘过干飞扬污染环境,但也不能过湿成团而造成使用困难。消石灰原则上应过孔径10mm的筛,并尽快使用。

(5)计算材料用量:根据各路段石灰稳定土层的宽度、厚度及预定的干密度,计算各路段需要的干燥材料用量。

在计算材料用量时,有两种情况:一种情况是使用袋装生石灰粉,此时,应根据石灰稳定土层的厚度和预定的干密度及石灰剂量,计算每平方米石灰稳定土需用的石灰量,并计算每袋石灰的摊铺面积,根据摊铺层的宽度,确定摆放袋装石灰的行数,计算每行石灰的间距和每袋石灰的纵向间距,这些都与水泥稳定土施工时的材料用量计算相同;另一种情况是使用在现场消解的熟石灰,再计算每平方米面积石灰稳定土需用的石灰用量后,计算现场运石灰车每车石灰的摊铺面积,并计算每车石灰的卸放位置,即纵向和横向间距。

(6)预定堆放的下承层上,在堆放前应先洒水,使其表面湿润,但不应过分潮湿而造成泥泞。集料装车时,应控制每车料的数量基本相等。在同一料场供料的路段内,由远到近将料按计算的距离卸置于下承层表面的中间或上侧,卸料距离应严格掌握,避免有的路段料不够或过多。料堆每隔一定距离应留一缺口。另应注意:集料在下承层上的堆置时间不应过长,运送集料只宜比摊铺集料工序提前1~2d。

(7)在用料场集料作石灰稳定土时,如路肩用料与稳定土层用料不同,应采取培肩措施。先将两侧路肩培好,路肩料层的压实厚度应与稳定土层的压实厚度相同。在路肩上,每隔5~10m应交错开挖临时泄水沟。

四、集料摊铺

应事先通过试验确定集料的松铺系数(或压实系数,它是混合料的松铺干密度与压实干密度的比值)。集料用量应力求准确,否则,将影响石灰剂量和混合料的强度及稳定性。集料应尽可能摊铺均匀,集料不应有粗细颗粒离析现象。对封闭交通道路,摊铺集料应在摊铺石灰的前一天进行。摊料长度以日进度的需要量为度,够次日加灰、拌和、碾压成型即可。对不能封闭交通道路及雨季,宜在铺石灰、拌和、碾压当天摊铺集料。

尽可能采用平地机或其他合适的机具将料均匀地摊铺在预定的宽度上,表面应力求平整,并有规定的路拱。摊料过程中,应将土块、超尺寸颗粒及其他杂物拣除。如果集料中有较多的土块,应进行粉碎。

及时检验松铺材料的厚度,视其是否符合预计要求。

$$松铺厚度 = 压实厚度 \times 松铺系数$$

必要时,应进行减料或者补料工作。除洒水车外,严禁其他车在集料层上通行。

人工摊铺混合料时,其松铺系数可参考表6-2的值。

石灰稳定土混合料的松铺系数参考表　　表 6-2

材料名称	松铺系数	备注
石灰土	1.53 ~ 1.58	现场人工摊铺土和石灰、机械拌和人工整平
	1.65 ~ 1.70	路外集中拌和，运输到现场人工摊铺
石灰土砂砾	1.52 ~ 1.56	路外集中拌和，运输到现场人工摊铺

五、洒水焖料

如过干，应事先洒水焖料，使土的含水率接近最佳值。细粒土宜焖料一夜，中粒土和粗粒土，视细土含量多少，可缩短闷料时间。

六、整型轻压

将石灰在已摊铺均匀的土层或集料层上摊铺均匀，是路拌法施工的重要环节。如果石灰摊铺不均匀，不管用多好的路拌机械都不可能使石灰在混合料中（从面上到沿深度）分布均匀。只有土层或集料层的表面平整并具有一定的密实度，在人工摊铺石灰时，才能将石灰在面上摊铺均匀。因此，将土或集料摊铺均匀后，必须进行整型，使其表面具有规定的路拱，并用两轮压路机碾压 1 ~ 2 遍，使土或集料层表面平整和较密实。

七、运送和摊铺石灰

按事先计算得到的每车或每袋石灰的纵横距，用石灰在上层或集料层上做卸置石灰的标记，同时划出摊铺石灰的边线。用刮板将石灰均匀摊开，石灰摊铺后，表面应没有空白位置，然后，测量石灰的松铺厚度，根据石灰的含水率和松密度，校核石灰用量是否合适。

八、拌和洒水

拌和方法和要求与水泥稳定土施工相同。

路拌法施工石灰稳定土时，关键是拌和层底部不能留有素土夹层，特别在两层稳定土之间不能有素土夹层。因为素土夹层不但使上下层之间没有黏结，减少上层稳定土的厚度，明显减弱路面整体抵抗行车荷载的能力，在稳定细粒土的情况下，素土夹层还会由于含水率增大而变成软夹层，导致其上沥青面层过早破坏。

(1)集料应采用稳定土拌和机拌和，拌和深度应达到稳定层底。应设专人跟随拌和机，随时检查拌和深度并配合拌和机操作员调整拌和深度，除直接铺在土基上的一层外，严禁在拌和层底部留有“素土”夹层。拌和应略破坏（约 1cm 左右，不应过多）下承层的表面，以利上下层黏结，通常应拌和两遍以上。如使用的是生石灰粉，宜先用平地机或多铧犁将石灰翻到集料层中间，但不能翻到底部。在进行最后一遍拌和之前，必要时先用多铧犁紧贴下承层翻拌一遍。直接铺在土基上的拌和层也应避免“素土”夹层。

(2)在没有专用拌和机械的情况下，如为石灰稳定细粒土和中粒土，也可用农用旋转耕作机与多铧犁或平地机相配合拌和 4 遍。前两遍先用旋转耕作机拌和，后用铧犁或平地机将底部“素土”翻起；再用旋转耕作机拌和两遍，铧犁或平地机将底部料再翻起，并随时检查调整翻犁的深度，使稳定土层全部翻透。严禁在稳定土层与下承层之间残留一层“素土”，但也应防止翻犁过深，过多破坏下承层的表面。

(3)在没有专用拌和机械的情况下，也可用缺口圆盘耙与多铧犁或平地机相配合，拌和石灰稳定细料土、中粒土和粗粒土。用平地机或铧犁在前面翻犁，用圆盘耙跟在后面拌和。即采用边翻边耙的方法。圆盘耙的速度应尽量快，使石灰与集料拌和均匀，共翻拌4～6遍，开始的两遍不应翻犁到底，以防是灰落到底部，后面的几遍，应翻犁到底，随时检查调整翻犁的深度，使稳定土层全部翻透。

实践证明，即使使用进口的专用拌和机，也难以避免在拌和层底部出现素土夹层，为消除素土夹层，某些工地在专用拌和机后面跟着用多铧犁犁翻一遍；然后再用专用拌和机拌和一遍。用农用机械拌和时，既需要有拌和的机械，又需要有从底部将料翻起的机械。由于农用机械的转速低和拌和深度浅，需特别注意拌和的均匀性。用农用机械时，通常需要较多的拌和次数，因此还需特别注意延迟时间。总之，用农用机械的拌和效果远不如专用拌和机的拌和效果好。目前，在我国高速公路和一级公路建设中，如果业主允许采用路拌法施工，则必须采用专用的稳定土拌和机进行拌和施工，不得采用农用机械替代。

(4)在拌和过程中，应及时检查含水率。用喷管式洒水车补充洒水，使混合料的含水率等于或略大于最佳值(视土类而定可大1%左右)。洒水距离应长些，水车起洒处和另一端"掉头"和停留，以防局部水量过大。拌和机械应紧跟在洒水车后面进行拌和，尤其在纵坡大的路段上应配合紧密，减少水分流失。

(5)在洒水拌和过程中，应配合人工拣出超尺寸颗粒，消除粗细颗粒"窝"以及局部过分潮湿或过分干燥之处。拌和完成的标志是：混合料拌和均匀后应色泽一致，没有灰条、灰团和花面，没有粗细颗粒"窝"，且水分合适和均匀。

(6)如为石灰稳定加黏性土的碎石或砂砾，则应先将石灰和黏性土拌和均匀，然后均匀地摊铺在碎石或砂砾层上，再一起进行拌和。

(7)由于塑性指数大的黏土难于粉碎，在石灰稳定时，应采用两次拌和法。第一次加70%～100%预定剂量的石灰进行拌和，闷放一夜，此后补足需用的石灰，再进行第二次拌和。

九、整　　型

整型的方法和要求与水泥稳定土施工相同。

十、碾　　压

整型后，当混合料处于最佳含水率±1%时，可进行碾压。如表面水分不足，应适当洒水。

在人工摊铺和整型的情况下，由于稳定土层很松，需要先用拖拉机、6～8t两轮压路机或轮胎压路机碾压1～2遍，然后再用重型轮胎压路机、振动压路机或12t以上的三轮压路机进行碾压。

在机械摊铺和整型的情况下，用12t以上的三轮压路机、重型轮胎压路机或振动压路机在路基全宽内进行碾压。直线段，由两侧路肩向路中心碾压；平曲线段，由内侧路肩向外侧路肩进行碾压。碾压时，应重叠1/2轮宽，后轮必须超过两段的接缝处，后轮压完路面全宽时，即为一遍。一般需要碾6～8遍。压路机的碾压速度开始两遍以采用1.5～1.7km/h为其，以后宜采用2.0～2.5km/h。采用人工摊铺整形的稳定土层，宜先用拖拉机或6～8t两轮压路机或轮胎压路机碾压1～2遍，然后再利用重型压路机碾压。严禁压路机在已完成的或正在碾压的路段上掉头或紧急制动，应保证稳定土层表面不受破坏。

碾压过程中，石灰稳定土的表面应始终保持湿润，如水分蒸发过快，应及时补洒少量的水,但严禁洒大水碾压。碾压过程中,如发生"弹簧"、松散、起皮等现象,应及时翻开换以新的石灰土混合料或添加适量的石灰重新拌和,或用其他方法处理,使其达到质量要求。在碾压结束之前,用平地机再终平一次,使其顺适,路拱和超高符合设计要求。终平应仔细进行,必须将局部高出部分刮除并扫出路外,对于局部低洼之处,不再进行找补,可留待铺筑上层路面层时处理。

十一、接缝和"掉头"处的处理

两工作段的搭接部分,应采用对接形式。前一段拌和后,留 5 ~ 8m 不进行碾压,后一段施工时,将前一段留下来未压部分一起进行拌和。

拌和机械及其他机械不宜在已压成的石灰稳定土层上"掉头"。如必须在上进行"掉头",应采取措施(如覆盖一层 10cm 厚的砂或砂砾),保护"掉头"部分,使石灰稳定土表层不受破坏。

石灰稳定土层的施工应该尽可能避免纵向接缝,必须分两幅施工时,纵缝必须垂直相接,不应斜接。

纵缝应按下述方法处理:

(1)在前一幅施工时,在靠中央一侧用方木或钢模板做支撑,方木或钢模板的高度与稳定土层的压实厚度相同。

(2)混合料拌和结束后,靠近支撑木(或板)的一侧,应人工进行找补,然后进行整型和碾压。

(3)在铺筑另一幅时,或在养生结束后,拆除支撑木(或板)。

(4)第二幅混合料拌和结束后,靠近第一幅的一侧,应人工进行找补,然后进行补充碾压。

十二、养生及交通管制

石灰稳定土在养生期间应采取保湿措施,保持石灰稳定土碾压时的含水率,不让其变干。石灰稳定土的含水率减少,很容易产生干缩裂缝。采用洒水养生时,应该注意勿使石灰土表层过湿。养生期一般为 7d 左右。

在养生期间未采用覆盖措施的石灰稳定层上,除洒水车外,应封闭交通。在采用覆盖措施(如覆盖砂养生或喷洒沥青膜养生)的石灰稳定土层上,不能封闭交通时,应限制车速不得超过 30km/h。

养生结束后,应根据面层厚度结构情况,尽快铺筑其上的结构层。如果其上直接为沥青面层,应立即铺沥青面层,以保护石灰稳定土基层,不让其产生收缩裂缝(对于较厚的沥青面层),或先铺一层封层,通车一段时间,让石灰稳定土基层充分开裂后再铺筑沥青面层(对于较薄的沥青面层),以减少反射裂缝。

石灰稳定土的一层施工厚度为 15 ~ 20cm(当采用振动羊足碾与三轮压路机配合时,其压实厚度可以达到 25cm,但应通过试验确定合适的压实厚度)。当设计厚度超过一层施工厚度时,应分层施工。此时,下层石灰稳定土应厚些,以便为后续施工造成一个较强的工作平台。但上层石灰稳定土的厚度不宜少于 10cm。下层石灰稳定土碾压完毕后,可以立即铺筑上层石灰稳定土,不需专门养生期。

第五节 石灰稳定土厂拌法施工

石灰稳定土可以在中心站用多种机械进行集中拌和。如强制式拌和机、双转轴桨叶式拌和机等;也可以用路拌机械或人工在场地进行分批集中拌和。不过,近年来厂拌法施工通常是指在固定的场地采用带有自动计量装置的专用稳定土拌和机(站)进行拌和,用摊铺机进行摊铺后,再碾压成型,这是目前国内高速公路及高等级公路广泛采用的一种机械化程度较高的施工方法。

一、机械配置要求

采用中心站拌和法(简称厂拌法)时,所需要的机械主要分为:土方机械、拌和机、摊铺机和碾压设备等。

1.土方机械

主要是用于准备工作等,在料场或取土坑需要挖掘机、推土机、装载机或皮带运输机,有时还有可能需要筛分机、粉碎机、自卸卡车及水泵、洒水车等。

2.拌和机械

按其计量控制方式主要分连续式拌与机与间歇式拌和机,间歇式拌和机计量较为精确,但产量受间歇时间的限制;连续式拌和机拌和稳定土计量精度能满足要求,产量较间歇式大,通常工地上多采用连续式拌和机。

3.摊铺机

摊铺机械多为沥青混合料摊铺机。

4.碾压设备

常规的碾压机械:双轮压路机、轮胎压路机、振动压路机等,并以中、重型为主。

二、集中拌和要点

(1)细粒土块尽可能粉碎,土块最大尺寸不应大于15mm。

(2)配料要准确。

(3)含水率要略大于最佳值,使混合料达到现场摊捕及碾压时的含水率能接近最佳值。

(4)拌和要均匀。

三、厂拌法施工注意事项

(1)当采用连续式稳定土厂拌设备时,应保证集料的最大粒径和级配都符合要求,必要时,应先筛除集料中不符合要求的颗粒,配料应准确。

(2)在正式拌制稳定土混合料之前,必须先调试所用的厂拌设备,使混合料的颗粒组成和含水率都达到规定的要求。集料的颗粒组成发生变化时,应重新调试设备。

(3)在潮湿多雨地区或其他地区的雨季施工时,宜采取措施保护集料、特别是细集料(含土)和石灰免遭雨淋。

(4)应根据集料和混合料的含水率,及时调整加入拌和室的水量。

(5)拌成的混合料应尽快地运送到铺筑现场。如运距运输,车上的混合料应该加蓬布覆盖,以防止水分过多蒸发。

(6)摊铺宜采用沥青混凝土摊铺机、水泥混凝土摊铺机或稳定土摊铺机摊铺混合料。

(7)拌和机与摊铺机的生产能力应互相协调。如拌和机的生产能力较低,在用摊铺机摊铺混合料时,应采用最低速度摊铺,减少摊铺机停机待料的情况。

(8)在摊铺机后面应设专人消除粗细集料离析现象,特别是局部粗集料窝应该铲除,并用新混合料填补。

(9)摊铺后,用振动压路机、三轮压路机和轮胎压路机及时进行碾压。

(10)在一般公路上,也可以用自动平地机摊铺混合料。用平地机摊铺混合料后的整型和碾压与石灰稳定土路拌法施工相同。

四、横向接缝和纵向接缝的处理

1. 横向接缝的处理方法

(1)用摊铺机摊铺混合料时,每天的工作缝应做成横向接缝。摊铺机应驶离混合料末端。

(2)人工将末端混合料铺整齐,紧靠混合料放方木,方木的高度与混合料的压实厚度相同,整平紧靠方木的混合料。

(3)方木的另一侧用砂砾或碎石回填3cm长,其高度应高出方木几厘米。

(4)在重新开始摊铺混合料之前,将砂砾或碎石和方木除去,并将下承层顶面清扫干净和拉毛。

(5)摊铺机返回到已压实层的末端,重新开始摊铺混合料。

(6)如压实层末端未用方木做支撑处理,在碾压后末端成一斜坡,则在第二天开始摊铺新混合料之前,应将末端斜坡挖除,并挖成一横向(马路中心线垂直)垂直向下的断面。挖出的混合料加水到最佳含水率拌匀后仍可以使用。

2. 纵缝的处理方法

应避免纵向接缝。如摊铺机的摊铺宽度不够,必须分两幅摊铺的,宜采用两台摊铺机一前一后相隔约8~10m同步向前摊铺混合料,一起进行碾压。在仅有一台摊铺机的情况下,可先在一条摊铺带上摊铺一定长度后,再行驶到另一条摊铺带上摊铺,然后一起进行碾压。

在不能避免纵向接缝的情况下,纵缝必须垂直相接,严禁斜接,并按下述方法处理:

(1)在前一幅摊铺时,在靠后一幅的一侧用方木或钢模板做支撑,方木或钢模板的高度与稳定土层的压实厚度相同。

(2)养生结束店,在摊铺另一幅之前,拆除支撑木(或板)用平地机摊铺混合料时,横向接缝和纵向接缝的处理方法同路拌法。

五、养生及交通管制

同石灰稳定土路拌法施工。

第六节　石灰粉煤灰(二灰)稳定土路拌法施工

使用石灰粉煤灰集料混合料做路面结构层的突出特点是,不需要严格控制从加水拌和到完成压实的时间。此外,可以利用传统的施工设备拌和与摊铺石灰粉煤灰集料混合料,主要要求是石灰粉煤灰各个成分要彻底拌和均匀,均匀地摊铺混合料到合适的厚度,并压实至密度。

石灰粉煤灰集料混合料可以用松土拌和机或其他相似的机械进行拌和,也可以在中心站进行集中拌和(厂拌)。为保证质量,应该尽可能采用中心站拌和法,以确保配料准确,拌和均匀。目前在高速公路和一级公路修筑中,宜采用带有自动计量设备的拌和机拌和,并使用摊铺机摊铺。其他等级公路,也尽可能采用厂拌法和摊铺机摊铺。

从施工方法上,仍分为路拌法施工和中心站集中拌和法施工。本节介绍路拌法施工。

路拌法施工也可以生产质量较满意的石灰粉煤灰集料混合料(仅可用于二级和二级以下公路的施工)。施工程序包括,先摊铺合适的集料,在集料层上摊铺粉煤灰和石灰的混合料并洒水,然后采用拌和机械进行拌和,拌和均匀后进行压实。虽然用路拌法可达到较满意的性能,但它的质量次于厂拌法的质量,主要是混合料的均匀性较差和容易产生粗细颗粒离析现象。

石灰粉煤灰稳定土施工的工艺流程见图6-4。

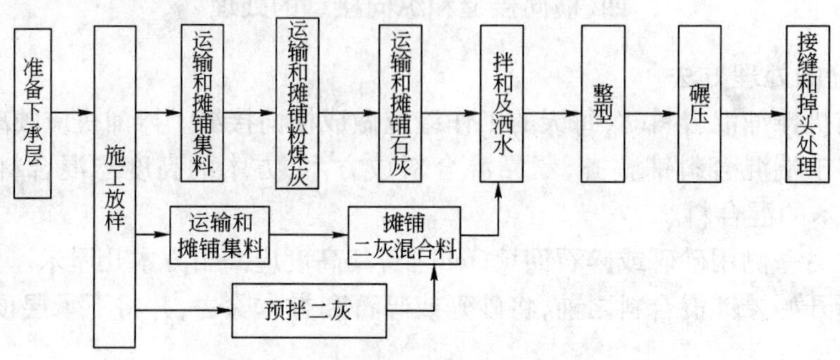

图6-4 石灰粉煤灰稳定土施工工艺流程

一、准备下承层

石灰粉煤灰稳定土下承层施工同水泥稳定土路拌法施工方法。

二、施工放样

施工放样同水泥稳定土路拌法施工方法。

三、备料

(1)粉煤灰被运到路上、路旁或厂内场地后,通常露天堆放。此时,必须使粉煤灰含有足够的水分(含水率15%~20%),以防飞扬。特别在干燥和多风季节,更应使料堆表面保持湿润,或者覆盖。如在堆放过程中,部分粉煤灰凝结成块,使用时应将灰块打碎,必要时,还需过筛。

粉煤灰运到集中拌和厂场地上堆放时,宜搭防雨棚保护,避免雨淋过分潮湿。

(2)采集集料前,应将树木、草皮等清除干净。

(3)集料中的超尺寸颗粒应予筛除。

(4)应在预定的深度范围内采集集料,不应分层采集,不应将不合格的集料采集在一起。

(5)对于黏性土,可视土质和机械性能确定土是否需要过筛。

(6)石灰宜在公路两侧宽敞面临近水源且地势较高的场地集中堆放。预计堆放时间较长时,应用塑料布、土或其他材料覆盖封存。石灰堆放在集中拌和场地时,宜搭防雨棚保护。

(7)石灰应在使用前7~10d充分消解。每吨石灰消解需用水量一般为500~800kg。消解后的石灰应保持一定湿度,以免粉尘过干飞扬,但也不能过湿成团。

(8)消石灰宜过孔径10mm的筛,并尽快使用。

(9)计算材料用量。根据各路段石灰粉煤灰稳定土层的宽度、厚度及预定的干密度,计算各路段需要的干混合料质量;根据混合料的配合比、材料的含水率以及所用运料车辆的吨位,计算各种材料每车料的堆放距离。

(10)如路肩用料与石灰粉煤灰稳定土层用料不同,应采取培肩措施,先将两侧路肩培好,路肩料层压实厚度应与稳定土的压实厚度相同。在路肩上,应每隔5~10m交错开挖临时泄水沟。

四、运输和摊铺集料

(1)在预定堆料的下承层上,在堆料前应先洒水,使其表面湿润。

(2)材料装车时,应控制每车料的数量基本相等。

(3)采用二灰混合料时,先将粉煤灰运到路上;采用二灰土时,先将土运到路上;采用二灰粒料时,先将粒料运到路上。在同一料场供料的路段内,由远到近将料按计算的距离卸置于下承层表面中间或上侧。卸料距离应严格掌握,避免料不够或过多。

(4)料堆每隔一定距离应留一缺口。材料在下承层上的堆置时间不应过长。

(5)应事先通过试验确定各种材料及混合料的松铺系数。

(6)采用机械路拌时,应采用层铺法,即将先运到路上的材料摊铺均匀后,再往路上运送第二种材料,将第二种材料摊铺均匀后,再往路上运送第三种材料。

用平地机或其他合适的机具将材料均匀地摊铺在预定的宽度上,表面应力求平整,并且有规定的路拱。粒料应较湿润,必要时先洒少量水。

第一种材料摊铺均匀后,宜先用两轮压路机碾压1~2遍,然后再运送并摊铺第二种材料,在第二种材料层上,也应先用两轮压路机碾压1~2遍,然后再运送并摊铺第三种材料。

五、拌和及洒水

(1)应采用专用稳定土拌和机进行拌和,在无专用稳定土拌和机械的情况下,也可采用平地机或多铧犁与旋转耕作机或缺口圆盘耙相配合进行拌和。

应先进行干拌。采用专用拌和机时,干拌一遍,采用其他机械时干拌2~4遍。

(2)用稳定土拌和机拌和两遍以上,拌和深度应直至稳定层底。应设专人跟随拌和机,随时检查拌和深度并配合拌和机操作员调整拌和深度。除直接铺在土基上的一层外,严禁在拌和层底部留有“素土”夹层。应略破坏(约1cm左右,不应过多)下承层的表而,加强上下层黏结。在进行最后一遍拌和之前,必要时先用多铧犁紧贴底面翻拌一遍。直接铺在土基上的拌和层也应避免“素土”夹层。

(3)在没有专用拌和机械的情况下,如为二灰稳定细粒土和中粒土,也可用旋转耕作机与多铧犁或平地机相配合拌和4遍,前两遍先用旋转耕作机拌和,后用铧犁或平地机将底部“素土”翻起,然后再用旋转耕作机拌和两遍,用铧犁或平地机将底部料再翻起,随时检查调整翻犁的深度,使稳定土层全部翻透。严禁在稳定土层与下承层之间残留一层“素土”,但也应该防止翻耕过深、过多破坏下承层的表面。

(4)在没有专用拌和机械的情况下,也可以用缺口圆盘耙与多铧犁或平地机相配合,拌和二灰稳定中粒土和粗粒土。用平地机或铧犁在前面翻拌,圆盘耙紧跟在后面拌和,即采用边翻边耙的方式。圆盘耙的速度应尽量快,使二灰与集料拌和均匀。共翻拌4遍,开始两边不应翻犁到底,以防二灰落到底部,后面的两遍,应翻犁到底,随时检查调整翻犁的深度,要求同上。

(5)用喷管式洒水车将水均匀地喷洒在干拌的混合料上,洒水距离应长些,水车起洒处和另一端“掉头”处都应超出拌和段2m以上。洒水车不应在正进行拌和的以及当天计划拌和的路段上“掉头”和停留,应防止局部水量过大。

(6)拌和机械应紧跟在洒水车后面进行拌和,尤其在纵坡大的路段上应配合紧密,以减少水分流失。在洒水拌和过程中,应及时检查混合料的含水率,水分宜尽量大于最佳含水率(大1%左右)。

(7)在拌和过程中,要及时检查拌和深度,要使石灰粉煤灰层全深度范围内都拌和均匀。拌和完成的标志是:混合料色泽一致,没有灰条、灰团和花面,没有粗细颗粒"窝"或"带",且水分适中均匀。

(8)对于二灰集料,应先将石灰和粉煤灰拌和均匀,然后均匀地摊铺在集料层上,再一起进行拌和。

六、整　　型

整型分为平地机整型和人工整型,有条件尽可能采用平地机整型。

1. 平地机整型

混合料拌和均匀后,先用平地机初步整平和整型。在直线段,平地机由两侧向路中心进行刮平;在平曲线段,平地机由内侧向外侧进行刮平;必要时,再返回刮一遍。然后用拖拉机、平地机或轮胎压路机快速碾压1~2遍,以暴露潜在的不平整。再用平地机刮平,并再稳压一遍。

整型过程中,及时消除粗细集料离析现象,特别是粗集料窝(或粗集料带)。对于局部低洼处,应用齿耙将其表层5cm以上耙松,并用新拌的二灰混合料进行找补平整,最后再用平地机整型一次。

注意,每次整型都要按照规定的坡度和路拱进行,并特别要注意接缝处的整平,以保证接缝顺适平整。

2. 人工整型

人工用锹和耙先将混合料摊平,用路拱板进行初步整型。用拖行机初压1~2遍后,根据实测的压实系数,确定纵横断面的高程,并钉桩和挂线。利用锹耙拉线整型,并再用路拱板校正成型。

在整型过程中,必须禁止任何车辆通行。

初步整型后,检查混合料的松铺厚度,必要时应进行补料或减料。二灰土的松铺系数约为1.5~1.7;二灰集料的松铺系数约为1.3~1.5;人工铺筑石灰煤渣土的松铺系数约1.6~1.8;石灰煤渣集料的松铺系数约为1.4。用机械拌和及机械整型时,集料松铺系数约为1.2~1.3。

七、碾　　压

整型后,当混合料处于最佳含水率±1%时,即可进行碾压。如表面水分不足,应适当洒水,但严禁洒大水碾压。

碾压时,宜用12t以上三轮压路机、重型轮胎压路机或振动压路机在路基全宽内进行碾压。直线段,由两侧路肩向路中心碾压;平曲线段,由内侧路肩向外侧路肩进行碾压。碾压时,后轮应重叠1/2轮宽;后轮必须超过两段的接缝,后轮压完路面全宽时,即为一遍。碾压一直进行到达到要求的密实度为止,应使表面无明显轮迹,一般需碾压6~8遍。压路机的碾压速度,头两遍以1.5~1.7km/h为宜,以后控制在2.0~2.5km/h,路面的两侧应多压2~3遍。

严禁压路机在已完成的或正在碾压的路段上"掉头"和急刹车,以保证稳定土层表面不受破坏。碾压过程中,石灰粉煤灰稳定土层的表面应始终保持湿润,如表面水分蒸发得快,应及时补洒少量的水。如有"弹簧"、松散、起皮等现象,应及时翻开重新拌和,或用其他方法处理,使其达到质量要求。

在碾压结束之前,应用平地机再终平一次,使其纵向顺适,路拱和超高符合设计要求。终平应仔细进行,必须将局部高出部分刮除并扫出路外,对于局部低洼之处,不再进行找补,留待铺筑上面结构层时处理。

八、接缝和“掉头”处理

接缝和“掉头”处理同石灰稳定土路拌法施工方法。

九、养生及交通管制

(1)石灰粉煤灰稳定土层碾压完成后的第二天或第三天开始养生,通常采用洒水养生法。每天洒水的次数视气候条件而定,应始终保持表面潮湿或湿润,养生期一般为7d,也可用沥青乳液和沥青下封层进行养生。

(2)在养生期间,除洒水车外,应封闭交通。

(3)养生期结束,如面层为沥青混合料应立即喷洒透层沥青或做下封层,并在5~10d内铺筑沥青面层。在喷洒透层沥青后,宜撒布3~8mm或5~10mm的小碎石,小碎石约撒布60%的面积(不完全覆盖,但均匀覆盖60%的面积,露黑)。如面层为水泥混凝土面层,也不宜让基层长期曝晒开裂。

(4)当石灰粉煤灰稳定土分层施工时,下层碾压完毕后,可以立即在上铺筑另一层,不需专门的养生期,也可以养生7d后再铺筑另一层。

第七节　石灰粉煤灰稳定土厂拌法施工

二级以上公路施工时,宜采用厂拌法施工;对于高速公路和一级公路施工,必须采用厂拌法施工,并配套以摊铺机摊铺,这是公路路面基层施工的发展方向。近几年,在我国的高等级公路建设中,特别是在高速公路建设中,已作为强制性条件纳入合同文件中。

石灰粉煤灰稳定土混合料可以在中心站用多种机械进行集中拌和,如用强制式拌和机、双转轴桨叶式拌和机等,也可用路拌机械或人工在场地上进行分批集中拌和。通常我们所说的厂拌法是指采用带有不同配料仓及自动计量设备的连续式或间歇式拌和站拌和。

石灰粉煤灰稳定土混合料厂拌法的流程如图6-5。

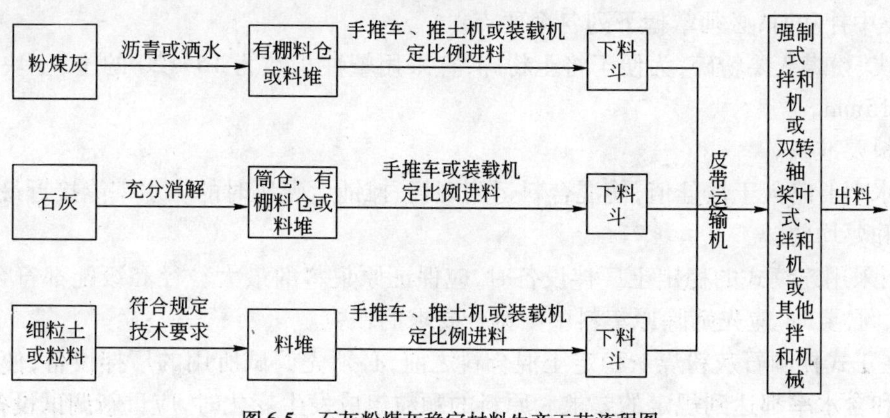

图6-5　石灰粉煤灰稳定材料生产工艺流程图

厂拌设备主要组成部分包括(图6-6):

(1)集料料斗,带有皮带喂料器。

(2)粉煤灰料斗,带有皮带喂料器和控制器。

(3)石灰储存罐,带有中间喂料斗和喂料控制装置。

(4)储水罐,带有标定好的泵。

(5)连续式或间歇式卧式桨叶式拌和机。

(6)临时存放拌和好的石灰粉煤灰集料混合料的储料斗。

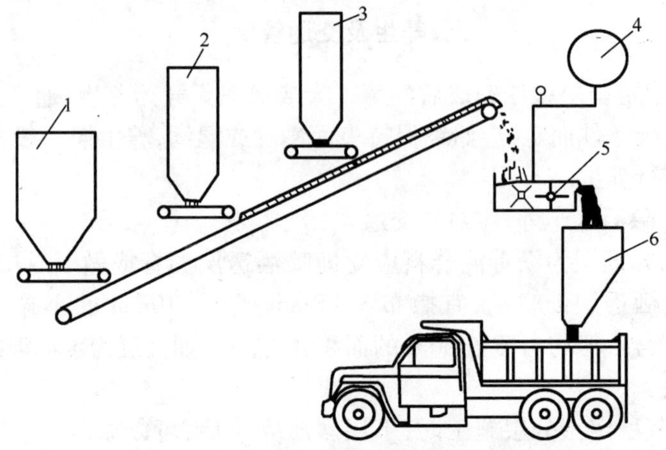

图6-6 典型厂拌设备的布置示意图

1-集料料斗;2-粉煤灰料斗;3-石灰储存罐;4-储水罐;5-连续式卧式双转轴叶片拌和机;6-聚料斗

除上述这些设备外,还需要有一些配套设备,如装载机、推土机,以便向料斗中装集料和粉煤灰,并保证正常的工作场地。

石灰应储存在筒仓中,以防淋雨变质。粉煤灰通常是露天堆放,但需要洒水,改变其状态(通常含水率控制在15%~20%)以防粉尘飞扬,也可以在料堆表面加覆盖物以防止飞扬。料堆中的部分粉煤灰可能凝结,在使用前应将其粉碎。雨季施工时粉煤灰和细集料应局部覆盖,避免雨淋过湿,否则将严重影响材料的配合比和拌和机的生产能力。

厂拌法施工的下承层准备和施工放样同路拌法。

一、拌　　和

(1)集中拌和时,必须掌握下列各个要点:

①土块、粉煤灰要粉碎,为便于将土粉碎,宜采用塑性指数为10~20的土,土块最大尺寸不应大于15mm。

②配料要准确。

③含水率要略大于最佳值,使混合料运到现场、摊铺后碾压时的含水率能接近最佳值。

④拌和要均匀。

(2)当采用连续式的稳定土厂拌设备时,应保证原集料的最大粒径和级配都符合要求,配料应准确。必要时,应先筛除原集料中不符合要求的颗粒。

(3)在正式拌制石灰粉煤灰稳定土混合料之前,必须先调试所用的厂拌设备,使混合料的颗粒组成和含水率都达到规定的要求。原料的颗粒组成发生变化时,应重新调试设备。

(4)应根据集料和混合料含水率的大小,及时调整加入拌和室的水量。

(5)拌成混合料的堆放时间不宜超过24h,宜在当天将拌成的混合料运送到铺筑现场,不应将拌成的混合料长时间堆放。

二、运　输

厂拌的石灰粉煤灰集料混合料可以用普通的自卸车运送到摊铺现场。如果运输距离长,或混合料在运输过程中可能变干,应该用适当的布将其覆盖,以防止水分损失或沿路扬尘。

三、摊　铺

石灰粉煤灰集料混合料运到工地后,应该尽可能摊铺均匀,并尽量减少手工操作,宜采用沥青摊铺机、水泥混凝土摊铺机或稳定土摊铺机摊铺混合料,对于低等级公路也可以采用带自动找平装置的平地机摊铺或人工摊铺。用摊铺机摊铺的混合料层的厚度均匀,手工操作最少,混合料也最少离析。对于高速公路和一级公路,应采用性能好的先进摊铺机(摊铺机自身的振动梁或夯锤能使混合料达到85%以上的压实度)摊铺混合料,并应分两幅阶梯同步摊铺,同时避免纵向接缝。混合料沿路卸成条堆,然后用平地机摊铺或人工摊铺,会增加手工操作和混合料离析现象,混合料的含水率也不容易有较好保证,平整度也不易得到保证。

必须注意,拌和机与摊铺机的生产能力应互相协调,运输能力必须相应保障。如拌和机的生产能力较低,在用摊铺机摊铺混合料时,应采用最低速度摊铺,减少摊铺机停机待料的情况,不断的停机待料将会严重影响基层顶面的平整度,并且由此造成的不平整会直接影响沥青面层的平整度或水泥混凝土板厚的均匀性。

在摊铺机后面应设专人消除粗细集料离析现象,特别是局部粗集料窝或粗集料带应该铲除,并用新混合料填补,或补充细混合料并拌和均匀。

采用非摊铺机摊铺,注意事项同石灰粉煤灰路拌法。

四、压　实

压实是铺筑石灰粉煤灰集料混合料的关键环节,在现场达到高的相对密实度可使混合料具有良好的性能。钢轮压路机、轮胎压路机、振动压路机等都可被用来有效地压实石灰粉煤灰集料混合料。由于石灰粉煤灰集料混合料中主要粒料在压实时很少、甚至没有黏性,所以轮胎压路机和振动压路机是最适宜的压实工具。

为了达到高的密实度,需要一个合适的工作平台。如果在软的土基上摊铺和压实石灰粉煤灰集料混合料,就会发生拥挤而不密实,石灰粉煤灰集料材料的质量就不好,使用过程中路面的弯沉值就大。因此,在这种情况下需要先处理软弱的土基,土基处理后通常会减少施工费用和改善路面使用性能。

碾压时,先用较轻的压路机进行初压,然后才使用重型钢轮压路机碾压,以便产生一个平整的表面。在使用钢轮压路机终压之前,通常先用平地机或路面修整机进行整平,但如果是采用摊铺机摊铺,则不需如此操作。

实践证明,石灰粉煤灰粒料混合料容易达到较高的压实度,而石灰粉煤灰土混合料不易达到较高的压实度。用12~15t光面钢轮压路机碾压时,一层压实厚度不宜超过15~18cm,用重型振动压路机特别是振动羊脚碾碾压时,一层压实厚度可以达20~25cm以上,当设计厚度超过一层铺筑厚度时,应该分层摊铺和压实,在分层摊铺的情况下,两层之间的间隔时间应尽可能缩短,在下层还未结硬之前就铺筑上层。如果下层的石灰粉煤灰集料混合料是新鲜的,而且表面上没有松散的碎屑、尘土或砂,可以直接在上再铺一层而不需要翻挖。上下层最好是同天铺筑,但是在路面厚度大,层数多的情况下,往往不可能实现同一天铺筑。在这种情况下,应该采取措施保证两层之间的黏结。特别是在下层表面上不应有松散材料,在摊铺上层石灰粉煤灰集料混合料前,下层的表面应是潮湿的。

石灰粉煤灰集料混合料在加水拌和后,可以有较长的时间进行有效的压实。在美国,建议在拌和后的4h内进行压实。通常应该尽快完成压实,以避免水分损失和由于初凝而影响能够达到的压实度。

五、其　　他

养生及交通管制等同石灰粉煤灰路拌法。

第八节　质量管理及检查验收

一、综　　述

(一)一般规定

我国现行的《公路路面基层施工技术规范》(JTJ 034—2000)规定:

(1)二级和二级以上公路工程应按规定的质量管理及检查验收内容和要求执行,其他等级公路工程可参照执行。

(2)质量管理包括所用材料的标准试验、铺筑试验段、施工过程中的质量管理和检查验收(工序间)。

(3)必须建立、健全工地试验、质量检查及工序间的交接验收等项制度。试验、检验应做到原始记录齐全,数据真实可靠。

(4)工地试验室应能进行所用基层材料的各项试验,还应具备进行现场压实度和平整度检查的能力,应配备弯沉测量的仪具和路面钻机。

(5)各个工序完结后,均应进行检查验收。经检验合格后,方可进行下一个工序。凡经检验不合格的段落,必须进行补救,使其达到要求。

(二)材料的标准试验

(1)在组织现场施工以前以及在施工过程中、原材料(包括土)或混合料发生变化时对拟采用的材料进行规定的基本性质试验,评定材料质量和性能是否符合要求。

(2)对用作底基层和基层的原材料,应进行表6-3所列的试验;混合料试验项目见表6-4。

底基层和基层原材料的试验项目　　　　表6-3

试验验项目	材料名称	目　的	频　度	仪器和试验方法
含水率	土、砂砾、碎石等集料	确定原始含水率	每天使用前测2个样品	烘干法、酒精燃烧法、含水率快速测定仪
颗粒分析	砂砾、碎石等集料	确定级配是否符合要求,确定材料配合比	每种土使用前测2个样品,使用过程中每2 000m^2测2个样品	筛分法

续上表

试验验项目	材料名称	目的	频度	仪器和试验方法
液限、塑限	土、级配砾石或级配碎石中0.5mm以下的细土	求塑性指数,审定是否符合规定	每种土使用前测2个样品,使用过程中每2 000m^2测2个样品	液塑限联合测定仪测定液限;滚搓法塑限法验测塑限
相对毛体积密度、吸水率	砂砾、碎石等	评定粗料质量,计算固体体积指标	每种土使用前测2个样品,砂砾使用过程中每2 000m^2测2个样品,碎石种类变化重做2个样品	网篮法或者容积1 000mL以上的容量瓶法
压碎值	砂砾、碎石等	评定集料的抗压碎能力是否符合规定	同上	压碎值试验
有机质和硫酸盐含量	土	确定土是否适宜于用石灰或者水泥稳定	对土有怀疑时做此试验	有机质含量试验易溶盐试验
有效钙、氧化镁含量	石灰	确定石灰质量	做材料组成设计及生产使用时各做2个样品,以后每月测2个样品	石灰化学分析
水泥强度等级终凝时间	水泥	确定水泥质量是否适宜应用	做材料组成设计时测1个样品,料源及强度等级变化时重做	水泥初终凝试验;胶砂强度试验
烧失量	粉煤灰	确定粉煤灰是否适宜应用	做材料组成设计前测2个样品	烧失量试验

底基层和基层混合料的试验项目 表6-4

试验项目	目的
重型击实试验	求最佳含水率和最大干密度,以规定工地碾压时的合适含水率和应该达到的最小干密度,确定制备强度试验和耐久性试验的试件所应该用的含水率和干密度;确定制备承载比试件的材料含水率
承载比	求工地预期干密度下的承载比,确定材料是否适宜做基层或底基层
抗压强度	进行材料组成设计,选定最适宜于用水泥或石灰稳定的土(包括粒料);规定施工中所用结合料剂量;为工地提供评定质量的标准
延迟时间	对已定水泥剂量的混合料,确定延迟时间对混合料密度和抗压强度的影响,并据此确定施工允许的延迟时间

二、铺筑试验段

1)在底基层和基层正式开工之前,应铺筑试验段。

2)应通过铺筑无结合料的集料基层试验段,确定以下主要项目:

(1)用于施工的集料配合比例。

(2)材料的松铺系数。

(3)确定标准施工方法:

①集料数量的控制;

②集料摊铺方法和适用机具;

③合适的拌和机械、拌和方法、拌和深度和拌和遍数；

④集料含水率的增加和控制方法；

⑤整平和整形的合适机具和方法；

⑥压实机械的选择和组合，压实的顺序、速度和遍数；

⑦拌和、运输、摊铺和碾压机械的协调和配合；

⑧密实度的检查方法，初定每一作业段的最小检查数量。

(4)确定每作业段的合适长度。

(5)确定一次铺筑的合适厚度。

3)通过铺筑水泥稳定土、石灰稳定土和石灰粉煤灰稳定土(石灰工业废渣稳定土)基层试验段，除确定上述所列项目外，还应确定控制结合料数量与拌和均匀性的方法。

对于水泥稳定土基层，还包括严密组织拌和、洒水、整形、碾压等工序，缩短延迟时间。

三、质量管理

(一)水泥土基层和底基层

我国现行的《公路工程质量检验评定标准》(JTG F80/1—2004)(以下简称《04检评标准》)

1.基本要求

(1)土的性能应符合设计要求，土块要经粉碎。

(2)水泥用量按设计要求控制准确。

(3)路拌深度要达到层底。

(4)混合料处于最佳含水率状况下，用重型压路机碾压至要求的压实度。从加水拌和到碾压终了的时间不应超过3~4h，并应短于水泥的终凝时间。

(5)碾压检查合格后立即覆盖或洒水养生，养生期要符合规范要求。

2.实测项目

见表6-5。

水泥土基层和底基层实测项目　　表6-5

项次	检查项目		规定值或允许偏差				检查方法和频率
			基层		底基层		
			高速公路一级公路	其他公路	高速公路一级公路	其他公路	
1	压实度(%)	代表值	—	95	95	93	按《04检评标准》附录B检查，每200m每车道2处
		极值	—	91	91	89	
2	平整度(mm)		—	12	12	15	3m直尺：每200m测2处×10尺
3	纵断高程(mm)		—	+5，-15	+5，-15	+5，-20	水准仪：每200m测4个断面
4	宽度(mm)		不小于设计		不小于设计		尺量：每200m测4个断面
5	厚度(mm)	代表值	—	-10	-10	-12	按《04检评标准》附录H检查，每200m每车道1点
		合格值	—	-20	-25	-30	

续上表

项次	检查项目	规定值或允许偏差				检查方法和频率
		基层		底基层		
		高速公路一级公路	其他公路	高速公路一级公路	其他公路	
6	横坡(%)	—	±0.5	±0.3	±0.5	水准仪:每200m测4个断面
7	强度(MPa)	符合设计要求		符合设计要求		按《04检评标准》附录G检查

3. 外观鉴定

(1)表面平整密实、无坑洼。

(2)施工接茬平整、稳定。

(二)水泥稳定粒料(碎石、砂砾或矿渣等)基层和底基层

1. 基本要求

(1)粒料应符合设计和施工规范要求,并应根据当地料源选择质坚干净的粒料,矿渣应分解稳定,未分解渣块应予剔除。

(2)水泥用量和矿料级配按设计控制准确。

(3)路拌深度要达到层底。

(4)摊铺时要注意消除离析现象。

(5)混合料处于最佳含水率状况下,用重型压路机碾压至要求的压实度。从加水拌和到碾压终了的时间不应超过3~4h,并应短于水泥的终凝时间。

(6)碾压检查合格后立即覆盖或洒水养生,养生期要符合规范要求。

2. 实测项目

见表6-6。

水泥稳定粒料基层和底基层实测项目 表6-6

项次	检查项目		规定值或允许偏差				检查方法和频率
			基层		底基层		
			高速公路一级公路	其他公路	高速公路一级公路	其他公路	
1	压实度(%)	代表值	98	97	96	95	按《04检评标准》附录B检查,每200m每车道2处
		极值	94	93	92	91	
2	平整度(mm)		8	12	12	15	3m直尺:每200m测2处×10尺
3	纵断高程(mm)		+5,-10	+5,-15	+5,-15	+5,-20	水准仪:每200m测4断面
4	宽度(mm)		不小于设计		不小于设计		尺量:每200m测4处
5	厚度(mm)	代表值	-8	-10	-10	-12	按《04检评标准》附录H检查,每200m每车道1点
		合格值	-15	-20	-25	-30	

续上表

项次	检查项目	规定值或允许偏差				检查方法和频率
		基层		底基层		
		高速公路一级公路	其他公路	高速公路一级公路	其他公路	
6	横坡(%)	±0.3	±0.5	±0.3	±0.5	水准仪:每200m测4断面
7	强度(MPa)	符合设计要求		符合设计要求		按《04检评标准》附录G检查

3. 外观鉴定

(1)表面平整密实、无坑洼、无明显离析。

(2)施工接茬平整、稳定。

(三)石灰土基层和底基层

1. 基本要求

(1)土质应符合设计要求,土块要经粉碎。

(2)石灰质量应符合设计要求,块灰须经充分消解才能使用。

(3)石灰和土的用量按设计要求控制准确,未消解生石灰块必须剔除。

(4)路拌深度要达到层底。

(5)混合料处于最佳含水率状况下,用重型压路机碾压至要求的压实度。

(6)保湿养生,养生期要符合规范要求。

2. 实测项目

见表6-7。

石灰土基层和底基层实测项目 表6-7

项次	检查项目		规定值或允许偏差				检查方法和频率
			基层		底基层		
			高速公路一级公路	其他公路	高速公路一级公路	其他公路	
1	压实度(%)	代表值	—	95	95	93	按《04检评标准》附录B检查,每200m每车道2处
		极值	—	91	91	89	
2	平整度(mm)		—	12	12	15	3m直尺:每200m测2处×10尺
3	纵断高程(mm)		—	+5,-15	+5,-15	+5,-20	水准仪:每200m测4断面
4	宽度(mm)		不小于设计		不小于设计		尺量:每200m测4处
5	厚度(mm)	代表值	—	-10	-10	-12	按《04检评标准》附录H检查,每200m每车道1点
		合格值	—	-20	-25	-30	
6	横坡(%)		—	±0.5	±0.3	±0.5	水准仪:每200m测4断面
7	强度(MPa)		符合设计要求		符合设计要求		按《04检评标准》附录G检查

3. 外观鉴定

(1)表面平整密实、无坑洼。

(2)施工接茬平整、稳定。

(四)石灰稳定粒料(碎石、砂砾或矿渣等)基层和底基层

1. 基本要求

(1)粒料应符合设计和施工规范要求,矿渣应分解稳定后才能使用。

(2)石灰质量应符合设计要求,块灰须经充分消解才能使用。

(3)石灰的用量按设计要求控制准确,未消解生石灰块必须剔除。

(4)路拌深度要达到层底。

(5)混合料处于最佳含水率状况下,用重型压路机碾压至要求的压实度。

(6)保湿养生,养生期要符合规范要求。

2. 实测项目

见表6-8。

石灰稳定粒料基层和底基层实测项目 表6-8

<table>
<tr><th rowspan="3">项次</th><th rowspan="3" colspan="2">检查项目</th><th colspan="4">规定值或允许偏差</th><th rowspan="3">检查方法和频率</th></tr>
<tr><th colspan="2">基层</th><th colspan="2">底基层</th></tr>
<tr><th>高速公路
一级公路</th><th>其他
公路</th><th>高速公路
一级公路</th><th>其他
公路</th></tr>
<tr><td rowspan="2">1</td><td rowspan="2">压实度(%)</td><td>代表值</td><td>—</td><td>97</td><td>96</td><td>95</td><td rowspan="2">按《04检评标准》附录B检查,每200m每车道2处</td></tr>
<tr><td>极值</td><td>—</td><td>93</td><td>92</td><td>91</td></tr>
<tr><td>2</td><td colspan="2">平整度(mm)</td><td>—</td><td>12</td><td>12</td><td>15</td><td>3m直尺:每200m测2处×10尺</td></tr>
<tr><td>3</td><td colspan="2">纵断高程(mm)</td><td>—</td><td>+5,-15</td><td>+5,-15</td><td>+5,-20</td><td>水准仪:每200m测4断面</td></tr>
<tr><td>4</td><td colspan="2">宽度(mm)</td><td colspan="2">不小于设计</td><td colspan="2">不小于设计</td><td>尺量:每200m测4处</td></tr>
<tr><td rowspan="2">5</td><td rowspan="2">厚度(mm)</td><td>代表值</td><td>—</td><td>-10</td><td>-10</td><td>-12</td><td rowspan="2">按《04检评标准》附录H检查,每200m每车道1点</td></tr>
<tr><td>合格值</td><td>—</td><td>-20</td><td>-25</td><td>-30</td></tr>
<tr><td>6</td><td colspan="2">横坡(%)</td><td>—</td><td>±0.5</td><td>±0.3</td><td>±0.5</td><td>水准仪:每200m测4断面</td></tr>
<tr><td>7</td><td colspan="2">强度(MPa)</td><td colspan="2">符合设计要求</td><td colspan="2">符合设计要求</td><td>按《04检评标准》附录G检查</td></tr>
</table>

3. 外观鉴定

(1)表面平整密实、无坑洼。

(2)施工接茬平整、稳定

(五)石灰、粉煤灰土基层和底基层

1. 基本要求

(1)土质应符合设计要求,土块要经粉碎。

(2)石灰和粉煤灰质量应符合设计要求,石灰须经充分消解才能使用。

(3)混合料配合比应准确,不得含有灰团和生石灰块。

(4)碾压时应先用轻型压路机稳压,后用重型压路机碾压至要求的压实度。

(5)保湿养生,养生期要符合规范要求。

2. 实测项目

见表6-9。

石灰、粉煤灰土基层和底基层实测项目 表6-9

<table>
<tr><th rowspan="3">项次</th><th rowspan="3" colspan="2">检查项目</th><th colspan="4">规定值或允许偏差</th><th rowspan="3">检查方法和频率</th></tr>
<tr><th colspan="2">基层</th><th colspan="2">底基层</th></tr>
<tr><th>高速公路
一级公路</th><th>其他公路</th><th>高速公路
一级公路</th><th>其他公路</th></tr>
<tr><td rowspan="2">1</td><td rowspan="2">压实度(%)</td><td>代表值</td><td>—</td><td>95</td><td>95</td><td>93</td><td rowspan="2">按《04检评标准》附录B检查,每200m每车道2处</td></tr>
<tr><td>极值</td><td>—</td><td>91</td><td>91</td><td>89</td></tr>
<tr><td>2</td><td colspan="2">平整度(mm)</td><td>—</td><td>12</td><td>12</td><td>15</td><td>3m直尺:每200m测2处×10尺</td></tr>
<tr><td>3</td><td colspan="2">纵断高程(mm)</td><td>—</td><td>+5,-15</td><td>+5,-15</td><td>+5,-20</td><td>水准仪:每200m测4断面</td></tr>
<tr><td>4</td><td colspan="2">宽度(mm)</td><td colspan="2">不小于设计</td><td colspan="2">不小于设计</td><td>尺量:每200m测4处</td></tr>
<tr><td rowspan="2">5</td><td rowspan="2">厚度(mm)</td><td>代表值</td><td>—</td><td>-10</td><td>-10</td><td>-12</td><td rowspan="2">按《04检评标准》附录H检查,每200m每车道1点</td></tr>
<tr><td>合格值</td><td>—</td><td>-20</td><td>-25</td><td>-30</td></tr>
<tr><td>6</td><td colspan="2">横坡(%)</td><td>—</td><td>±0.5</td><td>±0.3</td><td>±0.5</td><td>水准仪:每200m测4断面</td></tr>
<tr><td>7</td><td colspan="2">强度(MPa)</td><td colspan="2">符合设计要求</td><td colspan="2">符合设计要求</td><td>按《04检评标准》附录G检查</td></tr>
</table>

3. 外观鉴定

(1)表面平整密实、无坑洼。不符合要求时,每处减1~2分。

(2)施工接茬平整、稳定。不符合要求时,每处减1~2分。

(六)石灰、粉煤灰稳定粒料(碎石、砂砾或矿渣等)基层和底基层

1. 基本要求

(1)粒料应符合设计和施工规范要求,并应根据当地料源选择质坚干净的粒料。矿渣应分解稳定,未分解渣块应予剔除。

(2)石灰和粉煤灰质量应符合设计要求,石灰须经充分消解才能使用。

(3)混合料配合比应准确,不得含有灰团和生石灰块。

(4)摊铺时要注意消除离析现象。

(5)碾压时应先用轻型压路机稳压,后用重型压路机碾压至要求的压实度。

(6)保湿养生,养生期要符合规范要求。

2. 实测项目

见表6-10。

石灰、粉煤灰稳定粒料基层和底基层实测项目　　表 6-10

项次	检查项目		规定值或允许偏差				检查方法和频率
			基层		底基层		
			高速公路一级公路	其他公路	高速公路一级公路	其他公路	
1	压实度（%）	代表值	98	97	96	95	按《04 检评标准》附录 B 检查，每 200m 每车道 2 处
		极值	94	93	92	91	
2	平整度(mm)		8	12	12	15	3m 直尺：每 200m 测 2 处 ×10 尺
3	纵断高程(mm)		+5，-10	+5，-15	+5，-15	+5，-20	水准仪：每 200m 测 4 断面
4	宽度(mm)		不小于设计		不小于设计		尺量：每 200m 测 4 处
5	厚度（mm）	代表值	-8	-10	-10	-12	按《04 检评标准》附录 H 检查，每 200m 每车道 1 点
		合格值	-15	-20	-25	-30	
6	横坡(%)		±0.3	±0.5	±0.3	±0.5	水准仪：每 200m 测 4 断面
7	强度(MPa)		符合设计要求		符合设计要求		按《04 检评标准》附录 G 检查

3. 外观鉴定

(1)表面平整密实、无坑洼、无明显离析。

(2)施工接茬平整、稳定。

思考题

1. 基层施工前下承层及原材料的准备工作有哪些?
2. 厂拌法与路拌法施工有什么区别,各有什么特点?
3. 基层施工中的碾压有什么要求,如何保证基层的压实度合格?
4. 基层施工中施工接缝是如何处理的?
5. 厂拌法施工时,如何根据要求的施工进度确定机械配置的类型和数量?
6. 各种基层的质量管理和验收有什么规定?

第七章 水泥混凝土路面施工及质量控制

学习目标

1. 熟悉水泥混凝土路面施工前的准备工作。
2. 掌握常规水泥混凝土路面施工工艺及方法。
3. 掌握水泥混凝土路面施工质量要求。
4. 掌握水泥混凝土路面常见的问题及处置方法。

本章重点

水泥混凝土路面施工工艺及方法。

本章难点

水泥混凝土板接缝及水泥混凝土路面常见问题的处理方法。

第一节 施工准备

施工前的准备工作是水泥混凝土路面施工的重要组成部分，此工作做得充分与否，直接影响工程能否有秩序按计划顺利进行，因此，必须对现场深入了解，制订出几个方案，加以比较，选出最合理、最经济的方案，作为整个工程的施工指导，具体内容如下。

一、施工组织管理

1. 施工质量保证体系

一般施工技术水平下，不同等级公路混凝土路面的施工应满足表7-1推荐的适宜摊铺工艺及机械装备要求。

公路等级与适宜的混凝土路面摊铺工艺及机械装备 表7-1

摊铺工艺及机械装备	高速公路	一级公路	二级公路	三级公路	四级公路
滑模摊铺机	√	√	√	△	○
轨道摊铺机	△	√	√	√	○
三辊轴机组	○	△	√	√	√
小型机具	×	○	△	√	√
碾压混凝土机械	×	○	√	√	△
计算机自动控制强制搅拌(站)	√	√	√	△	○
强制搅拌(站)	×	○	△	√	√

注：①符号含义："√"应使用；"△"有条件使用；"○"不宜使用；"×"不得使用。

②各等级公路均不得使用体积计量、小型自落滚筒式搅拌机，严禁使用人工控制加量。

③碾压混凝土亦可用于高速公路、一级公路复合式路面的下面层和贫混凝土基层。

2. 质量管理内容

施工全过程中的ISO质量动态检测、控制和管理，应包括施工准备、铺筑试验段、施工过程中质量监控与管理、各项技术指标的检验、交工检查、竣工验收，出现施工技术问题的报告、论证和解决等。

二、施 工 组 织

根据工程的工期以及在现场实地踏勘调查的基础上，编制出一套合理并切实可行的施工组织设计。它是指导施工、加强计划、控制预算、保证质量、完成任务的必要措施。

1. 技术交底

开工前，建设单位应组织设计、施工、监理单位进行技术交底。

2. 施工组织设计

施工方应根据设计图纸、合同文件、摊铺方式、机械设备、施工条件等，确定混凝土路面施工组织机构、施工工艺流程、施工机具、施工方案，编制详细的切实可行的施工组织设计，并确定施工实施方案。

3. 技术培训

开工前，施工单位应对施工、试验、机械、管理等岗位的技术人员和各工种技术工人进行培训。

4. 施工测量

施工方应根据设计文件，测量校核平面和高程控制桩。根据图纸放出路中心及路边线（或侧面线），并检查基层高程和路拱横坡，在路中心线上除一般每20m设一中心桩外，还应设胀缝、缩缝、曲线起讫点和纵坡转折点等中心桩，并相应在路边各设一对边桩。测设临时水准点于路线两旁固定建筑物上或另设临时水准桩，每隔100m左右设置一个，不宜过长，以便于施工时就近对路面进行高程复核。测量精度应满足相应公路等级路面施工测量规范的规定。

5. 摊铺位置准备

路面施工的摊铺宽度和位置应尽可能与车道、路肩标线位置相重合，滑模摊铺还应保证基准线设置所需的宽度。摊铺机履带应行走在基层、底基层或压实稳固的垫层上。

6. 现场试验室

混凝土路面的施工工地应建立具备资质要求的现场试验室，并能对原材料、配合比和路面全部技术指标进行全面质量控制和检测。提供符合交工检验、竣工验收、ISO或全面质量管理和计量支付要求的自检结果。

三、搅拌场（厂、楼、站）设置

所有等级公路的混凝土路面施工都必须在摊铺路段的中间位置附近设置拌和站。

1. 搅拌场设置位置

应根据运输工具和混凝土的连续搅拌的最短时间和混凝土的运输、摊铺、振捣、抹面，以至浇筑完毕的允许最长时间，以及搅拌场的能力等而定。因此，工地应根据机具配备等实际情况和现场有足够的堆料场地和水泥仓库，以及充足的水源、电源等，确定搅拌场的设置地点和浇筑的里程。

2. 供水、供电和燃料供应

搅拌场应做好接水、接电和确保机械等动力设备的燃料供应,并保证水质。

3. 水泥、粉煤灰储存和供应

(1)混凝土路面工程宜使用散装水泥,每台搅拌楼应至少配置 2 个水泥罐仓和 1 个粉煤灰罐仓储存散装水泥和粉煤灰。

(2)应确保施工期间的水泥和粉煤灰供应,水泥和粉煤灰供应保证率不足或运距较远时,应储备和使用吨包装水泥或袋装水泥,但应准备水泥及粉煤灰仓库、拆包及输送入灌设备。吨包装水泥或袋装水泥仓库应覆盖或设置顶篷防雨,并应设置在地势较高处,严禁水泥、粉煤灰受潮或浸水。

4. 砂石料储备

(1)施工前,宜储备正常施工一个月以上的砂石料。

(2)料场应建在地势较高、排水通畅的位置,其底部应采用胶凝材料处置或水泥混凝土硬化处理,严防料堆积水或泥土污染。不同规格的砂石料之间应有隔离设施,并设标示牌,严禁混杂。

应防止混凝土原材料在搅拌场发生积水、二次污染或混杂;防止直接使用淌水、夹冰雪、表面沾染尘土和局部暴晒过热的砂石料搅拌混凝土,否则这些不利因素将严重影响新拌混凝土的均质性和弯拉强度。

5. 场内道路与排水

搅拌场原材料运输与混凝土运输车辆不应相互干扰,应设置车辆进出道口的环形道路,每台或每两台安装在一起的搅拌楼应设相对立的运料进出口,并有临时停车场。搅拌楼下装车部位应采用厚度不薄于 200mm 的混凝土铺筑层,并应设置清洗污水排放管沟、积水渗水坑或清洗搅拌楼的废水处理回收设备。这些规定的目的是提高运输效率,防止砂石潮湿及施工污染。

四、混凝土拌和物搅拌与运输

1. 搅拌设备

搅拌场的拌和能力配置应符合下列规定:

(1)采用滑模、轨道、碾压、三辊轴摊铺时,搅拌场配置的混凝土总拌和生产能力可按式(7-1)计算,并按总拌和能力确定所要求的搅拌楼数量和型号。

$$M = 60 \cdot \mu b \cdot h v_t \tag{7-1}$$

式中:M——搅拌楼总拌和能力(m^3/h);

b——摊铺宽度(m);

v_t——摊铺速度(m/min)(≥1m/min);

h——面板厚度(m);

μ——搅拌楼可靠性系数,1.2~1.5,根据下述具体情况确定:搅拌楼可靠性高,μ 可取较小值;反之,μ 取较大值;拌和钢纤维混凝土时,μ 应取较大值;坍落度要求较低者,μ 应取较大值。

(2)不同摊铺方式所要求的搅拌楼最小生产容量应满足表 7-2 的规定。一般可配备 2~3 台搅拌楼,最多不宜超过 4 台。搅拌楼的规格和品牌应尽可能统一。

混凝土路面不同摊铺方式的搅拌楼最小配置容量(m^3/h)　　表7-2

摊铺宽度 \ 摊铺方式	滑模摊铺	轨道摊铺	碾压摊铺	三轴摊铺	小型机具
单车道3.75~4.5m	≥100	≥75	≥75	≥50	≥25
双车道7.5~9m	≥200	≥150	≥150	≥100	≥50
整幅宽不小于12.5m	≥300	≥200	≥200	—	—

搅拌楼的配备应符合《公路水泥混凝土路面施工技术规范》(JTG F30—2003)的规定。应优先选配间歇式搅拌楼,也可使用连续式搅拌楼。

2. 拌和技术要求

(1)每台搅拌楼在投入生产前,必须进行标定和试拌。在标定有效期满或搅拌楼搬迁安装后,均应重新标定。施工中应每15d校验一次搅拌楼计量精确度。搅拌楼配料计量偏差不得超过表7-3的规定,不满足要求时,应分析原因,排除故障,确保拌和计量精确度。采用计算机自动控制系统的搅拌楼时,应使用自动配料生产,并按需要打印每天(周、旬、月)对应路面摊铺桩号的混凝土配料统计数据及偏差。

搅拌楼的混凝土拌和计量允许偏差(%)　　表7-3

材料名称	水泥	掺和料	钢纤维	砂	粗集料	水	外加剂
高速公路、一级公路每盘	±1	±1	±2	±2	±2	±1	±1
高速公路、一级公路累计每车	±1	±1	±1	±2	±2	±1	±1
其他公路	±2	±2	±2	±3	±3	±2	±2

(2)应根据拌和物的黏聚性、均质性及强度稳定性试拌确定最佳拌和时间。一般情况下,单立轴式搅拌机总拌和时间宜为80~120s,全部原材料到齐后的最短纯拌和时间不宜短于40s;行星立轴和双卧轴式搅拌机总拌和时间为60~90s,最短纯拌和时间不宜短于35s;连续双卧轴搅拌楼的最短拌和时间不宜短于40s。最长总拌和时间不应超过高限值的2倍。

(3)混凝土拌和过程中,不得使用沥水、夹冰雪、表面沾染尘土和局部曝晒过热的砂石料。

(4)外加剂应以稀释溶液加入,其稀释用水和原液中的水量,应从拌和加水量中扣除。使用间歇搅拌楼时,外加剂溶液浓度应根据外加剂掺量、每盘外加剂溶液筒的容量和水泥用量计算得出。连续式搅拌楼应按流量比例控制加入外加剂。加入搅拌锅的外加剂溶液应充分溶解,并搅拌均匀。有沉淀的外加剂溶液,应每天清除一次稀释池中的沉淀物。

(5)拌和引气混凝土时,搅拌楼一次拌和量不应大于其额定搅拌量的90%。纯拌和时间应控制在含气量最大或较大时。

(6)粉煤灰或其他掺和料应采用与水泥相同的输送、计量方式加入。粉煤灰混凝土的纯拌和时间应比不掺时延长10~15s。当同时掺用引气剂时,宜通过试验适当增大引气剂掺量,以达到规定含气量。

(7)拌和物质量检验与控制应符合下列要求:

①搅拌过程中,拌和物质量检验与控制应符合表7-4的规定。低温或高温天气施工时,拌和物出料温度宜控制在10~35℃。并应测定原材料温度、拌和物的温度、坍落度损失率和凝结时间等。

混凝土拌和物的质量检验项目和频率 表 7-4

检 查 项 目	检 查 频 度	
	高速公路、一级公路	其他公路
水灰比及稳定性	每 5 000m^3 抽检 1 次,有变化随时时测	每 5 000m^3 抽检 1 次,有变化随时时测
坍落度及其均匀性	每工班测 3 次,有变化随时测	每工班测 3 次,有变化随时测
坍落度及损失率	开工、气温较高和有变化随时测	开工、气温较高和有变化随时测
振动黏度系数	试拌、原材料和配合比有变化随时测	试拌、原材料和配合比有变化随时测
钢纤维体积率	每工班测 2 次,有变化随时测	每工班测 1 次,有变化随时测
含气量	每工班测 2 次,有抗冻要求不少于 3 次	每工班测 1 次,有抗冻要求不少于 3 次
泌水率	必要时测	必要时测
视密度	每工班测 1 次	每工班测 1 次
温度、凝结时间、水化发热量	冬、夏季施工,气温最高、最低时,每工班至少测 1 ~ 2 次	冬、夏季施工,气温最高、最低时,每工班至少测 1 次
离析	随时观察	随时观察
VC 值及稳定性、压实度、松铺系数	碾压混凝土做复合式路面底层时,检查频率与其他公路相同	每工班测 3 ~ 5 次,有变化随时测

注:①混凝土拌和物振动黏度系数试验方法见《公路水泥混凝土路面滑模施工技术规程》(JTJ/T 037.1—2000)中附录 A。

②钢纤维混凝土拌和物钢纤维体积率试验方法参照规范规定的方法。

②拌和物应均匀一致,有生料、干料、离析或外加剂、粉煤灰成团现象的非均质拌和物严禁用于路面摊铺。一台搅拌楼的每盘和各搅拌楼之间,拌和物的坍落度最大允许偏差为 ±10mm。拌和坍落度应为最适宜摊铺的坍落度值与当时气温下运输坍落度损失值两者之和。

3. 运输车辆

(1)机械摊铺系统配套的运输车数量,可按式(7-2)计算:

$$N = 2n\left(1 + \frac{S\gamma_c m}{v_q g_q}\right) \tag{7-2}$$

式中:N——汽车辆数(辆);

n——相同产量的搅拌楼台数;

S——单程运输距离(km);

γ_c——混凝土密度(t/m^3);

m——一台搅拌楼每小时生产能力(m^3/h);

v_q——车辆的平均运输速度(km/h);

g_q——汽车载重能力(t/辆)。

(2)可选配车况优良、载重量 5 ~ 20t 的自卸车。自卸车后挡板应关闭紧密,运输时不漏浆撒料,车厢板应平整光滑。远距离运输或摊铺钢筋混凝土路面及桥面时;宜选配混凝土罐车。

4. 运输技术要求

(1)应根据施工进度、运量、运距及路况，选配车型和车辆总数。总运力应比总拌和能力略有富余。确保新拌混凝土在规定时间内运到摊铺现场。

(2)运输到现场的拌和物必须具有适宜摊铺的工作性。不同摊铺工艺的混凝土拌和物从搅拌机出料到运输、铺筑完毕的允许最长时间应符合表7-5的规定。不满足时应通过试验，加大缓凝剂或保塑剂的剂量。

混凝土拌和物出料到运输、铺筑完毕允许最长时间 表7-5

施工气温*（℃）	到运输完毕允许最长时间(h)		到铺筑完毕允许最长时间(h)	
	滑模、轨道	三轴、小机具	滑模、轨道	三轴、小机具
5~9	2.0	1.5	2.5	2.0
10~19	1.5	1.0	2.0	1.5
20~29	1.0	0.75	1.5	1.25
30~35	0.75	0.50	1.25	1.0

注：施工气温指施工时间的日平均气温，使用缓凝剂延长凝结时间后，本表数值可增加0.25~0.5h。

(3)混凝土拌和物的运输除应满足上述规定外，尚应符合下列技术要求：

①运送混凝土的车辆装料前，应清净厢罐，洒水润壁，排干积水。装料时，自卸车应挪动车位，防止离析。搅拌楼卸料落差不应大于2m。

②混凝土运输过程中应防止漏浆、漏料和污染路面，途中不得随意耽搁。自卸车运输应减小颠簸，防止拌和物离析。车辆起步和停车应平稳。

③超过表7-5规定摊铺允许最长时间的混凝土不得用于路面摊铺。混凝土一旦在车内停留超过初凝时间，应采取紧急措施处置，严禁混凝土在车厢(罐)内硬化。

④烈日、大风、雨天和低温天气远距离运输时，自卸车应加篷布遮盖混凝土，罐车宜加保温隔热套。

⑤使用自卸车运输混凝土最远运输半径不宜超过20km。

⑥运输车辆在模板或导线区调头或错车时，严禁碰撞模板或基准线，一旦碰撞，应告知测工重新测量纠偏。

⑦车辆倒车及卸料时，应有专人指挥。卸料应到位，严禁碰撞摊铺机和前场施工设备及测量仪器。卸料完毕，车辆应迅速离开。

⑧碾压混凝土卸料时，车辆应在前一辆车离开后立即倒向摊铺机，并在机前10~30cm处停住，不得撞击摊铺机；然后换成空挡，并迅速升起料斗卸料，靠摊铺机推动前进。

五、路面摊铺前材料与设备检查

1. 当地材料调研

在施工准备阶段，应根据混凝土路面设计要求、工程规模，对当地及周边的水泥、钢材、粉煤灰、外加剂、砂石料、水资源、电力、运输等状况进行实地调研，确认符合铺筑混凝土路面的原材料质量、品种、规格、原材料的供应量、供应强度和供给方式、运距等。通过调研，初步选择原材料供应商。

在首先满足路面工程质量的前提下，就地取材，以降低原材料的价格，节省运费及土地占用费等，最终节省工程造价，也带动了地方经济的发展。

2. 原材料确定和配合比优化

路面开工前,工地试验室应对计划使用的原材料进行质量检验和混凝土配合比优选,监理应对原材料抽检和配合比试验验证,报请业主正式审批。原材料和配合比发生变化时,应重新审批。

3. 原材料进场规定

应根据路面施工进度安排,保证及时地供给符合技术指标规定的各种合格的原材料,不合格原材料不得进场。每个施工工地宜设置地磅,对所有进场原材料进行称量计量。

原材料进场以及施工过程中材料来源、规格及批量等发生变化时,应将相同料源、品种、规格的原材料作为一批,分批量分别检验储存。原材料的检验项目和批量应符合规范要求。

4. 施工设备机具的全面检查

施工前必须对机械设备、测量仪器、基准线或模板、机具工具及各种试验仪器等,进行全面地检查调试、校核、标定、维修和保养,并试运行正常。强调对机械化施工主要设备的易损零件应有适量储备。

六、路基、基层和封层的检测与修整

1. 路基稳定性要求

路基应稳定、密实、均质,对路面结构提供均匀的支承。对桥头、软基、高填方、填挖方交接等处的路基段,应进行连续沉降观测,并采取切实有效的措施保证路基的稳定性。

2. 垫层和基层的要求

新建和改建公路混凝土路面垫层、基层适宜的材料类型、设计厚度等应符合《公路水泥混凝土路面设计规范》(JTG D40—2002)的规定;混凝土路面垫层、基层的材料要求、施工工艺及质量指标等应符合《公路路面基层施工技术规范》(JTJ 034—2000)的规定。此外,混凝土路面基层尚应符合下列特殊技术要求:

1)排水渗水

半刚性基层应具有足够的强度、抗裂性和耐冲刷性,适宜的刚度和防渗性。柔性基层应具有良好的稳固性和透水性,透水基层应具有规定的设计强度、稳固性和渗透系数。硬路肩厚度薄于面板时,应设排水基层或排水盲沟。缘石和软路肩底不应有渗透排水措施。

2)基层厚度、横坡与路供控制

基层厚度应满足设计要求,并保持均匀一致,(上)基层纵、横坡一般应与面层一致,但横坡可略大于0.15% ~0.20%,并不得小于路面横坡。高程应符合要求。

3)基层作业面

面层开始摊铺前,宜至少提供面层施工机械连续施工10d以上合格基层,此规定是保证机械摊铺路面和基层实施流水作业的要求。

第二节　水泥混凝土面层常规施工

一、水泥混凝土面层常规施工工艺流程

水泥混凝土面层常规施工工艺流程见图7-1。

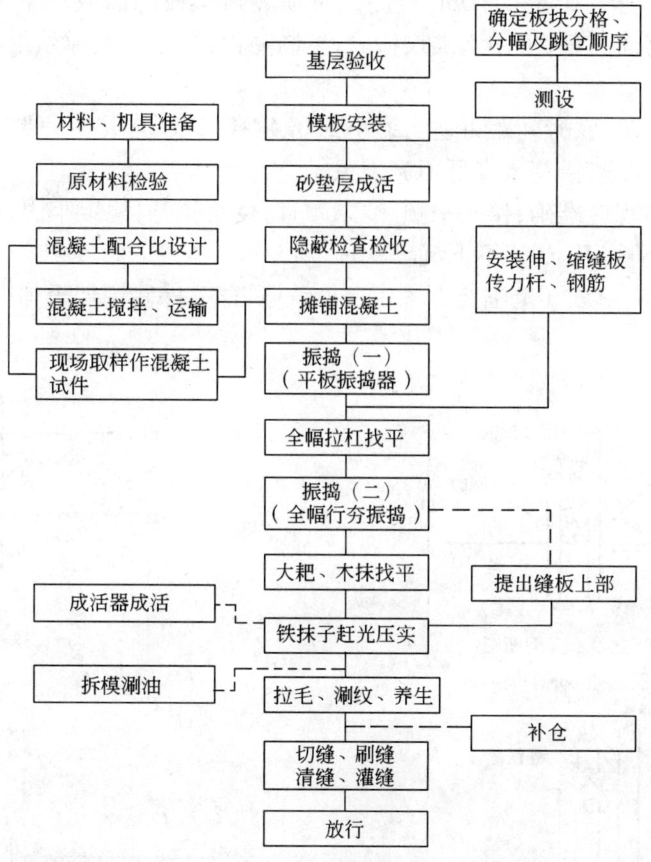

图7-1　水泥混凝土面层常规施工工艺流程图

二、水泥混凝土面层常规施工工序作业要点

1. 模板的制作与安装

1）木模板

（1）制作

一般用经风干的红松板制成，多用4～6cm厚板材，弯道部分可用薄板（表7-6），高度应与路面板厚度相同，长度宜大于一块路面板长，内侧和顶面均需刨光，边板一般为平板，纵缝衔接一般为平缝，亦可采用企口缝。

曲线部分模板厚度参考　　表7-6

曲线半径（m）	模板厚度（cm）	备　注
>2 000	5	红、白松板
800～2 000	4	红、白松板
100～800	3	红、白松板
15～100	2	红、白松板
<15	1.5	红、白松板

（2）安装

先把木模板泡透。按放线位置支立模板，两侧用铁橛钉牢并紧靠模板，内侧铁橛应高于模板(约10cm左右)。间距0.8～1.0m,外侧铁橛顶应与模板同高或低下1.0cm,以利行夯操作。模板顶高程即路面高程,须用水准仪检验,控制高程,模板下空隙须用木块嵌紧,不得用砾石,以防掉落。

弯道处因模板较薄,铁橛间距可适当缩小到0.4～0.8m,模板接头要严密,企口内侧与顶面要平顺,不允许有离缝、错茬或高低不齐现象。

安装好的模板高程应准确,接头平顺,线条顺直,棱角整齐,稳定牢固,使其能经受2kW的振捣器振动30s不变形、不位移、不下沉。

模板接头内侧10～15cm范围至少各用一根铁橛钉牢,外侧用挡板加固、钉牢(如图7-2～图7-5所示)。

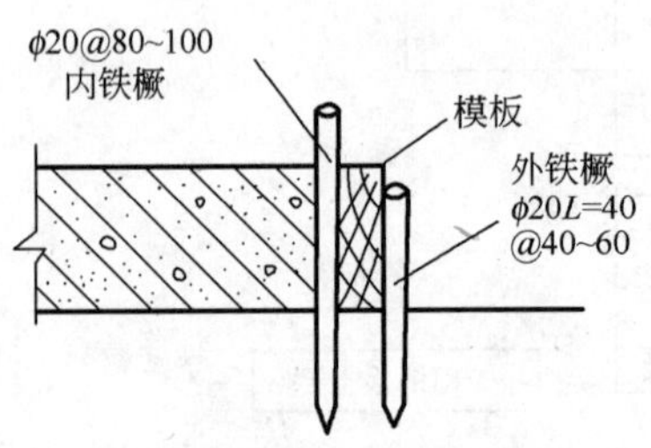

图7-2　支模示意剖面图

尺寸:钢筋直径-mm;间距-cm

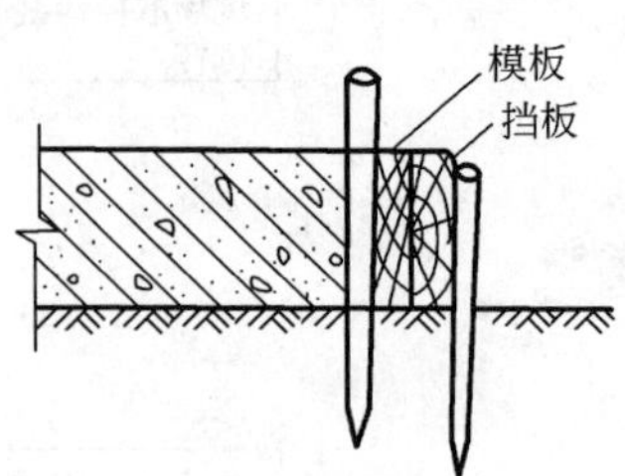

图7-3　模板接头处加支剖面

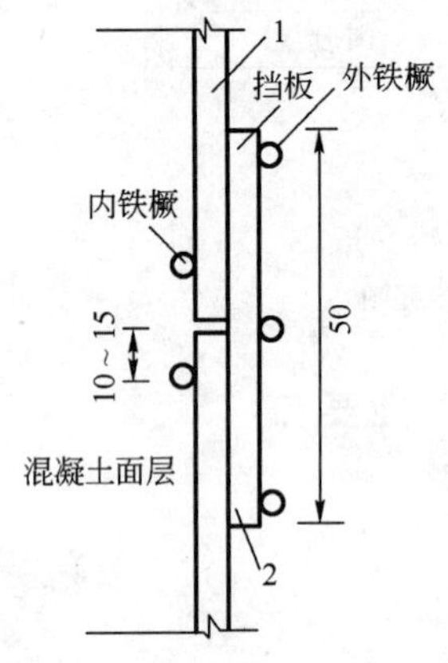

图7-4　模板接头处理平面图

1-模板;2-挡板(尺寸单位:cm)

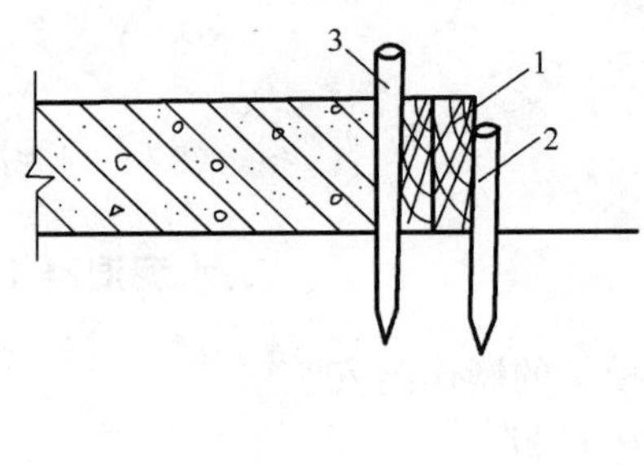

图7-5　企口模板支固剖面图

1-企口模板;2-外铁橛;3-内铁橛

模板支好后,内侧均匀涂刷一薄层润滑剂,一般用掺水柴油或废机油、肥皂水、石灰水脱膜剂等。弯道模板:由于模板较薄、铁橛间距适当加密,满足弯道半径圆顺牢固的要求。

2)钢模板

(1)制作

一般采用3mm钢板及40～50mm角钢组合焊制,或用4～5mm的钢板冲压制成。钢模一般长度采用3m,高20cm。固定用铁橛内外尽量靠紧,其间缝隙用小木块锲牢,也可在模板外侧隔50～60cm焊制固定铁橛的钉箱,可以单面在外侧钉箱内钉橛固定,如图7-6。其优点是:模板平直,安支省时,有利质量;缺点是:拔铁橛费力,维修整理模板费工,造价贵。

钢模板制作允许偏差:高程允许偏差±2mm,长度允许偏差±5mm。局部变形允许偏差3mm,中部最大变形(挠曲)4mm。

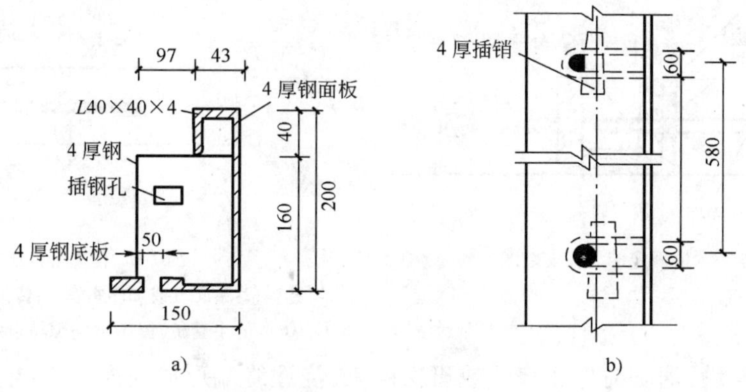

图 7-6　钢模板支固示意图(尺寸单位:mm)

a)剖面图;b)平面图

(2)安装

单面平模板和木模板安支方法相同,但由于每块长仅 3m,接头多,要加密铁橛以保证直顺。钢模高度通常为 20cm,遇有不够高时,在钢模顶面加木条以满足高度要求,顶面必须测平。钢模板外侧有钉箱时,边线位置严格按照测量放线安支,个别钉箱钉不进铁橛时,可在箱外紧靠钢模内外钉橛固定钢模,以保证钢模整体直顺符合要求。

2. 板缝安装

1)伸缝板

应与路面中心线垂直,缝壁必须垂直两侧铁橛钉牢,缝隙宽度必须一致,要求缝中不得连浆。缝隙上部应浇灌填缝料,下部应设置伸缝板,见图 7-7。

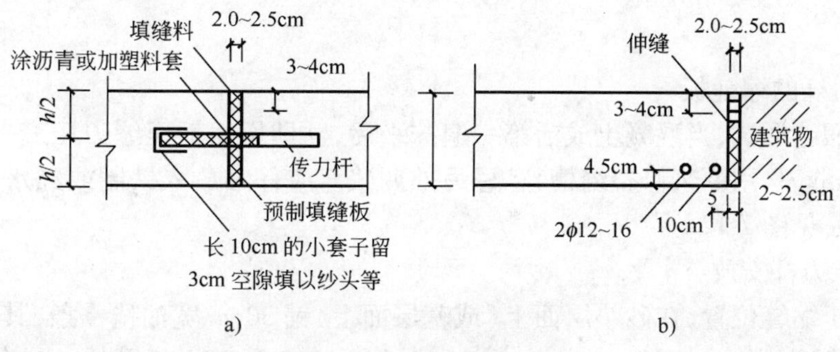

图 7-7　伸缝板构造图

a)设传力杆的伸缝板构造图;b)遇建筑物纵向伸缝板构造图

尺寸单位:钢筋直径-mm;其他-cm

(1)铁橛加固伸缝板:连续浇注混凝土时两侧用铁橛靠伸缝板钉牢,钉直,两侧同时浇注混凝土,待一遍行夯过后再拔铁橛,行夯振完后须使伸缝板垂直。

(2)一侧加挡板:在不浇注混凝土的一头用 5cm 厚的挡头板模板将伸缝板贴紧,两边用铁橛钉直,使伸缝板垂直。

(3)传力杆伸缝板:传力杆伸缝板安装有两种:一种是挡头(顶头)木模固定伸缝板和传力杆的安装方法,见图 7-8 ~ 图 7-9,另一种是用钢筋支架托传力杆,伸缝板用打好椭圆眼的端头挡板贴紧伸缝板,两侧用铁橛钉牢,见图 7-10。

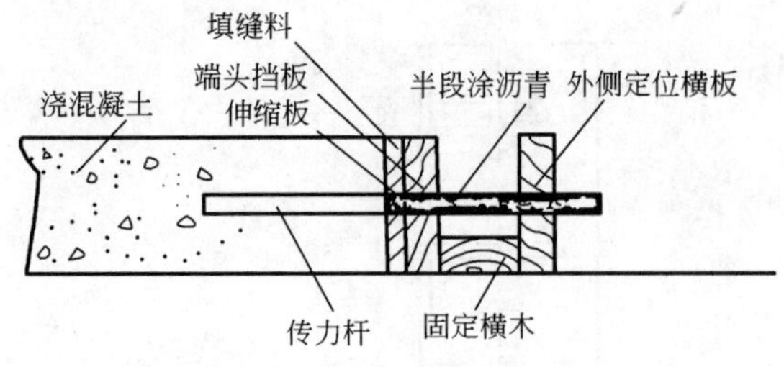

图 7-8 顶头木模固定传力杆安装图

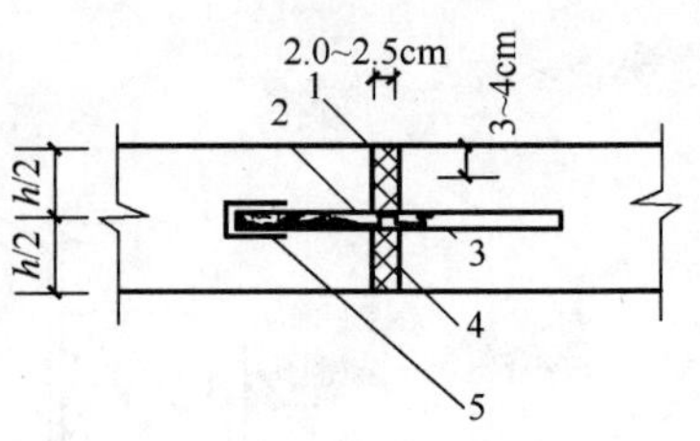

图 7-9 传力杆伸缝板

1-填缝料;2-涂沥青或加塑料套;3-传力杆;4-预制填缝板;5-长 10cm 的小套子,留 3cm 空隙填以纱头等物

(4)横向施工缝:遇临时停止浇注或班次停工,浇注终端形成横向施工缝。一般加支端头挡板,挡板就是模板,挡板支法也和模板一样,两边钉铁橛内高外低,初振后拔除内橛。加传力杆时,端头挡板要打孔固定(图 7-11)。

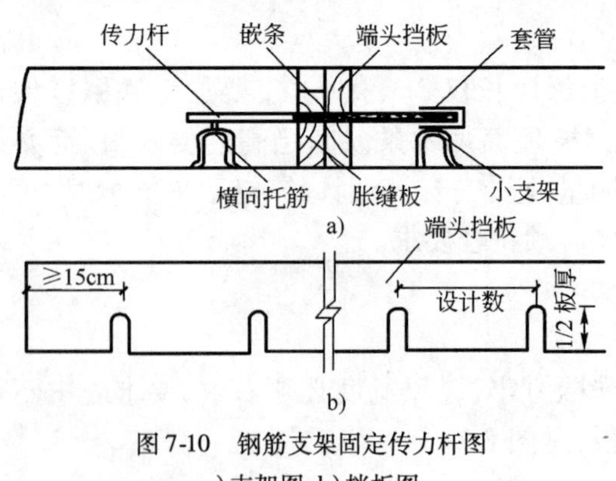

图 7-10 钢筋支架固定传力杆图

a)支架图;b)挡板图

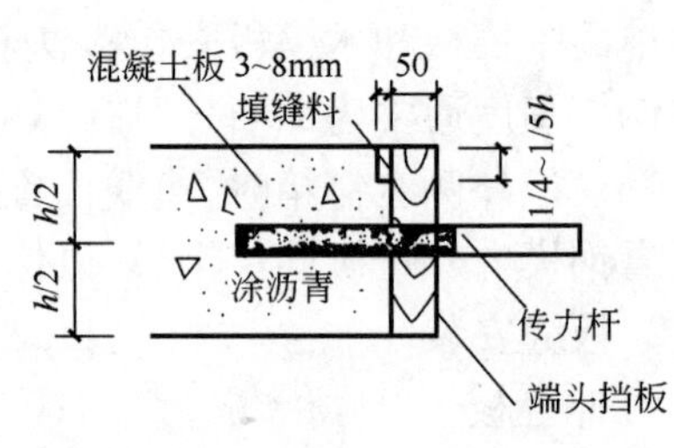

图 7-11 横向施工缝挡板

2)缩缝板

(1)无传力杆的缩缝板

一般采用假缝形式,当混凝土成活第一遍抹平后,立即用振动压缝刀压缝,当压至规定深度时,应提出压缝刀,用原浆修整缝槽,且忌另外调浆。应仔细放入铁制或经水充分浸泡的木缝板,继续成活,见图 7-12a)。

(2)缩缝传力杆安放

一般安放于缩缝位置,在砂垫层面上(或基层面上)铺 30cm 宽油毡一条,其长度和混凝土板同宽,在其上堆混凝土混合料,堆成宽约 50cm,厚为 2/3 混凝土板厚的一长条混凝土埂,整平、捣实,预留 2 ~ 3cm 的沉落度。传力杆形式见图 7-12b)。

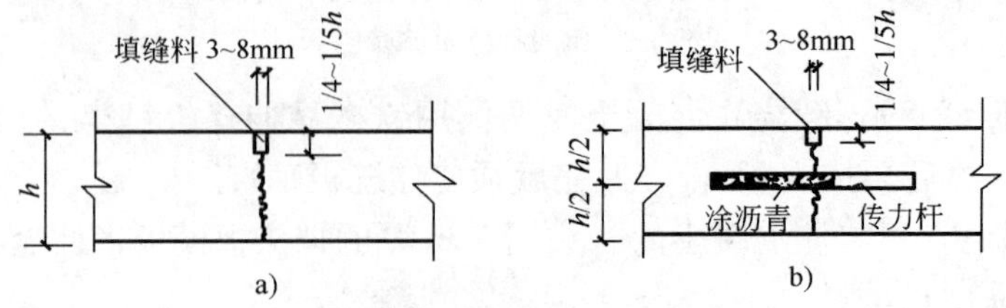

图 7-12 缩缝和缩缝加传力杆图

a)假缝形式;b)假缝加传力杆形式

将传力杆按设计位置安放,并用下面预留标准缺口的木卡板把传力杆压入混凝土埂内,然后把木板取出。缩缝木卡板见图 7-13 示意。木卡板移走后,用混凝土混合料将传力杆覆盖,

并严防操作者踏踩。

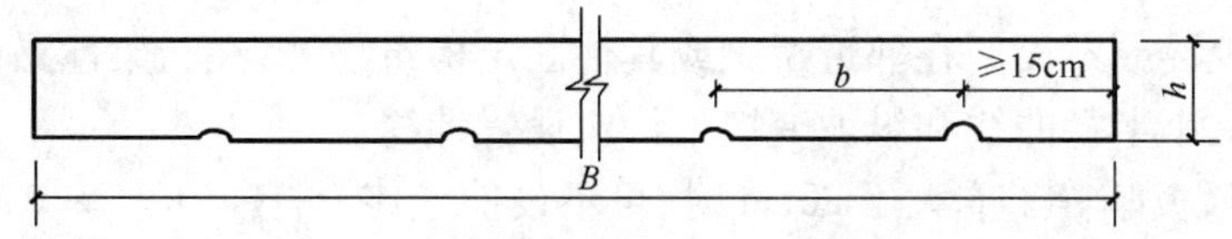

图 7-13　缩缝木卡板图

b-传力杆间距;*B*-混凝土板宽;*h*-1/2 混凝土板厚

(3)缩缝切缝施工

切缝法施工,当混凝土达到设计强度 25% ~30% 时,应采用切缝机进行切割。切缝用水冷却时,应防止切缝水浸入基层和土基。

3)纵缝

(1)平缝纵缝:对已浇混凝土板的缝壁须涂刷沥青,并应避免涂在拉杆上,浇筑邻板时,纵缝的上部应压成规定深度的缝槽。

(2)企口缝纵缝,宜先浇筑混凝土板凹榫的一边,缝壁应涂刷沥青。

(3)整幅浇筑纵缝的切缝或压缝。纵缝设拉杆时,应按设计规定的位置安装专用的模板(事先放样打眼,模板编号),支安方法与平模板相同。

3. 传力杆设置

1)纵向缩缝拉杆

一般铺筑宽度大于 4.5m 时,应增设纵向缩缝。常用假缝形式,设在板厚中央,构造与纵向施工缝相同,见图 7-14,但施工缝必须支立带孔的模板,拉杆应采用螺纹钢筋,最外边的拉杆距接缝或自由边的距离不应大于 35cm,拉杆尺寸及间距可参见表 7-7。

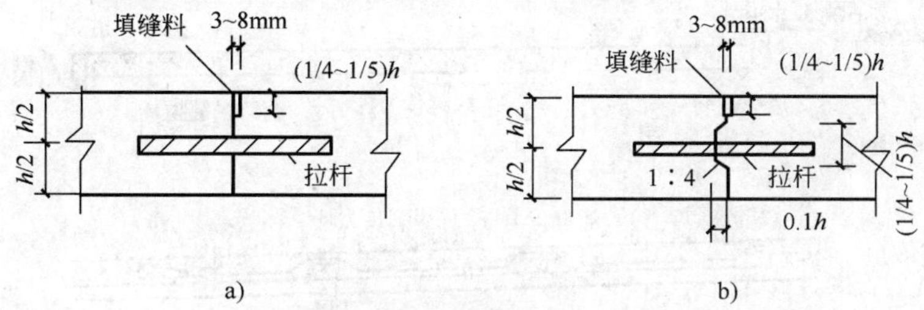

图 7-14　纵向缩缝拉杆图

a)平缝加拉杆形式;b)企口缝加拉杆形式

拉杆尺寸间距表　　表 7-7

板宽(m)	板厚 h(mm)	直径(mm)	最小长度(cm)	最大间距(cm)
3	≤20	14	70	100
	21 ~25	16	80	100
	26 ~30	19	90	100
3.5	≤20	14	70	95
	21 ~25	16	80	95
	26 ~30	19	90	95
3.75	≤20	14	70	90
	21 ~25	16	80	90
	26 ~30	19	90	90
4.5	≤20	14	70	80
	21 ~25	16	80	80
	26 ~30	19	90	80

2）横向伸缝传力杆

伸缝宜尽量少设或不设。在邻近桥梁或其他固定构筑物处，在与柔性路面相接处、板厚改变断面处、隧道口、小半径曲线和纵坡变换处均应设置伸缝。

（1）夏季施工，板厚等于或大于20cm时，可不设伸缝传力杆。其他季节施工，应设伸缝传力杆，其间距一般为100～200cm。

（2）伸缝传力杆宜采用滑动型，与构筑物衔接处；无法设伸缝传力杆时，可采用边缘钢筋型（图7-15）或厚边型。

（3）传力杆一般采用圆钢筋，长度一半以上应涂沥青，尚应在涂沥青的端部加一套子，内留空隙，套子端应在相邻板中交错布置。最外边的传力杆距接缝或自由边距离不应小于15cm。

（4）固定传力杆可用顶头木模法或钢筋支架法安装。

（5）固定后的传力杆必须平行于板面及路中心线，其误差不得大于5mm。

3）横向缩缝传力杆

横向缩缝传力杆常设在板厚的中央，板缝采取假缝形式，也可用压缝或切缝。横向缩缝传力杆尺寸及间距见表7-8，缩缝传力杆布置见图7-15。

横向缩缝传力杆尺寸及间距表 表7-8

混凝土板厚 h（cm）	直径（mm）	最小长度（cm）	最大间距（cm）
≤20	19	40	30
21～25	25	45	30
26～30	32	50	30

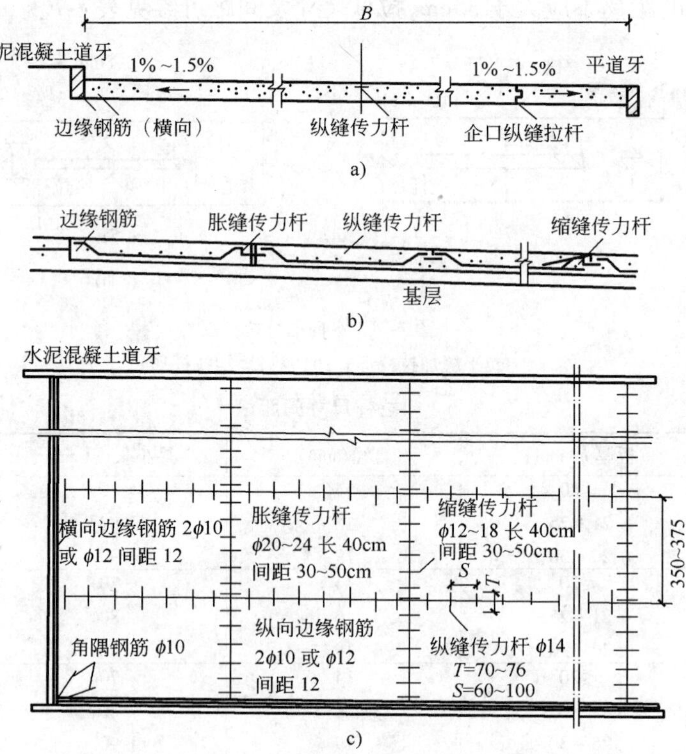

图7-15 设置传力杆的混凝土路面（尺寸单位：mm）

a）横断面图；b）纵断面图；c）平面布置示意图；

B-路宽

4. 钢筋安放

(1)不得踩踏钢筋网片。

(2)安放单层钢筋网片时,应在底部先摊铺一层混凝土拌和物,摊铺高度应按钢筋网片设计位置预加一定的沉落度。待钢筋网片安放就位后,再继续浇筑混凝土。

(3)安放双层钢筋网片时,对厚度不大于25cm的板,上下两层钢筋网片可事先用架立筋扎成骨架后一次安放就位。厚度大于25cm的,上下两层钢筋网片应分两次安放。

(4)安放角隅钢筋时,应先在安放钢筋的角隅处摊铺一层混凝土拌和物,摊铺高度应比钢筋设计位置预加一定的沉落度。角隅钢筋就位后,用混凝土拌和物压住。边缘和角隅钢筋布置见图7-16。

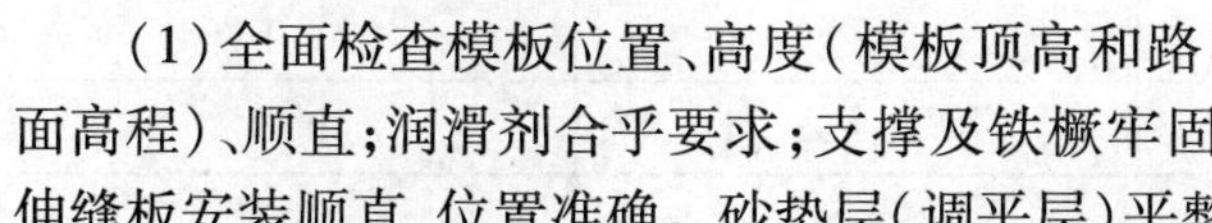

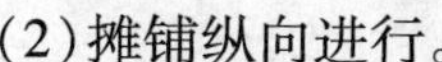

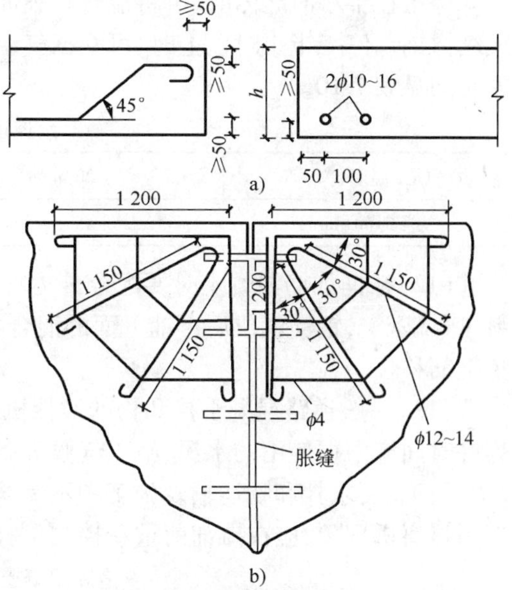

图7-16 边缘钢筋和角隅钢筋的布置(尺寸单位:mm)
a)边缘钢筋;b)角隅钢筋

5. 混凝土的摊铺

(1)全面检查模板位置、高度(模板顶高和路面高程)、顺直;润滑剂合乎要求;支撑及铁橛牢固。纵向角隅钢筋,钢筋网及其他埋设准确。伸缝板安装顺直,位置准确。砂垫层(调平层)平整、振实,湿润混合料拌和质量符合要求。

(2)摊铺纵向进行。

(3)采用人工小车直接卸料法时,临时铺垫道(铺木板)的卸料位置应适中,卸料速度要缓,避免碰撞模板及扰动砂垫层。边角空白处要用和易性好的混合料扣锹填补,避免扬锹,以免骨料离析。

(4)自卸汽车、小翻斗车卸料应从模板一端倒车入模卸料或卸入摊铺机摊铺。

(5)摊铺虚厚一般高出模板2~2.5cm,摊铺时可在模板顶面加一块临时活动木挡板(约3cm),以防振捣初期混凝土外溢,随着混凝土初期振捣进度逐步向前移动。

(6)设有企口缝的纵缝,除应加强振捣外更须加强掖边,宜用和易性较好的混合料扣锹保证凹进部位混凝土填充密实。

(7)混合料摊铺至板厚的2/3时即可拔出模内铁橛,并填实橛洞。

(8)板厚大于22cm,分两次摊铺,下部厚度宜为板厚的3/5。双层式路面施工,摊铺上层混合料应在下层混凝土初凝前完成(一般10℃时90min、15℃时60min、20℃时45min)。

(9)补仓时,已浇注混凝土的侧面应刷沥青,同时应有一定的强度,避免振捣时损伤,养生气温与最早补仓时间参见表7-9。

养生气温与补仓时间表 表7-9

昼夜平均气温(℃)	最早补仓时间(d)	昼夜平均气温(℃)	最早补仓时间(d)
5	6	15	4
10	5	20以上	3

(10)摊铺工作一定要在分缝处结束,不能在一块内有接茬。

(11)因故停工时须特殊处理。

停工在半小时之内时，可将混合料表面用湿麻布盖上，恢复工作时把此处混凝土耙松，再继续摊铺。停工半小时以上时，可根据气温和混合料的初凝时间作施工缝处理，水泥混凝土初凝时间见表 7-10。

水泥混凝土初凝时间 表 7-10

施工温度(℃)	20	15	10
初凝时间(min)	45	60	90

(12)摊铺加筋混凝土时要配合传力杆、边缘及角隅钢筋的安放进行，先铺钢筋下部混合料，振捣密实，钢筋就位后再铺上面的混合料，在有传力杆角隅钢筋部位振捣时严防脚踩，以避免钢筋移位。

(13)一般道路混凝土拌和物的搅拌机出料运至铺筑地点进行摊铺，振捣直至成型最长的容许时间应根据使用的水泥、施工气候等条件确定，一般道路混凝土拌和物最长使用时间如表 7-11 所列，要求拌和物运输及施工中不漏浆、不变干、不离析，卸料高度不超过 1.5m。入现场有明显离析现象，应在摊铺前重新拌匀。

道路混凝土拌和物最长使用时间 表 7-11

施工气温(℃)	允许最长使用时间(h)	施工气温(℃)	允许最长使用时间(h)
5 ~ 10	2.0	20 ~ 30	1.0
10 ~ 20	1.5	30 ~ 35	0.75

6. 混凝土振捣

(1)平板振捣器振捣：一般先由混凝土板块的边缘开始摊铺，振捣时按垂直方向顺行行驶振捣，每一行重叠 15 ~ 20cm，初振找平后沿板四周振捣一遍，然后再纵向压茬振捣(顺路方向)。表 7-12 给出了参考时间和有效作用半径。表 7-13 为振捣器的选配。

混凝土振捣参数 表 7-12

坍落度(cm)	0 ~ 3	4 ~ 7	8 ~ 12	13 ~ 17	18 ~ 20	20 以上
振捣时间(s)	22 ~ 28	17 ~ 22	13 ~ 17	10 ~ 13	7 ~ 10	5 ~ 7
振捣有效作用半径(cm)	25	25 ~ 30		30 ~ 35	35 ~ 40	

路面混凝土的摊铺厚度与振捣方法 表 7-13

路 面 厚 度	振 捣 方 式	浇 注 方 法
≤22	平板振捣器振实	一层摊铺，一层振捣
22 ~ 40	平板振捣器、分两层振捣	分上下层两层摊铺，分层振实， 上下层紧密衔接
23 ~ 30	插入式与平板式配合振捣	一次摊铺，混合振实

(2)行夯粗平：平板夯振实后，用全幅拉杠拉平补齐，全幅振捣夯(行夯)振实。行夯是浮于模板顶面运行，操作行夯应顺着振动器偏心振动子甩动方向前进，两端有一人掌握夯把，不使行夯振离模板，并保持两边同步缓缓向前，夯前积料过多时应及时清除，凹处及时补足振实，振至混凝土板端后，按动倒顺开关，使行夯返回振捣，如此反复，振捣 2 ~ 3 遍，达到表面平整、均匀、不露石子，有一层滋润的砂浆为度。行夯用枋木或双排钢管制成，安装振捣器 1 ~ 2 台。图 7-17 为手工木行夯示意图。

图7-18为拉杠(手动木行夯)示意图,俗称拉夯,一般用作推拉找平。如用它振捣常采用扇形振捣法,即一人持一端夯把定此端为轴,另一端一人持夯把向前移动用力拍打,呈扇形振迹。到该端不进入混凝土板范围为止,改为该端固定,另一人移动拍打。如此,两端轮流拍打前进,推搓至表面平整、浆匀,符合要求为止,随后用大耙(图7-19)、木抹子等找细。

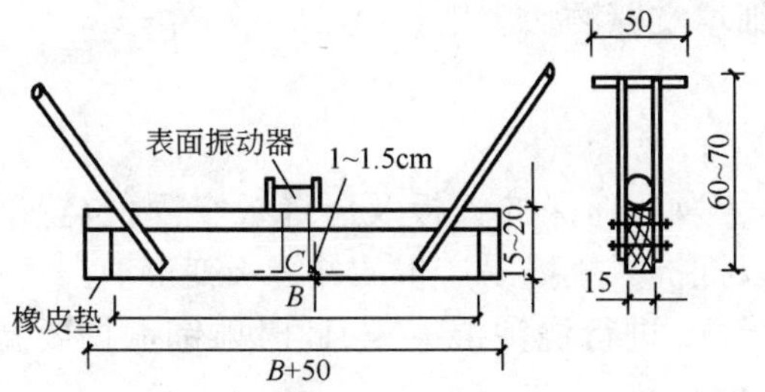

图7-17　木行夯示意图(尺寸单位:cm)

图7-18　手动木行夯(拉杠)示意图(尺寸单位:cm)

7. 修整、抹面

修整、抹面作业包括修整模板、缝板处理、抹面和撸边、压纹或拉毛。

1)修整模板

(1)修整模板在每次振捣作业中,如发现模板外挤,须及时挂线,加楔挤紧校直。

(2)振后模板顶面遗留砂浆等物,须立即清除干净。

(3)伸、缩缝板如有偏移或倾斜,应及时挂线找直、修整好。

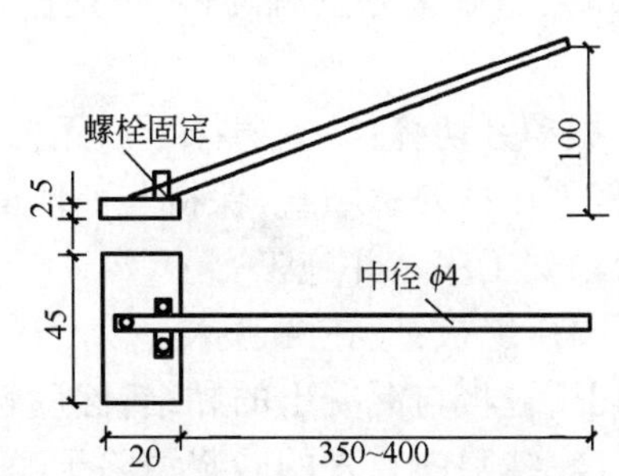

图7-19　长柄大耙示意图(尺寸单位:cm)

2)缝板处理

包括纵缝,伸缝和缩缝的处理。

(1)横缝(伸缝)处理:伸缝俗称胀缝或真缝,其功能是解决混凝土板因温度升高而能较自由的伸长。留缝间距依季节、温度差而定。夏季施工25~40m或更长,低温及冬季15~20m,一般为混凝土板宽的5~8倍。伸缩宽度一般为2~2.5cm,须顶面到底面上贯通垂直,伸缝构造上部为沥青混合料,灌缝下部为伸缝板,伸缝板可采用红松、甘蔗板,刨花板等,木板在使用前应在水中浸泡24~36h。伸缝施工麻烦,易造成行车颠簸,并使伸缝破坏。目前正在研究伸缝间距加长问题,已有达100m左右,甚至在机场跑道伸缝间距有的已达1km。伸缝构造见图7-20和图7-21。

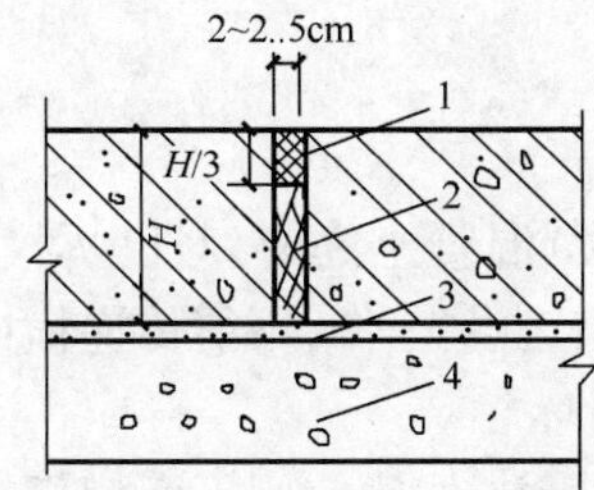

图7-20　不设传力杆的伸缝构造图

1-灌缝料;2-软木板、刨花板;3-垫层砂(沥青罩面);4-基层

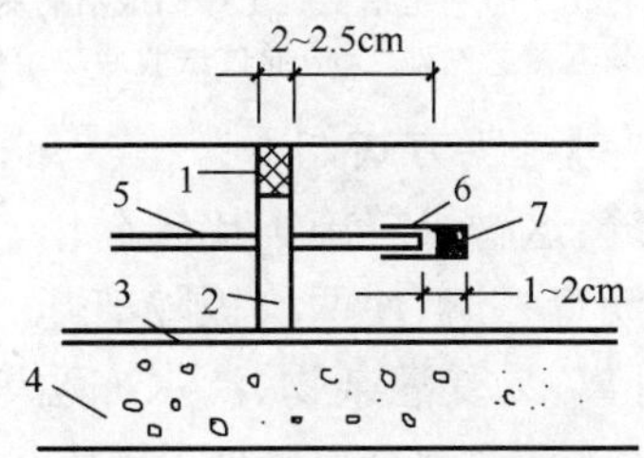

图7-21　设传力杆的伸缝构造图

1-灌缝料;2-软木板;3-砂垫层;4-基层;5-传力杆;6-金属或塑料套筒;7-沥青玛蹄脂

(2)伸缝施工操作有两种方法:一是两侧伸缝施工同时浇注;另一是先浇注一侧混凝土,待拆模后,再浇另一侧混凝土。

(3)两侧同时浇注时:伸缝板上放压缝条(与伸缝板同厚,高约4cm)与伸缝板压紧、对齐,用"П"型铁夹将伸缝板与压缝板夹紧,夹子每隔4cm左右设一个,缝板两侧用铁橛夹紧、垂直、钉牢,挨两边混凝土浇注振捣后,拔出铁橛并仔细填实橛洞。

(4)一般浇注伸缝施工方式如下:

①一般将施工缝放在伸缝处。

②伸缝板与压缝板安装和加固与前条相同,只是为了确保伸缝板及压缝板牢固,位置准确,常在后背加垫一块模板长度与板宽相同,钉牢,以抵抗因振捣易产生的伸缝板变形。

③当浇注相邻混凝土板补仓时拔掉铁橛,拆除模板,进行浇注混凝土,此时摊铺振捣要特别认真,避免振坏或扰动先浇注的混凝土和伸缝板。

(5)缩缝施工方法有两种:一是振动夯切缝,及时埋入缩缝板,抹面后提出;二是用砂轮片切缝。

①振动夯切缝:第一遍抹平后用振动切缝机,在缩缝位切出一条横缝,随即将缩缝板压入横缝,仔细压抹修整顺直,保持与两侧面混凝土完全一致为止。以后的抹面与撸边,提缝板随混凝土系列工序一并施工。

②提压缝板:应在两遍抹子以后进行,先用小铁角抹子贴紧缝板两侧,必须保持垂直,不能倾斜,切断缝板与混凝土的黏结,然后轻轻上提活动压缝板,从一头撬起,并慢慢提出,在缝板刷洗干净,缝隙内掉入的砂浆清除干净以后,再重新放入压缝板,两侧进行撸边,三遍抹子时即可提出压缝板。

③砂轮切缝机切缝:混凝土浇捣后,经养护达到设计强度的20%~30%以上时,按照缩缝位置用切缝机切割,切缝时间不宜过早或过迟,根据现场气温不同,应掌握适宜的切割时机,一般可参照表7-14。

切缝机切缝时间参考 表7-14

序号	昼夜平均气温(℃)	进行切割时间(d)
1	5	4
2	10	3
3	15	2
4	20	1.5
5	25以上	1

注:①进行切割时间是指混凝土抹面成活后所经的时间(d)。
②早晚温差悬殊地区,应通过试验后决定切缝时间。

(6)纵缝施工方式如下:

①平缝:这种纵缝施工比较简单,在浇注另一块(相邻的)混凝土之前,对已拆模的混凝土板侧面刷沥青一遍,使两块板隔离开。平缝相接的路面,板体独立工作,不能传递横向受力,容易滑移、分离,易受灌杂物、渗水冻融等影响造成板体边缘损坏。

②企口缝:采用企口缝时,混凝土板应从路任一边开始浇注,外侧使用平面模板,内侧用凸形模板,先浇注凹榫一侧混凝土,这样逐条使用凸形模板浇注即形成企口缝,在浇注另一条混凝土板前凹形侧面应清理干净,涂沥青一层,厚约1~1.5mm,凹槽内应绝对保证涂匀无空白,浇注混合料时应先将下部即凹榫以下填满,振实再摊铺上部混合料,以保证企口质量,有损坏

的必须维修。

平缝、企口缝构造,见图7-22 ~图7-24。

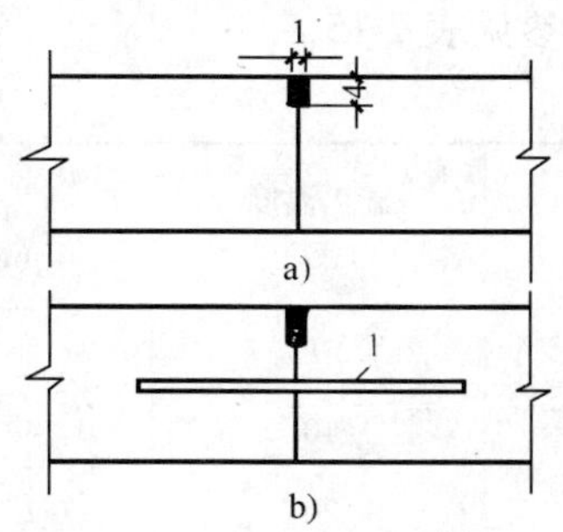

图7-22 纵缝构造形式之一(尺寸单位:cm)

a)平头缝;b)平头缝加拉杆

1-拉杆

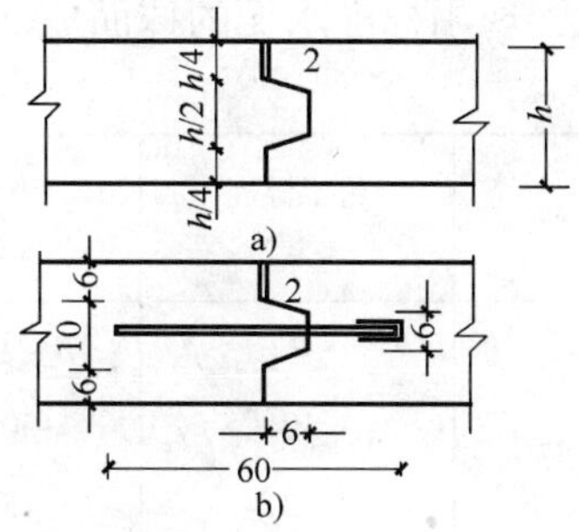

图7-23 纵缝构造形式之二(尺寸单位:cm)

a)企口缝;b)企口缝加拉杆

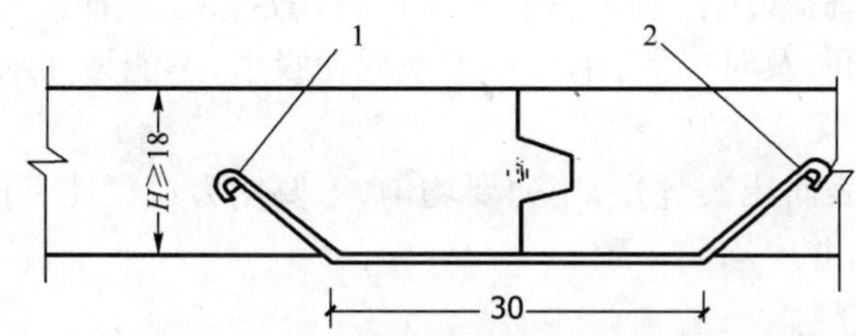

图7-24 企口纵缝构造之三(尺寸单位:cm)

1-直径14mm纵缝拉杆,间距80 ~100cm;2-直径8mm,连接(架立)钢筋

3)抹面

一般人工操作时,在混凝土板面排出泌水后,混凝土终凝前分3次进行混凝土面层抹面成活(俗称三遍抹子)。

(1)第一遍抹面:行夯和拉夯整平后进行,用60 ~70cm长的抹子(木或塑料)采用揉压方法,将较小颗粒挤紧压实,挤出浆液,并尽量排除表面浮水,至板面平整,砂浆均匀一致为度,一般约须抹3 ~5次。

(2)第二遍抹面:与第一遍抹面相隔一段时间,长短视天气情况而定,进一步抹平压实,使析水全部排出模板。无鬃眼,形成一层浓度较高的砂浆。平整度要完全合乎设计要求,因而要求抹面用力要稳,速度要匀,抹动扇面要大。

(3)第三遍抹面:与第二遍抹面之后要停一段时间,析水现象全部停止,砂浆具有一定稠度时进行,这时混合料已稍有强度,宜使用小铁抹子(俗称压子)进一步压实赶光,细腻无任何小坑洼、小凸点或砂眼为度。

(4)电动抹面:在第二遍抹面后,混凝土能承受人踩时(有轻微脚印),用电抹子抹面速度快、压力大,对抹光压实效果显著提高,操作要点如下:

①使用前检查电动机、开关和导线绝缘情况,使各部螺丝拧紧。传动部分充分润滑,并经试运转正常,再行操作。

②两人穿戴绝缘鞋及手套操作,一人操纵成活器,一人在后收放导线,严防导线卷入机械中去,随时注意机械运转情况。

③成活器作业,两人宜横向退着走,一行压一行,顺序进行,为抹面工作创造条件。

④抹面时,严防风吹暴晒,易使板面干缩、裂缝,成活后应及时用苫布、锯末、塑料薄膜等

覆盖。

⑤边角位置，电动成活器压不到的地方要用铁抹子、人工压实压光。

⑥我国现用标准水泥的抹面成活间隔的参考时间，可参见表7-15。

各遍抹面间隔时间参考 表7-15

水泥品种	施工温度（℃）	间隔时间（min）	水泥品种	施工温度（℃）	间隔时间（min）
普	0	35～45	矿	0	55～70
通	10	30～35	渣	10	40～55
水	20	15～25	水	20	25～40
泥	30	10～15	泥	30	15～25

(5)抹面工序注意事项

①操作人员必须在跳板(工作桥)上操作，不能踩蹬混凝土板面。

②严密注视成活时间，及时成活，不得加干水泥粉吸水，不能另加水泥砂浆找平，也不能洒水成活。

③抹面为使混凝土表面压实赶光，用力要均匀，不要用力过猛使下面已就位的粗料受到扰动。表面砂浆不要过厚，并应均匀一致。

4)撸边

撸边是使混凝土板四周形成一个密实、直顺、圆滑的棱角的工序，起到使板体边缘坚固、美观的作用。

(1)在第二遍抹面、板体初凝之后，先用小角抹子沿混凝土板四周仔细压撸、切割，使混凝土表层4～5cm深度与模板、板缝等分离。撸边时注意不要扰动混凝土或撸出裂缝。

(2)初撸之后，再用L形抹子(图7-25)仔细撸实，上部1cm左右和贴边平面逐渐呈现光滑、密实、有清晰美观的棱角边缘，一般2～3遍成活。

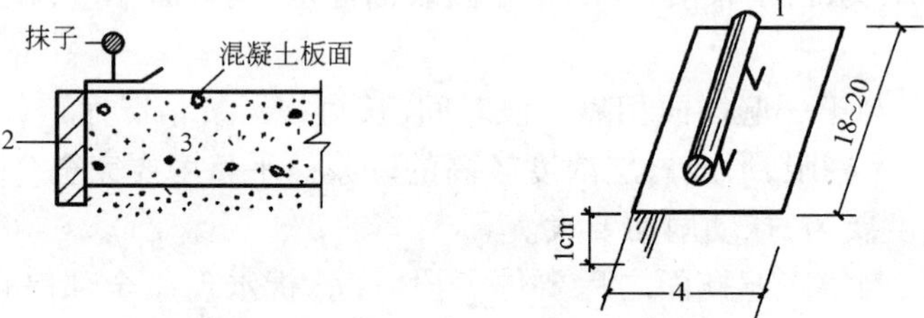

图7-25 L形(角)抹子示意图(尺寸单位:m)

1)L形抹子;2)模板

5)拉毛

为使混凝土板面有一定的粗糙度，以利安全行车，且使路面美观，在成活后要用特制塑料刷、排笔、拉毛器按垂直行车方向均匀拉毛。拉毛的工具和纹理深度要按设计行车要求，保持均匀一致。

三、混凝土面层养生与拆模

1. 混凝土道路面层养生方法比较(表7-16)

混凝土道路面层养生方法比较表 表 7-16

养生方法	材料及用量				适应条件及说明
	底层	厚度(cm)	面层	厚度(cm)	
覆盖养护	细锯末	2~3	粗锯末	4~5	常温时面层日洒水2~3次,冬期不洒水上加盖草帘
	细锯末	2~3	细干土	5	常温时面层洒水,冬期不洒水上加盖草帘
	细锯末	2~3	草帘	1层	常温面层洒水
	细砂	2~3	草帘	1层	常温面层洒水
	细炉灰	2~3	草帘	1层	常温面层洒水
蓄水养护	细锯末	2~3	培土埂灌水	5~10	常温、成活后4h,锯末上洒水湿润养护2~3d后清除锯末,培土埂,灌水养护≥14d
塑料薄膜养护	自制塑料浆液	0.4~0.5kg/m^2			常温成活后,无泌水时机械喷浆液
	商品塑料浆液	0.4~0.5kg/m^2			常温用,也可人工在上风口刷浆液

注:日本道路纲要提示塑料薄膜养生用量0.7kg/m^2。

2. 拆模

混凝土成活之后的最早拆模时间(表7-17)

路面混凝土拆模最早时间 表 7-17

序号	昼夜平均气温(℃)	最早拆除模板时间(h)
1	5	72
2	10	48
3	15	36
4	20	30
5	25	24
6	30以上	18

注:①拆除模板时间为混凝土成活后至拆模时所经的时间。
②使用矿渣水泥时,拆模时间延长50%~100%。
③采用真空吸水作业,混凝土板体经抹面整平、撸边后,立即可以拆模。
④本表摘自国家标准《水泥混凝土路面施工及验收规范》(GBJ 97—87)

四、抗滑构造施工

1. 抗滑构造技术要求

(1)各交通等级混凝土面层竣工时的表面抗滑技术要求应符合施工质量检查与验收的规定。

(2)构造深度应均匀,不损坏构造边棱,耐磨抗冻,不影响路面和桥面的平整度。

2. 抗滑构造施工

(1)摊铺完毕或精整平表面后,宜使用钢支架拖挂1~3层叠合麻布、帆布或棉布,洒水湿润后作拉毛处理。布片接触路面的长度以0.7~1.5m为宜,细度模数偏大的粗砂,拖行长度取小值；细砂，取大值。人工修整表面时，宜使用木抹。用钢抹修整过的光面，必须再拉毛处理，以恢复细观抗滑构造。

(2)当日施工进度超过500m时，抗滑沟槽制作宜选用拉毛机械施工；没有拉毛机时，可采用人工拉槽方式。在混凝土表面泌水完毕20～30min内应及时进行拉槽。拉槽深度应为2～4mm，槽宽3～5mm，槽间距15～25mm。可施工等间距或非等间距抗滑槽，为减小噪声，宜采用后者。衔接间距应保持一致。

(3)特重和重交通混凝土路面宜采用硬刻槽，凡使用圆盘、叶片式抹面机精平后的混凝土路面、钢纤维混凝土路面必须采用硬刻槽方式制作抗滑沟槽。可采用等间距刻槽，其几何尺寸与上款相同；为降低噪声宜采用非等间距刻槽，尺寸宜为：槽深3～5mm，槽宽3mm，槽间距在12～24mm之间随机调整。路面结冰地区，硬刻槽的形状宜使用上宽6mm、下窄3mm的梯形槽；硬刻槽机重量宜重不宜轻，一次刻槽最小宽度不应小于500mm，硬刻槽时不应掉边角，亦不得中途抬起或改变方向，并保证硬刻槽到面板边缘。抗压强度达到40%后可开始硬刻槽，并宜在两周内完成。硬刻槽后应随即将路面冲洗干净，并恢复路面的养生。

(4)一般路段可采用横向槽或纵向槽，在弯道或要求减噪的路段宜使用纵向槽。

(5)年降雨量小于250mm地区的各级公路混凝土路面，可不拉毛和刻槽；年降雨量为250～500mm的地区，当组合坡度小于3%时，可不拉毛与刻槽；组合坡度大于等于3%时，宜按一般路段的抗滑构造规定。高寒和寒冷地区混凝土路面的停车带边板和收费站广场，可不制作抗滑沟槽。

3. 抗滑构造不满足时

新建路面或旧路面抗滑构造不满足要求时，可采用硬刻槽或喷砂打毛等方法加以恢复。

第三节　水泥混凝土路面施工质量控制要求

一、水泥混凝土路面施工质量合格控制

为了保证水泥混凝土路面的施工质量达到规定的质量，对路面施工质量的控制应贯穿整个施工过程，应对每个施工环节严格控制把关。水泥混凝土路面施工质量合格控制，就是对施工质量检查、交工验收和检验评定进行严格把关，确保达到规定质量验收标准。

(一)施工质量检查与验收

1. 施工质量管理基本要求

(1)各级公路各种混凝土路面铺筑方式的施工均应建立健全质量检测、管理和保证体系。应按铺筑进度做出质检仪器和人员数量动态计划。施工中应按计划落实质检仪器和人员，对施工各阶段的各项质量指标应做到及时检查、控制和评定，以达到所规定的质量标准，确保施工质量及其稳定性。

(2)施工全过程的质量动态检测、控制和管理内容应包括施工准备、铺筑试验路段和施工过程中的各项技术指标的检验，出现施工技术问题的报告、论证和解决等。

2. 施工中的质量管理

(1)混凝土路面铺筑必须得到正式开工令后方可开工。

(2)施工单位应随时对施工质量进行自检。混凝土路面应按表7-18规定进行。当施工、监理、监督人员发现异常情况，应加大检测频率，找出原因，及时处理。高速公路、一级公路应

利用计算机实行动态质量管理。

混凝土路面的检验项目、方法和频率 表 7-18

项次	检查项目	检验方法和频率	
		高速公路、一级公路	其他公路
1	弯拉强度	每班2~4组试件,日进度<500m取2组;≥500m取3组;≥1 000m取4组,测f_{cs}、f_{min}、C_v	每班留1~3组试件,日进度<500m取1组,≥500m取2组;≥1 000m取3组,测f_{cs}、f_{min}、C_v
	钻芯劈裂强度	每车道每3km钻取1个芯样,硬路肩为一个车道,测平均f_{cs}、f_{min}、C_v板厚h	每车道每3km钻取1个芯样,硬路肩为一个车道,测平均f_{cs}、f_{min}、C_v板厚h
2	板厚度	路面摊铺宽度内每100m左右各2处,连接摊铺每100m单边1处,参考芯样	路面摊铺宽度内每100m左右各1处,连接摊铺每100m单边1处,参考芯样
3	3m直尺平整度	每半幅车道100m2处10尺	每半幅车道100m2处10尺
	动态平整度	所有车道连续检测	所有车道连续检测
4	抗滑构造深度	铺沙法:每幅200m2处	铺沙法:每幅200m1处
5	相邻板高差	尺测:每200m纵横缝2条,每条3处	尺测:每200m纵横缝2条,每条2处
6	连接摊铺纵缝高差	尺测:每200m纵向工作缝,每条3处,每处间隔2m3尺,共9尺	尺测:每200m纵向工作缝,每条2处,每处间隔2m3尺,共6尺
7	接缝顺直度	20m拉线测:每200m6条	20m拉线测:每200m4条
8	中线平面偏位	经纬仪:每200m6点	经纬仪:每200m4点
9	路面宽度	尺测:每200m6点	尺测:每200m4点
10	纵断高程	水准仪:每200m6点	水准仪:每200m4点
11	横坡度	水准仪:每200m6个断面	水准仪:每200m4个断面
12	断板率	断板面板块数占总块数比例	断板面板块数占总块数比例
13	脱皮裂纹露石缺边掉角	量实际面积,并计算与总面积比	量实际面积,并计算与总面积比
14	路缘石顺直度和高度	20m拉线测:每200m4处	20m拉线测:每200m2处
15	灌缝饱满度	尺测:每200m接缝测6处	尺测:每200m接缝测4处
16	切缝深度	尺测:每200m6处	尺测:每200m4处
17	胀缝表面缺陷	每条观察填缝及啃边断角	每条观察填缝及啃边断角
18	胀缝板连浆	每条胀缝板安装时测量	每条胀缝板安装时测量
	胀缝板倾斜	尺测:每块胀缝板每条两侧	尺测:每块胀缝板每条两侧
	胀缝板弯曲和位移	尺测:每块胀缝板每条3处	尺测:每块胀缝板每条3处
19	传力杆偏斜	钢筋保护层仪:每车道4根	钢筋保护层仪:每车道3根

注:① 路面钻芯劈裂强度应换算为实际面板弯拉强度进行质量评定。

② 钢纤维混凝土弯拉强度试验见《公路水泥混凝土路面施工技术规范》(JTG F30—2003)附录D。

(3)每台搅拌楼所生产的拌和物,除应满足所用施工机械的可摊铺性外,还应着重控制拌和物的匀质性和各质量参数的稳定性。现场混凝土路面铺筑的关键设备如摊铺机、压路机、布料机、三辊轴整平机、刻槽机、切缝机等的操作应规范稳定。

(4)混凝土路面除应按表7-18规定的检查项目和频率检测外,其中平整度、弯拉强度和板厚三大关键质量指标的自检要求尚应符合下列规定:

①用3m直尺检测平整度作为施工过程中质量控制检测项目；用平整度仪检测动态平整度作为二级及二级以上公路交工验收时工程质量的评定依据。平整度合格标准应符合表7-19的规定。

②应从搅拌楼生产的拌和物中随机取样，并按《公路工程水泥混凝土试验规程》(JTG E30—2005)规定的标准方法检测混凝土路面弯拉强度，检测频率宜符合表7-18的规定。弯拉强度应采用三参数评价：平均弯拉强度合格值、最小值和统计变异系数。各级公路弯拉强度合格标准规定应按规范规定进行，统计变异系数应符合设计规定。检测小梁弯拉强度后的断块宜测抗压强度，作为混凝土强度等级的参考。

③应在面层摊铺前通过基准线或模板严格控制板厚，检验标准为：行车道横坡底侧面板厚度和厚度平均值两项指标均应满足设计厚度允许偏差；同时，板厚统计变异系数应符合设计规定。

3. 质量检验标准

(1)在混凝土路面铺筑过程中，路面各技术指标的质量检验评定标准应符合表7-19的规定。

各级公路混凝土路面铺筑质量要求 表7-19

项次	检查项目		允许值	
			高速公路、一级公路	其他公路
1	弯拉强度(MPa)		100%符合规范规定	
2	板厚度(mm)		代表值≥-5；极值≥-10，C_v值符合设计规定	
3	平整度	σ(mm)	≤1.2	≤2.0
		IRI(m/km)	≤2.0	≤3.2
		3m直尺最大间隙Δh(mm)	≤3(合格率应≥90%)	≤5(合格率应≥90%)
4	抗滑构造深度(mm)	一般路段	0.70~1.10	0.50~0.90
		特殊路段	0.80~1.20	0.60~1.00
5	相邻板高差(mm)		≤2	≤3
6	连接摊铺纵缝高差(mm)		平均值≤3；极值≤5	平均值≤5；极值≤7
7	连接顺直度(mm)		≤10	
8	中线平面偏位(mm)		≤20	
9	路面宽度(mm)		≤±20	
10	纵断高程(mm)		±10	±15
11	横坡度(%)		±0.15	±0.25
12	断板率(‰)		≤2	≤4
13	脱皮裂纹露石缺边掉角(‰)		≤2	≤3
14	路缘石顺直度和高度(mm)		≤20	≤20
15	灌缝饱满度(mm)		≤2	≤3
16	切缝深度(mm)		≥50	I>50
17	胀缝表面缺陷		不应有	不宜有
18	胀缝板连浆(mm)		≤20	≤30
	胀缝板倾斜(mm)		≤20	≤25
	胀缝板弯曲和位移(mm)		≤10	≤15
19	传力杆偏斜(mm)		≤10	≤13

注：①路面钻芯劈裂强度应换算为实际面板弯拉强度进行质量评定。

②特殊路段指高速公路、一级公路的立交、平交、变速车道等处；其他公路系指急弯、陡坡、交叉口或集镇附近。

(2)施工单位的质检结果应按表7-19的规定,以1km为单位进行整理。对于滑模、轨道、碾压和三辊轴机组机械铺筑混凝土路面的关键工序宜拍摄照片或进行录像,作为现场记录保存。

(二)交工质量检查验收

混凝土路面完工后,施工单位应提交全线检测结果、施工总结报告及全部原始记录等齐全资料,申请交工验收。

1. 工程施工总结

(1)施工单位应根据国家竣工文件编制规定,提出施工总结报告、质量测试报告或采用新材料新技术研究报告,连同竣工图表,形成完整的施工资料档案。

(2)施工总结报告应包括工程概况、设计图纸及变更、基层、原材料、施工组织、机械及人员配备、施工工艺、进度、工程质量评价、工程预决算等。

(3)施工质量管理与测试报告应包括施工组织设计、质量保证体系、试验段铺筑报告、施工质量达到或超过现行规范规定情况、原材料和混凝土检测结果、施工中路面质量自检结果、交工复测结果、工程质量评价、原始记录相册和录像资料等。

(4)首次采用滑模、轨道、碾压、三辊轴机组施工或首次铺筑钢筋混凝土路面、钢纤维混凝土路面等路面结构时,应同时提交试验总结报告。

2. 质量问题处理

(1)路面混凝土弯拉强度应采用小梁标准试件和路面钻芯取样圆柱体劈裂强度折算的弯拉强度综合评定。当弯拉强度不足时,每公里每车道应取3个以上芯样。二级及二级以下路面混凝土弯拉强度可按式(7-3)或式(7-4)计算,满足则可通过;不满足时,应通过试验得到各自工程的统计公式,试验组数不宜小于10组。

①石灰岩、花岗岩碎石混凝土:

$$f_c = 1.868 f_{sp}^{0.871} \tag{7-3}$$

式中:f_c——混凝土标准小梁弯拉强度(MPa);

f_{sp}——混凝土直径150mm圆柱体的劈裂强度(MPa)。

②玄武岩碎石混凝土:

$$f_c = 3.035 f_{sp}^{0.423} \tag{7-4}$$

高速公路、一级公路应通过试验得到各自工程的统计公式,试验组数不宜小于15组。

(2)平整度不合格的部位应进行处理,并硬刻槽恢复抗滑构造。

(3)板厚不足时,应判明区段,返工重铺。

(三)施工质量检验评定

1. 基本要求

(1)基层质量必须符合规定要求,并应进行弯沉测定,验算的基层整体模量应满足设计要求。

(2)水泥强度、物理性能和化学成分应符合国家标准及有关规范的规定。

(3)粗细集料、水、外掺剂及接缝填缝料应符合设计和施工规范要求。

(4)施工配合比应根据现场测定水泥的实际强度进行计算,并经试验,选择采用最佳配合比。

(5)接缝的位置、规格、尺寸及传力杆、拉力杆的设置应符合设计要求。

(6)路面拉毛或机具压槽等抗滑措施,其构造深度应符合施工规范要求。

(7)面层与其他构造物相接应平顺,检查井井盖顶面高程应高于周边路面 1 ~ 3mm。雨水口高程按设计比路面低 5 ~ 8mm,路面边缘无积水现象。

(8)混凝土路面铺筑后按《公路水泥混凝土路面施工技术规范》(JTG F30—2003)要求养生。

2. 实测项目

水泥混凝土面层实测项目见表 7-20。

水泥混凝土面层实测项目 表 7-20

项次	检查项目		规定值或允许偏差		检查方法和频率	权值
			高速公路 一级公路	其他公路		
1	弯拉强度(MPa)		在合格标准之内		按《04 检评标准》附录 C 检查	3
2	板厚度(mm)	代表值	−5		按《04 检评标准》附录 H 检查,每 200m 每车道 2 处	3
		合格值	−10			
3	平整度	σ(mm)	1.2	2.0	平整度仪:全线每车道连续检测,每 100m 计算 σ、IRI	
		IRI(m/km)	2.0	3.2		
		最大间隙 h(mm)	−	5	3m 直尺:半幅车道板带每 200m 测 2 处 × 10 尺	
4	抗滑构造深度(mm)		一般路段不小于 0.7 且不大于 1.1;特殊路段不小于 0.8 且不大于 1.2	一般路段不小于 0.5 且不大于 1.0;特殊路段不小于 0.6 且不大于 1.1	铺沙法:每 200m 测 1 处	
5	相邻板高差(mm)		2	3	抽量:每条胀缝 2 点;每 200m 抽纵、横缝各 2 条,每条 2 点	2
6	纵、横缝顺直度(mm)		10		纵缝 200m 拉线,每 200m4 处;横缝沿板宽拉线,每 200m4 条	1
7	中线平面偏位(mm)		20		经纬仪:每 200m 测 4 点	1
8	路面宽度(mm)		±20		抽量:每 200m 测 4 处	1
9	纵断高程(mm)		±10	±15	水准仪:每 200m 测 4 断面	1
10	横坡(%)		±0.15	±0.25	水准仪:每 200m 测 4 断面	1

注:表中 σ 为平整度仪测定的标准差;IRI 为国际平整度指数;h 为 3m 直尺与面层的最大间隙。

3. 外观鉴定

(1)混凝土板的断裂块数,高速公路和一级公路不得超过评定路段混凝土板总块数的 0.2%,其他公路不得超过 0.4%。不符合要求时每超过 0.1% 减 2 分。对于断裂板应采取适当措施予以处理。

(2)混凝土板表面的脱皮、印痕、裂纹和缺边掉角等病害现象,对于高速公路和一级公路,有上述缺陷的面积不得超过受检面积的 0.2%,其他公路不得超过 0.3%。不符合要求时每超过 0.1% 减 2 分。

对于连续配筋的混凝土路面和钢筋混凝土路面，因干缩、温缩产生的裂缝，可不减分。

(3)路面侧石直顺、曲线圆滑，越位20mm以上者，每处减1~2分。

(4)接缝填筑饱满密实，不污染路面。不符合要求时，累计长度每100m减2分。

(5)胀缝有明显缺陷时，每条减1~2分。

二、特殊气候条件下的施工

(一)特殊气候条件下的施工规定

混凝土路面铺筑期间，应收集月、旬、日天气预报资料，遇有影响混凝土路面施工质量的天气时，应暂停施工或采取必要的防范措施，制订特殊气候的施工方案。混凝土路面施工如遇到下述条件之一者，必须停工：

(1)现场降雨。

(2)风力大于6级，风速在10.8m/s以上的强风天气。

(3)现场气温高于40℃或拌和物摊铺温度高于35℃。

(4)摊铺现场连续5昼夜平均气温低于5℃，夜间最低气温低于-3℃。

(二)雨季施工

我国一些地方特别是江南地区，每年均有一定时间的雨季或梅雨季节，如果在路面当天浇筑的中途突然降雨，将会给施工带来很多的不便，特别对混凝土的质量，会由于水分增大而无法控制，造成强度降低。表面磨耗层砂浆会被雨水冲洗，日后可能出现露砂露石。因此必须做好以下各点：

(1)经常与当地气象台取得联系，了解近期的天气形势预报，抓紧在不下雨时间施工。尤其是对当天的晴雨情况要及时掌握，一般有雨时不施工。

(2)预先搭设一定数量的工作雨棚。移动式工作雨棚可用小竹及铅丝绑扎而成，或木条制成。专业筑路单位，建议采用ϕ25mm~ϕ40mm的自来水管制成晴雨棚，其铁管节点处用螺栓固定，使用拆装方便，反复使用时间长，棚上覆盖塑料布或油布。目前工地已广泛采用。

(3)对刚铺筑的路面，遇下雨时，即可放上工作雨棚，利用它继续铺筑。一般在下雨时，应铺筑完未浇完的一块板，并停工做工作缝，不要再另行铺筑另一块。

(4)如局部面层砂浆已被雨水冲掉，可另拌少量同级配砂浆及时加以修补，如表面被雨水冲刷严重，面积较大，并且石子已经显露，将工作雨棚放置完毕后，立即拌制1:1.5~1:2.0水泥砂浆加以粉面，厚度不超过4mm，水灰比为0.4，不许使用纯干水泥或干拌水泥黄砂材料(正常情况是禁止另加水泥砂浆抹面的)。

(三)高温季节施工

(1)施工现场的气温高于30℃，拌和物摊铺温度在30~35℃，同时，空气相对湿度小于80%时，混凝土路面和桥面的施工应按高温季节施工的规定进行。

(2)高温天铺筑混凝土路面和桥面应采取下列措施：

①当现场气温大于等于30℃时，应避开中午高温时段施工，可选择在早晨、傍晚或夜间施工，夜间施工应有良好的操作照明，并确保施工安全。

②砂石料堆应设遮阳篷；抽用地下冷水或采用冰屑水拌和；拌和物中宜加允许最大掺量的粉煤灰或磨细矿渣，但不宜掺硅灰。拌和物中应掺足够剂量的缓凝剂、高温缓凝剂、保塑剂或缓凝(高效)减水剂等。

③自卸车上的混凝土拌和物应加遮盖。

④应加快施工各环节的衔接，尽量压缩搅拌、运输、摊铺、饰面等各工艺环节所耗费的时间。

⑤可使用防雨篷作防晒遮阴篷，在每日气温最高和日照最强烈时段遮阴。

⑥高温天气施工时，混凝土拌和物的出料温度不宜超过35℃，并应随时监测气温、水泥、拌和水、拌和物及路面混凝土温度。必要时加测混凝土水热。

⑦在采用覆盖保湿养生时，应加强洒水，并保持足够的湿度。

⑧切缝应视混凝土强度的增长情况或按250温度小时计，宜比常温施工适当提早切缝，以防止断板。特别是在夜间降温幅度较大或降雨时，应提早切缝。

（四）低温季节施工

混凝土强度的增长主要依靠水泥的水化作用。温度高，混凝土水化作用迅速完成，强度增长快；温度低，则水化作用缓慢，强度增长慢。若在日平均温度低于5℃或最低气温低于0℃时施工，必须采取冬季施工措施；若日平均气温低于0℃，一般应停止施工。

冬季温度降到0℃以下时（一般混凝土冻结温度为－3℃），具有和易性的混凝土即产生冰冻，表面则产生冰晶，混凝土解冻后，这种印迹仍然存在。早期受冻的混凝土强度可降低40%～50%，强度大幅度降低的原因是：结冻时混凝土中水的体积增加9%，解冻后则不再恢复；集料周围有层水膜或水泥浆膜，在结冰后其黏结力被破坏。

严重受冻的混凝土可以形成一堆互不起作用的混合物。因此，混凝土路面应尽可能在气温高于5℃时进行施工，当昼夜平均气温在5℃与－5℃之间时，为保证混凝土受冻前至少能达到设计强度的70%左右，应采取下列措施：

（1）原材料加热法

拌制混凝土的水加热至80℃，应在加入水泥以前先放入集料，或者把水和砂石料一齐加热至60～70℃，保证混凝土在拌制时的温度不超过40℃，摊铺后的温度不低于10～20℃。收水抹面结束后，即覆盖双层干草帘保温，冬季负温时不必洒水，水泥板要在0℃以上的温度条件下保持7h以上，即可达到28d强度的50%～60%。如果气温更低，或不具备材料加热条件，可考虑添加总量不超过2%氯化钙或氯化钠，同时掺入等量的亚硝酸钠。

（2）外加混凝土早强剂

常用的一种早强剂是氯化钙和其他氯盐。其掺量为：普通混凝土2%；钢筋混凝土1%；预应力混凝土中禁止使用氯化钙和其他氯盐（以水泥质量计）。使用前溶成30%～35%的溶液同拌和水一起加入搅拌机内。掺量过多，会使混凝土结构破坏引起凝结过快，造成无法施工；同时会引起混凝土体积收缩，产生裂缝，降低强度。在电信和电力电缆导电范围内，不得使用氯化物，以防导电。使用氯化钙早强剂有许多优点：使用方便，易溶于水，价廉易得，能防止混凝土早强冻结，有利于冬季施工；主要缺点是加剧钢筋锈蚀（锈蚀可引起结构的破坏）。因此，有些国家禁用于钢筋混凝土中，在我国规定在钢筋混凝土中，氯化钙掺量不得超过水泥质量的2%，也不得超过6kg/m^3。氯化钙和氯化钠两种早强剂不得同时使用。如果氯化钙同亚硝酸钠（阻锈剂）同时掺用，则能抑制钢筋锈蚀。

（3）保温电热法

将保温棚四周用油布遮好，在离浇筑好的混凝土离地面高1.5m的地方每隔3m挂一只100W的灯泡，连续通电72h后，其强度也能达到设计强度的50%以上。

另外，应当指出收水抹面不许另加干水泥或干拌水泥黄砂，否则日后易起壳脱落。

下午浇筑的混凝土，应在防雨保温棚内进行收水抹面工作。保温棚周围应用塑料布密封，不使混凝土水化过程中放出的热量和水气散失，以保持一定温度（不得低于0℃）和湿度，保证混凝土强度的增长。

混凝土浇筑后，当表面有相当硬度（即用手指轻轻按上去没有痕迹）时，应铺1～2层草包。若遇雨雪，必须再加盖油布保温，保温期为3～5d。

混凝土的浇水养生工作一般宜在第二天上午进行，下午不宜浇水，若温度低于5℃也不宜浇水。

第四节　水泥混凝土路面施工中常见问题的处治

一、混凝土和易性不好

1. 现象

(1)混合料松散不易黏结。

(2)混合料黏聚力大、成团、不易浇筑。

(3)混合料中水泥砂浆填不满石子间孔隙。

(4)混合料在运输、浇筑过程中分层离析，表面严重泌水。

2. 预防措施

(1)路面混凝土的配合比设计，其计算方法应按《公路水泥混凝土路面施工技术规范》(JTG F30—2003)中要求执行。

(2)道路混凝土宜采用硅酸盐水泥或普通硅酸盐水泥，其强度等级不应低于42.5；当条件受限制时，可采用矿渣水泥，其强度等级不应低于42.5，并应严格控制用水量，适当延长搅拌时间；加强养护工作；亦可采用强度等级32.5的普通水泥，但应采用外加剂、干硬性混凝土或真空吸水等措施。机场道面和高速公路，必须采用强度等级不低于42.5的硅酸盐水泥。

(3)水泥用量不应小于300kg/m^3，不应大于550kg/m^3。

(4)混凝土掺用外加剂，应经配合比试验，符合要求后方可使用。掺用的外加剂，可按下列规定选用：

①为减少用水量，改善和易性或节约水泥、提高混凝土强度，可掺减水剂；

②夏季施工或需延长作业时间，可掺缓凝剂；

③冬季施工为提高早期强度或为缩短养护时间，可掺早强剂；

④严寒地区抗冻，可掺引气剂。

(5)混合料的稠度试验，采用坍落度测定时，坍落度宜为1～2.5cm；坍落度小于1cm时，应用维勃稠度仪测定，维勃时间宜为10～30s；当采用路用商品混凝土时，坍落度宜为6～8cm。

(6)混凝土在拌制和浇筑过程中应按下列规定进行检查：

①检查拌制混凝土所用原材料的品种、规格和用量，每一工作班至少两次；

②检查混凝土在浇筑地点的坍落度，每一工作班至少两次；

③在每一工作班内，当混凝土配合比由于外界影响有变动时应及时检查；

④混凝土拌样时间应随时检查；

⑤当采用路用商品混凝土时，应在商定的交货地点进行坍落度检查，实测的混凝土坍落度与要求坍落度之间允许偏差须符合±20mm内的要求。

3. 治理对策

因和易性不好而影响路面质量工程的混合料，只能用于其他次要构件中。

二、外加剂使用不当

1. 现象

(1)混凝土浇筑后，局部或大部长时间不凝结硬化。

(2)在炎热夏季，路面过早出现贯穿收缩裂缝。

(3)已浇筑完的混凝土表面出现鼓包。

(4)路用商品混凝土倾料不畅，坍落度过小。

2. 预防措施

(1)应熟悉各类外加剂的品种，掌握其特性，在使用前，必须结合实际工程的特点，经过配合比调配，合格后方可使用。

①普通减水剂及高效减水剂

减水剂可分为：木质素磺酸盐类、多环芳香族磺酸盐类、水溶性树脂磺酸盐类、其他如腐殖酸等。普通减水剂宜用于日最低气温5℃以上施工的混凝土；高效减水剂宜用于日最低气温0℃以上施工的混凝土，适用制备高强度混凝土。减水剂的掺量应严格按使用说明书的指定掺量使用，宜以溶液掺加，溶液中的水量应从拌和水量中扣除。

②缓凝剂及缓凝减水剂

缓凝剂有缓凝减水剂可分为：糖类(如糖钙等)、木质素磺酸盐类(如木质素磺酸钙等)、羟基羧酸及其盐类(如柠檬酸、酒石酸钾钠等)、无机盐类(如锌盐、硼酸盐等)及其他(如胺盐及其衍生物等)。可用于炎热气候条件下施工的混凝土以及需长时间停放或运输的混凝土缓凝剂及缓凝减水剂不宜用于日最低气温5℃以下施工的混凝土。其品种及掺量，应根据混凝土的凝结时间、运输距离、停放时间、强度等要求确定。

③早强剂及早强减水剂

早强剂分为：氯盐类(如氯化钙、氯化钠等)、硫酸盐类(如硫酸钠等)、有机胺类(如三乙醇胺等)、其他(如甲酸盐等)、早强剂及早强减水剂可用于常温、低温和负温(最低气温不低于-5℃)条件下施工的有早强或防冻要求的混凝土。氯盐、结晶硫酸钠以及有机胺类等早强剂可配成溶液使用，需要时可用40~70℃的热水加速溶解，溶液必须充分溶解。硫酸钠溶液宜随配随用，溶液浓度不得大于20%，使用前如有结晶沉淀现象，应加热搅拌使之完全溶解。在钢筋混凝土中氯酸盐掺量一般不大于1%，硫酸盐掺量一般不大于2%。

(2)粉状外加剂要保持干燥状态，防止受潮结块。已结块的粉状外加剂，应烘干、碾碎，过0.6mm筛后使用。

(3)应尽量选择离施工现场较近的拌和站，缩短运输时间，减小坍落度损失。

3. 治理对策

(1)因缓凝型减水剂掺量过多造成混凝土长时间不凝结硬化，可延长其养护时间，推迟拆模，后期强度一般不受影响。

(2)因缓凝时间不够，致使混凝土凝结时间过快，水分蒸发多，路面过早出现横向收缩贯穿裂缝，应采用适当的修补措施。

(3)因外加剂颗粒造成的鼓包，应剔除后再修补。

(4)路用商品混凝土因外加剂选用不当，或运输停留时间过长，造成交货时坍落度严重损失,倾料不畅,不能通过强行加水搅拌增大坍落度来解决问题,而应作退货处理。

三、抗弯强度低

1. 现象

(1)同批混凝土试件的抗折强度平均值低于设计要求强度和试件强度标准差与合格判定系数后之乘积的和(其中 $n=6\sim9$ 时,k 为 0.35;$n=10\sim14$ 时,k 为 0.45;$n=15\sim24$ 时,k 为 0.55;$n\geqslant25$ 时,k 为 0.65)。

(2)同批混凝土中最低一组试件强度值低于 85% 设计强度。

(3)同批混凝土中个别试件强度值过高或过低。

(4)冬季施工,条件养护试件达不到预期的拆模或撤除保温时的强度要求。

2. 预防措施

(1)确保混凝土原材料质量,有以下几方面要求:

①水泥进场必须附有质量证明文件,并按文件对品种、强度等级、包装、出厂日期等进行检查验收,并取试样送试验室检验,并按试验结果强度等级使用。

②应加强对水泥的保管工作。水泥库应尽量搭设在地势高、干燥、运输方便处。水泥堆放时,下面要垫高约 30cm,四周离墙 30cm 以上,堆高一般不超过 10 包,便于取用。同时应按不同品种、版号、强度等级、出厂日期分别堆放,插上标签,避免搞错。要做到先到先用,避免存放三个月以上,散装水泥宜置于水泥筒仓内。

③砂、石堆放场地要进行清理,防止杂物混入,各种粒径的砂石堆放隔离,不得混放。批量达规定量时,应及时交试验室检验。

④外加剂的保管工作也应与水泥一样,特别是干粉状外加剂,应避免受潮。

(2)严格控制混凝土配合比,要求如下:

①现场来料后,应及时将原材料交试验室检验,试验室应确保配合比的正确性。

②严格按试验室配合比计量施工,在规定计量偏差内称量。

③各种计量器具应建立校验、维修、保管制度。

④集料含水率应经常测定,特别在雨季;应根据含水率的实际情况,增加测定次数,及时调整配合比。

(3)拌制混凝土时,要建立岗位责任制。

(4)冬季施工,要有早强或保温措施,防止混凝土早期受冻,在遭受冻结以前,早期养护的强度须达到设计强度的 30%。

(5)应按《公路水泥混凝土路面施工技术规范》(JTG F30—2003)及《公路工程质量检验评定标准》(JTG F80/1—2004)的规定,认真制作试验试件,并加强对试件的管理和养护。

3. 治理对策

(1)当试件检测结果与要求相差悬殊时,或试件合格而对混凝土实际强度有怀疑,或有试件丢失、编号搞乱、忘记作试件时,可采用非破坏检验方法(如回弹法、超声波法等)来测定混凝土强度,或按《硬化混凝土芯样的钻取、检查和强度试验》(T 0532—94)进行测定。

如果测定的混凝土强度不符合要求,应经有关人员研究,查明原因,采以必要措施进行处理。

(2)冬期施工,宜在混凝土中加入早强剂,或采用热砂覆盖、电热毯加温等保温措施。

四、混合料色差大

1. 现象

(1)硬化后混凝土路面颜色深浅不一。

(2)每盘出料的混合料颜色呈“花样”。

2. 预防措施

(1)在预估水泥进料量时,应根据配合比与阶段工程量,确定阶段进料量,最好能选择水泥品质稳定、产量较大的水泥供货单位。

(2)应根据拌和机的种类、容量以及混合料的情况,保证适当的搅拌时间,使混凝土混合料质量均匀稳定。

(3)建立原材料进货保管以及搅拌工艺的岗位责任制。

3. 治理对策

发现因搅拌时间不足,造成混合料均匀性差的颜色有异,如还能控制盘搅拌量,应及时返送搅拌机,延长搅拌时间,使之均匀。若不能控制,则此盘混合料不能使用,移作其他用。

思考题

1. 水泥混凝土路面施工前要做哪些准备工作?
2. 水泥混凝土路面常规施工的工序要点有哪些?
3. 水泥混凝土路面板伸缩缝施工有什么要求?
4. 水泥混凝土路面板块之间的传力杆有什么作用?
5. 水泥混凝土路面质量评定的项目有哪些?
6. 水泥混凝土路面常见问题有哪些,如何处治?

第八章　沥青路面施工及质量控制

学习目标

1. 了解沥青混合料结构组成理论。
2. 熟悉沥青混合料强度形成机理。
3. 熟悉影响沥青混合料性能的诸多影响因素。
4. 掌握沥青混合料的摊铺与碾压技术。
5. 掌握 SMA 路面施工工艺及方法。
6. 掌握沥青路面接缝处理及质量缺陷处治的方法。
7. 掌握沥青路面质量管理的有关规定。

本章重点

影响沥青混合料性能的诸多因素;普通沥青路面及 SMA 路面施工工艺及方法;沥青路面施工中机械组合;沥青路面接缝处理及质量缺陷的处治方法。

本章难点

影响沥青混合料性能的诸多因素的理解;沥青路面施工中人员、机械协同施工的安排。

第一节　概　　述

沥青混合料是一种复杂的多成分材料,其结构概念同样也是极其复杂的,因为这种材料具备的各种特点,都与结构概念联系在一起。这些特点是:矿物颗粒的大小及其不同粒径的分布、颗粒的相互位置、沥青在沥青混合料中的分布和矿物颗粒上沥青层的性质、空隙量及其分布、闭合空隙量与连通空隙量的比值等。上述每种单一结构中的每种性质,都对沥青混合料的性质产生很大的影响。随着对混合料组成结构研究的深入,形成了两种互相独立的沥青混合料的组成结构理论。

表面理论:按传统的理解,沥青混合料是由粗集料、细集料和填料经人工组配成密实的级配矿质骨架,此矿质骨架由稠度较稀的沥青混合料分布其表面,由此交结成为一个具有强度的整体。这种理论认识可见图 8-1。

胶浆理论:近代某些研究从胶浆理论出发,认为沥青混合料是一种多级空间网状胶凝结构的分散系。它是以粗集料为分散相而分散在沥青砂浆分散介质中的一种粗分散系;同样,砂浆是以细集料为分散相而分散在沥青浆分散介质中的一种细分散系;而胶浆又是一填料为分散相而分散在高稠度沥青分散介质中的一种微分散系。这种理论认识可见图 8-2。

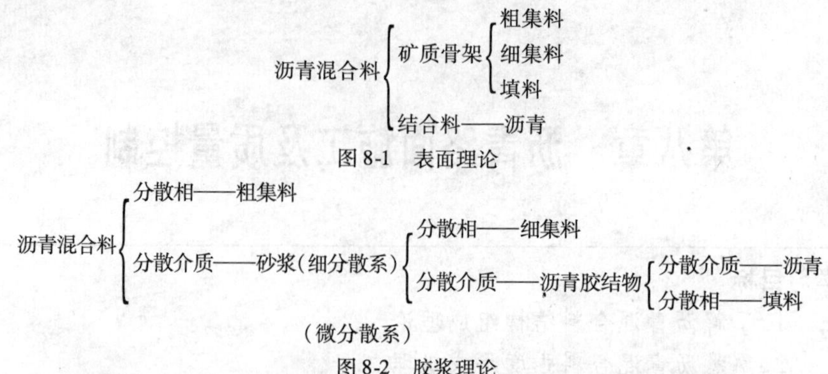

图 8-1　表面理论

图 8-2　胶浆理论

可以认为,沥青混合料的弹性和黏塑性主要取决于沥青的性质、黏结矿物颗粒、沥青层的厚度,以及矿物材料与结合料相互作用的特性。沥青混合料胶凝结合的特点,也取决于这些因素。

矿质骨架结构是指沥青混合料成分中矿物颗粒在空间的分布情况。由于矿物骨架本身承受大部分的内力,因此骨架应由坚固的颗粒组成,并且是密实的。沥青混合料的强度,在一定程度上也取决于内摩阻力的大小,而内摩阻力又取决于矿物颗粒的形状、大小及表面特性等。

形成矿物骨架的材料结构,也在沥青混合料结构的形成中起很大作用。应把沥青混合料中沥青的分布特点,以及矿物颗粒上形成的沥青层的构造综合理解为沥青混合料中的沥青结构。为使沥青能在沥青混合料中起到自己应有的作用,应将其均匀地分布到矿物材料中,并尽可能完全包裹矿物颗粒。沥青混合料中的沥青性质,取决于原来的沥青性质、沥青与矿料的比值,以及沥青与矿料相互作用的特点。

综上所述可以认为:沥青混合料是由矿质骨架和沥青胶结物所构成的、具有空间网状机构的一种多相分散体系。沥青混合料的力学强度,主要由矿质颗粒之间的内摩阻力和嵌挤力,以及沥青胶结料及其与矿料之间的黏结力所构成。

沥青混合料,按其强度构成原则的不同可分为按嵌挤原则构成的结构和按密实级配原则构成的结构两大类:

(1)按嵌挤原则构成的沥青混合料的结构强度,是以矿料颗粒之间的嵌挤力和内摩阻力为主、沥青结合料的黏结作用为辅而构成的。这类路面是以较粗的、颗粒尺寸均匀的矿料构成骨架,沥青结合料填充其空隙,并把矿料黏结成一个整体。这类沥青混合料结构强度受自然因素(温度)的影响较小。

(2)按密实级配原则构成的沥青混合料的结构强度,是以沥青与矿料之间的黏结力为主,矿质颗粒间的嵌挤力和内摩阻力为辅而构成的。这里沥青混合料的结构强度受温度的影响较大。

根据混合料中嵌挤结构和密实结构所占的比例不同,沥青混合料的结构通常可分为下列三种方式:

(1)悬浮密实结构:是由连续级配矿质混合料组成的密实混合料,由于材料从大到小连续存在,并且各有一定数量,实际上同一档大颗粒都被较小一档颗粒挤开,大颗粒犹如以悬浮状态处于小颗粒之中。这种结构通常按最佳级配原理进行设计,因此密实度与强度较高,但受沥青材料的性质和物理状态的影响较大,故温度稳定性较差。

(2)骨架空隙结构:较粗石料彼此紧密相接,较细集料的数量较少,不足以充分填充空隙。

因此，混合料的空隙较大，石料能够充分形成嵌挤型骨架。在这种结构中，粗集料之间的内摩阻力起着重要的作用，其结构强度受沥青的性质和物理状态的影响较小，因而温度稳定性较好。

(3)骨架密实结构：是综合以上两种结构的优点而组成的结构。混合料中既有一定数量的粗集料形成骨架，又根据粗集料空隙的多少加入细料，形成较高的密实度和明显的骨架结构，间断级配即是按此原理构成。

第二节　沥青封层、透层及黏层施工及质量控制

一、上　封　层

1)根据情况可选择乳化沥青稀浆封层、微表处、改性沥青集料封层、薄层磨耗层或其他适宜的材料。

2)铺设上封层的下卧层必须彻底清扫干净，对车辙、坑槽、裂缝进行处理或挖补。

3)上封层的类型根据使用目的和路面的破损程度选用。

(1)裂缝较细、较密的路面可采用涂洒类密封剂、软化再生剂等涂刷罩面。

(2)对二级及二级以下公路的旧沥青路面可以采用普通的乳化沥青稀浆封层，也可在喷洒道路石油沥青后撒布石屑(砂)后碾压作封层。

(3)对高速公路、一级公路有轻微损坏的宜铺筑微表处。

(4)对用于改善抗滑性能的上封层可采用稀浆封层、微表处或改性沥青集料封层。

二、下　封　层

(1)多雨潮湿地区的高速公路、一级公路的沥青面层空隙率较大，有严重渗水可能，或铺筑基层不能及时铺筑沥青面层而需通行车辆时，宜在喷洒透层油后铺筑下封层。

(2)下封层宜采用层铺法表面处治或稀浆封层法施工。稀浆封层可采用乳化沥青或改性乳化沥青作结合料。下封层的厚度不宜小于6mm，且做到完全密水。

(3)以层铺法沥青表面处治铺筑下封层时，通常采用单层式，矿料用量宜为5～8m^3/1 000m^2，沥青用量可采用要求范围的中高限。

三、稀浆封层和微表处

1)微表处主要用于高速公路及一级公路的预防性养护以及填补轻度车辙，也适用于新建公路的抗滑磨耗层。稀浆封层一般用于二级及二级以下公路的预防性养护，也适用于新建公路的下封层。

2)稀浆封层和微表处必须使用专用的摊铺机进行摊铺。单层微表处适用于旧路面车辙深度不大于15mm的情况，超过15mm的必须分两层铺筑，或先用V字形车辙摊铺箱摊铺，深度大于40mm时不适宜微表处处理。

3)微表处必须采用改性乳化沥青，稀浆封层可采用普通乳化沥青或改性乳化沥青，其品种和质量应分别符合《公路沥青路面施工技术规范》(JTG F40—2004)(以下简称《04沥青施工规范》)的要求。

4)稀浆封层和微表处应选择坚硬、粗糙、耐磨、洁净的集料。各项性能应符合表8-1的

要求。其中微表处用通过4.75mm筛的合成矿料的砂当量不得低于65%，稀浆封层用通过4.75mm筛的合成矿料的砂当量不得低于50%。当用于抗滑表层时，还应符合《04 沥青施工规范》中有关磨光值的要求。细集料宜采用碱性石料生产的机制砂或洁净的石屑。对集料中的超粒径颗粒必须筛除。

5）根据铺筑厚度、处治目的、公路等级等条件，按照表8-1 选用合适的矿料级配。

稀浆封层和微表处的矿料级配 表8-1

筛孔尺寸(mm)	不同类型通过各筛孔的百分率(%)				
	微表处		稀浆封层		
	MS—2 型	MS—3 型	ES—1 型	ES—2 型	ES—3 型
9.5	100	100		100	100
4.75	95～100	70～90	100	95～100	70～90
2.36	65～90	45～70	90～100	65～90	45～70
1.18	45～70	28～50	60～90	45～70	28～50
0.6	30～50	19～34	40～65	30～50	19～34
0.3	18～30	12～25	25～42	18～30	12～25
0.15	10～21	7～18	15～30	10～21	7～18
0.075	5～15	5～15	10～20	5～15	5～15
一层的适宜厚度(mm)	4～7	8～10	2.5～3	4～7	8～10

6）稀浆封层和微表处的混合料中乳化沥青及改性乳化沥青的用量应通过配合比设计确定。混合料的质量应符合表8-2 的技术要求。

稀浆封层和微表处混合料技术要求 表8-2

项　目	单　位	微 表 处	稀 浆 封 层	试 验 方 法
可拌和时间	s	>120		手工拌和
稠度	cm	—	2～3	T 0751
黏聚力试验			（仅适用于快开放交通的稀浆封层）	T 0754
30min（初凝时间）	N·m	≥1.2	≥1.2	
60min（开放交通时间）	N·m	≥2.0	≥2.0	
负荷轮碾压试验（LWT）			（仅适用于重交通道路表层时）	T 0755
黏附砂量	g/m^2	<450	<450	
轮迹宽度变化率*	%	<5	—	
湿轮磨耗试验的磨耗值（WTAT）				T 0752
浸水1h	g/m^2	<540	<800	
浸水6d	g/m^2	<800	—	

注：负荷轮碾压试验（LWT）的宽度变化率适用于需要修补车辙的情况。

7）稀浆封层和微表处混合料的配合比设计按下列步骤进行：

（1）根据选择的级配类型，按表8-1 确定矿料的级配范围。计算各种集料的配合比例，使合成级配在要求的级配范围内。

(2)根据以往的经验初选乳化沥青、填料、水和外加剂用量,进行拌和试验和黏聚力试验。可拌和时间的试验温度应考虑最高施工温度,黏聚力试验的温度应考虑施工中可能遇到的最低温度。

(3)根据上述试验结果和稀浆混合料的外观状态,选择1~3个认为合理的混合料配方,按表8-2规定试验稀浆混合料的性能,如不符要求,适当调整各种材料的配合比例再试验,直至符合要求为止。

(4)当设计人员经验不足时,可将初选的1-3个混合料配方分别变化不同的沥青用量(沥青用量一般在6.0%~8.5%之间),按照表8-2的要求重复试验,并分别将不同沥青用量的1h湿轮磨耗值及黏附砂量绘制成图8-3的关系曲线,以磨耗值接近表8-2中要求的沥青用量作为最小沥青用量P_{bmin},黏附砂量接近表8-2中要求的沥青用量为最大沥青用量P_{bmax},得出沥青用量的可选择范围P_{bmin}~P_{bmax}。

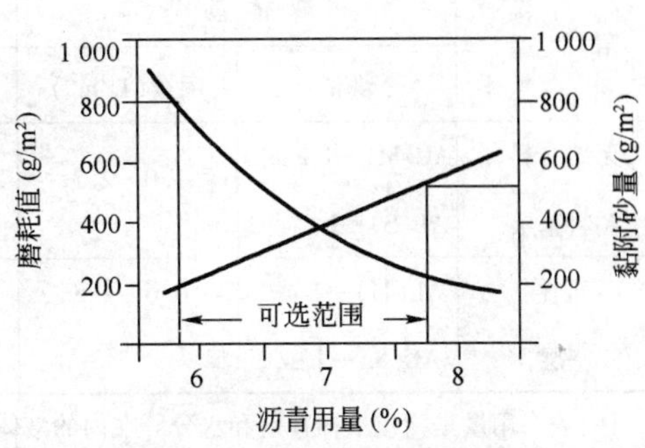

图8-3　确定稀浆封层和微表处最佳沥青用量的曲线

(5)根据经验在沥青用量的可选范围内选择适宜的沥青用量。对微表处混合料,以所选择的沥青用量检验混合料的浸水6d湿轮磨耗指标,用于车辙填充时,增加检验负荷车轮试验的宽度变化率指标,不符要求时调整沥青用量重新试验,直至符合要求为止。

(6)根据以往经验及配合比设计试验结果,在充分考虑气候及交通特点的基础上综合确定混合料配方。

8)稀浆封层和微表处施工前,应彻底清除原路面的泥土、杂物,修补坑槽、凹陷,较宽的裂缝宜清理灌缝。在水泥混凝土路面上铺筑微表处时宜洒布黏层油,过于光滑的表面需拉毛处理。

9)稀浆封层和微表处的最低施工温度不得低于10℃,严禁在雨天施工,摊铺后尚未成型混合料遇雨时应予铲除。

10)稀浆封层和微表处两幅纵缝搭接的宽度不宜超过80mm,横向接缝宜做成对接缝。分两层摊铺时,第一层摊铺后至少应开放交通24h后方可进行第二层摊铺。

11)稀浆封层和微表处铺筑后的表面不得有超粒径料拖拉的严重划痕,横向接缝和纵向接缝处不得出现余料堆积或缺料现象。用3m直尺测量接缝处的不平整度不得大于6mm,对微表处不得有横向波浪和深度超过6mm的纵向条纹。经养生和初期交通碾压稳定的稀浆封层和微表处,在行车作用下应不飞散且完全泌水。

四、透　　层

(1)沥青路面各类基层都必须喷洒透层油,沥青层必须在透层油完全渗透入基层后方可铺筑。基层上设置下封层时,透层油不宜省略。气温低于10℃或大风、即将降雨时不得喷洒透层油。

(2)根据基层类型选择渗透性好的液体沥青、乳化沥青、煤沥青作透层油,喷洒后通过钻孔或挖掘确认透层油渗透入基层的深度宜不小于5mm(无机结合料稳定集料基层)~10mm(无结合料基层),并能与基层联结成为一体。

(3)透层油的黏度通过调节稀释剂的用量或乳化沥青的浓度得到适宜的黏度,基质沥青的针入度通常宜不小于100。透层用乳化沥青的蒸发残留物含量允许根据渗透情况适当调整,当使用成品乳化沥青时可通过稀释得到要求的黏度。透层用液体沥青的黏度,通过调节煤油或轻柴油等稀释剂的品种和掺量经试验确定。

(4)透层油的用量通过试洒确定,不宜超出表8-3要求的范围。

沥青路面透层材料的规格和用量表 表8-3

用途	液体沥青		乳化沥青		煤沥青	
	规格	用量(L/m²)	规格	用量(L/m²)	规格	用量(L/m²)
无结合料粒料基层	AL(M)—1、2或3 AL(S)—1、2或3	1.0~2.3	PC—2 PA—2	1.0~2.0	T-1 T-2	1.0~1.5
半刚性基层	AL(M)—1或2 AL(S)—1或2	0.6~1.5	PC—2 PA—2	0.7~1.5	T-1 T-2	0.7~1.0

注:表中用量是指包括稀释剂和水分等在内的液体沥青、乳化沥青的总量。乳化沥青中的残留物含量以50%为基准。

(5)用于半刚性基层的透层油宜紧接在基层碾压成型后表面稍变干燥、但尚未硬化的情况下喷洒。

(6)在无结合料粒料基层上洒布透层油时,宜在铺筑沥青层前1~2d洒布。

(7)透层油宜采用沥青洒布车一次喷洒均匀,使用的喷嘴宜根据透层油的种类和黏度选择并保证均匀喷洒,沥青洒布车喷洒不均匀时宜改用手工沥青洒布机喷洒。

(8)喷洒透层油前应清扫路面,遮挡防护路缘石及人工构造物避免污染,透层油必须洒布均匀,有花白遗漏应人工补洒,喷洒过量的立即撒布石屑或砂吸油,必要时作适当碾压。透层油洒布后不得在表面形成能被运料车和摊铺机黏起的油皮,透层油达不到渗透深度要求时,应更换透层油稠度或品种。

(9)透层油洒布后的养生时间随透层油的品种和气候条件由试验确定,确保液体沥青中的稀释剂全部挥发,乳化沥青渗透且水分蒸发,然后尽早铺筑沥青面层,防止工程车辆损坏透层。

五、黏 层

1)符合下列情况之一时,必须喷洒黏层油:

(1)双层式或三层式热拌热铺沥青混合料路面的沥青层之间。

(2)水泥混凝土路面、沥青稳定碎石基层或旧沥青路面层上加铺沥青层。

(3)路缘石、雨水口、检查井等构造物与新铺沥青混合料接触的侧面。

2)黏层油宜采用快裂或中裂乳化沥青、改性乳化沥青,也可采用快、中凝液体石油沥青,其规格和质量应符合规范的要求,所使用的基质沥青标号宜与主层沥青混合料相同。

3)黏层油品种和用量,应根据下卧层的类型通过试洒确定,并符合表8-4的要求。当黏层油上铺筑薄层大空隙排水路面时,黏层油的用量宜增加到0.6~1.0L/m²。在沥青层之间兼作封层而喷洒的黏层油,宜采用改性沥青或改性乳化沥青,其用量宜不少于1.0L/m²。

沥青路面黏层材料的规格和用量表　　表 8-4

下卧层类型	液体沥青		乳化沥青	
	规格	用量(L/m^2)	规格	用量(L/m^2)
新建沥青层或旧沥青路面	AL(R)—3～AL(R)—6 AL(M)—3～AL(M)—6	0.3～0.5	PC—3 PA—3	0.3～0.6
水泥混凝土	AL(M)—3～AL(M)—6 AL(S)—3～AL(S)—6	0.2～0.4	PC—3 PA—3	0.3～0.5

注:表中用量是指包括稀释剂和水分等在内的液体沥青、乳化沥青的总量。乳化沥青中的残留物含量以50%为基准。

4)黏层油宜采用沥青洒布车喷洒,并选择适宜的喷嘴,洒布速度和喷洒量保持稳定。当采用机动或手摇的手工沥青洒布机喷洒时,必须由熟练的技术工人操作,均匀洒布。气温低于10℃时不得喷洒黏层油,寒冷季节施工不得不喷洒时可以分成两次喷洒。路面潮湿时不得喷洒黏层油,用水洗刷后需待表面干燥后喷洒。

5)喷洒的黏层油必须成均匀雾状,在路面全宽度内均匀分布成一薄层,不得有洒花漏空或成条状,也不得有堆积。喷洒不足的要补洒,喷洒过量处应予刮除。喷洒黏层油后,严禁运料车外的其他车辆和行人通过。

6)黏层油宜在当天洒布,待乳化沥青破乳、水分蒸发完成,或稀释沥青中的稀释剂基本挥发完成后,紧跟着铺筑沥青层,确保黏层不受污染。

第三节　热沥青混合料的生产及其质量控制

对热沥青混合料的生产及其质量控制的研究是整个沥青混凝土路面施工技术与质量控制研究的重要方面,这不仅仅表现在路面施工过程中对工作性的影响,而更重要的是对在承受大交通量和各种各样的温度和气候条件施加的荷载和作用后,路面的长期使用性能的影响,如路面寿命、高温抗车辙和低温抗裂缝的能力以及行车的舒适性和安全性等。因此,对热拌沥青混合料的生产及成品料的质量控制进行深入研究具有十分重要的意义。

一、热沥青混合料的生产及影响成品料质量的因素

在影响路面施工质量的各种因素中,混合料的质量是至关重要的,往往由于混合料质量方面的原因造成以下路面病害:

(1)由于集料圆滑,破碎表面很少,使路面稳定性不足而造成车辙和拥包等缺陷。

(2)由于亲水性集料过多或级配方向的原因,导致水和空气容易进入路面,引起氧化和分离,沥青膜从集料上剥落,造成易磨耗、松散等问题,从而降低路面耐久性。

(3)由于沥青含量的均匀性差或材料严重离析,造成局部孔隙率过高。

(4)沥青含量偏低引起疲劳裂缝,降低路面抗疲劳性能及松散、坑洞等病害。

以上这些问题严重影响了路面的使用性能。我们必须从原材料的管理、搅拌设备的正确使用、混合料的装卸运输和成品料的质量检验等诸多方面对沥青混合料生产的各个环节进行科学的管理和严格控制。

(一)原材料对混合料质量的影响

1. 粗集料

粗集料是指具有足够强度和耐磨性的碎石、轧制砾石,其表面应清洁、无风化、无杂质。在选择粗集料时,首先应有足够的强度,在路面结构中,粗集料起骨架支承作用,应保证其在汽车

荷载作用下具有足够的承载能力，在试验室用压碎值进行评价。其次，应保证粗集料与沥青之间有良好的黏附性，由于碱性材料与沥青的黏性较好，因此使用较普通，但其强度和耐磨性普遍较差，因此强度高的酸性材料在公路施工中使用得越来越多，但必须用外加剂来改善石料与沥青的黏结性能。第三，要限制针片状石料的比例，在碾压过程中针片状石料较易压碎，导致混合料矿料级配发生变化，影响路面构造深度、附着性能等，对于上面层混合料要求有较好的耐磨耗性能。

在粗集料的生产中，宜采用锤式破碎机或反击式破碎机进行石料加工，以形成有棱角的块状立方体石料，减小针片状石料含量，增加料间的嵌挤力。

2. 细集料

细集料是指天然砂、人工机制砂和石屑等。由于石屑多为石料破碎过程中的副产品，主要为石料表面剥落层和撞击下的棱角，扁平料较多，强度很低；因此其用量应受限制，最好不用，比例太大会影响混合料质量。混合料中的细集料应首先选人工破碎的人工机制砂和优质天然砂，在天然砂与石屑混用的情况下，天然砂所占的比例应高于石屑的比例。

3. 矿粉

矿粉一般指颗料小于0.075mm的碱性材料，要求干燥，不含泥土。矿粉在混凝土中起着十分重要的作用，由于其颗粒很细，因此具有很大比表面积。若加入混合料中的矿粉偏高，将使颗粒表面油膜变薄，使混合料出现干燥、低温开裂现象；反之若混合料中矿粉偏低会出现含油过多现象，造成泛油和起油包等病害，因此对混合料中的矿粉数量和类型必须进行仔细的控制。

4. 沥青

沥青是一种黏稠胶结材料，具有耐久性、黏聚性、感温性和抗老化性。这些性能与沥青的来源和提炼方法有关，因此高速公路使用的沥青必须进行性能指标测定，特别是严格控制含蜡量指标。除此之外，还应注重沥青的管理，例如，若沥青中混入0.1%的柴油会使闪点降低27%，而针入度提高10。

5. 材料离析

离析现象是造成路面潜在损坏的重要根源，混合料一旦发生离析，使铺出的路面不同区域的级配发生变化，会严重影响路面压实度、平整度和使用寿命，这是路面早期破坏的主要原因。研究表明：离析严重部位由于级配的变化，局部孔隙率增大，当孔隙率由6%增加到7%（增加1%）时，透水性将增大1~2倍。材料离析现象伴随着整个混合料的拌和运输和摊铺过程，因此，必须从各个环节加以控制。

6. 含水率

由于目前我国工程施工中材料的来源很复杂，多家料场同时供料现象十分普遍，而材料又多为露天堆放，因此材料含水率的波动范围很大，如砂的含水率可变化到10%以上，这就会带来很多问题。首先是造成搅拌设备温度控制失灵，成品料温度大幅波动。成品料温度是其质量控制的重要指标，若成品料出料温度过高会加速沥青老化，反之出料温度过低又严重影响摊铺和碾压作业，一般希望温度控制在设定值18%范围以内，最好能达到15%；其次是冷料含水率过高会造成加热集料残余含水率增加，影响混合料中矿料与沥青的黏结力；第三是冷料含水率增加会大幅增加燃油消耗率。研究表明：在标准状态下，集料平均含水率每增加1%，油耗将增加10%左右。

（二）搅拌设备生产能力的合理确定

搅拌设备的生产能力是指在单位时间内，在规定的条件下，设备连续稳定生产符合质量要求的沥青混合料的量。

由于搅拌设备是由几个相对独立又相互联系的子系统组成，因此各系统间应有合理的配置关系，从而最大限度地发挥整台设备的生产能力。研究表明搅拌器和干燥筒是整台设备的主要决定因素。

1. 影响干燥筒生产能力的因素

1）滚筒设计因素的影响

在滚筒的设计因素中主要有：干燥筒的截面积（直径）、长度、燃气的速度、叶片的结构和布置、干燥筒的回转速度、倾角。其中，回转速度和倾角决定了集料在干燥筒内的停留时间（在一定的滚筒长度下），它应该根据保证集料中水分能充分蒸发并使集料加热至给定温度所必需的最短时间来确定。叶片的结构和布置影响到能否形成连续、均匀分布的料帘，以使集料有更多的机会有效地接受燃气的热量，加快热交换的进程。干燥筒的直径决定了料帘截面积的大小，它直接影响燃气与集料之间进行热交换的能力。干燥筒的长度，一方面影响集料在干燥筒内的停留时间，另一方面则影响筒内集料的提升次数（形成料帘次数）。研究表明滚筒直径的变化对干燥筒生产能力的影响远比长度的影响为大。

从图 8-4 可以看到干燥筒的生产能力大体与滚筒的截面积成正比，即与直径的二次方成正比。

在滚筒结构一定的情况下，生产能力主要受材料因素和工况因素的影响。

2）材料因素

材料本身对干燥筒生产能力的影响主要表现在粗细集料的比例和集料的吸水性上。粗细集料的比例也反映在进入烘干筒的冷集料的松装密度上。细集料较多时，一方面集料的表面积增大，另一方面料帘的厚度增加，干燥筒内热交换的过程减慢，集料在筒内的停留时间需要加长，热集料的生产率也相应减小。图 8-5 表示在不同含水率下粗细集料比例对干燥筒生产能力的影响。从图 8-5 中可见，随着集料粗细比例的增大。干燥筒生产能力将明显上升，但当这一比例达到60:40后，这种上升趋势就大大缓解了。

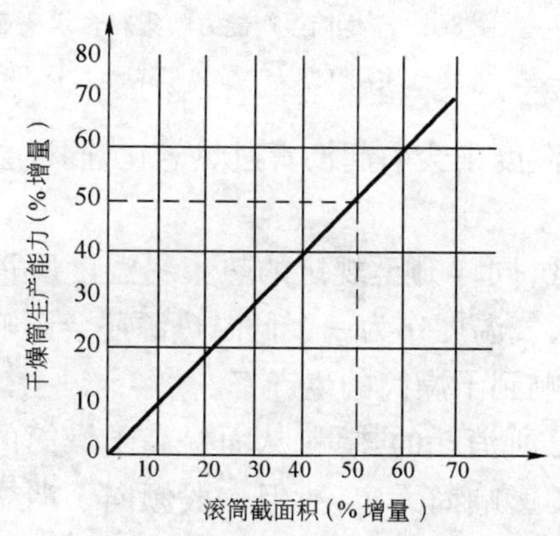

图 8-4 干燥筒生产能力随滚筒截面积变化情况

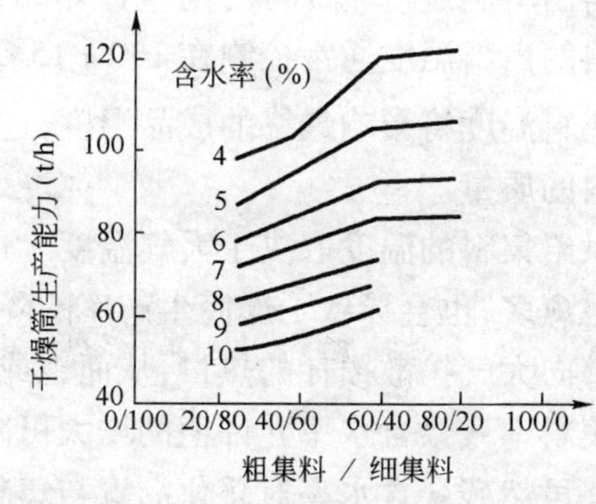

图 8-5 粗细集料比例对干燥筒生产能力的影响

集料的吸水性之所以对干燥筒的生产能力有影响，主要是因为像花岗岩、玄武岩一类的硬集料，其所含水分主要沾在集料的表面上而很少吸入内部，因此较易蒸发。而吸水率大的石灰岩、细砂之类的矿料，由于水分在集料内部，烘干就比较困难，因而需要在筒内停留更长的时间，烘干筒生产能力也将相应下降。

3）工况因素

工况因素主要包括供给集料的温度（或大气温度），供给集料的平均含水率，加热集料的温度，热集料的残余含水率以及干燥筒出口的废气温度。

在上述因素中，冷集料含水率对干燥筒生产能力的影响最大，这是因为蒸发集料中水分所需的热量通常占全部热量消耗的很大比例。实际上干燥筒加热含水冷集料所消耗的热量是由两部分组成的：一部分是将集料中水分升温、蒸发以及使水蒸气加温至废气温度所消耗的热量，它与集料中所含的水分成正比；另一部分是将集料加热至要求的温度所消耗的热量，它与热集料的生产量成正比。由于热集料的生产率 Q_A 与单位时间内从集料中除去的水分 Q_w 之间存在着以下关系（假定集料中的水分已全部除去），如式（8-1）所示：

$$Q_w = Q_A \frac{w}{100 - w} \tag{8-1}$$

式中：w——冷集料的平均含水率（%）。

在燃料消耗一定、干燥筒热过程不变的条件下，热集料的生产率与含水率之间的关系可表述如式（8-2）所示：

$$Q_A = \frac{100 - w}{Aw + B} \tag{8-2}$$

式中：A、B——与干燥筒热过程有关的常数。

图 8-6 是在燃料消耗为 1 700L/h，干燥筒直径为 2.5m的条件下，干燥筒的生产能力与冷集料含水率的关系。从图中可见，冷集料的含水率对干燥筒生产率的影响是十分大的，一般每增加 1% 的含水率，干燥筒生产能力将相应下降 10% ~12%。

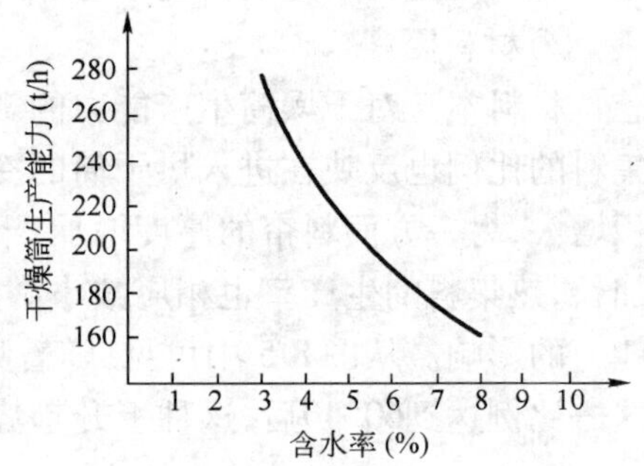

图 8-6　干燥筒生产能力随集料含水率而变化的情况

热集料的温度也是一个对干燥筒生产能力起重要影响的因素。加热集料要求的温度愈高，集料升温消耗的热量也愈大，干燥筒的生产能力也将相应降低。一般热集料出料温度降低 10%，则生产率可增加 5% 左右。热集料的出料温度通常控制在 160 ±15℃的范围内。过低的集料温度将影响最终的成品温度，过高的热集料温度则会引起沥青过热老化，同样会影响成品料的质量。

供给集料的温度取决于大气温度。这一温度愈低，同样升至规定的热集料温度所消耗的热量也愈多，也会导致干燥筒生产率的降低。此外，大气温度作为一个低温热源还会影响干燥筒筒壁向大气扩散损耗的热量，从而也或多或少地影响到干燥筒的生产率。

集料中残余含水率允许值的增大可减少蒸发水分所消耗的热量，从而提高干燥筒的生产能力。虽然残余含水率对恶化沥青与集料黏结质量的影响尚无定论，但一般倾向于严格控制残余含水率，通常控制在 0.1% 左右，最大不得超过 0.3%。

废气温度的降低有利于提高干燥筒的热效率和更加充分地利用燃料的发热量。虽然使废气温度降低至 80℃左右是可能的，但过低的废气温度对搅拌设备的工作并不利。因为当废气温度低于水的露点温度时，废气中的水蒸气会凝聚成微小的水滴，并与烟道冲的粉尘相结合而成泥滴，从而导致除尘设备，特别是袋式除尘器布袋的堵塞。因此对废气温度一般要求控制在 130℃左右，最高不得超过 200℃，最低不得低于 115℃。

4）干燥筒生产率

干燥筒的生产率是对标准工况而言的，即环境温度15℃、冷集料含水率5%、出料温度160℃。若实际条件与标准工况不相符时，应进行修正，修正公式见式(8-3)。

$$Q_0 = \eta Q$$

$$\eta = \frac{w(A - t_1) + 20(t_4 - t_1)}{w_0(A - t_{1w}) + 20(t_{4w} - t_{1w})} \tag{8-3}$$

式中：Q_0——标准状态下单位时间集料供给量（t/h）；

Q——标准状态下单位时间集料供给量（t/h）；

A——与干燥筒热过程有关的常数，$A = 590 + 0.486t_3$；

t_1——供给集料温度（℃）；

t_3——排出废气温度（℃）；

t_4——加热集料温度（℃）；

t_{1w}——标准状态下供给集料温度（℃）；

t_{4w}——标准状态下加热集料温度（℃）；

w_0——标准状态下集料平均含水率（%）；

w——实际状态下集料平均含水率（%）。

2. 影响搅拌器生产能力的因素

1）结构设计因素

结构设计因素主要包括：搅拌锅的容积、尺寸和形状，叶片的形状、数量、尺寸、安装角度和排列方式（它们决定了混合料在锅内的运动方式），以及集料、粉料、沥青加入搅拌锅的方式。

经过长时间的试验和研究，双轴搅拌器的结构已经基本定型，各厂商的产品也大同小异，通过改变基本结构来提高搅拌器生产能力的潜力已经不多。对于一台已经制造出来的搅拌设备，这些因素实际上是不可改变的。

2）材料因素

对不同混合料组成，存在着一个是否容易搅拌均匀的问题，这里起作用的主要因素是：细集料和矿粉所占的比例，沥青的含量、温度和黏度。一般认为细集料、矿粉较多的混合料，由于沥青吸收和黏附其上而较难拌匀；而沥青含量较多、温度较高、黏度较低的混合料，则由于沥青流动性较好而容易在集料中分布均匀和裹覆得较好。但是搅拌的混合料是由工程设计要求确定的，搅拌设备的任务就是要保证在任何级配组成下都能生产出符合质量要求的成品料。因此，搅拌器必须有一个可以调整的运行参数（通常选择拌和时间作为调整环节），以便满足搅拌不同级配混合料的要求。合适的拌和时间通常需要通过多次试拌方能确定。

3）运行因素

运行因素主要包括：搅拌速度、搅拌锅充盈程度（充盈率）和搅拌时间。对于双轴桨叶式搅拌器来说，材料在搅拌时存在着垂直平面和水平平面内两种类型的运动。搅拌器在垂直平面内的搅拌作用，实际上是按两种不同方式进行的：一种是桨叶在混合料内的翻拌作用，它由于两轴叶片运动范围的重叠而加强了两轴区域间拌料的横向交流作用；另一种是存在于搅拌锅上方沸腾层中由“沸腾效应”而形成的混合作用。在水平平面内的运动是这样的：由于桨叶与搅拌轴所形成的倾斜角，桨叶将推动拌料沿着轴向方向（水平方向）移动。桨叶通常布置成这样：在一根轴上所有的桨叶都将拌料向一个方向移动，而在另一轴上的桨叶则都将拌料向相反的方向移动。因此搅拌器在水平平面内的搅拌作用也是按两种方式在进行：一种是在两轴之间的桨叶重叠区域内，由于两轴桨叶推动拌料相对移动而造成某种不规则的运动，从而发生水平平面内的翻拌作用；另一种是在两轴的外侧区域内，拌料将在两轴桨叶的推动下沿着搅拌锅周边形成某种循环运动，这种运动本身对拌料没有多少翻拌作用，但是可大大加强两轴间材料的纵向交流作用。

根据上述对双轴搅拌机理的分析，显然可以看到提高搅拌速度对强化搅拌作用的影响。搅拌速度的提高不仅可以增强材料在垂直平面内的翻拌作用和两搅拌轴区域内拌料的横向和纵向的交流作用，而且可形成强化材料在搅拌锅上方空间的“沸腾效应”。这些都将有助于加强材料的搅拌和混合，促使在较短的时间内获得混合均匀的成品料，从而提高搅拌器的生产能力。但是速度的增加并不是无限制的，首先它将受到功率消耗的限制，因为增大搅拌速度不仅直接增加搅拌功率，而且还因搅拌阻力将随速度的增大而增大，间接地导致搅拌功率的增加，从而使搅拌器在高速搅拌时，功率消耗会急剧上升。此外，过高的搅拌速度将增加集料在搅拌过程中被二次破碎的概率，加剧搅拌器的磨损，这些都是限制搅拌速度进一步提高的因素。因此，搅拌速度一般控制在 2.1 ~3.5m/s 范围内。

充盈程度对搅拌器生产能力有着直接的影响。提高搅拌锅的充盈率意味着直接增加每批拌和料的数量，从而成正比地提高搅拌器的生产能力。但充盈率的提高必然会受到搅拌质量变坏的限制，这是因为随着充盈程度的增大，搅拌锅上方空间随之减小。其中的“沸腾效应”也随着减弱，同时桨叶在搅拌锅下部的翻拌作用也将由于材料参与翻拌的机会减少而受到削弱，这些都将导致搅拌效果恶化。此外，随着充盈率的增大，搅拌器功率消耗也会增大，当充盈率增至 60% 以上时，所需搅拌功率将急剧增加，这也是限制充盈率增大的一个因素。充盈率通常选择在 40% ~60% 之间。

搅拌时间是干拌时间和湿拌时间的总和，它直接决定了材料在搅拌锅内经受各种搅拌作用的持续时间，是影响搅拌质量和生产率的决定性因素。缩短拌和时间意味着增加搅拌器的生产率，而增加拌和时间显然会改善材料拌和的均匀度。当然，过长的拌和时间也会对混合料的质量产生负面的影响，它会增加集料在搅拌锅内被两次破碎的概率，尤其是导致沥青的老化、降低沥青薄膜的针入度，而使之变硬。

从以上分析中可以看到，搅拌速度、充盈率和搅拌时间三者之间存在着某种制约关系，共同决定着混合料的搅拌质量和生产率。这样，在设计搅拌设备时，就有一合理确定这三项参数值的问题；而在使用一台已制造好的搅拌设备时则有一如何调整和设定拌和时间以适应不同的混合料组成，以及对成品料提出的不同搅拌质量要求的问题。

3. 搅拌设备生产能力的确定

由于沥青混凝土搅拌设备的生产能力可以随多种因素的影响而变化，为了客观地评价一台搅拌设备的生产能力，就必须给出一个具有可比性的生产能力指标，这一指标通常称为额定生产率（能力）。确定生产率的关键是正确、严格地规定标定条件，额定生产率正是在这样的条件下通过标定得出的，所以亦称标定生产率。对于一台已有的搅拌设备来说，它的结构、设计条件是不可改变或已经确定了的。因此，标定条件实际上包括材料、工况、混合料的质量等三方面的约束条件。规定标定条件的原则，一是要具有典型性，二是要能生产出合格的成品料。虽然各国试验标准和各厂家给出的标定条件会有某些差别，但大体上都是以能保证成品料基本质量的中等水平的工况和材料条件来规定的，它们可以归纳如下：

1）工况条件

（1）大气温度或供给集料温度 15℃ 或 20℃。

(2)供给集料平均含水率5%。

(3)热集料出料温度160℃。

2)材料条件

(1)最大集料粒径不超过20mm。

(2)粉料含量4%~8%。

(3)沥青含量5%~7%。

粒径下2.36mm以下细粉含量≤40%~45%。

3)混合料质量条件(由调整拌和时间来控制)

(1)沥青含量偏差≤±0.3%。

(2)混合料温度150℃。

(3)矿料级配偏差:0.075mm≤2%;

2.36mm≤5%;

4.75mm≤6%。

(三)热沥青混合料拌制过程对成品料质量的影响

沥青混合料采用搅拌设备集中拌制。搅拌设备是一组集供料、加热、计量与拌和于一体,能生产满足要求混合料的机械电子设备,它大致可分为间歇式和连续式两种类型。由于目前我国集料来源不稳定,级配变化大,因此推荐使用间歇式搅拌设备。在进行设备调整和进行混合料拌制过程中应注意避免成品料的品质下降。

1.搅拌器拌和时间对成品料品质的影响

搅拌器拌和时间的物理概念为:热集料从计量斗中开始卸料为干拌开始,沥青开始喷射为干拌结束、湿拌开始,搅拌器开门为湿拌结束、干拌时间与湿拌时间之和称拌和时间。拌和时间的确定依据机型的不同和材料的情况而定。间歇式搅拌设备材料体积在搅拌器内占活动区的百分比不同,应具有不同的拌和时间。活动区是指搅拌器的搅拌区域减去搅拌轴、桨叶后的体积,如图8-7所示。如果材料堆积过满,最上面的材料得不到充分拌和;如果材料太少,搅拌器效率太低。搅拌器中材料的多少用充效率表示。搅拌器充盈率按式(8-4)计算。

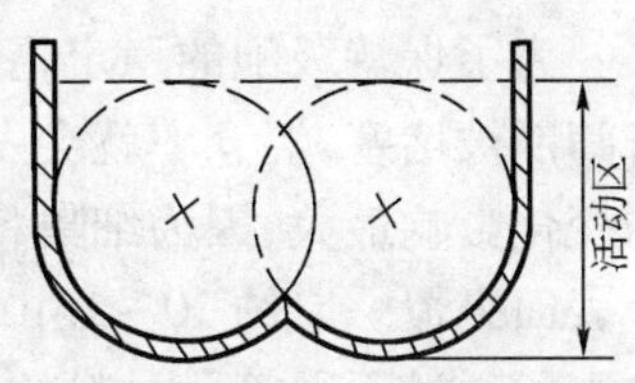

图8-7 搅拌器活动区示意图

$$\eta = \frac{m}{\rho V} \times 100\% \tag{8-4}$$

式中:η——充盈率(%);

m——热集料质量(t);

ρ——材料平均密度,一般1.6t/m^3;

V——活动区净体积(m^3)。

在考察混拌设备时,可以看到两种设计原则的搅拌器:一种是搅拌器的充盈率在45%~55%之间,拌和时间通常25~35s,即采用少装快拌的原则;另一种是搅拌器的充盈率55%~65%,而拌和时间则为35~50s.即采用多装慢拌的原则。由此可见,搅拌器的拌和时间与充盈率之间有内在的联系,不可随意确定。另外针对不同规格的混合料,拌和难易程度也不同(主要是粗细集料的比例、沥青用量的多少以及温度等因素)。一般细集料多,则拌和时间长;沥青含量和温度高,拌和时间短。不同的充盈率对搅拌效果的影响见图8-8,不同的拌和时间对搅拌均匀性的影响见图8-9。由图8-8可见充盈率45%时拌和时间25s与充盈率

62%时的拌和时间 41s 的拌和效果相当。由图 8-9 可知,拌和时间越长,拌和均匀性越好,但不可过长,时间过长会对混合料质量产生负面影响。因为混合料在搅拌器中的拌和过程,就是在高温下沥青薄膜与氧气充分接触的过程,即老化过程。拌和时间对沥青针入度的影响见图 8-10。通常拌和时间最长不超过 90s。

● —充盈率45%,拌和时间25s
+ —充盈率62%,拌和时间41s
平均值4.832,标准偏差0.161
平均值4.517,标准偏差0.199
沥青含量(%)
试验序次

图 8-8 充盈率对搅拌效果的影响

由此可见,对现场使用的搅拌设备和施工材料有个最佳的拌和时间,该拌和时间应由试验确定。

2. 材料波动对成品料品质的影响

生产级配根据目标级配的要求,从搅拌设备的热料仓卸料器取样筛分而确定。取样时应注意,由于振动筛的结构原因,热料仓中细颗粒落入仓的一边,而粗颗粒落入另一边,因此要进行全宽采样,如同图 8-11 所示。

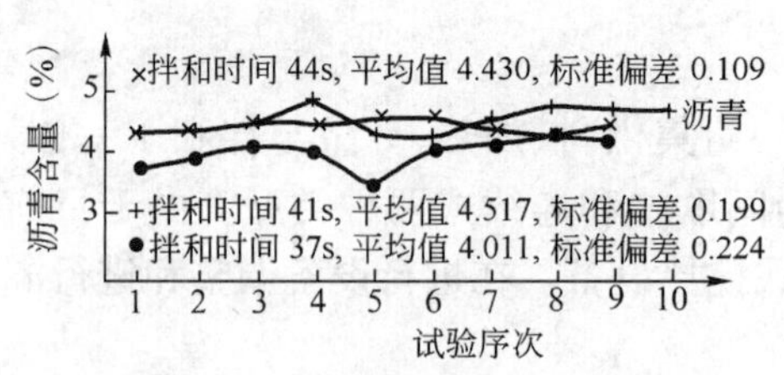

图 8-9 搅拌时间对搅拌均匀性的影响

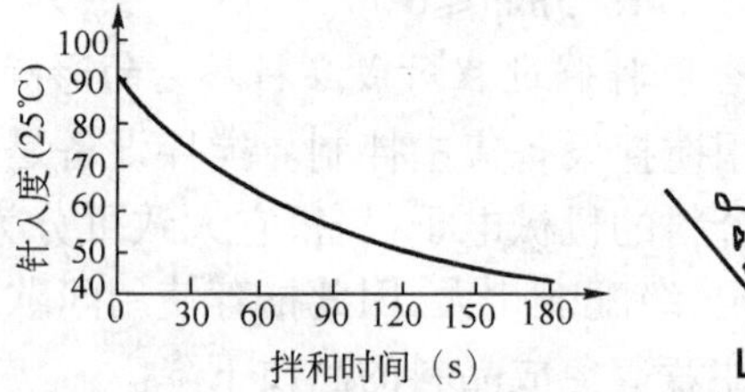

图 8-10 拌和时间对沥青针入度的影响

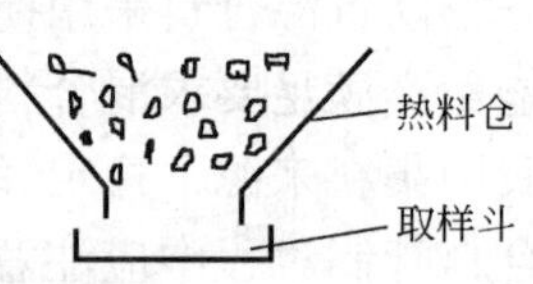

图 8-11 取样示意图

为了保持级配的稳定,要定期对振动筛进行检查。一般情况下热料仓混仓率小于 10%,若筛网被堵塞,混仓率就会发生变化,产生波动,直接影响混合料集料级配组成,特别是细集料的变化影响最大,因为细集料单位体积的表面积很大。研究表明混合料在最佳沥青含量时,集料表面裹覆一层约 10~15μm 的沥青膜,沥青膜过薄或过厚对混合料的品质影响很大,表 8-5 给出了通过不同筛孔材料的表面积系数。由 8-5 表中数据可知:通过 0.075mm 筛孔的材料的表面积系数是通过 4.75mm 筛孔材料的表面积系数的 80 倍;而通过大于 4.75mm 筛孔的材料的表面系数均为 0.004 1。由此可见小于 4.75mm 的材料是决定成品料品质的重要因素。

集料的表面积计算例表

表 8-5

筛孔尺寸(mm)	19	16	13.2	9.5	4.75	2.36	1.18	0.6	0.3	0.15	0.075	集料比表面总和 SA (m^2/kg)
表面积系数 FA_i	0.004 1	–	–	–	0.004 1	0.008 2	0.016 4	0.028 7	0.061 4	0.122 9	0.327 7	
通过百分率 P_i(%)	100	92	85	76	60	42	32	23	16	12	6	
比表面 $FA_i \times P_i$ (m^2/kg)	0.41	–	–	–	0.25	0.34	0.52	0.66	0.98	1.47	1.97	6.60

(四)热沥青混合料运输与装卸过程对成品料质量的影响

在施工中往往容易忽视混合料的运输与装卸过程存在的问题。一是卡车装料时的离析问题,若运料卡车停在搅拌机下装料,往往大料滚向料堆四周,细料留在中间,产生离析。较好的卸料方式为卡车移动装料,如图 8-12所示采用前、后、中装料,能减少材料离折现象。二是从储料仓卸料时,不要每次都将料仓中的料卸光,由于储料仓在装料时总是形成同心圆形的离析,卸料过程中

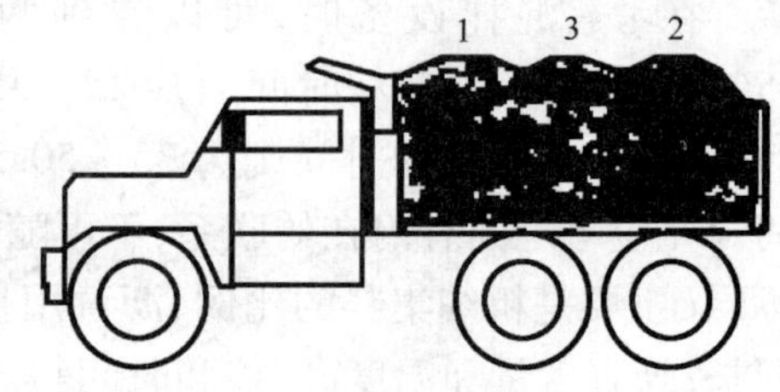

图 8-12 推荐卸料方式

最后一些料绝大多数为粗集料，由于目前公路建设中，搅拌设备的产量一般都配置得较低，不能满足摊铺机的需要，往往将料仓中的混合料每次都全部卸光，造成铺出的路面出现离析的情况。三是运料卡车应采用料槽高的大吨位自卸专车，并避免撞击摊铺机或料槽起升时压住摊铺机料斗。在卸料时，应将混合料快速卸下，使整块物料往下卸，减小料的离析。

（五）成品料的质量检验

对拌和沥青混合料的检验是混合料质量控制的重要环节，通过检验一方面可以保证送往施工现场的混合料符合规范的要求，从而保证路面的施工质量；另一方面通过检测数据绘成图表，根据曲线的走势可以预测混合料生产的质量情况，从而及时发现问题，及时解决。成品料检验中至少包括三个方面的内容。

1. 混合料的出厂温度

沥青混合料的品质和施工性能受温度的影响很大，温度太高会造成沥青老化以致失去黏结力；温度太低会增大施工难度，影响压实效果，一般温度每降低 10℃，压实效率降低 16%。因此对于道路石油沥青 70 号 ~100 号沥青混凝土一般出料温度不超过 165℃，不低于 145℃，视运距和环境温度而定，一般到现场温度不低于 145℃。就搅拌设备而言，在温度自动控制投入使用的情况下，可将出料温度控制在设定值 ±15℃以内。

2. 混合料沥青含量与级配组成

混合料沥青含量与级配组成是关系其品质的主要指标，规范要求用于高速公路的混合料沥青含量偏差应控制在 ±0.3% 以内。沥青含量偏高，会引起路面泛油、拥包、车辙等病害；而沥青含量偏低，则会造成路面低温开裂等问题，严重影响路面的使用寿命。但如此重要的指标，在工地进行检验时往往存在这样和那样的一些问题，较为突出的是混合料取样和抽提试验两个方面，由数理统计理论可知混合料取样时，样本容量对试验结果的影响很大，样本平均值的置信区间由式（8-5）确定：

$$X_n = \frac{\bar{x}_n \pm [t_{(1-\alpha)(n-1)}]s}{\sqrt{n}} \tag{8-5}$$

式中：X_n——n 个式样变动范围；

$\bar{x}_n$——n 个试样均值：

α——置信度；

s——样品总体标准差；

n——取样数量；

$t_{(1-\alpha)(n-1)}$——在置信度为 α，自由度为 $n-1$ 时的 t 分布值。

对于沥青含量为 5% 的混合料，试验标准差为 0.05%，则在 95% 置信概率下取样数与置信区间的关系由表 8-6 给出。

取样数与置信区间的关系 表 8-6

取样数量（个）	2	3	4	5	6
$\bar{x}_n$ 置信区间（%）	5 ±0.45	5 ±0.12	5 ±0.08	5 ±0.06	5 ±0.05

由表 8-6 可知取样数以 5 个为宜，最少不低于 3 个。目前进行沥青含量分析的方法有抽提法、核子法和燃烧法，一般工地较为常用的是离心抽提法。在用该方法进行试验时应注意以下问题：

(1)离心过程中矿粉的流失

研究表明,矿粉的流失量与离心机转速、滤纸压紧程度、混合料中的矿粉含量等因素关系很大。流失量从2~7g不等,若取样1.5kg,矿粉流失3g,设沥青含量为5%,则试验结果为$X_2=(1\,500\times5\%+3)/1\,500=5.2\%$。

(2)混合料中残余含水率的影响

因为集料中的水分在经过干燥筒3min左右的烘烤后,不能彻底干燥,并随设备性能不同,而其残余含水率也不同。一般残留0.05%~0.5%不等。若残余含水率为0.3%,则引起的试验结果为:

$$X_2=\frac{1\,500\times[5\%\times(1\%-5\%)\times0.3\%]}{1\,500}=5.3\%$$

由以上分析可知,在进行抽提试验时,由于跑粉和残余含水率所引起的试验误差为0.5%,已超出了规范中对混合料沥青含量偏差0.3%的要求,因此必须采取回收粉和残余含水率修正措施,以提高试验准确度。

抽提后集料的筛分应着重注意矿物填料和矿粉,即通过0.6mm和通过0.075mm筛的部分。因为矿物填料和矿粉是生产沥青混凝土的重要成分,若加入偏高则混合料过于干燥,黏结力弱,防水性差,低温易开裂;若矿物填料或矿粉偏低,则沥青混凝土含油量过多,易泛油、起包等。特别是矿粉量的细微变化都会引起混合料性能的变化,一般要求其变动量≤±2%。

3.密度和马歇尔试验

一般情况下每天至少取样2次,进行马歇尔稳定性试验和流值试验,与规范要求进行比较。同时测取试样密度,作为路面压实度检测的依据。

二、热沥青混合料生产工艺规程

(一)原材料管理

沥青结合料的性能与其来源和提炼方法关系很大,因此每批沥青均应按《公路沥青路面施工技术规范》(JTG F40—2004)的要求进行检验,对高速公路施工应特别注意沥青含蜡量检验。

不同来源的沥青应分别存放,不能混杂,储存温度在施工期不高于140℃,不低于110℃;长期存放时应在常温下进行。

集料随来源和加工方法的不同,差别很大,包括颗粒尺寸、级配、清洁度、强度、颗粒形状、表面结构、吸水能力以及集料与沥青的亲合力等,不同来源或不同批次的集料均应按《公路沥青路面施工技术规范》(JTG F40—2004)的要求进行检验。

不同来源、不同规格的集料应分隔堆放,防止混杂。堆放时应避免离析,堆放方式如图8-13所示,坡度小于1:3。

集料堆放场地应清洁坚实,利于排水,对细集料要求有防雨措施,因为细集料的含水率变化很大,最高可达10%以上。集料含水率增大会造成三个后果:首先是残余含水率增大;其次是使搅拌设备的出料温度大幅波动;第三是燃油消耗率大幅增加。

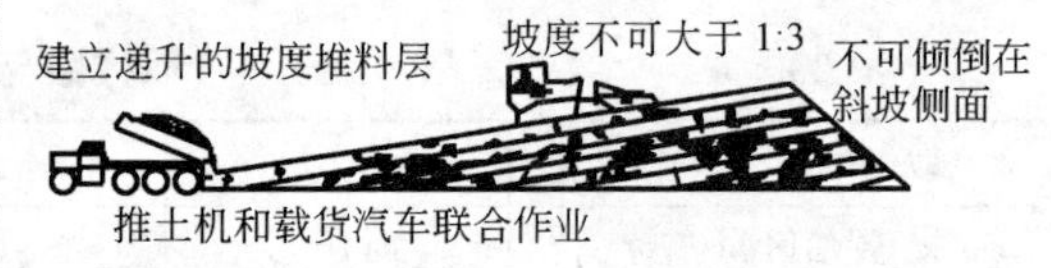

图8-13 分层、堆放

粉料应存放在防雨、防潮的储罐中,其含水率应小于1%。

（二）生产配合比的调整与确定

对工程中使用的集料分别进行筛分，确定每种规格料的粒径分布，根据设计级配的要求确定每种规格料的比例与不同的沥青用量进行混合，做成试件进行马歇尔试验，确定最佳沥青用量。在计算过程中应特别重视4.75mm、2.36mm、0.075mm筛孔的通过百分率，以接近中值为宜。用此试验确定的矿料级配及沥青用量作为目标配合比，并据此作为沥青拌和设备冷料供给调整的依据。

在目标配合比确定之后，应根据级配类型和各种规格矿料的级配情况，选择各层振动筛筛网尺寸。使设备在连续工作时，各热料仓中的材料比较均衡。在生产混合料之前应对各冷料仓给料皮带不同带速下的产量进行标定，以准确确定表显流量与实际流量的对应关系。开机运转后，对各热料仓中的热料分别取样进行筛分，然后确定符合级配要求的各仓的下料比例，并进行马歇尔试验，求出最佳沥青含量以确定生产配合比。

（三）搅拌设备的调整、试拌与生产参数的确定

搅拌设备是由多个子系统组成的联合作业机组，系统之间有着合理的匹配关系，对各个分系统的调整应建立在发挥整台设备综合效益的基础上，要求设备的生产能力在额定生产率附近工作。

依据由目标配合比确定的各种规格料的材料比例，根据冷料给料器的标定曲线，选择合理的设定流量，在生产过程中观察热料仓的料位变化情况。缺料的热料仓对应的冷料仓供料量应加大，而溢料的热料仓对应的冷料供给量相应减小。应进行反复调整，以期设备连续稳定运行。

干燥筒是搅拌设备的重要组成部分，其主要功能是将集料加热到规定的温度，并排出材料少的水分。一般集料加热温度设定位应高于混合料要求出料温度10～15℃。在采用温度自动控制时，集料出料温度偏差可控制在±8℃以内。冷集料的含水率≤5%时，热集料的残余含水率应控制在0.1%以内；当冷集料含水率>5%时，应降低产量，以确保残余含水率不会过高。

干燥筒的排气温度一般应调整在115～165℃之间，最高不超过200℃，排气温度过高不仅会增大燃油消耗率，而且会影响价格昂贵的袋式除尘器中的过滤袋的寿命。排气温度不得低于115～165℃，否则除尘器中会结露，尘土便结在过滤袋上。减小气流通过而积，增大了风机负荷。

搅拌设备的计量系统应计量准确，在设备调试过程中进行标定，其计量准确度：集料±0.5%、粉料±0.5%、沥青±0.3%。对动态计量应有落差和冲击等补偿措施，控制准确度：集料±1.5%、粉料±0.5%、沥青±0.1%。

搅拌器是整台设备的关键部分，在确定的充盈率和搅拌桨转速下应确定一个拌和时间以保证混合料拌和均匀，其标准差应控制在0.13%以内。以保证混合料中沥青含量偏差在95%置信度下≤0.3%。

在以上参数确定之后，应进入试拌铺阶段、拌和机按照生产配合比的要求进行试拌，铺筑试验段、观察摊铺、碾压过程和成型混合料表面状况，并在试验室进行抽提试验，检验实际级配和沥青含量是否合格。

第四节　热沥青混合料的摊铺和碾压工艺

一、热沥青混合料摊铺工艺规程

（一）施工准备工作

在热沥青混合料摊铺之前，必须做好基层、摊铺机性能调试及摊铺基准的选择与放样等准

备工作,保证摊铺作业连续不断进行。

1. 基层的准备

(1)在摊铺作业前对基层进行彻底清扫。清扫过程采用人工和空压机(以 $9m^3$ 空压机为宜)相结合,要求清扫干净彻底。

(2)对基层路面的平整度、压实度、横坡和高程等指标进行复验,各项指标必须达到要求控制的范围。按规范施工的基层路面依据其组成材料的不同,在养生期(一般为 7d)应达到无侧限抗压强度(水泥稳定土达到 3 ~4MPa)和压实度(水泥稳定土达 97% 以上),高程达到规范控制误差 +5mm 和 -10mm 之内,基层路面的平整度均方差代表值控制在 1.8mm 之内,个别点应控制在 2.2mm 之内(占总数的比例小于 15%);否则,应采取补救措施。对凸出的基层路面,一般采用铣刨机械进行铣刨处理;对凹陷的基层路面,一般采用挖坑回填,保证压实度和平整度。

(3)对清扫干净、达到技术要求的基层表面,进行洒水、喷洒透层沥青的作业。洒水可防止路面过度干燥,利于透层油的黏结。洒水量应由路面干燥程度和大气状况而定,不可太多或太少。透层油即乳化沥青,其喷洒量为 0.8 ~0.9kg/m^2,喷洒作业由沥青洒布车完成,洒布要均匀,然后撒铺适量的石屑(石屑不应重叠),也可用轻型压路机静碾压一遍,在摊铺沥青混合料前封闭交通。

(4)预先准备好的基层表面,应至少能满足一天的沥青路面施工。如搅拌设备拌和能力为 200t/h,摊铺机采用 ABG423,摊铺 12m 宽、6cm 厚的沥青路面时,预先准备的基层表面应在 1 500m 以上。

2. 摊铺机的调试,工作装置的安装、调整与参数选择

沥青路面摊铺作业是通过摊铺机的浮动熨平板与热沥青混合料的相互作用进行的,摊铺机自身性能和调试性能的好坏,对铺筑路面质量起决定性影响。在摊铺作业前,必须将工作装置安装正确,将摊铺机熨平板的宽度、拱度、工作仰角、螺旋分料器长度和位置、振捣器的振幅、频率等工作装置参数,调整到工作状态。同一台摊铺机的不同工作参数,对铺筑的热沥青路面影响较大,因此摊铺机工作参数选定后,不可随意变动。

(1)摊铺机熨平板的组装。在高速公路建设施工中,一般选用履带式摊铺机且可以机械加长熨平板的机型,这一机型同其他类型摊铺机相比,具有牵引附着力大、熨平板刚性好等特点。目前,高速公路单向宽度一般在 10 ~12m,熨平板的拼装由路面宽度而定,采用全幅摊铺的熨平板组装时摊铺机熨平板安装底面要平整、连接应紧固、左右尽可能对称。

(2)摊铺机螺旋分料器的调整。螺旋分料器的高度应根据摊铺层厚度的变化而变化。铺层厚,螺旋分料器的高度要增大,反之减小。螺旋分料器太高,则供料慢,两端供料不足;螺旋分料器太低,则阻力过大,供料不足。根据试验,螺旋分料器下沿调至高出松铺层 10 ~20mm 供料较理想;分料器的长度应适宜,太短两端供料不足,太长料位不容易控制。施工中,分料器的端部距熨平板边沿以 15 ~20cm 为宜,实现分料器连续均匀供料控制。

(3)振捣和振动系统的调整。摊铺机的振捣、振动系统直接影响热沥青混合料铺层密实度和平整度、振幅和振动频率的选择取决于不同的施工材料、摊铺厚度和摊铺速度。振幅过大、振频太高,会造成集料压碎、细料上浮和“泛油”现象;振幅太小、振频太低,则初密实度低,不利于压实作业的施工。例如,采用 ABG423 摊铺机施工的沥青路面,铺层厚为 40 ~60mm,摊铺速度在 2 ~3m/min 时,振动夯选择振幅 5mm、振频 20 ~22Hz,烫平板振动器振动频率选择 35 ~40Hz,热沥青混合料能够获得较理想的初压实度(达 80% ~85%)和平整度(均方差值可

达 0.5mm)。

(4)摊铺机初始工作仰角的调整。摊铺机熨平板是通过改变工作仰角来改变熨平板的受力平衡,达到调节铺层厚度的目的。初始工作仰角对铺层厚度及横向接缝的平整度影响较大,初始仰角不合适,会造成横向接缝处凸起或凹陷,严重影响接缝附近的路面厚度和平整度(严重时有跳车感)。对同一台摊铺机,初始工作仰角取决于铺层厚度、混合料材料、施工温度等。在高速公路建设施工中应严格按照施工规范,在试验路段中探索出合适的熨平板初始工作仰角,保证施工质量。

在摊铺作业前,应对摊铺机的整机性能进行检查,如传动、连接是否可靠,发动机性能指标是否达到标准要求,水、油质量有无变化,是否需要添加等,以保证施工中摊铺机可连续不断运行作业。

3. 摊铺基准的选择与放样

自动调平摊铺机的控制系统是根据检测到的偏差信号来进行调节的。如果检测到的偏差信号不正确,系统本身控制精度再高也达不到自动调平的目的。因此,要使熨平板稳定可靠地工作,必须有一个准确的基准。目前,在高速公路建设施工中常用的有两种基准为:固定弦线基准和移动式平衡梁基准。

(1)固定弦线基准的铺设。固定弦线基准(如图 8-14)特点是根据铺筑的下承层表面高程和铺筑层的设计高程确定弦线高度,该基准线不受下承层平整度的影响,纵坡能很好地符合设计要求。从理论上讲固定弦线基准是一种绝对基准,但在实际施工中,它受诸多因素的影响,特别是人为因素和环境因素,如水准仪读数误差,立杆安装误差,弦线张紧力误差及水准仪误差,施工过程中立杆不稳和碰、刮线情况引起的误差,有时其系统误差比较大,达 30mm。

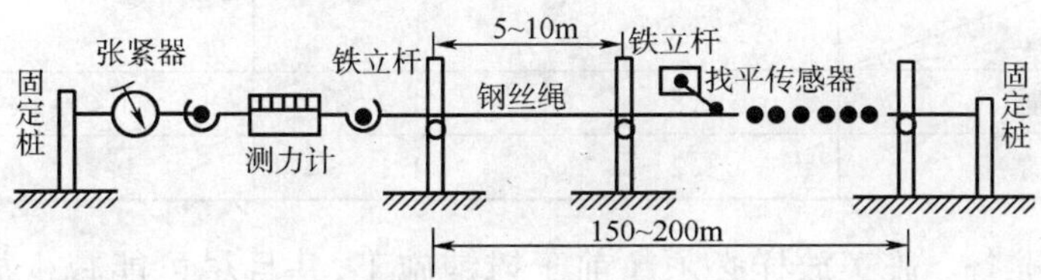

图 8-14　固定弦基准示意图

为了保证铺筑路面的平整度,固定弦线基准的铺设必须十分精细,采用直径 2.5mm 钢丝绳的基准线,一次架设长度以 150 ~ 200m 为宜,过长张紧度难以保证。相邻立杆的间距一般在 5 ~ 10m(直线段相应要大),在弯道或施工复杂地段应适当加密。拉线的拉紧力不小于 800N,在两段基准线衔接处应有 1m 以上的重合段,保证找平传感器平滑过渡,测量与立杆安装调整系统误差应控制在 2mm 以内。

固定弦线基准虽然铺设误差较难控制,但它能较好地满足高程及纵坡的控制要求,因此在高速公路沥青路面施工中,下面层多采用固定弦线基准施工,这样能较好地修正基层路面的高程偏差,在严格控制下其路面平整度均方差值可以达到 1.0 ~ 1.2mm。

(2)移动式平衡梁基准(图 8-15)的安装与调整。目前应用的平均基准梁长 16.8m,通过弹簧支承在滑靴上,可以上下浮动,它分两部分跨越摊铺机前后,通过的前部浮动梁和后部浮动梁将原有路面纵坡和新铺路面的平均高程结合在一起,基准梁下部的浮动滑靴对小波浪有滤波作用,长梁对大波浪可平滑过渡。施工过程中,避免了固定弦线基准的折线和人为误差影响,能较理想地满足路面平整度指标的要求。现在更新的技术被应用于平衡梁上,利用声纳代替滑靴，采用非接触式数据采集，避免接触对沥青面层平整度的影响及碾压的影响。

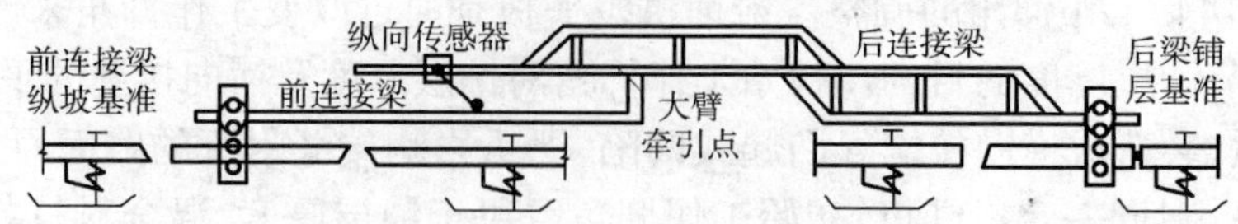

图 8-15　移动式平衡梁基准示意图

一次摊铺路面宽度在 8～12m 的沥青路面施工，应在摊铺机两侧安装两个浮动基准梁，采用两侧控制；一次摊铺宽度在 8m 以下的沥青路面施工，可采用单侧浮动基准梁，另一侧高程采用横坡控制。采用两侧控制高程时，基准梁安装应对称，距摊铺机侧面距离一般为 90～120cm，浮动基准梁与摊铺机的连接安全可靠，各转动、浮动部分润滑应良好，前后基准梁应呈一条直线，浮动滑靴应清洁、无污物。摊铺机起步时，后面基准梁滑靴下应垫适当的垫板，保证摊铺机起步后自动调平系统正常工作。初次摊铺的垫板厚度等于虚铺层厚度，与冷铺层连接的摊铺垫板厚度等于虚铺层厚度与铺层厚度的差，垫板的长度不小于基准梁长度，垫板应平直不变形，保证良好过渡。

移动式平衡梁基准能有效地提高路面平整度，也较容易获得要求的路面厚度，因此在路面下面层达到高程和平整度的情况下，采用三层或两层进行移动式平衡梁基准施工，是提高沥青路面平整度的重要措施。表 8-7 是在下承层平整度相同的情况下，不同基准的使用对铺层路面平整度的影响。

不同基准施工路面平整度均方差对照表　　表 8-7

下承层平整度均方差(mm) / 新铺路面平整度均方差(mm) / 施工方式	2.6	2.4	2.0	1.2
固定弦基准	1.8	1.7	1.6	1.3
移动式平衡梁基准	1.2	1.1	0.9	0.7

(3)施工放样准备。施工放样必须超前于摊铺施工，并且尽可能减少放样误差。在弦线基准施工中，必须在摊铺机前面保证 100～150m 的工作面，支撑弦线的立杆应足够，能保证 300～400m 的拉线使用。立杆的安装应用深度尺等量具准确测量，减小人为测量误差；加强施工放样的复核，复核由专人进行，记录应齐全、完整，发现问题及时查明原因，进行修正；在道路变宽段，摊铺机的指引方向线应相应变化、保证顺利摊铺。

(二)摊铺作业

1. 摊铺机作业前的准备

摊铺机作业前，应进行烫平板预热、调平传感器的安装与调整、初始仰角的调整、松铺层的准备、工作装置试运转、摊铺速度设定及运料车的到位与准备等工作。

(1)熨平板加热。摊铺机在工作前要对熨平板进行充分预热，如 ABG423 摊铺机采用丙烷气加热，一般预热时间不少于 30min，使熨平板表面温度大于 130℃。气温较低时，应适当延长预热时间。若熨平板温度太低，热混合料碰到冷的熨平板后会立刻黏于底面，在移动中拉裂铺层表面，产生推料，使其变松散；另一方面，由于摊铺阻力增大，摊铺机起步后形成爬坡，接缝处平整度和压实度下降。

(2)纵坡传感器的安装、检查与调整。按照施工技术要求，自动调平系统采用单侧或双侧纵坡控制，纵坡传感器安装必须牢固。调节烫平板上的厚度调节手柄，调节出合适的摊铺厚度，纵向传感器指示灯上下闪动表示厚度调节完毕。纵向传感器的灵敏度选择在刻度值的5～7内（数值越大，灵敏度越高）。摊铺中面层、下面层时，采用灵敏度相对高的刻度值；摊铺上面层时，采用灵敏度相对低的刻度值，以满足纵坡和平整度要求。每一层的纵坡传感器灵敏度刻度值应通过试验路段具体确定。

在摊铺宽度小（8m以下）的作业中，采用单侧纵坡与横坡控制，能够减轻放样劳动强度，提高控制精度。横坡传感器的灵敏度与纵坡传感器一致，其控制线接口应与控制方向相对应。

（3）摊铺机工作装置的调整及松铺系数的测定。摊铺机的初始工作仰角直接控制起步后铺层的厚度变化，对横接缝的平整度影响很大，不同的材料、机械设备，初始工作仰角不同。摊铺作业中的仰角，应在试验路段中精确测量，以免初始仰角调整不当造成起步后摊铺波浪，影响路面平整度。

通过试验路段，测定相应的混合料松铺系数。在实际摊铺过程中，按松铺系数确定熨平板初始的松铺厚度和移动平均梁基准下的垫板厚度，在每节熨平板下最好都垫一块木板，至少在熨平板宽1/3点处各放一块，宽度取20～30cm。移动基准梁的后部在全长方向上与熨平板垫同样的垫板，并保证垫板的平直。初次摊铺的垫板厚度为路面设计厚度乘以松铺系数；与路面对接摊铺的垫板厚度为松铺厚度与路面设计厚度的差。垫板可以采用整体式，也可以采用组合式，其目的是保证虚铺厚度，及摊铺机起步后自动调平系统开始工作。

（4）工作装置的试运转与摊铺速度的设定。摊铺机的刮板输料器和螺旋输送器两者密切配合，速度均匀是保证路面摊铺质量的重要措施之一。调整刮板和螺旋送料器的料位传感器，保持熨平板前的混合料高度高于螺旋输送器的轴心线（一般在螺旋高度的2/3），螺旋的转速均匀稳定。如果刮板供料不足，会造成螺旋高速运转，不仅增加叶片磨损，而且改变了熨平板的受力平衡，使铺层厚度发生变化，影响路面的压实度和平整度。螺旋输料器转速时快时慢，还会造成混合料摊铺离析，影响摊铺质量。

摊铺机作业速度的可调整范围较大（如ABG423在0～16m/min），施工作业速度的确定可由作业质量要求和搅拌站能力及储存、运输能力等因素综合考虑。为了获得高标准的路面平整度，摊铺机应连续、稳定地运行，时快时慢或时开时停都会使熨平板的受力发生变化，产生熨平板的上下浮动。

（5）混合料的运输。选用大吨位混合料运输车，有利保证混合料的运输质量，能有效防止混合料温降和离析现象，常用的混合料运输车在15t以上，为了防止黏板，应在自卸车底板、侧板喷涂一薄层隔离剂，原来的高速公路施工均采用油水混合物（柴油：水＝1：3），从长期的实践观察，油水混合物对沥青混合料的质量影响是不能忽视的，现在均采用食用油隔离，隔离剂涂刷不应有余液积累。拌和机向运料车卸料时，每卸一次混合料应挪动一下汽车位置，采用前后装料法，以减少装料离析，运料车的运量应较拌和能力和摊铺速度有所富余，保证混合料供给。摊铺开始时，在施工现场至少应有5辆车等候卸料；在开始摊铺时，采用后到位的车辆先卸料，保证摊铺机起步的正常运行。运抵现场的混合料，应逐车检测，并做详细记录，对温度过低、有夹团或有拌和不均匀的混合料，禁止摊铺。

2. 摊铺机的操作要领

（1）摊铺机作业速度要均匀一致，作业过程中速度不可任意调整。

（2）非操作人员不准上下摊铺机，不准在熨平板上放置水桶、工具等物体。

（3）不准随意调节熨平板厚度调节手柄；厚度变化较大时，应查明原因，按坡度标准要求进行调节。

(4)纵向传感器距熨平板边沿的距离应当恒定,不能时近时远,特别在有横坡的路段,该距离变化,将引起铺筑层厚度的变化。

(5)时刻注意摊铺机的行走方向线,避免急掉方向。

(6)注意工作仰角的变化,变化超出正常范围时,应查明原因,进行修正。

(7)指挥自卸车的停车(在摊铺前 10 ~ 13cm)、起顶(应分 2 ~ 3 次完全起顶)卸料,防止撞击摊铺机。

(8)尽可能保持摊铺机料斗内的余料均匀,保证连续均匀供料。

(9)调节料位传感器,使螺旋输料器的转速尽可能均匀,保持熨平板前料位均匀一致。

3. 摊铺过程中的厚度调整与质量检测

(1)松铺厚度的调整(初始阶段)和检测。在摊铺作业的初始阶段,应加强松铺厚度的检测(沿摊铺方向分内、中、外,每米测 3 个点),松铺厚度偏差在 5mm 以内,不进行厚度调整。当偏差较大时,进行厚度调节,厚度调节不可太快,应平缓过渡。固定弦线基准的摊铺作业,以摊铺机行走 4 ~ 5m,均匀转一周调节手柄为宜。松铺厚度的检测应连续,记录应详实,数据应可靠。

(2)摊铺温度的检测。摊铺作业后,应对松铺层的混合料温度进行检测,以便确定摊铺温度是否恰当。摊铺温度应按桩号及距摊铺机的距离相应测定,记录应准确。温度有变化时,应立即通知技术人员,查明原因,制订相应对策。

(3)松铺层纵向、横向高程的监测。采用固定弦线基准摊铺的松铺层高程,受人为因素影响较大,应由专人用水准仪,按桩号跟踪摊铺机监测,记录应详实连续。高程偏差太大(如 10mm)时,应查明原因,制订相应施工对策,及时修正高程偏差。

(4)松铺层平整度的监测。对松铺层平整度的监测,是对铺层进行碾压前的一个非常重要的工序,它可以在事前控制路面平整度,避免在碾压后造成的平整度达不到要求,而又难以修整的情况,同时它还可以对碾压之后的平整度进行检查,验证碾压过程的正确与否。这种方法是一种新施工工艺,目前采用较少。通过对松铺层平整度的检测,用统计方法,能够分析影响平整度的因素,通过一组检测数据,能够分析判断摊铺机、基准安装等对平整度的影响。高速公路建设中,采用(自制)滑靴式平整度测量仪(结构如图 8-16)对松铺层平整度进行监测。

其原理是采用八轮路面平整度仪的测量原理,根据百分表的间隔读数,分析影响松铺层平整度的因素。图 8-17 为下面层采用固定弦线基谁作为参数基准,施工初期在摊铺机后面跟踪检测的结果。从图 8-17 中可以发现两个问题:一是基准线过长(400m),拉紧度不够,造成曲线在两立杆(间距 10m)之间形成凹谷;二是有些立杆高程误差太大,曲线在个别立杆处形成高峰。针对这一问题采取如下措施,基准线长度缩短(至 200m)和采用深度卡尺进行标桩测量(可精确到 1mm)。根据路面成型后的检测结果,采取措施前下面层平整度均方差值为 1.6mm,采取措施后降为 1.0 ~ 1.2mm。

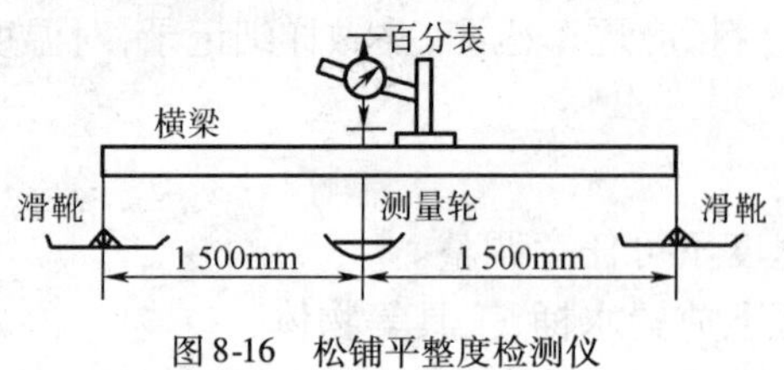

图 8-16　松铺平整度检测仪

位移(mm)
0 1 2 3 4
5 10 15 20 25 30 35 40
距离(m)

图 8-17　弦线张紧度不足的影响

（三）横向和纵向接缝的处理

沥青混凝土路面的接缝处理，是直接影响路面平整度和行车舒适性的重要工序，必须由有经验的人员按施工要求管理和操作，施工要认真、仔细。

1. 横向接缝的处理

横向接缝是沥青路面施工过程中，上次摊铺结束与下次摊铺开始的冷结合缝、横向接缝处理不好，不仅影响路面平整度，而且是形成车辆跳车、路面早期损坏的重要因素。具体的施工工序如下：

（1）施工前用3m直尺沿路面纵向在接缝处测量，使3m直尺间隙在2mm以下，确定横向接缝的位置。

（2）用混凝土切缝机沿确定的纵向位置切开，切深为铺层厚度，清除多余的铺层材料。

（3）用汽油喷灯对横缝立面加热。加温时喷灯应移动进行，以免温度太高使立面处沥青老化。加温至使沥青熔化，并具有一定温度（约100℃）为宜。

（4）在接茬处，涂刷适量沥青或乳化沥青。

（5）上下相连两层的横向接缝不应太近，至少应错开2m以上。

（6）摊铺机熨平板放置在接茬处已铺路面上，在烫平板宽度方向垫三块木板，木板厚度为铺层虚铺量厚度，虚铺量一定要准确。

（7）按规范要求摊铺后，接茬处的小缺陷，采用细料人工找补。

2. 纵向接缝的处理

在较宽的路面摊铺及变幅段的施工中，必须采用两台或多台摊铺机联合作业，采用纵向热接缝施工，并注意以下施工事项：

（1）多台摊铺机前后呈梯形平行作业，相邻两台摊铺机前后相距不要太长（一般不大于15m），保证混合料温度基本一致。

（2）每台摊铺机的熨平板宽度，根据摊铺总宽度适当而定，熨平板宽度差异不宜太大，有一定重叠量（5～10mm）且尽可能将热接缝设在路面画标线位置。

（3）变幅施工时，摊铺机组合中，至少有一台液压伸缩熨平板摊铺机、保证变幅需要，液压伸缩熨平板的摊铺宽度不宜太大（一般在8m以下），以确保路面平整度和压实度。

（4）螺旋送料器的料位控制适当，不能太高或太低，即既能保证摊铺用料，又不会在热接缝处形成堆料，以免影响接缝处的压实度、平整度。

（四）摊铺质量缺陷的处理与补救措施

路面摊铺施工过程中，由于种种因素的影响，难免产生摊铺质量缺陷。这时要分析产生质量缺陷的原因，制订可行的补救措施，进一步提高摊铺质量。

1. 松铺面个别高峰的处理

在摊铺过程中，由于不可预见的因素造成摊铺机停机或混合料因超规格料太大将熨平板垫起，会形成摊铺层的个别高峰。当个别峰值较小时（在5mm以下），最好不要对松层进行处理，将该处做标记，在碾压过程中处理（碾压段接头避过此处，在路面温度降到50～60℃前对高点进行适当碾压处理，即可消除）；当个别峰值较大时（在5～10mm），应由技术熟练的工人做适当处理，处理后的上面用细料补平，边处理边用3m直尺检测，然后做标记，以便碾压过程中处理；当个别峰值大于10mm时，应把此段切除重新摊铺，才能保证摊铺质量。

2. 下承面严重凹陷的处理

下承面出现严重凹陷时，该处松铺厚度增大，压实过程中的压实量增大（松铺系数增大），新铺层压实后仍有较大凹陷，严重影响路面平整度。

（1）对于凹陷量在 10 ~ 20mm 以上的下承面，采用预先补填方式，用沥青混合料先填实，保证平整（用 3m 的直尺测量，其间隙在 3mm 以下）和压实，然后进行摊铺作业。

（2）对于凹陷量在 10mm 以下的下承层，用补填方式不能保证补填处良好结合，应采用挖坑方式，将凹陷挖出，然后用下承层混合料补填，保证平整和压实。

（3）对于局部较小的凹陷量（在 5mm 以下）下承层可以不采用补救措施，但必须保证摊铺平滑过渡，特别在摊铺机履带和基准行走位置，不应有凹凸不平。

（4）下承面的凹凸缺陷，采用铣刨机铣刨、磨光机磨削处理，直至用 3m 直尺测量最大间隙为 2mm，并保证路面的一定粗糙度。

3. 桥面接茬的处理

目前高速公路的路面结构一般分为 6cm、5cm、4cm（下、中、上）三层沥青混凝土面层结构，桥面水泥混凝土高程往往比下面层高 10mm。若按图纸施工，沥青路面下面层在桥面搭板位置会产生台阶，影响路面质量。为避免这一现象，一般采用提高搭板处下面层路面高程的办法施工，即在桥面搭板接茬位置，使下面层和桥面水泥混凝土高程一致。下面层高程差（10mm）的过渡区为 3 ~ 5m，采用这种方式施工，既能满足施工技术规范要求，又能有效提高桥面接茬处的沥青混凝土施工质量。通过试验对比，沥青路面平整度均方差值可以降低 0.3 ~ 0.4mm。

4. 桥面严重不平整的处理

桥面施工过程中，由于施工不规范，造成水泥混凝土桥面高低不平，或由于高程控制误差太大，必须对混凝土桥面开凿，都会形成混凝土桥面的不平整，必须进行处理才能保证沥青混凝土路面的施工质量，应注意以下事项：

（1）对于一般的桥面不平整，常采用混凝土铣刨机铣刨或混凝土磨光机磨削的方式进行处理，边处理边用 3m 直尺测量，达到最大间隙 3mm 以下。

（2）对于桥面的严重不平整。如因高程太高，采用人工开凿后，用 3m 直尺测量，桥面的不平整间隙会达到 20mm。若用铣刨、磨削方式很难达到满意效果，且工作量巨大，这时采用局部处理法，效果较理想，即集中精力把摊铺机两履带行走位置及移动基准梁滑靴行走位置处理好，遇有钢筋时也应铲除或打平，达到用 3m 直尺检测，其间隙在 3mm 以下。或采用和路面下面层形同的形式（固定弦线基准法）摊铺，制作相应的钢制设备，夹在桥梁护栏上。

5. 铺层厚度不符合规定要求时，在下一层摊铺时的补救措施

当上面层在厚度和平整度指标上出现了严重问题，而又不能将该段铲除或重新摊铺时可采用对下一个面层摊铺补救措施：

（1）下一个面层可采用移动式平衡梁基准施工，摊铺前将该段厚度仔细检测，并标出不同桩号的厚度。

（2）确定厚度调节方案。调整后的两层厚度之和应满足设计路面的两面层厚度之和，并保证较好的下一个施工面层平整度。

（3）摊铺施工前，将需要调厚或调薄的点及数值标在桩号处，并按摊铺机行走距离（即满足平整度要求）配合厚度调节手柄的调平方式，预先标出手柄需调节的桩号，以便提前将厚度调大或调小。

(4)施工中,由两人分别跟踪调节两个厚度调节手柄,另有一名指挥人员,协调两调节人员,保持行动一致,调节量一致。

二、热沥青混合料碾压工艺规程

热沥青混合料是由矿物集料、粉料及沥青等多种成分组成的,在施工中,静碾压路机利用静载荷克服混合料中固体颗粒间的摩擦力和黏结力,挤出空气,使各颗料间相互靠近;振动压路机则利用振动频率接近于材料固有频率使材料发生共振,使级配材料间减小阻力,相互移动达到最稳定状态;热沥青混合料的碾压应根据热沥青混合料的材料特性,选择不同的压路机组合,按一定的压实工艺使沥青路面压实成形。

(一)三阶段碾压工艺和压路机与碾压参数选择

热沥青混合料的碾压作业应根据初压、复压、终压所起的不同作用选择不同吨位、种类的压路机,并确定其碾压速度、振动频率和振幅。

(1)初压是在混合料较高的温度下进行的,此时铺装路面尚未建立起必要的承载能力,它对路面的平整度影响极大,必须选择小吨位静作用压路机,以 2 ~ 2.5km/h 的慢速稳定均匀地碾压,一般选择双驱动双钢轮 6 ~ 10t 的压路机进行静压。合理控制初压温度及初压遍数,使路面不发生推移和裂缝。

(2)复压是在铺装层形成强度的阶段下进行的,其目的是提高密实度并达到规定的标准值,复压阶段宜采用 16 ~ 25t 的轮胎压路机和 10 ~ 12t 的双驱双振压路机进行碾压。轮胎压路机的作用是使轮胎与路面始终保持弹性接触,而且接触面积会随压实度的增加而减小,从而进一步增强路面的承载能力,使集料嵌入路面材料中;振动压路机是靠振频和激振力来提高路面的强度。压实效果和生产效率取决于振动压路机工作参数的选择,包括振频、振幅、线压力、碾压速度和碾压遍数。例如,DD—110 型振动压路机的振频、振幅、激振力之间的对应关系见表 8-8。对于铺层为 4 ~ 6cm 的沥青混凝土路面,宜采用高频低幅振动压实。通过试验证明,采用振频 42Hz,振幅 0.51mm,碾压速度在 4 ~ 4.5km/h,对 5cm、6cm 的沥青路面进行复压,效果比较理想;对 4cm 厚的路面,振幅以 0.46mm 为宜。在上述参数下振动 2 ~ 4 遍即可达到规定的压实度。

DD—110 型振动压路机振频、振幅、激振力对照表 表 8-8

振幅(mm) / 激振力(kN) / 振频(Hz)	0.46	0.51	0.58	0.71	0.81	0.89	0.91	0.94
42	65.2	70.7	83.7	98.8	112.9	124	131.4	133.4
31	35.7	38.7	45.8	54.1	61.8	67.9	71	73.1

(3)终压属于成形压实阶段,其目的是消除沥青混凝土材料的内应力和压路机轮迹,进一步提高路面平整度,终压阶段常用 20 ~ 25t 的轮胎压路机配合 10t 左右的双钢轮大宽度压路机来完成。此时轮胎压路机的主要作用是通过轮胎的搓揉来揉合细小的施工裂缝,钢轮压路机则用来消除轮迹。

DD—110 型双振压路机具有轮幅宽(1.98m)、静线压力小、振幅选择广和工作方式转换简单、操作灵活的特点,被广泛应用在高速公路沥青路面压实施工中,它与其他压路机的压实组合及参数控制见表 8-9。

沥青路面压实机械组合及参数控制　　表 8-9

碾压流程	机型	碾压遍数	碾压速度（km/h）	备注
初压	DD—110 CC21	2(1)	2~2.5	不振动
复压	DD—110	2(3)	4~4.5	振动
	YL16/20	2(4)	4~5	—
终压	DD—110 CC21	2	4~5	不振动

注：括号内数字适用于上面层普通沥青混凝土施工。

不同热沥青混合料的压实温度对比见表 8-10。

不同沥青混合料压实温度对比表（表中单位℃）　　表 8-10

施工工序		石油沥青标号			
		50 号	70 号	90 号	110 号
开始碾压的混合料内部温度，不低于	正常施工	135	130	125	120
	低温施工	150	145	135	130
碾压终了的表面温度，不低于	钢轮压路机	80	70	65	60
	轮胎压路机	85	80	75	70
	振动压路机	75	70	60	55
开放交通的路表温度，不高于		50	50	50	45

注：改性沥青混凝土路面施工初压温度不低于 150℃，碾压终了温度不低于 90℃，开放交通温度不高于 50℃。

（二）碾压模式及阶梯和重叠碾压方法

在选择好压实机型、速度及压实温度后，还必须按一定的碾压模式，完成碾压工序。阶梯碾压是在某一压实阶段，压路机的碾压长度在纵向呈阶梯形排开，相邻两碾压段纵向接头重叠 1~1.5m。对于双钢轮压路机，碾压左右重叠 15cm 以上，胶轮压路机其左右碾压重叠为轮宽的 1/2。

复压过程中，复压段的长度应大于初压长度 1~1.5m，再按阶梯碾压法依次进行。这样，缩短了初压停机位置的碾压时间，有利于路面平整度的提高，效果比较理想。

（三）横向接缝的碾压

横向接缝是冷料与热料的结合，是施工控制的关键环节之一，碾压不当，会造成材料推移、产生裂缝等。

（1）横接缝碾压首先用双钢轮压路机（如 DD—110）横向碾压，压路机开始在冷路面上，逐渐向热路面碾压。第一次压入量为 1~2cm，逐渐至压入热路面 10~15cm。

（2）实行 45°斜压。斜压从中间向两侧依次分开，重叠量应适当（为 1/2 轮宽）。

（3）实施横压。压路机由冷路面逐渐过渡到热路面上横压，根据接缝处混合料温度的变化，这一过程可以实施振动压实，以提高横向接缝的压实度。

（4）混合料温度是横向接缝碾压的关键。温度太高，很容易产生混合料推移；温度太低，横接缝不能压实,易造成路面早期损坏。横接缝碾压温度一般比正常碾压温度低5~10℃。

(四)碾压过程中的质量控制和监测

1. 硬性和软性热沥青混合料的碾压及其温度控制

硬性和软性热沥青混凝土,由于其级配组成的差异,碾压特征不同,具体施工中的碾压设备选择和温度控制有较大差异。表8-11为两种混合料碾压温度对照表。

硬性和软性热沥青混合料碾压温度对照表 表8-11

材料	初压温度(℃)	复压温度(℃)	终压温度(℃)	备注
软性混合料	130~145	110~130	80~110	—
硬性混合料	150~165	135~150	100~135	采用改性沥青后温度还要提高

硬件热沥青混凝土的级配特性,决定了它必须采用大吨位轮胎压路机和双钢轮振动压路机碾压,才能保证其压实度和空隙率的要求。例如,山东济泰高速公路上面层试验路段施工中,材料为AK—16(即现在的AC—16C)按美国Superpave规范设计级配的沥青混凝土,初选方案为DD—110初压1遍,复压为DD—110振动碾压1遍、YL16/20轮胎碾压6遍,检测结果空隙率高达8.2%和10.8%,远远超过6%~8%的空隙率标准要求。调整方案后,初压由DD1—110碾压1遍,复压由DD—110振动碾压3遍,YL16/20轮胎碾压4遍,检测结果各项指标达到了设计要求,平均空隙率为7.2%,同时提高了生产效率。

不同沥青混凝土的不同特性及材料差异,决定了其碾压设备的组合、碾压温度及碾压工艺,应根据施工条件具体制订。

2. 碾压表面平整度的检测

在终压过程中,路面未冷却之前,由专人用3m直尺逐尺对路面进行测量,在路面方向上分内、中、外三条线检测,对不平整段加密测量,并做好记录,对不平整处在路面做标记,进行修补碾压。

对成形路面,及时用连续式路面平整度仪进行检测,分析各桩号段数据,找出存在问题,指导下一步施工,为对路面不平整的处理提供依据。

3. 碾压密实度的检测

压实度是沥青混凝土路面的重要评定指标之一,成形的沥青路面,应及时进行密实度检测。一般施工后第二天进行密实度检测,检测方法应正确,记录应详实,检测结果及时反馈给施工人员,对压实度不足路段采取适当补救措施,进一步改进碾压工艺。

(五)压路机的操作要领

(1)为保证碾压表面平整,压路机不得在未压实的新铺沥青路面上转向、掉头、左右移动。

(2)压路机行走速度应均匀,不可太快,停车应平缓,严禁紧急制动。

(3)严禁有人在新铺沥青混合料上行走。

(4)振动压路机必须先行驶后起振、先停振后停驶,最好采用自动起振和自动停振的压路机以确保无误。

(5)不允许在已经压实的沥青混凝土铺层上振动行驶。

(6)严格控制压路机的洒水量,以免混凝土降温太快或水进入混凝土影响路面质量。

(7)碾压过程中如有“弹簧”现象或推移现象,应查明原因,采取措施后进行碾压。

(8)严格控制三个压实阶段的碾压温度,实施分段碾压,一个碾压区段控制在30~50m。

(9)全幅宽度碾压顺序,应自边向中间错轮碾压后全轮一次完成中心线碾压。

(10)严禁压路机停留在未压实的路面上。

(六)碾压质量缺陷的处理与补救措施

碾压质量缺陷主要指碾压不平整及碾压过程中产生拥包、推移及表面裂纹。

(1)碾压过程中,加强对平整度的跟踪监测,对不平整路段的高点实施修复碾压。对一般沥青混凝土,修复碾压应在其表面温度降到50~60℃之前进行,可以采用纵向、横向静压或振动压实;在高速公路施工中,这一措施对提高平整度比较理想。对SMA材料,由于其成形温度高,应相应提高修复碾压温度(60~90℃)。

(2)若碾压温度控制不当(如太高),混合料易产生推移和拥包,这时应分析产生推移的原因。如果确定是温度因素,应停止碾压,待温度符合要求后再进行碾压。若是其他原因(如结合层黏结不实),应采用相应的挖补修复措施。

(3)沥青混凝土路面的表面裂纹缺陷是指表面横向裂纹,通常其长25~100mm,间隔25~76mm。对在摊铺时看不到,在压实过程中出现的表面裂纹,其原因与碾压设备选用和工艺控制等因素有关。静碾压路机自质量过大,碾压较松散的沥青混合料时易产生表面横向裂纹,被动轮在前的压路机碾压稳定性较差的混合料时,由于材料推移,会产生横向裂纹;除了调整碾压设备、碾压工艺外,对已产生的表面裂纹缺陷,在终压阶段增加轮胎压路机的静碾压,对表面实施进一步揉搓碾压,使表面裂纹减少或消除。

第五节　SMA路面的施工与质量控制

一、概　　述

沥青玛蹄脂碎石(SMA)是一种坚韧、稳定、抗车辙的特种沥青混合料,具有寿命长、良好的抗水平推力、抗车辙和抗轮胎磨损的能力、降低溅泥和噪声等优点。SMA混合料可以使用普通的沥青作为黏结剂,也可使用改性沥青,但以使用改性沥青性能更好。使用改性沥青使SMA混合料的抗高温车辙和低温裂缝以及抗疲劳的性能更加突出,因此改性沥青的SMA混合使用更为广泛。

由于沥青含量增大,又增加了改性剂和纤维素等添加剂,SMA的材料成本大体上要比常规的沥青混合料高20%~30%。但对于重交通的道路,由于延长了使用寿命,节约了养护维修费用,所以从效益—价格的角度来看是值得的,因此SMA较适合用于大流量、重交通的道路。

二、SMA材料要求

由于SMA路面能否达到预期的性能在很大程度上取决于粗集料颗粒的嵌挤作用,因此粗集料必须具有良好的韧性、强度、坚固性和耐磨性。因而应严格限制针片状材料的含量和采用棱角性好的破碎集料。

细集料在SMA混合料中用来充填粗集料之间的间隙,并参与颗粒间的嵌挤作用,因此对细集料同样要求具有良好的棱角性和坚固性。通常应采用高强度材料制作的机制砂,并严格控制其含泥量。

对沥青黏结剂的要求通常希望采用劲度稍高的沥青,以减少沥青的滴漏并有助于抵抗高温车辙。虽然劲度稍高的沥青不利于抗低温裂缝,但由于沥青含量较高,其不良影响可以得到补偿。

改性沥青所用的改性剂主要是各种高分子聚合物,这类聚合物主要可以分成三类:一类是弹性性质的改性剂,如天然橡胶、丁苯橡胶(SBR)等;另一类是塑性性质的,如聚乙烯、聚丙烯(PE)和聚乙烯——醋酸乙烯的共聚物(EVA)等;第三类是热塑件橡胶类,它的代表品种有苯乙烯——丁二烯——苯乙烯嵌段共聚物(SBS)。PE 类的改性剂主要用来改善抗高温车辙的能力,橡胶类的改性剂主要用来改进抗低温裂缝的性能,第三类兼有前两者的性能,所以 SBS 是目前国内使用最广的沥青改性剂。

以上各类改性沥青均属于物理改性的技术,主要依靠胶体磨、高速剪切等物理方法将高分子聚合物研磨成 2μm 以下的微小颗粒均匀地分布在沥青中。除了物理改性外,国外也在研究化学改性的技术。

SMA 混合料使用的矿粉应该是研磨良好的矿石粉料,最好是石灰石制成的矿粉,使用的矿粉应干燥、不得结团和含有有机杂质,塑性指数不应大于 4%。

SMA 由于沥青含量高,必须加入适量的稳定剂来控制沥青的析漏。常用的稳定剂有木质纤维和矿物纤维,其中木质纤维在 SMA 中应用更为广泛。木质纤维的使用量应通过析漏试验来确定,这一试验是 SMA 混合料特性测定的最重要的试验之一。析漏试验的方法详见《公路工程沥青及沥青混合料试验规程》(JTJ 052—2000)。

三、SMA 混合料的施工

在京沪高速公路化临路一合同段铺设了 16.5km 的 SMA 混合料磨耗层。改性沥青采用 SBS 作为改性剂,加入量为 5%,在现场进行制备。改性沥青制备设备采用北京国创改性沥青公司生产的 LQ—8 型,由该厂专人在搅拌现场负责生产。木质纤维由美国 Interfibe 公司提供,加入量为 0.3%。木质纤维的加入在 SMA 发展的早期曾采用包装称量、手工加入的方法,此种方法的缺点是纤维素不易分散,在搅拌过程中容易被沥青裹覆成团,影响纤维素在 SMA 混合料中分布的均匀性。泰安公路局二处在博莱路上使用木质纤维时曾采用手工投放的方式,效果欠佳,由于分散不良,有明显的结团现象。在化临路的施工中采用了美国 Interfibe 公司制造的连续式纤维计量输送设备(见图 8-18)木纤维的计量是靠流量来计量的,其工作原理是把成型的木纤维块通过螺旋输送器把木质纤维输送到容器内,通过粉碎机将木纤维块打碎成雾状,并通过鼓风机将木纤维与空气充分混合,经由风管将混合的木纤维送入沥青拌和机拌和锅内拌和。木纤维的数量是由混合气体在单位时间的流量来决定。喷撒时间长,木纤维混合气通过的木纤维质量就大;喷撒时间短,木纤维混合气通过的木纤维质量就小。因此木纤维的质量是通过时间来控制的。单位时间内输送的木质纤维量是通过标定获得的,其方法是在某一测定时间内让机器将木质纤维抛送到一给定的容器内,将容器连向纤维一起称量,扣去皮质量后即为该段时间内输送的木质纤维质量,除以测量时间,即可得流量的标定常数。

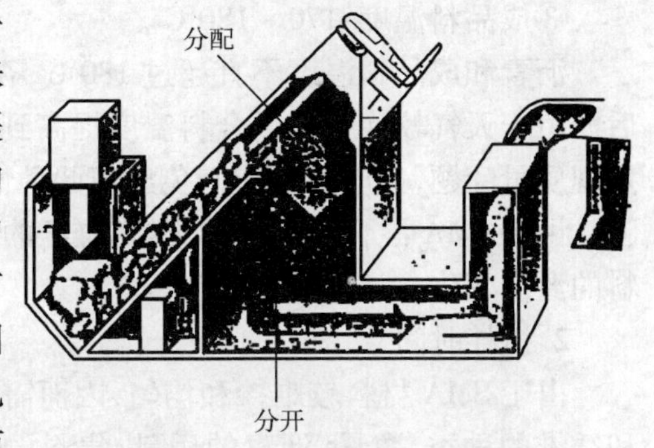

图 8-18　连续式纤维计量输送设备

另外采用木纤维添加设备,要比人工添加木纤维均匀,而且拌和时间也相应地要短,因此木质纤维最好不要用人工添加。

为了使木纤维添加设备与沥青拌和设备的喷撒和拌和相匹配,将木纤维添加设备的触发信号线,连接到拌和机沥青泵电磁继电器的一对常开触点上,这样就可以保证拌和时间和喷撒时间同步进行。

(一)SMA 混合料的拌制

虽然 SMA 混合料的拌制工艺类似于常规的热沥青混合料,但由于 SMA 间断级配粗集料多、矿粉多、细集料少,又加入了改性剂和木质纤维,所以是一种较难拌和均匀的混合料。为确保 SMA 材料拌制质量必须对搅拌设备的参数进行适当调整,并更加严格地进行控制。

1. 搅拌设备的标定和操作

对搅拌设备应事先进行仔细的标定,主要步骤如下:

(1)加强对冷料的控制和校正。在拌和前,根据试验提供的设计级配,把集料的松散重度和测量的冷料出料口横断面的平均值,计算出不同产量,需要各集料调速电机对应的速度值,并制订出数据表格和曲线图,供生产使用。

(2)对集料、沥青、粉料、木质纤维、改性剂的计量系统进行仔细标定,以保证各种材料的计量精度。温度的计量系统也应进行必要的校正。

(3)正确、细心操作搅拌设备,以保证成品料的配料精度和温度要求。

为保证成品料的质量和生产的正常进行,避免等料和溢料,除了自动控制系统外,操作人员还应根据生产情况及时调节各冷料仓的产量和热集料的控制温度,以确保成品料的质量要求。

SMA 混合料的拌制温度可按以下范围控制:

①热集料温度:185 ~ 200℃;

②改性沥青温度:170 ~ 180℃;

③成品料温度:170 ~ 180℃。

沥青和成品料温度不宜超过 180℃,否则会损害沥青的质量。在化临路一合同段的施工后期由于天气较冷曾将混合料温度提高到 180℃以上,混合料出现冒青烟情况,虽然目前并未发现质量问题,但应尽可能避免出现此种情况。

由于 SMA 混合料是一种难拌、难压的材料,对温度比较敏感,因而应严格检查和控制成品料的温度变化。

2. 搅拌时间

由于 SMA 材料较难拌和均匀,因而需要更长的拌和时间。最佳的拌和时间与所用改性剂和纤维的种类、数量、沥青的用量、集料的级配以及温度等多种因素有关,需要通过试拌来确定。一般认为比常规热沥青混合料干拌和湿拌时间应增加 5 ~ 10s。根据以往施工的经验,干拌时间不宜低于 8s,湿拌不宜低于 45s。

在一般情况下 SMA 混合料不宜储存在成品料仓内,以免发生沥青析漏、改性剂离析等损害混合料质量的情况。经验表明 SMA 混合料在成品料仓内最多不能超过 2 ~ 3h,绝对不允许储存过夜。

(二)SMA 混合料的运输和摊铺

1. 外界气候和温度的限制

SMA 混合料不应在气候寒冷、阴雨的季节施工,施工的最佳温度在 20℃以上,一般不宜低于 15℃,最低不得小于 10℃。当外界温度较低时可适当提高混合料的搅拌和摊铺温度。

2. SMA 混合料的运输

SMA 混合料的运输最好采用 20t 以上的大型运输车，且覆盖篷布保温，运至摊铺现场的混合料应保持在 165℃以上，温度过低，将会直接影响路面的密实度和平整度。在混合料装卸时应尽量避免离析，卡车装料时应采用前后移动运料车，分两次装载的方式。

3. SMA 混合料的摊铺

SMA 混合料的摊铺原则上与常规混合料没有本质的区别，但在摊铺温度与工艺的控制上更为严格。

摊铺温度宜控制在 150 ~ 160℃范围内，在不发生离析的前提下可考虑采用全幅一次摊铺以避免纵接缝的处理。为提高铺层的平整度最好采用跨越式的移动基准。

摊铺速度的选择应根据混合料的供应和压路机生产能力而定，以避免摊铺机停工待料和保证压路机能及时进行碾压。摊铺速度在摊铺过程中应严格保持不变。在一般公路施工中采用 1.5 ~ 2m/min 的摊铺速度。

在摊铺 SMA 的过程中保持连续摊铺作业要比一般的沥青混合料更为重要。根据我们的经验在摊铺常规混合料时停机 20 ~ 30min，只要混合料温度还保持在 130℃左右，通常不会严重影响铺层的平整度。但对于 SMA 的混合料来说停机 5 ~ l0 min，铺层就会出现明显压痕，所以建议停机时间不应超过 10min。

摊铺机螺旋布料器应均匀旋转供料，供料高度一定要控制在螺旋布料器纵向 2/3 高度的位置。这样除了保证混合料的粗细料不离析外，也防止木纤维与石料的离析，不会出现木纤维团。

在进行横向接缝处理时应注意以下几点：

(1)SMA 沥青路面的接缝一定要用 6m 直尺测定平整度后切去下一部分，切削的长度不应是一定值，而应按实测平整度而定。严禁用人工切割，防止接头路面松动，要用无齿锯切削，晾干后，在切削端面涂刷乳化沥青，然后按程序摊铺。摊铺好的接头要用 10t 双钢轮压路机进行横向静压，从硬路面向新摊铺的路面按轮宽的 1/3 宽度进行碾压，静压完毕后进行振压，并随时用 6m 直尺检查平整度，直到平整度达到要求为止，待温度适当降低后再进行纵向碾压。为防止接头有明显接头印迹，碾压前应顺着接缝用细料适当处理。

(2)新的接头摊铺时，熨平板一定要加热，并采用高频低幅振动碾压。

(3)新的接头不能靠变换摊铺机的仰角达到松铺厚度，这样会造成波浪形，一定要用实测的松铺系数算出松铺厚度，用垫板法控制松铺厚度。使用跨越式平衡梁时，一定要把平衡梁轮子或滑靴垫上垫板。

(三)SMA 的碾压

SMA 混合料是一种黏稠而很难压实的材料，它的压实性能对温度十分敏感，因此 SMA 混合料的碾压工艺与常规的热沥青混合料有着较大差别，主要如下：

1)在压路机的选型上一般不主张采用轮胎压路机，主要原因是改性沥青会黏着在轮胎上而破坏路面的平整度。对于能否使用振动压路机的问题早期在国内外都有过争议，但目前较一致的意见是应该允许使用振动压路机，只是必须采用高频、低振幅的机型，以避免压碎集料和使下层的沥青砂浆泛至表面。使用振动压路机的好处是能在短时间内将混合料压实，这对于碾压温度范围很窄的 SMA 材料显然是十分有利的。

2)碾压温度的范围以及控制应比常规沥青混合料更为严格，通常初压的起始温度可控制在 150℃以上，并应尽快完成初压工序。终压结束的温度不宜低于 140℃，最低不得低于

135℃。

3)碾压工艺的差别最主要是保证初压的压路机必须紧跟摊铺机进行碾压,宜采取连续碾压的模式而不应采用分段碾压的模式,为此应设计专门的连续模式,以保证不致出现漏压的现象。

由于没有使用轮胎压路机,在压实后的成型路面上还可以看到施工的开裂现象,国外在解决 SMA 材料的搓揉压实问题上采用了振荡压路机的工艺,取得了很好的效果,此点在今后国内 SMA 的施工中也是值得借鉴的。

4)碾压时应注意的问题如下:

(1)SMA 混合料采用双夯摊铺机摊铺,摊铺后密实度较高,加之路面结构又是开级配,碾压时不容易发生推挤位移,所以摊铺后可采用紧跟碾压的模式,因为混合料温度高时,密实度比较容易达到。

(2)随时检测 SMA 路面混合料温度和密实度,以便防止温度过低进行碾压,碾压过多会造成集料破损和减少构造深度。

(3)因为改性沥青黏度较大,压路机一定要有喷水装置,防止压路机钢轮与路面黏接。喷水装置的雾化应良好,喷水量应能调节,防止水喷洒过多流到路面上,降低路面温度影响路面碾压质量。

(4)SMA 路面终压完毕后,路面温度较高;在冷却之前,严禁压路机在碾压的路面上进行掉头或停放(包括其他机械设备),以免造成路面变形。

第六节　施工过程中的质量管理与检查

沥青面层施工必须在得到开工令后方可开工。

施工单位在施工过程中应随时对施工质量进行自检。监理应按规定要求自主地进行试验,并对承包商的试验结果进行认定,如实评定质量,计算合格率。当发现有质量低劣等异常情况时,应立即追加检查。施工过程中无论是否已经返工补救,所有数据均必须如实记录,不得丢弃。

1)沥青混合料生产过程中,必须按表 8-12 规定的检查项目与频度,对各种原材料进行抽样试验,其质量应符合本规范规定的技术要求。每个检查项目的平行试验次数或一次试验的试样数必须按相关试验规程的规定执行,并以平均值评价是否合格。未列入表中的材料的检查项目和频度按材料质量要求确定。

施工过程中材料质量检查的项目与频度　　表 8-12

材料	检查项目	检查频度		试验规程规定的平行试验次数或一次试验的试样数
		高速公路、一级公路	其他等级公路	
粗集料	外观(石料品种、含泥量等)	随时	随时	–
	针片状颗粒含量	随时	随时	2~3
	颗粒组成(筛分)	随时	必要时	2
	压碎值	必要时	必要时	2
	磨光值	必要时	必要时	4
	洛杉矶磨耗值	必要时	必要时	2
	含水率	必要时	必要时	2

续上表

材料	检查项目	检查频度		试验规程规定的平行试验次数或一次试验的试样数
		高速公路、一级公路	其他等级公路	
细集料	颗粒组成(筛分)	随时	必要时	2
	砂当量	必要时	必要时	2
	含水率	必要时	必要时	2
	松方单位重	必要时	必要时	2
矿粉	外观	随时	随时	—
	<0.075mm 含量	必要时	必要时	2
	含水率	必要时	必要时	2
石油沥青	针入度	每2~3天1次	每周1次	3
	软化点	每2~3天1次	每周1次	2
	延度	每2~3天1次	每周1次	3
	含蜡量	必要时	必要时	2~3
改性沥青	针入度	每天1次	每天1次	3
	软化点	每天1次	每天1次	2
	离析试验(对成品改性沥青)	每周1次	每周1次	2
	低温延度	必要时	必要时	3
	弹性恢复	必要时	必要时	3
	显微镜观察(对现场改性沥青)	随时	随时	—
乳化沥青	蒸发残留物含量	每2~3天1次	每周1次	2
	蒸发残留物针入度	每2~3天1次	每周1次	2
改性乳化沥青	蒸发残留物含量	每2~3天1次	每周1次	2
	蒸发残留物针入度	每2~3天1次	每周1次	3
	蒸发残留物软化点	每2~3天1次	每周1次	2
	蒸发残留物的延度	必要时	必要时	3

注:①表列内容是在材料进场时已按“批”进行了全面检查的基础上,日常施工过程中质量检查的项目与要求。

②“随时”是指需要经常检查的项目,其检查频度可根据材料来源及质量波动情况由业主及监理确定;“必要时”是指施工各方任何一个部门对其质量发生怀疑,提出需要检查时,或是根据需要商定的检查频度。

2)沥青拌和厂必须按下列步骤对沥青混合料生产过程进行质量控制,并按表8-13规定的项目和频度检查沥青混合料产品的质量,如实计算产品的合格率。单点检验评价方法应符合相关试验规程的试样平行试验的要求。

热拌沥青混合料的频度和质量要求 表8-13

项目		检查频度及单点检验评价方法	质量要求或允许偏差		试验方法
			高速公路、一级公路	其他等级公路	
混合料外观		随时	观察集料粗细、均匀性、离析、油石比、色泽、冒烟、有无花白料、油团等各种现象		目测
拌和温度	沥青、集料的加热温度	逐盘检测评定	符合《公路沥青路面施工技术规范》(JTG F40—2004)规定		传感器自动检测、显示并打印
	混合料出厂温度	逐车检测评定	符合《公路沥青路面施工技术规范》(JTG F40—2004)规定		传感器自动检测、显示并打印,出厂时逐车按T 0981人工检测
		逐盘测量记录,每天取平均值评定	符合《公路沥青路面施工技术规范》(JTG F40—2004)规定		传感器自动检测、显示并打印

续上表

项目		检查频度及单点检验评价方法	质量要求或允许偏差		试验方法
			高速公路、一级公路	其他等级公路	
矿料级配（筛孔）	0.075mm	逐盘在线检测	±2%（2%）	–	计算机采集数据计算
	≤2.36mm		±5%（4%）	–	
	≥4.75mm		±6%（5%）		
	0.075mm	逐盘检查，每天汇总1次取平均值评定	±1%	–	《公路沥青路面施工技术规范》（JTG F40—2004）附录G总量检验
	≤2.36		±2%	–	
	≥4.75mm		±2%	–	
	0.075	每台拌和机每天1~2次，以2个试样的平均值评定	±2%（2%）	±2%	T 0725 抽提筛分与标准级配比较的差
	≤2.36mm		±5%（3%）	±6%	
	≥4.75mm		±6%（4%）	±7%	
沥青用量（油石比）		逐盘在线监测	±0.3%	–	计算机采集数据计算
		逐盘检查，每天汇总1次取平均值评定	±0.1%	–	《公路沥青路面施工技术规范》（JTG F40—2004）附录F总量检验
		每台拌和机每天1~2次，以2个试样的平均值评定	±0.3%	±0.4%	抽提T 0722、T0721
马歇尔试验：空隙率、稳定度、流值		每台拌和机每天1~2次，以4~6个试件的平均值评定	符合《公路沥青路面施工技术规范》（JTG F40—2004）规定		T 0702、T 0709、《公路沥青路面施工技术规范》（JTG F40—2004）附录B、附录C
浸水马歇尔试验		必要时（试件数同马歇尔试验）	符合《公路沥青路面施工技术规范》（JTG F40—2004）规定		T 0702、T 0709
车辙试验		必要时（以3个试件的平均值评定）	符合《公路沥青路面施工技术规范》（JTG F40—2004）规定		T 0719

注：①单点检验是指试验结果以一组试验结果的报告值为一个测点的评价依据，一组试验（如马歇尔试验、车辙试验）有多个试样时，报告值的取用按《公路工程沥青与沥青混合料试验规程》的规定执行。

②对高速公路和一级公路，矿料级配和油石比必须进行总量检验和抽提筛分的双重检验控制，互相校核，表中括号内的数字是对SMA的要求。油石比抽提试验应事先进行空白试验标定，提高测试数据的准确度。

（1）从料堆和皮带运输机随时目测各种材料的质量和均匀性，检查泥块及超粒径碎石，检查冷料仓有无窜仓。目测混合料拌和是否均匀，有无花白料，油石比是否合理，检查集料和混合料的离析情况。

（2）检查控制室拌和机各项参数的设定值、控制屏的显示值，核对计算机采集和打印记录的数据与显示值是否一致。按《公路沥青路面施工技术规范》（JTG F40—2004）附录G的方法进行沥青混合料生产过程的在线监测和总量检验。按《公路沥青路面施工技术规范》（JTG F40—2004）附录F的方法进行沥青混合料质量动态管理。

（3）检测沥青混合料的材料加热温度、混合料出厂温度，取样抽提、筛分检测混合料的矿料级配、油石比。抽提筛分应至少检查0.075mm、2.36mm、4.75mm、公称最大粒径4个筛孔的通过率。

（4）取样成型试件进行马歇尔试验，测定空隙率、稳定度、流值，计算合格率。对VMA、VFA指标可只作记录。

3)沥青路面铺筑过程中必须随时对铺筑质量进行评定,质量检查的内容、频度、允许差应符合表 8-14、表 8-15 和表 8-16 的规定。

公路热拌沥青混合料路面施工过程中工程质量的控制标准 表 8-14

项目		检查频度及单点检验评价方法	质量要求或允许偏差		试验方法
			高速公路、一级公路	其他等级公路	
外观		随时	表面平整密实,不得有明显轮迹、裂缝、推挤、油汀、油包等缺陷,且无明显离析		目测
接缝		随时	紧密平整、顺直、无跳车		目测
		逐条缝检测评定	3mm	5mm	T 0931
施工温度	摊铺温度	逐车检测评定	符合《公路沥青路面施工技术规范》(JTG F40—2004)规定		T 0981
	碾压温度	随时	符合《公路沥青路面施工技术规范》(JTG F40—2004)规定		插入式温度计实测
厚度[①]	每一层次	随时,厚度 50mm 以下 厚度 50mm 以上	设计值的 5% 设计值的 8%	设计值的 8% 设计值的 10%	施工时插入法量测松铺厚度及压实厚度
	每一层次	1 个台班区段的平均值 厚度 50mm 以下 厚度 50mm 以上	 -3mm -5mm	—	《公路沥青路面施工技术规范》(JTG F40—2004)附录 G 总量检验
	总厚度	每 2 000m^2 一点单点评定	设计值的 -5%	设计值的 -8%	T 0912
	上面层	每 2 000m^2 一点单点评定	设计值的 -10%	设计值的 -10%	
压实度[②]		每 2 000m^2 检查 1 组逐个试件评定并计算平均值	试验室标准密度的 97%(98%) 最大理论密度的 93%(94%) 试验段密度的 99%(99%)		T 0924、T 0922 《公路沥青路面施工技术规范》(JTG F40—2004)附录 E
平整度(最大间隙)[④]	上面层	随时,接缝处单杆评定	3mm	5mm	T 0931
	中下面层	随时,接缝处单杆评定	5mm	7mm	T 0931
平整度(标准差)	上面层	连续测定	1.2mm	2.5mm	T 0932
	中面层	连续测定	1.5mm	2.8mm	
	下面层	连续测定	1.8mm	3.0mm	
	基层	连续测定	2.4mm	3.5mm	
宽度	有侧石	检测每个断面	±20mm	±20mm	T 0911
	无侧石	检测每个断面	不小于设计宽度	不小于设计宽度	
纵断面高程		检测每个断面	±10mm	±15mm	T 0911
横坡度		检测每个断面	±0.3%	±0.5%	T 0911
沥青层层面上的渗水系数[③]		每 1km 不少于 5 点,每点 3 处取平均值	300mL/min(普通密级配沥青混合料) 200mL/min(SMA 混合料)		T 0971

注:①表中厚度检测频度指高速公路和一级公路的钻坑频度,其他等级公路可酌情减少状况,且通常采用压实度钻孔试件测定。上面层的允许误差不适用于磨耗层。

②压实度检测按《公路沥青路面施工技术规范》(JTG F40—2004)附录 E 的规定执行,钻孔试件的数量按《公路沥青路面施工技术规范》(JTG F40—2004)表 11.4.7 的规定执行。括号中的数值是对 SMA 路面的要求,对马歇尔成型试件采用 50 次或者 35 次击实的混合料,压实度应适当提高要求。进行核子仪等无破损检测时,每 13 个测点的平均数作为一个测点进行评定是否符合要求。试验室密度是指与配合比设计相同方法成型的试件密度。以最大理论密度作标准密度时,对普通沥青混合料通过真空法实测确定,对改性沥青和 SMA 混合料,由每天的矿料级配和油石比计算得到。

③渗水系数适用于公称最大粒径等于或小于 19mm 的沥青混合料,应在铺筑成型后未遭行车污染的情况下测定,且仅适用于要求密水的密级配沥青混合料、SMA 混合料。不适用于 OGFC 混合料,表中渗水系数以平均值评定,计算的合格率不得小于 90%。

④3m 直尺主要用于接缝检测,对正常生产路段,采用连续式平整度仪测定。

公路沥青表面处治及贯入式路面施工过程中工程质量的控制标准 表 8-15

路面类型	项　　目	检查频度及单点检验评价方法	质量要求或允许偏差	试 验 方 法
沥青表面处治	外观	随时	集料嵌挤密实,沥青洒布均匀,无花白料,接头无油包	目测
	集料及沥青用量	每日 1 次逐日评定	±10%	每日施工长度的实际用量与计划用量比较,T 0982
	沥青洒布温度	每车 1 次评定	符合《公路沥青路面施工技术规范》(JTG F40—2004)规定	温度计测量
	厚度(路中及路侧各 1 点)	不少于每 2 000m^2 一点,逐点评定	-5mm	T 0912
	平整度(最大间隙)	随时,以连续 10 尺的平均值评定	10mm	T 0931
	宽度	检测每个断面逐个评定	±30mm	T 0911
	横坡度	检测每个断面逐个评定	±0.5%	T 0911
沥青贯入式路面	外观	随时	集料嵌挤密实,沥青洒布均匀,无花白料,接头无油包	目测
	集料及沥青用量	每日 1 次总量评定	±10%	每日施工长度的实际用量与计划用量比较,T 0982
	沥青洒布温度	每车1次逐点评定	符合《公路沥青路面施工技术规范》(JTG F40—2004)规定	温度计测量
	厚度	每 2 000m^2 一点逐点评定	-5mm 或设计厚度的 -8%	T 0912
	平整度(最大间隙)	随时,以连续 10 尺的平均值评定	8mm	T 0931
	宽度	检测每个断面	±30mm	T 0911
	横坡度	检测每个断面	±0.5%	T 0911

公路稀浆封层、微表处施工过程中工程质量的控制标准 表 8-16

项　　目		检查频度及单点检验评价方法	质量要求或允许偏差	试 验 方 法
外观		随时	表面平整,均匀一致,无拖痕,无显著离析,接缝顺畅	目测
油石比		每日 1 次总量评定	±0.3%	每日实际沥青用量与总集料数量,总量检验
厚度		每公里 5 个断面	±10%	钢尺测量,每幅中间及两侧各 1 点
矿料级配	0.075mm	每日 1 次取 2 个试样筛分的平均值	±2%	T 0725
	0.15mm		±3%	
	0.3mm		±4%	
	0.6;1.18;2.36;4.75;9.5(mm)		±5%	
湿轮磨耗试验		每周 1 次	符合设计要求	从工程取样按 T 0752 进行

4)施工厚度的检测按以下方法执行,并相互校核,当差值较大时通常以总量检验为准。

(1)利用摊铺过程在线控制,即不断地用插尺或其他工具插入摊铺层测量松铺厚度。

(2)利用拌和厂沥青混合料总生产量与实际铺筑的面积计算平均厚度进行总量检验。

(3)当具有地质雷达等无破损检验设备时,可利用其连续检测路面厚度,但其测试精度需经标定认可。

(4)待路面完全冷却后,在钻孔检测压实度的同时测量沥青层的厚度。

5)沥青路面的压实度采取重点对碾压工艺进行过程控制,适度钻孔抽检压实度的方法。

(1)碾压工艺的控制包括压路机的配置(台数、吨位及机型)、排列和碾压方式、压路机与摊铺机的距离、碾压温度、碾压速度、压路机洒水(雾化)情况、碾压段长度、调头方式等。

(2)碾压过程中宜采用核子密度仪等无破损检测设备进行压实密度过程控制,测点随机选择,一组不少于13点,取平均值,与标定值或试验段测定值比较评定。测定温度应与试验段测定时一致,检测精度通过试验路与钻孔试件标定。

(3)在路面完全冷却后,随机选点钻孔取样,如一次钻孔同时有多层沥青层时需用切割机切割,待试件充分干燥后(在第二天之后),分别测定密度。压实度计算及标准密度的确定方法应遵照《公路沥青路面施工技术规范》(JTG F40—2004)附录E的规定,选用其中的1个或2个标准评定,并以合格率低的作为评定结果,但不得以配合比设计时的标准密度作为整个施工及验收过程中的标准密度使用。钻孔后应及时将孔中灰浆淘净,吸净余水,待干燥后以相同的沥青混合料分层填充夯实。为减少钻孔数量,有关施工、监理、监督各方宜合作进行钻孔检测,以避免重复钻孔。

(4)测试压实度的一组数据最少为3个钻孔试件,当一组检测的合格率小于60%,或平均值$\bar{x}_3$小于要求的压实度时,可增加一倍检测点数。如6个测点的合格率小于60%,或平均值$\bar{x}_6$仍然达不到压实度要求时,允许再增加一倍检测点数,要求其合格率大于60%,且$\bar{x}_{12}$达到规定的压实度要求(注意记录所有数据不得遗弃)。如仍然不能满足要求的应核查标准密度的准确性,以确定是否需要返工以及返工的范围。当所有钻孔试件检测的压实度持续稳定并符合要求时,钻孔频度可减少至每公里不少于一个孔。施工过程中钻孔的试件宜编号贴上标签予以保存,以备工程交工验收时使用。

(5)压实层厚度等于或小于3cm的超薄表面层或磨耗层、厚度小于4cm的SMA表面层、易发生温缩裂缝的严寒地区的表面层、桥面铺装沥青层,以及使用改性沥青后,钻孔试样表面形状改变,难以准确测定密度时,可免于钻孔取样,严格控制碾压。

6)压实成型的路面应按《公路路基路面现场测试规程》规定的方法随机选点检测渗水情况,渗水系数的平均值宜符合表8-14的要求。对排水式沥青混合料,应要求水能够迅速排走。如需要测定构造深度时,宜在测定渗水的同时在附近选点测定,记录实测结果。

7)施工过程中应随时对路面进行外观(色泽、油膜厚度、表面空隙)评定,尤其特别注意防止粗细集料的离析和混合料温度不均,造成路面局部渗水严重或压实不足,酿成隐患。如果确实该路段严重离析、渗水,且经2次补充钻孔仍不能达到压实度要求,确属施工质量差的,应予铣刨或局部挖补,返工重铺。

8)施工过程中必须随时用3m直尺检测接缝及与构造物的连接处平整度的检测,正常路段的平整度采用连续式平整度仪或颠簸累积仪测定。

9)高速公路和一级公路沥青路面的施工应按《公路沥青路面施工技术规范》(JTG F40—2004)附录F方法,利用计算机实行动态质量管理,并计算平均值、极差、标准差及变异系数以及各项指标的合格率。

10)公路施工的关键工序或重要部位宜拍摄照片或进行录像,作为实态记录及保存资料的一部分。

思考题

1. 沥青混合料组成结构理论有哪些?

2. 根据混合料中嵌挤结构和密实结构所占的比例不同,沥青混合料的结构可分为哪三种?

3. 透层、封层及黏层的作用是什么?

4. 热沥青混合料生产及影响成品质量的因素有哪些,这些因素会对成品质量产生怎样的影响?

5. 沥青路面摊铺和碾压施工应注意哪些问题?

6. 沥青路面的接缝应如何处理?

7. 沥青路面摊铺质量缺陷如何进行处治?

8. SMA 混合料与普通沥青混合料有什么不同,它在配合比上最大的特点是什么?

9. SMA 沥青路面施工与普通沥青路面施工有何异同,施工中应注意哪些问题?

第九章　路面附属工程施工

学习目标

1. 掌握路缘石施工工艺及方法。
2. 掌握中央分隔带排水施工工艺和方法。
3. 熟悉柔性桥面防水层施工技术。

本章重点

路面附属设施施工(路缘石、中央分隔带防水及桥面防水等)工艺及质量管理。

本章难点

桥面防水层施工。

第一节　路缘石施工

一、路缘石预制法施工工艺流程

预制法施工工艺流程见图9-1。

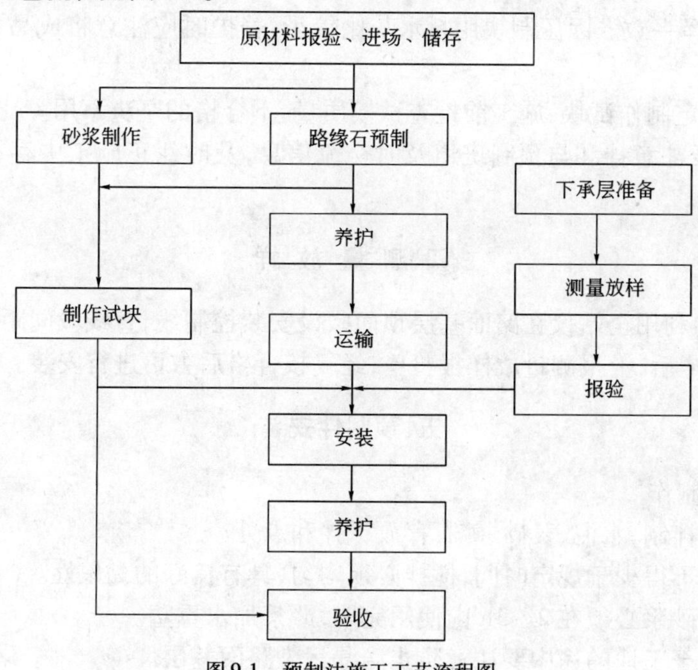

图9-1　预制法施工工艺流程图

二、原　材　料

工程所用的水泥必须按批次100%自检,经监理抽检合格后方可进场,凡不合格的进场材料,必须限期清退出场。进场原材料必须分类堆放整齐,插牌标明材料名称、产地、规格、进场日期、检验状态等。水泥库设在完全干燥,通风良好,防雨及防水的工棚里,棚底板应至少高出地面30cm,以防水泥受潮,水泥存放时间不得超过三个月。

三、预　　制

构件应采用机械压制,压制操作过程如下:

(1)混凝土采用机械集中拌制,设立一个拌和点,水泥、碎石、石屑等原材料储存于拌和点。

(2)预制场地必须平整并用水泥砂浆硬化,施工地点搭设工棚,便于雨期施工。场地四周设排水沟渠,防止积水影响施工。

(3)现场设混凝土及砂浆配合比标牌,标明理论配合比、施工配合比、每拌用量、施工段落、施工负责人;如某高速公路路缘石预制现场标识如:C25混凝土理论配合比为:水泥:石屑:碎石:水=412:848:1 036:165,其中水泥为P. O32.5级,碎石为级配6~16mm的结构用碎石,石屑级配为0~3mm、3~6mm,按70%和30%掺配。

(4)预制使用的定型钢模应具备足够的刚度且不宜变形,几何尺寸应均达到要求,验收合格后才能大规模使用。

(5)各原材料必须准确称量,投料顺序可按:石屑、水泥、碎石和水,分别一次性投入,防止中途损失。

(6)混凝土拌和时间不得少于:4~6min(强制式搅拌机),必须拌制均匀,具有良好的黏聚性;拌好后用标定过的称量桶将混凝土装入模具内进行压制。

(7)压制须保证构件边线顺直、棱角完好、内部密实、外露表面平整光洁。

(8)为保证构件表面平整光洁和内部强度,在压制时采用(水泥:细砂=2:1)干料作为面料保证表面光洁、色泽一致。因压制块用料水灰比较小,养护时应注意将成品覆盖放置2d后再进行洒水养生。

(9)严格按规定制作试块,施工前检查试模质量,不合格的坚决不用。

(10)施工时要注意拌和与预制班组及时交流信息,及时纠正施工中存在的不足,并及时分析总结。

四、测 量 放 样

路缘石铺设前利用全站仪在路面基层顶面敷设安装控制线,直线段间距为10m,曲线段间距为5m。测量完毕后,上报测量放样报验单,经复核合格后方可进行安装。

五、预制件安装

1. M7.5砂浆制作

(1)机械集中拌制,水泥、黄砂、碎石存放于拌和点处。

(2)拌和时间不得少于规定时间,搅拌必须均匀,具有良好的黏聚性。

(3)拌制好的砂浆必须在2~3h内使用完毕,严禁加水重塑。

(4)在砂浆运至工地的途中要注意防止滴漏污染路面基层。

(5)M7.5 号砂浆理论配合比为:水泥:黄沙:水 = 260:1 450:290。所有拌制要严格按配合比加料,严禁出现偷工减料现象。

2. 预制件安装

(1)要保证每块预制块都完整无缺,破损的构件作报废处理,不得修补后再行使用。安装前应先将安装基层部位清扫干净。

(2)在路缘石铺设前,应对安装路缘石处路面基层顶面洒水润湿,以增加接触面的黏合力,路缘石安装应采用砂浆垫层找平及与基层黏合。

(3)按照放样标线安装路缘石,每隔一段距离安装一块样石,保证垂直度、顶面高程、直顺度均满足要求。要求顶面平整、侧面线形顺畅,如路面基层顶面不够平整,用砂浆找平。

(4)安放完毕后,勾缝前应将路缘石端部洒水湿润,便于与砂浆黏结。勾缝砂浆应密实饱满。其顶面和外露面勾缝用直径 10mm 的圆钢抽凹缝,统一缝深。

六、试 件 制 作

(1)制作试件前检查试模质量,不合格的坚决不用。

(2)坚持按规定频率制作试块,不得出现弄虚作假现象。

(3)冬季施工,试块制作好送试验室养护前必须做好防冻保护,不得出现试块被冻坏现象。

七、养　　护

(1)路缘石预制完应摆放 2d 后方能洒水养生,至少保湿养护 7d,对于场地上的预制块在 7d 强度未达到之前,不得随意搬运、堆放,以免造成损坏和变形。

(2)安装完毕后,应立即洒水养生,保持砂浆结合处湿润,养生期不少于 7d。

(3)禁止重车在已安装完成的中央分隔带上行驶。

(4)如需冬季施工,应配备塑料薄膜覆盖养护。

八、验　　收

(1)缝内砂浆应均匀饱满,勾缝密实,平顺,缝宽均匀,无脱落现象。

(2)拼缝平整,无错台、凹凸不平现象。

(3)板面应平整、光洁、直顺,不得有裂缝、空鼓、破损现象。

(4)安装必须坚实无松动。

(5)施工中对成品路缘石的具体检查项目按表 9-1 执行。

路缘石铺设实测项目　　　　表 9-1

项次	检查项目		规定值或允许偏差	检查方法和频率	权值
1	直顺度(mm)		10	20m 拉线;每 200m 测 4 处	3
2	预制铺设	相邻两块高差(mm)	3	水平尺:每 200m 测 4 处	2
		相邻两块缝宽(mm)	±3	尺量:每 200m 测 4 处	1
	现浇	宽度(mm)	±5	尺量:每 200m 测 4 处	2
3	顶面高程(mm)		±10	水准仪:每 200m 测 4 点	2

注:摘自《公路工程质量检验评定标准》(JTG F80/1—2004)。

第二节　中央分隔带排水设施施工

一、原材料检验

材料到场后必须检验合格后才能使用,检验必须满足规范要求的频率。具体各种原材料的检测指标设计要求见表9-2。

原材料的检测指标设计要求　　表9-2

<table>
<tr><td colspan="2">1</td><td colspan="2">2</td><td colspan="2">3</td><td colspan="2">4</td></tr>
<tr><td colspan="2">防水板材</td><td colspan="2">软式透水管、三通</td><td colspan="2">渗水土工布</td><td colspan="2">硅芯管</td></tr>
<tr><td>检测项目</td><td>指标要求</td><td>检测项目</td><td>指标要求</td><td>检测项目</td><td>指标要求</td><td>检测项目</td><td>指标要求</td></tr>
<tr><td rowspan="2">厚度</td><td rowspan="2">≥1mm</td><td rowspan="2">纵向抗拉强度</td><td rowspan="2">≥1.2kN/5cm</td><td rowspan="2">抗拉强度</td><td rowspan="2">≥8 000N/m</td><td>内壁摩擦系数</td><td>≤0.25</td></tr>
<tr><td>拉伸强度</td><td>≥21MPa</td></tr>
<tr><td rowspan="2">纵横向拉伸强度</td><td rowspan="2">≥12kN/m</td><td rowspan="2">CBR 顶破强度</td><td rowspan="2">≥5.7kN</td><td rowspan="2">握持强度</td><td rowspan="2">≥900N</td><td>断裂伸长率</td><td>≥350%</td></tr>
<tr><td>最大牵引负荷</td><td>≥8 000N</td></tr>
<tr><td rowspan="2">纵横向拉伸断裂伸长率</td><td rowspan="2">≥300%</td><td rowspan="2">渗水系数(cm/s)</td><td rowspan="2">≥1.8×10^{-1}</td><td rowspan="2">梯形撕裂强度</td><td rowspan="2">≥350N</td><td>冷弯曲半径</td><td>≤400mm</td></tr>
<tr><td>环刚度</td><td>≥50kN/m^2</td></tr>
<tr><td rowspan="2">CBR 顶破强度</td><td rowspan="2">≥4kN</td><td rowspan="2">—</td><td rowspan="2">—</td><td rowspan="2">刺破强度</td><td rowspan="2">≥350N</td><td>抗裂强度</td><td>≥2MPa</td></tr>
<tr><td>与管接头连接力</td><td>≥6 700N</td></tr>
<tr><td rowspan="2">低温弯折性(-20℃)</td><td rowspan="2">无裂纹</td><td rowspan="2">—</td><td rowspan="2">—</td><td rowspan="2">CBR 顶破强度</td><td rowspan="2">≥1 750N</td><td>纵向收缩率</td><td>≤3%</td></tr>
<tr><td>扁平试验</td><td>符合要求</td></tr>
<tr><td rowspan="2">防透水性</td><td rowspan="2">0.3MPa,2h 不透水</td><td rowspan="2">—</td><td rowspan="2">—</td><td rowspan="2">等效孔径</td><td rowspan="2">≤0.21mm</td><td>复原率</td><td>符合要求</td></tr>
<tr><td>耐落锤冲击能力</td><td>符合要求</td></tr>
</table>

二、施 工 组 织

施工总体步骤按照:开挖中分带→铺设防水板材(或砂浆抹面)→铺设软式透水管→回填碎石→铺设渗水土工布→回填中粗砂→铺设硅芯管→回填砂→回填素土。

在下基层完成段落便可进行开挖施工,避免怠工耗时,材料到场后经抽样送检合格后方可投入使用,每道工序间要紧密衔接,严格遵守每道工序的报验程序。

三、施 工 工 艺

中央分隔带排水设施、回填砂、硅芯管、回填土工程施工工艺流程见图9-2。

1. 施工放样

每20m一个点,用全站仪放出路线中心桩,偏差小于50mm。用灰线标出中心线,依据设计图标出需要开挖的断面范围,组织人员进行开挖。

2. 开挖基槽

开挖工序中应注意开挖尺寸,严格按图纸设计进行,不得少挖或超挖,基层边缘必须按图纸要求放坡,开挖完成后要将槽内浮土、水稳废料清除干净后方能铺设防水板材。开挖时还应将横向排水管一一挖出,不得漏挖。基槽底高程开挖到位后必须报测量监理工程师检验,合格

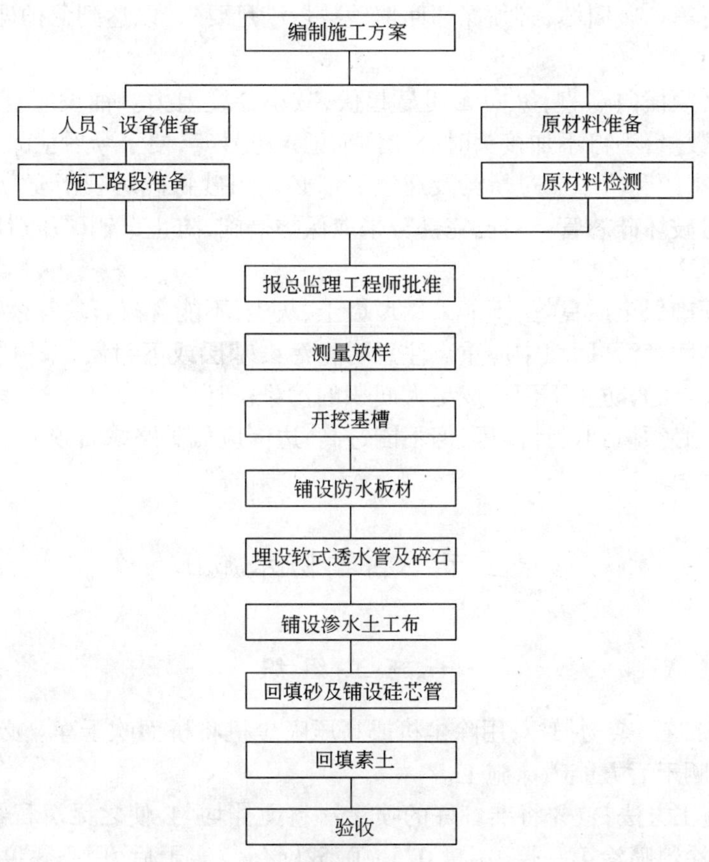

图 9-2 中央分隔带排水设施施工工艺流程图

后方能进行下道工序施工，槽底应按设计保持一定的纵坡，不能有积水现象。

3. 铺设防水板材（或砂浆抹面）

现在有很多高速公路采用塑料防水板材，与以往砂浆抹面相比，其施工方便迅速，防水效果好。施工中板材必须拼接整齐，使用热焊机进行接缝处理，确保不渗水并采用充气检测法检验。将防水板材两侧各 10cm 紧贴在路缘石上，使用改性乳化沥青黏贴，防止雨水顺路缘石渗入路基造成破坏，在横向排水管处切割出排水孔，但要保证与排水管紧密接触，减少漏水。

4. 铺设软式透水管和软式三通

软式透水管的铺设应顺畅、无起伏，重点注意与横向排水管的连通，采用软式三通连接，连接要紧密牢靠。连接前必须用洒水车通水检查排水管是否畅通。

5. 回填碎石

回填碎石必须采用洁净且具有一定粒径的级配碎石，确保排水畅通，必须将软式透水管埋没，并尽量使软式透水管沿路线中线布设，回填碎石不得堵塞横向排水管。

6. 铺设渗水土工布

为防止上层砂、土落入碎石盲沟中，同时确保上层雨水能顺利排出路基，采用渗水土工布覆盖在碎石盲沟之上，必须将整个碎石盲沟完全覆盖住，并采取措施固定好，防止推移。

7. 回填中粗砂

为了更好地保护硅芯管，减少其热胀冷缩时的平移摩擦阻力，同时保证雨水下渗顺畅，设计将硅芯管周边均用中粗砂包裹回填。回填分两次进行，先回填 5cm 厚作为垫层，待硅芯管铺设完成后再进行第二次回填,必须保证回填砂数量满足要求,以达到保护硅芯管的作用。

8. 硅芯管铺设

硅芯管铺设必须横向顺直,纵向无明显起伏,减小穿缆阻力。铺设应重点注意接头的处理,尽量较少接头数量,不得不加接头时必须详细记录桩号等,便于今后检测查找,应保证接头处不漏气,便于将来顺利吹缆。过桥梁及通道端部必须用砂将硅芯管下充分垫实,防止悬空,造成今后回填土时破坏硅芯管。对已完部分采取保护措施,防止车辆碾压造成破坏。

9. 回填素土

回填素土必须确保土质良好,不能采用垃圾土、灰土,不能含有石块等杂物,防止倾倒砸坏硅芯管以及影响植物存活,回填中应重点注意防止污染基层或下封层,采用彩条布铺垫,对遗漏部分土及时清理干净,防止下雨造成更大面积的污染。还应注意卸土过程中避免对路缘石造成破坏。回填土必须填到设计高程,但不能过高,边缘应低于路缘石顶2~3cm,防止雨水冲刷泥浆溢出污染路面。

第三节　桥面防水施工

一、施 工 组 织

(1)用扫帚将细石、杂物扫掉,用除尘机或高压吸尘机将桥面吹干净。必要时用高压水枪将桥面表面冲洗,晒干后方能喷涂施工。

(2)“三涂”施工方法:首先将准备好的喷涂材料搅拌均匀,使之无沉积物;然后启动喷涂设备,用1号底层涂料喷涂第一层,用量0.5~0.52kg/m^2;实干后,用高黏度1号涂料喷涂第二层,用量0.95~1kg/m^2;实干后,用2号面料按0.1~0.15kg/m^2用量喷涂第三层,实干后的“三涂”防水层平均厚度为0.5~0.6mm。

喷涂质量要求:喷涂均匀,表面无流淌、堆积、漏喷现象。喷涂完成后,自然养护24h以上,在养护期间设专人看护,禁止车辆通行,防水层实干前严防踩踏,要确保防水层的质量。经检查防水层实干后,方可进行沥青面层施工。

二、施工质量控制

1. 原材料的质量控制

根据设计文件和技术规范要求,制订原材料的进场质量标准,选用相应质量标准的材料,完善收料、发料签证制度,用于工程的主要材料,必须具备正式的出厂检验报告及质保书。工地试验室要做好抽查检测工作。

2. 施工机械设备的控制

施工机械设备是工程施工的重要物质基础,对施工进度、施工质量均有直接影响,是现代化施工中必不可少的,必须根据工程的特点选用合适的施工机械设备。要加强对施工机械设备和操作人员的维护管理、技术培训。贯彻定人、定机、定岗、定责制度。操作人员必须认真执行各项规章制度,严格遵守操作规程,避免安全与质量事故发生。

3. 施工方案与工序质量控制

要制订合理的施工方案,制订施工方案时必须结合工程实际,从技术、管理、经济等各方面进行分析对比。确保施工方案在技术上可行,质量上可靠,经济上合理。

要严格遵守施工工序规定，把质量工作落实到每道工序，落实到每道工序的操作人员，确保每道工序质量完好，稳定。

4. 质量管理的控制

建立健全质量管理的检查制度，定期召开例会，检查工程质量的情况。

建立完善的资料管理制度，文件资料，施工资料要及时归档。

建立质量及进度定期报表制度，统计质量与进度的情况，并及时上报。

三、重点工程施工措施

(1)到场原材料必须经过报验，合格后方能施工。

(2)加强在防水层施工过程中的质控与质检，每道工序在自检合格的前提下报请现场监理工程师验收，合格后进行下道工序。

(3)严格按规范及工程指挥部要求施工，施工中进行自检，随时进行外观检查，发现搭茬、边角黏结不合格，应立即停止施工，查找原因，修补合格后再恢复施工。

(4)检查防水层有无破损、滑移、起泡、皱折、流淌、堆积现象，发现后应立即修补合格，并找出原因，采取措施再进行施工。

(5)防水层实干前，不得让行人(包括操作人员)在上面通行，特别是涂抹未实干前不得让机动车辆通行，实干后严禁车辆在桥面紧急制动或掉头。

(6)防水层施工完成后，应采用保护措施，不得再凿眼、打洞，防止破坏防水层。施工完毕应及时清理现场，不得造成污染。

四、安全、文明施工

(1)聚合物桥面防水层材料不属易燃类危险品。

(2)每次用完的施工机具必须用溶剂清洗干净进行保养，确保机具完好率。

(3)施工人员应配备必需的劳动保护用品。现场工人统一着装，穿软底鞋，施工用鞋与生活用鞋分开，严防污染。

(4)带有动力的设备要加强保养和维护，避免在施工过程中发生意外事故。

(5)施工应注意涂料不污染水源、结构物，施工完毕后应清除所有废料。

五、验　　收

防水层施工完毕后，首先由质检员自检，合格后报请监理工程师验收，如有问题应及时整改。具体检验评定要求如下。

1. 实测项目

防水层具体实测项目见表9-3。

防水层实测项目　　表9-3

项　次	检 查 项 目	规定值或允许偏差	检查方法和频率	权值
1	防水涂膜厚度(mm)	符合设计规定，设计未规定时，±0.1	测厚仪：每200m^2测4点或按材料用量推算	1
2	黏结强度(MPa)	不小于设计要求，且≥0.3(常温)，≥0.2(气温≥35℃)	拉拔仪：每200m^2测4点(拉拔速度:10mm/min)	1

续上表

项次	检查项目	规定值或允许偏差	检查方法和频率	权值
3	抗剪强度(MPa)	不小于设计要求,且≥0.4(常温),≥0.3(气温≥35℃)	剪切仪:1组3个(剪切速度:10mm/min)	1
4	剥离强度(N/mm)	不小于设计要求,且≥0.3(常温),≥0.2(气温≥35℃)	90°剥离仪:1组3个(剥离速度:100mm/min)	1

注:剥离强度仅适用于卷材类或加胎体涂膜类防水层。

2. 外观鉴定

(1)防水涂料应喷涂整个混凝土表面,如有遗漏,必须进行处理。

(2)防水层应表面平整,无空鼓、脱落、翘边等缺陷。不符合要求时必须进行处理。

六、桥面柔性防水层施工

桥面柔性防水层的类别主要分为涂膜类和卷材类,这里主要介绍涂膜类防水层施工工艺。

1. 施工设备

主要设备:除尘机、喷涂机、挖压喷涂机。

2. 施工准备

1)施工技术人员在施工前要做好下列准备工作:

(1)熟悉设计文件。

(2)对现场施工条件进行全面了解,掌握施工现场全面情况及特点。

(3)根据现场施工条件,组织施工人员(施工人员必须经技术培训后才能上岗操作),配备施工设备、动力、运输工具,确保工程质量和进度。

(4)做好材料储备、运输、保管和检测工作。

(5)做好施工机械维护保养,检查设备完好率。

2)桥面防水层施工现场应做好下列准备工作:

(1)清除施工现场作业区及周围的障碍物。

(2)桥面板表面应满足以下技术要求:

①表面平整,凹凸高差不宜大于5mm;

②桥面板水泥混凝土强度必须达到设计强度;

③桥面板表面必须牢固、结实、无浮浆,不能有钢筋、骨料等尖锐突出物;

④桥面板表面要求基本干燥,含水率不大于10%。

3. 施工现场

1)施工组织

(1)材料设备、工具由供应组组织供应。供应组应由施工经理、材料员、设备员和安全员组成。

(2)现场施工队,由喷涂施工组和质量检查组组成。

(3)施工组织:两人喷涂,每组两人。

2)施工工艺流程

(1)用扫帚将细石、杂物扫掉,用除尘机或高压吸尘机将灰尘吹干净。必要时可用高压水枪将桥面表面冲洗,清理干净的桥面将进行交通封闭,防止再次污染。清理干净后报请监理工程师验收,合格后施工下道工序。

(2)桥面防水层三涂施工步骤:用底层涂料喷涂第一层防水涂料,用量 0.5～0.52kg/m^2。实干后,用高黏度底层涂料,按 0.95～1.0kg/m^2。用量喷涂第二层;实干后,用面层涂料,按 0.15～0.20kg/m^2;用量喷涂第三层。实干后防水层平均成型厚度 0.8m^2 或以上。需要检查涂料的用量,确保防水层的成型厚度。

(3)喷涂过程的质量要求:喷涂均匀,表面无流淌、堆积、漏喷现象。喷涂完成后,自然养护 24h 以上,在养护期间设专人看护,禁止车辆通行,防水层实干前严防踩踏,要确保防水层的质量。经检查防水层实干后,方可进行沥青面层施工。整个施工过程必须有专人对桥面护栏进行防护,防止涂料污染桥梁其他部位。严格按规范要求施工,施工中进行自检,随时进行外观检查,发现搭茬、边角黏结不合格,应立即停止施工,查找原因,修补合格后再恢复施工。

4. 质量控制及检验

为确保施工质量,施工单位必须严格按下列工序,制订完善的质保体系,报送监理。

1)防水层原材料质量检验

(1)材料质量检验必须符合防水层涂料质量检验标准,并提供检测报告。

(2)依据《公路工程质量检验评定标准》(JTG F80/1—2004)所规定的技术指标,同批材料中,监理每 2 000m^2 进行材料抽样,送相关检测单位质量检测。

2)防水层施工过程中的质量控制

(1)在施工过程中要进行自检,随时进行外观检查,发现喷涂达不到要求,应立即停止施工,找出原因,修补合格后才能恢复施工。

(2)检查防水层有无破损、滑移、起泡、皱折、流淌、堆积现象,发现后应立即修补合格,并找出原因,采取措施再进行施工。

3)桥面防水层施工成型后的质量检验

桥面防水层施工成型后的质量检验,由监理单位委托相关检测单位按照《公路工程质量检验评定标准》(JTG F80/1—2004)进行检测,报送监理。

4)防水层施工质量控制

(1)防水层施工一般在不低于 10℃气温下进行,雨天及五级风以上均不得施工。

(2)原材料质量,执行原材料复检制度。

(3)防水层施工完成后,应采取保护措施,不得再凿眼、打洞,防止破坏防水层。施工完毕应及时清理现场。

(4)操作人员规范作业,防水层未固化以前,不能让行人在上面骑车、踩踏;在实干以后,应尽量控制机动车通行,同时严禁在桥面防水层表面紧急制动、掉头等。不得再凿眼、打洞、防止破坏防水层。施工完毕应及时清理现场,不得造成污染。

思考题

1. 预制路缘石施工包括哪些工序?

2. 中央分隔带施工包括哪些工序,各工序包括哪些内容?

3. 柔性桥面防水采用的施工工艺是什么,具体如何实施?

第十章　路面施工组织与管理

学习目标

1. 了解公路工程基本建设的概念及程序。

2. 熟悉路面施工现场管理的相关内容。

本章重点

公路工程基本建设的基本知识

本章难点

路面施工现场管理

第一节　施工组织与管理的基本知识

一、公路工程基本建设

基本建设是社会主义特有的经济范畴。1952 年我国原政务院文件规定"凡固定资产扩大再生产的新建、改建、扩建、恢复工程及与之连带的工作为基本建设"也就是说基本建设是形成固定资产的建筑、添置和安装等活动,包括工厂、矿井、公路、农场、水库、商店等工程的建设,以及机具、车辆、船舶等的添置和安装也包括机关、学校、医院等房屋、设备的建筑、添置和安装,以及民用住宅建设。

基本建设的性质是固定资产的扩大再生产。它是一项主要为发展生产建立物质基础工作,通过勘察、设计和施工,以及有关的经济活动来实现。基本建设按经济内容可分为生产性建设和非生产性建设;接建设规模可分为大中型项目和小型项目;按建设性质可分为新建、改建、扩建和恢复。其内容构成主要有:(1)建筑工程,如房屋、桥梁、水坝、公路,以及设备的基础、支座等的建筑工程;(2)安装工程,如发电机、机床、化工机械等需要安装、配置的工程;(3)机器设备(不论是否需要安装)及属于固定资产的工具、器具的购置;(4)勘察、设计及与之有关的地质调查和技术研究工作:(5)其他与固定资产关联的基本建设工作,如土地征用,人员培训等。

基本建设是促进国民经济发展的重要手段,对于加速实现现代化、满足人民群众日益增长购物质文化需要,具有十分重要的作用。因此,国家历来十分重视基本建设,并规定了一套严格的管理办法。

二、公路建设基本程序

所有新建的公路基本建设项和改建的大中型公路工程项目,都要严格按公路工程基本建设程序办事。对于小型项目,可根据具体情况适当合并或免去部分程序。公路工程基本建设程序各组成部分之间的关系如图 10-1 所示。

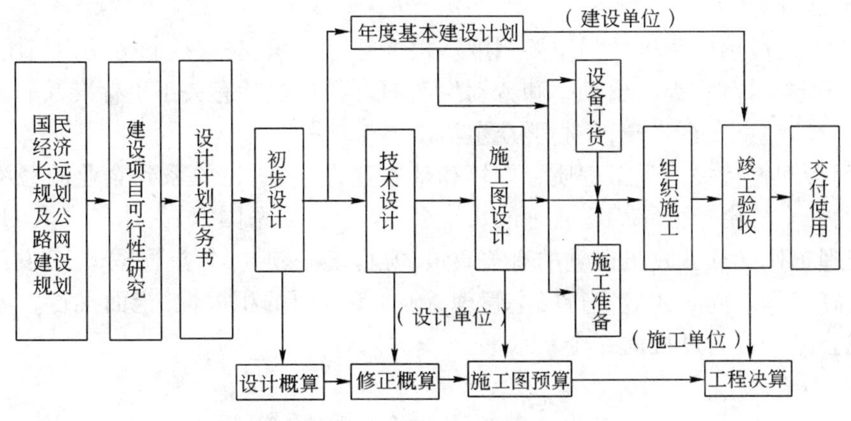

图 10-1 公路基本建设程序

三、公路工程管理的内容

企业管理,就是对企业的整个生产技术经济活动进行组织、计划、指挥、监督、调节和核算等一系列活动的总称。企业管理是随着生产的发展和社会的进步而形成的研究和揭示,按照经济规律、自然规律和生产组织规律的要求来管理企业的一门边缘科学。本书仅限于讨论公路工程施工活动中有关的管理问题。

公路工程管理就是对公路工程生产活动进行科学的指挥、监督和调节,最有效地利用人力、物力和财力,取得最大的经济效益。采用先进技术和科学管理,是发展公路事业的关键。根据我国公路施工企业的实践经验,公路工程管理主要有以下几项:

1. 计划管理

即用计划来组织和调节企业生产、技术和经营活动的一项管理制度,有长远规划、年度计划和生产作业计划三种。生产作业计划又分为年度计划、季度计划、月度计划以及旬施工任务单。公路施工企业的计划管理主要是安排施工进度,编制施工计划,以及管好下属单位的月度计划和班组作业计划,同时还要抓好统计工作,按时检查计划的执行情况。

2. 技术管理

是贯彻国家技术政策的一项管理制度。建立、健全和严格执行以总工程师为首的技术负责制和岗位责任制;作好技术交底,严格执行施工技术规范和操作规程,开展全面质量管理,建立质量检查制度,做好工程质量监督工作;发动群众,开展技术革新,推广先进经验和新工艺、新技术;开展技术培训以及事故的检查处理等等,都是技术管理工作的内容。

3. 财务管理

即对施工中必需的各种资金的管理、分配、使用所进行的组织工作和计划工作。坚决贯彻勤俭办企业的方针,改善经营管理,加强经济核算。健全财务管理制度,严格执行财经纪律和基本建设拨款的规定,监督资金的合理使用,加强经济活动分折和成本管理,做到消耗有定额、开支按标准、成本有核算,努力降低工程造价。

4. 物资管理

就是要做好原材料、燃料、机械等生产资料的供应组织工作,建立与健全物资的采购、调运、保管和分配制度。严格控制材料用量,主要材料要实行限额领料制度。易燃、易爆等危险物资以及重要机械设备要进行专门管理。要采取各种措施节约材料,降低材料消耗。

5. 劳动工资管理

是调动施工人员生产积极性的重要制度。根据施工组织安排,编制劳动力使用计划,合理组织劳力,加强定额管理,提高出勤率和劳动生产率。严格执行有关工资标准及制度。认真做好劳动保护工作,注意安全生产,关心群众生活。

公路工程管理直接关系到工程质量好坏和基本建设速度,也关系到企业的经济效益和人民生命财产的安全。由于公路工程管理的头绪多,又密切联系国家、集体和个人的切身利益,因此,做好管理工作必须认真贯彻党的有关政策,实行统一领导,分头管理,充分发挥各部门的作用,共同做好工作。同时还应实行民主管理,调动各方面的积极性,全面推行各项科学管理制度,才能把公路工程管理推向一个新水平。

第二节　路面施工现场管理

一、施工材料管理

1. 材料管理的内容和任务

材料管理是施工生产所需材料物资供应的计划、组织和使用等项管理工作的总称。

1)材料管理的工作内容

材料管理的工作内容包括以下几个方面:

(1)了解物资材料的产地,进行货源、价格、生产、流通等材料市场信息调查。

(2)根据施工生产计划制订材料供应计划。材料计划的编制大致可分为三个步骤:即计算材料的需用量;确定储备量;经过平衡编制材料的申请采购计划。

(3)选择供应对象,开展材料采购、订货业务活动。

(4)选择运输方式,组织材料运输。

(5)组织材料的验收、保管、加工和发放。

(6)监督材料的使用和组织回收、利用等。

2)公路工程施工管理的任务

公路项目施工材料管理的基本任务是要以最低的材料成本,保证生产所需要的材料,并监督和促进材料的合理使用。具体任务是:

(1)保证材料的供应,满足施工的需要。

(2)降低材料的消耗和损耗。

(3)降低材料的供应成本。

(4)监督材料的使用并促进技术进步。

2. 材料管理的主要工作

材料供应计划编制好后,就要通过订货采购、组织运输、仓库保管来实现。

1)订货采购

(1)采购原则。订货采购实际上是组织货源的问题,是材料供应工作的首要环节。在材料管理采购中,应当做到货比三家,开展“三比一算”。即同样材料比质量;同样质量比价格;同样价格比运距,最后核算成本。对于一次性购买或临时性购买来说,主要应考虑供货单位在质量、价格、运费、数量、交货期、供应方式等方面是否对我方最有利。对于工程的主要原材料、组织货源应争取取近舍远,直达订货,尽量减少中转环节。

(2)订货方式。材料的采购订货通常有两种基本方式:一种是定期订货方式;一种是定量订货方式。

①定期订货。定期订货是事先确定好订货时间,如每季度、每月或每旬订购一次,到达订货月就组织订货,每期订货数量等于下次到货前所需材料数量或现有库存量,用公式表示为:

每期订货数量 =(订货或供应间隔天数 + 保险储备天数)× 平均日消耗量 - 实际库存量 - 已订在途量

式中:已订在途量——指已订货尚未到达而在间隔期中可以到货的数量。

②定量订货。定量订货是一种不定期的订货方式,即在材料的库存量由最高储备到最低储备之前的某一储备量水平时提出订货,订货的数量是一定的,一般为经济批量。

提出订货时的储备量和保险储备量称为订货点储备量,它由采购期的材料消耗量和保险储备量组成。订货点储备量的确定,有以下两种形式:

a. 材料的消耗和材料采购期固定不变时:

订货点储备量 = 材料采购期材料平均日消耗量 + 保险储备量

式中:材料采购期也即材料备用时间——包括办理材料采购订货、发运的时间装卸、验收入库、使用前加工准备的时间。

b. 材料消耗和材料采购期有变化时:

订货点储备量 = 平均备用时间平均日消耗量 + 保险储备量 + 特殊情况下增加的储备

2)仓库保管

对仓库保管管理工作的基本要求是:不仅要管好材料,还必须面向生产第一线,主动配合基层生产单位完成施工任务,并积极处理和利用库存积压材料和废旧材料,其基本内容是:

(1)按合同规定的品种、数量、质量要求验收材料。材料的数量验收有以下几种情况,在一般情况下,要全数检查;对于数量较大、协作关系稳定、证件齐全、包装完整、运输良好者,可进行抽检;从境外进口的材料、物资,要进行全数检验。材料的质量检验有以下三种情况:从外形可以判断其质量合格者,可由保管员执行检验;需要进行技术检验才能确定其质量合格者,要由技术检验部门或专职人员进行抽检;凡需进行物理化学试验的,应由技术检验部门抽检。

此外,材料的检查必须符合有关合同文件的规定。

(2)按材料的性能和特点,合理存放,妥善保管,防止材料变质和损耗。

(3)组织材料发放和供料。材料的发放是材料工作直接服务于生产的重要环节。对材料的发放的基本要求是按质、按量、齐备、准时,确保生产第一线的需要;严格出库手续,防止不合格材料的领出,促进材料的节约和合理使用。

(4)组织材料回收和修旧制度。

3)施工现场的材料管理

(1)施工准备阶段的材料管理如下:

①编好材料预算,提出材料的需用计划及铁件、构件、加工计划。

②根据施工平面图,安排和落实材料的堆放和临时仓库设施。

③组织材料的分批进场。当场地狭小时,要考虑场地的多次周转使用,按时间、按地点使用现场。

④组织材料的加工准备,尽可能集中加工。

(2)施工过程中的现场材料管理如下:

①严格限额领料，以推动材料的合理使用和节约。

②坚持中间分析和核算，也就是施工过程中分阶段进行材料使用的分析和核算，以便及时发现问题，防止材料超用。

③组织材料回收，修旧利废。

④及时进行现场清理，做到随做随清。

(3)工程完工后材料管理工作如下：

①清理现场，回收、整理余料，做到工完场清。

②在工料分析的基础上.按单位工程核算材料消耗，并分析原因，总结经验。

4)材料管理的 ABC 分类法

尽管工程材料的品种繁多，但其重要程度各不相同，只有实行分类管理，才能提高管理效率。

材料管理 ABC 分类法的基本原则是对工程中使用的各种材料，按其价值占材料总价值的百分比和其品种(或用量)占材料总品种(或总用量)的百分比分为 A、B、C 三类，根据各类材料的特点，采取不同的管理对策：A 类材料品种占总品种数的 5% ~15%，而价值占总价值的 60% ~80%，对这类材料要精心管理，经常检查，慎重订货，压低库存，订货时要计算每种材料的经济定货量；B 类材料品种占总品种数的 15% ~25%，价值占总价值数的 15% ~25%，对于这类材料进行一般管理，库存进行一般检查，保险储备较大，订货方式可采用定期订货或定量订货；C 类材料品种占总品种数的 60% ~80%，而其价值反占总价值数的 5% ~15%，对于这类材料要简化管理，可按最高储备定额适当加大订货批量，采购容易的也可随需随购，订货方式一般采用定量订货。

材料的分类管理方法，不是一成不变的，在不同地点和不同时间，应根据供应的具体情况适时加以调整。

5)降低材料成本的措施

由于材料费一般占工程成本的 60% ~80%，努力改善材料管理，降低材料成本，对于降低整个工程项目的成本有着重要的意义。减少材料的消耗量，绝不是偷工减料，应以保证工程质量为前提，应采取的措施有：

(1)加强验收，防止供应中的缺吨、缺方、少尺、少件现象，特别是对于三大主要材料和大宗材料，一定要把好验收关。

(2)严格控制材料的规格和质量，使其符合使用要求，以避免大材小用、优材劣用等不合理的使用。

(3)严格实行限额领料制度，控制用料。为此，必须做好每道工序的材料预算标准，只有预算准确，限额领料才会有依据。

(4)原材料集中加工，扩大成品供应，减少材料加工中的损耗，提高材料的利用率。

(5)改进材料的配合设计，合理使用外加剂，采用先进的施工工艺等，可降低材料消耗。

(6)精心施工，控制工程构筑物和构件的尺寸，以减少材料消耗。

(7)经常多方面分析材料的使用情况，使施工定额保持平均先进水平。

(8)改善运输、装卸、包装、保管等条件，降低材料在使用前的损耗。

(9)加强周转性材料的周转，提高复用次数。

(10)建立材料包干使用的经济责任制，把材料的节约和浪费同职工的经济利益挂钩。

二、机械设备管理

施工机械是道路工程施工的主要生产工具，随着施工机械化的发展，机械的数量、类型不仅会大大增加，而且大型的、技术密集型的机械必将在机械化施工中占据越来越重要的地位。因此，加强施工机械的管理，不断提高施工机械完好率、利用率和生产率，防止事故发生，保持机械设备的最佳状态，对完成各项工程的施工任务和经济效益都有着重大的意义。

机械设备管理的目的，在于按照机械固有的规律，同时也遵循客观的经济规律，使其经常处于完好状态，以提高其生产率和利用率，延长机械的使用寿命，不断降低使用成本，力求最大限度地发挥每一台机械设备的效能，从而高速度、高质量地完成施工任务。

从内容上来说，机械设备管理应当对其运动的全部过程进行综合管理，不仅按物质的运动形态进行技术管理，而且按其价值运动形态进行经济管理，这就要求做好一系列的管理工作。如合理选择购置设备，正确使用，保证安全和提高生产效率，做好保养、修理工作，使之有章可循。应运用科学的方法，吸取国内外先进的管理经验，才能把施工机械管理提高到一个新的水平。

1. 施工机械经济管理

机械设备的经济管理，一般包括：设备投资方案及其评价，合理选购和配备设备更新和改造，设备的折旧和报废等。

1）设备的选择与评价

选择购置施工机械的目的，是为施工生产选择最优的技术装备。一般情况下技术先进与经济上合理是统一的，但是，由于各种原因，又会形成一定的矛盾。例如，某些高效率的专用设备在技术上虽然是先进的，但在生产任务不饱和的情况下，设备负荷不足，在全面经济效果上衡量是不适宜的。因此，在选购设备时，必须考虑技术经济两个方面的要求，以保证有限的设备投资能获得最佳的经济效益。下面列举一些在机械设备选购时，应注意的主要因素和条件：

（1）生产性。指生产效率，一般表现为功率、速度等一系列技术参数指标。

（2）可靠性。指机械作业精度，准确度的保持性，零部件耐用性，故障停机等安全可靠的因素。

（3）节能性。这里指机械设备对于电力、油料等能源的利用程度，节能性好的设备表现为能源利用率高，消耗少。

（4）维修性及可维修性。维修性影响机械维修工作量和维修费用。维修性好的机械，一般结构简单，零部件组合合理，互换性强，拆装方便且易于检查等。

（5）耐用性。设备在使用过程中，所经历的工作寿命期长，从而最佳使用期限长，每年分摊折旧费少，随着科学技术的发展，新工艺、新材料的应用，机械设备寿命将不断增长。

（6）灵活性。包括以下几方面内容：

①在工作对象固定的条件下，机械能够适应不同的工作条件和环境，操作使用方便灵活。

②对于不同的工作对象，通用性好，能完成多种作业。

③结构紧凑、质量轻、体积小、机动性好。

（7）环保性。指机械噪声和排放有害物质对环境的污染，以及间接危害人体健康情况。

2）机械的折旧

机械的折旧是指机械设备在进行生产活动中有形物逐渐地被消耗或磨损，并把其价值转移到施工成本中去，使本身价值降低，同时，机械的功能也有一定的丧失。通常把机械设备逐渐转移到施工成本中去等于其损耗的那部分价值叫做机械设备的基本折旧费。另外,在使用过程中,除消耗机械本身的价值外,为了保证其正常运行,并使机械设备达到合理的经济使用期限,还要进行保养维护,故大修追加费,也应计入施工成本中,这种消耗设备有形磨损而付出的费用叫做大修理折旧费。

在经济管理中,用折旧率的形式来计算机械设备的折旧资金,所谓折旧率是反映设备折旧占设备价值、大修理费用的百分比,正确的折旧率应能既反映设备的有形磨损,也反映设备的无形磨损,与机械的实际消耗符合。

折旧率的确定,与机械的价值、折旧年限、大修理费用及残值等因素有关,我国目前的折旧制度,存在着折旧率偏低、折旧年限长的问题,不能很好适应现代化科学技术发展的要求。例如,按直线折旧法,5%的折旧率意味着其折旧期限为20年,即机械全部收回其价值,更新一次需要20年,这样就必须造成落后的、陈旧的甚至早该淘汰的设备仍在使用,不仅消耗费用大,而且限制了施工作业生产率的提高。

3)机械设备的挖潜革新和改造

机械设备的折旧费是企业更新与改造主要的资金来源。

在扩大企业装备的过程中,要正确处理新增机械设备和老旧设备的关系,既要逐步增加新的机械设备,又要充分利用老旧机械,应当加强旧设备的挖潜改造工作,有效地利用更新改造资金,使老旧设备发挥新的作用。只有符合报废条件的机械,才能按规定手续予以报废。

挖潜改造是提高现有机械性能,延长机械使用寿命、降低消耗的重要途径。要贯彻施工适用、技术可靠、经济合理的原则。挖潜的项目、方案、图纸、费用和经济效果,都应报有关主管部门审批,或列入机械改造计划。

扩大设备的使用范围,提高机械能力的利用,改善机械使用性能,是挖掘机械设备潜力的主攻方向。对于老旧机械设备应立足改造,向标准化规格、定型产品靠拢,以延长使用寿命。对于消耗大、浪费严重的机械设备,应积极采取有效措施,努力降低消耗。

4)施工机械的经济核算

机械设备的全部经营成果,最终通过经济核算从企业经济效果上得到反映,随着技术装备的增加,机械化施工水平的提高,机械使用费用在土石方施工成本中的比重必然越来越大,因此,加强机械设备的经济核算,降低使用成本,是企业经济核算的重要组成部分,也是提高机械设备管理水平的有效措施。

施工机械在生产过程中,一方面创造价值取得生产成功,另一方面又有着各种消耗,企业为了分析机械设备使用的经济性,就必须利用经济核算的手段,对产值和消耗进行比较,查明盈亏及其原因,采取相应的措施,以期达到获得最佳经济效益的目的。

机械设备的经济核算,可分为单机核算和班组核算两种。道路工程施工中使用的机械大多是大型机械,都可以单独进行核算。内容包括固定资产费用及其运行费用核算。

(1)产值。按工作台班或产量及其单价计算的经济收入部分。

(2)基本折旧费。按规定的折旧率逐渐收回机械原始价值的费用。

(3)大修理基金。为保证机械使用到大修间隔期所需的,而按规定逐渐提取的大修理基金,以避免一次支付较大的修理费引起的成本不合理波动。

(4)维修费。机械日常保养、维护及修理(不包括大修)所发生的全部工料费。

(5)润滑及擦拭材料费。机械运转及日常维护所发生的各种润滑油和擦拭用材料费。

(6)易损件、工具及附件费。指轮胎、蓄电池、钢丝及工具、附件等的费用。

(7)安装拆卸及辅助设施费。机械的安装与拆卸所发生的工、料、机具、试运转及辅助性设备费用。

(8)管理费。承包工程按施工管理费用标准计取的费用,或租赁机械按规定的租赁费率计取的费用。

(9)人工费。机上人员或班组人员的基本工资、补助等费用。

(10)动力费。消耗电力、燃料、水、汽的费用。

(11)其他费。如税金、保险费、养路费等。

开展单机或班组经济核算是一项复杂而细致的工作,为了准确合理地作好经济核算工作,必须做好如下工作:

(1)要编制一套先进合理的生产技术经济定额,作为核算依据。

(2)要有一套机械使用维修和各项消耗的原始记录,格式、内容、传递方式要求统一要求及时准确。

(3)要有严格的物资领用制度,材料、油料发放时,要做到计量准确、供应及时、记录安全。

(4)要有明确的奖罚制度,实行生产节约有奖、损失浪费处罚。

在实行机械经济核算时,机械台班费是计费的依据和基础,是将机械的价值和在管、养、修过程中需要的各种费用,科学地转移到机械使用成本中去的一种表现形式。可以根据有关规定、定额标准以及各种机械的具体情况而定。

2. 机械设备技术管理

施工企业对机械设备的技术管理是整个企业技术管理的重要组成部分,其主要内容,除了建立技术责任制以外,包括机械的使用和保养修理两方面的技术管理内容,即机械设备物质运动形态全部过程的技术管理。

使用方面的技术管理有编制设备使用计划,办理机械设备申请、验收、调拨工作,制订并组织执行机械管理人员的岗位责任制,建立健全机械技术档案和其他一些技术业务管理工作。

保修方面的技术管理,主要是制订和执行维修、保养制度与计划,改进保修工艺,改善劳动组织,组织对机械设备进行技术检验与鉴定,对保修质量进行检查与评定等。

1)机械的使用管理

合理、正确地使用机械设备是保持设备正常运行,延长其寿命,提高生产效率,保证施工作业质量和降低成本的重要环节。应该贯彻管用结合的原则,管理工作与施工调度密切配合,共同作好机械的使用管理工作。

(1)施工条件准备与机械性能、技术状况是否适应,要互相交底,共同研究确定。选配机械性能要适当,组合要配套,既要防止超负荷作业,又要使机械效率无分得以发挥。

(2)应根据机械技术状况和保修制度,编制机械月(度)保修计划,施工调度要有计划进行,如不能满足施工需要,应采取措施,缩短停修期。

(3)要按照机械性能要求使用机械,不应超性能使用,应严格遵守机械操作规程。如遇特殊情况,需要超负荷作业时,应有可靠的计算资料,并经主管部门批准。操作人员应听从技术人员的指挥,正确操作。对于违反操作规程,危及机械和人身安全的指挥,操作人员有权拒绝执行。因指挥失误造成事故时,要追究责任。

(4)使用人员要按规定执行日常保养,及时排除故障隐患。在施工生产任务繁忙时,必须注意要有必要的时间,继续检查保养作业。机械的安全装置、指示仪表应完备、良好,燃油料、液压油、电器电压等应按规定选用。

(5)作业完毕,机械停放位置应确保安全,防止非生产性损坏,机械的零部件和随机附件不得任意拆卸或借出。

(6)新置或大修后的机械运行必须严格执行有关规定,确认合格后,方可投入使用。运转工作关系到机械的安全生产和合理使用,是使用管理工作中不可忽视的环节。

2)机械的保养

根据机械保养的作业内容、保养项目、技术要求以及时间间隔,可分为例行保养、定期保养和特殊保养三类。

(1)例行保养

指在机械作业前、作业暂停时,以及每班作业结束所进行的检查维护,中心内容是检查。主要检查要害部位和易损坏部位,如机械和部件完整情况;油水数量有无泄漏;操纵和安全装置(如制动、转向等)的完好情况;关键部件紧固情况等。必要时应补充燃料、润滑油脂和冷却水,确保班内运行正常和安全生产。例行保养由操纵人员按规定进行。

(2)定期保养

定期保养是根据制度按一定的周期和内容分级进行的保养。保养周期因机械类型、操作技术水平、作业条件等不同而确定。周期过长,保养次数少,保养工作量小,虽能保持较好的技术状况,但增加保养次数和工作量,还可能因频繁拆装而损坏零件。因此,各类机械的保养周期,应视具体情况而定。

施工机械的定期保养一般可分为三级或四级保养,由操作人员和机械保修技术人员共同配合进行:

①一级保养。以清洁、紧固、润滑为中心内容,并进行一般性检查,主要目的在于维护机械完好的技术状况,一般每周进行一次,以工作时数为准,可在工地现场进行。

②二级保养。以检查、调整为中心,规模较大,除一级保养所有内容外,还有更新和拆卸部分劣化的零部件,排除发现的故障。目的是保持机械各总成机构具有良好的工作性能,保养间隔期在一个月左右,亦可在工地现场进行。

③三、四级保养。在机械经过较长时间运行后,重点进行比较彻底的检查,对主要部件进行解体检查,以发现和清除故障,恢复机械应有的工作性能,这种保养应在防风、防尘条件下作业,所以,需有专用场地(厂棚),主要以保修技术人员为主进行。

一般施工机械技术保养操作项目、内容及顺序大致相同,在技术规程中有具体的规定。

(3)特殊保养

包括停放、走合期、换季、转移等特殊情况下的保养。

①停放保养。指对停放暂时不用或封存的机械进行的保养,重点是清洁与防腐,最好经常进行,至少每月一次。发动机应定期发动,特别是在潮湿的情况下,每半月应发动一次,停置保养由操作人员或保管人员进行,库存机械应有专人进行保养。

②走合期保养。指机械在走合期内以及走合期结束后一段时间的保养,必须加强检查,选择优质润滑油脂进行润滑,并将润滑油脂的更换期适当提前。

③换季保养。季节变换时的保养,尤其是进入冬季或夏季时的保养,主要是更换燃油、润滑脂,采取防寒或降温措施等。

④转移工地前保养。根据施工情况,在某一工程结束时,如机械尚未到规定的保养周期,为使机械能迅速投入新的施工作业,也应进行保养,其项目可视情况,按二、三级保养内容进行,可增加防腐喷漆等作业项目。

3)机械的修理

机械在运转过程中,即使使用正确,精心养护,也不可能永远保持原有的工作性能指标,而且必然发生磨损、疲劳变形和腐蚀现象,使机械的功力性能、经济性能和安全可靠性能降低,这些变化达到一定的限度时,机械就不能正常工作。为此,必须根据机械技术状况变化的规律,进行恢复机械性能的技术作业,这就是修理。

机械设备的修理依照其技术作业内容和规模分为小修、中修、大修几种类型。

(1)小修:根据机械技术性能和运转中出现的问题,进行最小限度的修理,一般是没有计划的临时性修理,工作量小,常见于一般性局部缺陷的修理,目的是要消除操作人员无力排除的突然故障,个别零件的损坏,或一般事故性损坏等,应与保养结合进行。

(2)中修(总成大修):这是对少数磨损较为严重的总成进行有计划的平衡性修理,实质是对总成的一次大修,使其达到规定的技术指标和要求,目的是对不能继续使用的部分总成进行修理,使整机的状况趋于平衡,以延长机械的大修间隔。

(3)大修:对整个机械有计划地进行全面恢复性修理。经过一定时间的远行后,机械大部分零件,甚至基础件达到极限磨损程度,使机械各方面的性能显著下降,必须进行全面修复。一般要全部解体,检查每个零件,修复或更换不符合技术要求的零部件,按大修技术条件重新装配,基本上恢复机械原有的动力、经济性能和技术状况。

机械的保养和修理,是施工机械管理中一项重要的、复杂的和技术性较强的工作,必须有健全的制度,来保证其核划实施和作业质量。

思考题

1. 什么是公路工程基本建设?
2. 公路工程管理的内容是什么?
3. 路面施工现场管理包括哪些内容?

第十一章　路面工程施工资料表及填写范例

公路工程建设资料是工程建设过程中形成的各种形式记录，它是与工程实体质量紧密结合在一起，它既是反映工程质量的客观见证，又是对工程建设项目进行过程检查、质量评定、养护管理的依据。

近年来，随着我国工程建设行业的迅猛发展，公路建设工程资料管理以其鲜明的特点，正越来越发挥着不可替代的作用，工程资料充分体现公路企业自身的综合管理水平；工程资料为建设管理者决策提供真实、直接的工程信息；工程资料为明确建设工程质量责任提供准确、直接的工程信息等。

1. 公路工程施工资料的特点

公路工程项目多、工程量大、施工工期长，从施工准备开始至竣工验收．凡是与工程有关的活动都需要按规范、规程、标准的规定同步记录下来，形成施工资料。路面工程施工过程中形成的资料主要具有以下特点。

1）原始性，真实性

施工资料是在施工过程中形成的，它是施工过程中的原始记录，应随工程进展同步进行整理，使施工资料的具体形成过程与外业施工过程同步进行，保证达到原始、真实、准确、有效的效果。绝对不可对原始资料的一些数据随意进行剔除或更改，更不能在工程完工后再填写"回忆录"。所以施工资料应与外业同步，完成的资料应规范、标准，并在工程竣（交）工验收前将施工资料按要求组卷、装订成册。

2）技术性，专业性

规范、规程、标准、设计文件等是施工资料编制的依据。施工资料的形成应符合国家及地方相应的法律、法规、规范、规程，同时还应符合工程合同与设计文件等规定。在进行施工编制时，每一张表、每一个数据都要按相应的规范、规程、标准中的具体要求认真地检查和填写，保证施工资料的编制质量。

3）完整性，时效性

从施工资料编制的重要意义可以看出，施工资料不齐全、不完整，就不能指导施工和更不能反映所完工程的质量状况，工程也无法进行验收。所以施工资料必须齐全、完整。形成施工资料的时限很重要，只有保证时限，才能达到时效。施工资料必须做到随工程进展同步形成。如原材料在进场过程中，必须及时进行原材试验，及时进行试验资料的整理，以确定所进材料是否合格，避免不合格材料进场。标准试验的时间限制更重要，如水泥混凝土的配合比设计，必须限制在混凝土浇筑28d前完成，以保证试验一旦不成功，施工单位和监理工程师还有时间重新进行试验，用取得的准确数据指导施工；否则，因试验未完成而无法指导施工和控制施工质量，既耽误了工期，又造成经济上的损失。同样监理对施工资料的审批也必须在规定的最短时间内完成，如工序的检查验收试验，监理工程师必须及时进行签认，以免耽误下道工序的施工。

另外，工程的竣工验收也必须在施工资料的整理、汇总完成后，经过有关单位验收合格才可进行。所以施工资料的形成、报验、审批一定要有时限要求。

2. 路面工程施工资料主要内容

路面工程施工资料包括路面施工日志和路面施工记录、施工检测记录等，本章主要列举了路面施工日志表格样式及填写范例、沥青路面施工记录表样式及填写范例、水泥稳定碎石质量检验报告单样式及填写范例。其中沥青路面施工记录表样式及填写范例包括：①沥青混凝土出厂温度记录表；②沥青混凝土到场温度记录表；③沥青混凝土路面施工接缝记录表；④沥青混凝土到场数量记录表；⑤沥青混凝土摊铺现场松铺厚度记录表；⑥沥青混凝土摊铺、碾压温度记录表；⑦取芯厚度、压实度记录表；⑧沥青混凝土厚度检查记录表；⑨沥青混凝土质量现场检测报告单等九项内容；⑩水泥稳定碎石基层现场质量检验报告单。

3. 路面施工记录表格填写要求

公路路面施工记录表格填写要求如下：

(1)字迹清楚工整，用黑墨水笔或蓝黑墨水笔填写。

(2)应按路面施工实际情况，认真填写表格内的各项内容。

第一节 路面施工日志及填写范例

1. 路面施工日志表格(表11-1)

路面施工日志 表11-1

日期： 标段： 天气：

沥青混凝土类型： 施工段： HT-008

备注：

摊铺宽度(m)： 理论厚度(cm)：

平均厚度(cm)： 施工(m)：

施工用料(t)： 盈亏料(t)：

累计施工(m)： 累计用料(t)：

累计盈亏(t)：

记录人： 负责人：

2. 路面施工日志填写范例(表 11-2 和表 11-3)

路 面 施 工 日 志 表 11-2

日期:2007.6.11　　标段:C1.C2　　天气:晴

沥青混凝土类型:AC-13　　施工段:K0 +012 ~ K0 +670(左幅)　　HT-008

记录人:×××　　负责人:××

备注:

道口用料 250t

绿化带 24t

余料 10t

施工情况良好

摊铺宽度(m):11.74　　理论厚度(cm):4.0

平均厚度(cm):3.95　　施工(m):658

施工用料(t):1 022.18　　盈亏料(t):盈 10

累计施工(m):658　　累计用料(t):1 022.18

累计盈亏(t):盈 10

路 面 施 工 日 志 表 11-3

日期:2007.6.11　　标段:C1.C2　　天气:晴

沥青混凝土类型:AC-13　　施工段:K0 +670 ~ K1 +910(左幅)　　HT-008

备注:

道口用料 97t,桥面加宽,调平用料 362t

起步 2m,K1 +078,K1 +106 三处跳车,后两处因为电脑出现故障

摊铺宽度(m):11.74　　理论厚度(cm):4.0

平均厚度(cm):3.9　　施工(m):1 240

施工用料(t):1 855.42　　盈亏料(t):盈 35

累计施工(m):2 136　　累计用料(t):3 397.48

累计盈亏(t):盈 47

记录人:×××　　负责人:××

第二节　路面施工记录表及填写范例

1. 沥青混凝土出厂温度记录表

(1)记录表样式见表11-4。

高等级公路(××段)道路工程建设项目沥青混凝土出厂温度记录表　　表11-4

日期:　　标段:　　天气:

沥青混凝土类型:　　施工段:　　HT-001

序　号	车　号	温度(℃)	序　号	车　号	温度(℃)

备注:出厂温度标准为:

超标温度应用红色填写并及时通知前台车号

记录人:　　负责人:

(2)记录表填写范例见表11-5。

高等级公路(××段)道路工程建设项目沥青混凝土出厂温度记录表　　表11-5

日期:2007.6.11　　标段:C1　　天气:多云

沥青混凝土类型:AC-13　　施工段:K0+670~K1+910左幅　　HT-001

序　号	车　号	温度(℃)	序　号	车　号	温度(℃)
1	34 791	180			
2	32 349	174			
3	32 347	182			
4	32 275	182			
5	34 025	178			
6	34 205	176			
7	34 204	174			
8	32 229	174			
9	57 007	182			
10	57 137	176			
11	7 208	176			
12	60 110	178			
13	59 115	182			
14	52 228	180			
15	55 730	182			
16	57 402	178			
17	59 590	178			
18	54 291	176			

备注:出厂温度标准为:170~185℃

超标温度应用红色填写并及时通知前台车号

记录人:×××　　负责人:××

2. 沥青混凝土到场温度记录表

(1)记录表样式见表11-6。

高等级公路(××段)道路工程建设项目

沥青混凝土到场温度记录表 表11-6

日　期：　　标　段：　　天气：

沥青混凝土类型：　　施工段：　　HT-002

序　号	车　号	温　度（℃）	序　号	车　号	温　度（℃）

备注：到场温度标准为：

超标温度应用红色填写并记录摊铺段落位置

记录人：　　负责人：

(2)记录表填写范例见表11-7。

高等级公路(××段)道路工程建设项目

沥青混凝土到场温度记录表 表11-7

日　期:2007.6.11　　标　段：C1　　天气:多云

沥青混凝土类型:AC—13　　施工段:K0+670~K1+910左幅　　HT-002

序　号	车　号	温　度（℃）	序　号	车　号	温　度（℃）
1	34 791	174			
2	32 349	170			
3	32 347	172			
4	32 275	168			
5	34 025	176			
6	34 205	173			
7	34 204	170			
8	32 229	171			
9	57 007	172			
10	57 137	170			
11	7 208	171			
12	60 110	168			
13	59 115	172			
14	52 228	170			
15	55 730	172			

备注：到场温度标准为：　165~185℃

超标温度应用红色填写并记录摊铺段落位置

记录人：×××　　负责人：××

3. 沥青混凝土路面施工接缝记录表

(1)记录表样式见表11-8。

高等级公路(××段)道路工程建设项目

施工接缝记录表 表11-8

日　期:　　　　　　标　段:　　　　　　天气:

沥青混凝土类型:　　　　　　施工段:　　　　　　HT-004

接缝桩号	摊铺机编号	摊铺机行走位置	仰角						切缝厚度(cm)			垫板厚度(cm)			加热时间(min)	加热温度(℃)
			上次摊铺机结束仰角(°)		本次摊铺机起步仰角(°)		本次摊铺机起步仰角(°)		左	中	右	左	中	右		
			左	右	左	右	左	右								

接缝自我评定:

记录人:　　　　　　复核人:

(2)记录表填写范例见表11-9。

高等级公路(××段)道路工程建设项目

施工接缝记录表 表11-9

日　期:2007.6.11　　　　　　标　段:　C1、C2　　　　　　天气:多云

沥青混凝土类型:AC—13　　　　　　上面层　施工段:K0+670左幅　　　　　　HT-004

接缝桩号	摊铺机编号	摊铺机行走位置	仰角						切缝厚度(cm)			垫板厚度(cm)			加热时间(min)	加热温度(℃)
			上次摊铺机结束仰角(°)		本次摊铺机起步仰角(°)		本次摊铺机起步仰角(°)		左	中	右	左	中	右		
K0+670	03	超车道	左 11	右 12	左 11.5	右 12.5	左	右	4.4	4.5	4.5	0.8	0.8	0.8	31	93

接缝自我评定:

记录人:×××　　　　　　负责人:××

4. 沥青混凝土到场数量记录表

(1)记录表样式见表11-10。

高等级公路(××段)道路工程建设项目

沥青混凝土到场数量记录表　　　　表11-10

日　　期:　　　　　　标　　段:　　　　天气:

沥青混凝土类型:　　　　　　施工段:　　　　　　HT-003

序号	车　　号	吨位(t)	合计(t)	厚度核算	序号	车　　号	吨位(t)	合计(t)	厚度核算

记录人:　　　　　　　　　　　　负责人:

(2)记录表填写范例见表11-11。

高等级公路(××段)道路工程建设项目

沥青混凝土到场数量记录表　　　　表11-11

日　　期:2007.6.11　　　　标　　段:　　C1、C2　　　　天气:阴

沥青混凝土类型:AC—13　　　　上面层　施工段:K0+670~K1+910左幅　　　　HT-003

序号	车　　号	吨位(t)	合计(t)	厚度核算	序号	车　　号	吨位(t)	合计(t)	厚度核算
1	34 791	29.62	29.62						
2	32 349	26.68	56.30						
3	32 275	26.88	83.18						
4	32 347	26.72	109.90						
5	34 075	26.88	136.78						
6	32 229	26.76	163.54						
7	34 204	26.80	190.34						
8	57 007	50.76	241.10						
9	34 205	26.88	267	4.10					
10	57 137	50.93	318.94						
11	7 208	56.98	375.92						
12	59 115	50.62	426.54						
13	60 110	29.14	455.68						
14	52 228	50.56	506.24						
15	57 402	18.98	545.22						
16	55 730	53.78	599.00						
17	59 590	59.62	658.62						
18	8 537	29.68	688.30						

记录人:×××　　　　　　　　　　负责人:××

5. 沥青混凝土摊铺现场松铺厚度记录表

(1)记录表样式见表11-12。

高等级公路(××段)道路工程建设项目

沥青混凝土摊铺现场松铺厚度记录表　　表11-12

日　　期:　　　　标　　段:　　　　天气:

沥青混凝土类型:　　　　施工段:　　　　HT-005

松铺厚度检测点 平面位置示意图									
桩　号	松铺厚度(cm)						摊铺速度 (m/min)	振捣(级)	振动(级)
	1	2	3	4	5	6			

备注:(1)此表应实际认真填写,下面层检测频率为20m/断面,厚度要求　　,用红色填写为不合格点;中上面层检测频率为20m/断面,厚度要求　　,用红色填写为不合格点。

(2)摊铺速度为:仪表速度/实际速度

记录人:　　　　负责人:

(2)记录表填写范例见表11-13。

高等级公路(××段)道路工程建设项目

沥青混凝土摊铺现场松铺厚度记录表　　表11-13

日　　期:2007.6.11　　标　　段:　C1、C2　　天气:多云

沥青混凝土类型:AC—13　　上面层　施工段:K0+670~K1+910(左幅)　　HT-005

松铺厚度检测点 平面位置示意图									
桩　号	松铺厚度(cm)						摊铺速度 (m/min)	振捣(级)	振动(级)
	1	2	3	4	5	6			
K0+680	5	4.9	4.8	4.8	4.8	4.8	2.5/1.8	3.7	3.7
+700	4.9	4.8	4.8	4.8	4.9	4.9			
+720	4.8	4.8	4.8	4.8	4.8	4.8			
+740	5.2	5	4.9	4.9	4.8	4.8	4/3	4.3	4.3
+760	5	4.9	4.8	4.8	4.8	4.8			
+780	4.9	4.8	4.8	4.9	4.9	4.9			
+800	5.3	5	4.8	4.8	4.8	4.8			

续上表

松铺厚度检测点 平面位置示意图									
桩　号	松铺厚度(cm)						摊铺速度 (m/min)	振捣(级)	振动(级)
	1	2	3	4	5	6			
+820	4.9	4.9	4.8	4.8	4.9	4.9			
+840	4.8	4.9	4.8	4.8	4.8	4.9	2.5/1.8	3.7	3.7
+860	5.2	5	4.8	4.8	4.8	4.8			
+880	5	4.9	4.8	4.8	4.8	4.8			
+900	5	4.9	4.9	4.8	4.8	4.8	4/3	4.3	4.3
+920	5.2	5.1	4.9	4.8	4.8	4.8			
+940	6	5.5	5.2	5	4.9	4.9			
+960	4.8	4.8	4.9	4.9	4.9	4.8			
+980	5	4.9	4.9	4.9	4.8	4.8			
K1 +000	5.3	4.9	4.9	4.8	4.8	4.8			
+020	5	4.9	4.9	4.9	4.8	4.8			

备注:(1)此表应按实际认真填写,上面层检测频率为20m / 断面,厚度要求 4.8cm ±0.2cm,用红色填写为不合格点。
(2)摊铺速度为:仪表速度/实际速度

记录人:×××　　　　负责人:××

6. 沥青混凝土摊铺、碾压温度记录表

(1)记录表样式见表11-14。

高等级公路(××段)道路工程建设项目

沥青混凝土摊铺、碾压温度记录表　　　　表11-14

日　　期:　　　　标　　段:　　　　天气:

沥青混凝土类型:　　　　施工段:　　　　HT-006

桩　　号	摊铺温度(℃)	初压温度(℃)	终压温度(℃)

备注:碾压断面长度一般为　　　,初压原则为紧跟摊铺机碾压。
摊铺温度:　　初压温度:　　终压温度:　　红色填写为不合格点

记录人:　　　　负责人:

（2）记录表填写范例见表11-15。

高等级公路（××段）道路工程建设项目

沥青混凝土摊铺、碾压温度记录表 表11-15

日　期:2007.6.11　标　段:　C1、C2　天气:阴

沥青混凝土类型:AC—13　上面层　施工段:K0+670~K1+910(左幅)　HT-006

桩　号	摊铺温度(℃)	初压温度(℃)	终压温度(℃)
K0+670	151	145	
+710	153	147	88
+760	150	146	
+800	158	150	90
+840	160	153	
+880	161	154	93
+920	163	157	
+960	160	153	94
K0+000	165	158	
+040	160	155	93
+080	164	150	
+170	164	156	94

备注:碾压断面长度一般为30cm~50cm,初压原则为紧跟摊铺机碾压。

摊铺温度:>160℃;初压温度:>150℃;终压温度:>90℃。红色填写为不合格点

记录人:×××　负责人:××

7.取芯厚度、压实度记录表

（1）记录表样式见表11-16。

高等级公路（××段）道路工程建设项目

取芯厚度、压实度记录表 表11-16

日　期:　标　段:　天气:

沥青混凝土类型:　施工段:　HT-007

取 芯 桩 号	平 面 位 置	厚度(cm)	压实度(%)	备　注
	距中桩或边桩距离(m)			

说明:(1)压实度要求为97%,厚度要求为设计厚度　,压实度、厚度结果中用红色填写为不合格点。

(2)备注栏中:①为1号摊铺机,②为2号摊铺机,③为3号摊铺机

填表人:　复核人:

(2)记录表填写范例见表11-17。

高等级公路(××段)道路工程建设项目

取芯厚度、压实度记录表 表11-17

日　期:2007.6.11　　标　段:　C1　　天气:晴

沥青混凝土类型:AC—13　　施工段:K0+660~K0+910(左幅)　　HT-007

取芯桩号	平面位置 距中桩或边桩距离(m)	厚度(cm)	压实度(%)	备注
K0+800	距中桩1.7m	5.2/16.1	97.6	
K1+040	距边桩2.0m	4.1/15.0	98.0	
K1+650	距中桩2.5m	4.0/16.0	98.3	
				K1+059.4~K1+490.4(左幅)
				K1+726.7~K1+826.7(左幅)
				这两段为桥面

说明:(1)压实度要求为97%,厚度要求为设计厚度3.9~4.1cm,压实度、厚度结果中用红色填写为不合格点。

(2)备注栏中:①为1号摊铺机,②为2号摊铺机,③为3号摊铺机

填表人:×××　　复核人:××

8.沥青混凝土厚度检查记录表

(1)记录表样式见表11-18。

高等级公路(××段)道路工程建设项目

沥青混凝土厚度检查记录表 表11-18

施工段落:　　天气:　　沥青混凝土类型:

日期	桩号	厚度(cm)	机位号	检查结果

备注:机位号为摊铺机号

填表人:　　复核人:

（2）记录表填写范例见表11-19。

高等级公路（××段）道路工程建设项目

沥青混凝土厚度检查记录表 表11-19

施工段：K5+740～K6+555（左） 天气： 晴

沥青混凝土类型：AC—25F（再生）

日　期	桩　号	厚度（cm）	机　位　号	检查结果
07.11.10	K5+805（左）	6.7	2	合格
07.11.10	K5+950（左）	7.0	1	合格
07.11.10	K6+140（左）	6.8	2	合格
07.11.10	K6+300（左）	7.2	1	合格
07.11.10	K6+450（左）	7.0	2	合格

备注：机位号为摊铺机号。1号机摊铺机机位检测2个点，2号机摊铺机机位检测3个点

填表人：××× 复核人：××

9. 沥青混凝土质量现场检测报告单

（1）记录表样式见表11-20。

高等级公路（××段）道路工程建设项目

沥青混凝土质量现场检测报告单 表11-20

日期： 标　段：________ 天气：________

沥青混凝土类型： 施工段：________

<table>
<tr><th colspan="2">检测项目</th><th>负责人</th><th colspan="4">检测结果</th><th>质量要求</th><th>备注</th></tr>
<tr><td colspan="2" rowspan="2">混合料出场温度</td><td rowspan="2"></td><td>总数量</td><td>不合格</td><td colspan="2">合格率</td><td rowspan="2">170～185℃</td><td rowspan="2"></td></tr>
<tr><td></td><td></td><td colspan="2"></td></tr>
<tr><td colspan="2" rowspan="2">混合料到场温度</td><td rowspan="2"></td><td>总数量</td><td>不合格</td><td colspan="2">合格率</td><td rowspan="2">165～185℃
超过195℃废弃</td><td rowspan="2"></td></tr>
<tr><td></td><td></td><td colspan="2"></td></tr>
<tr><td colspan="2" rowspan="2">沥青混凝土到场数量</td><td rowspan="2"></td><td>总数量</td><td>平均厚度</td><td>余料</td><td>亏料</td><td rowspan="2"></td><td rowspan="2"></td></tr>
<tr><td></td><td></td><td></td><td></td></tr>
<tr><td colspan="2">沥青混凝土接缝记录</td><td></td><td colspan="4"></td><td></td><td></td></tr>
<tr><td colspan="2" rowspan="2">沥青混凝土现场虚铺厚度</td><td rowspan="2"></td><td>总点数</td><td>不合格</td><td colspan="2">合格率</td><td rowspan="2">≥3.8cm
≤4.2cm</td><td rowspan="2"></td></tr>
<tr><td></td><td></td><td colspan="2"></td></tr>
<tr><td colspan="2" rowspan="2">沥青混凝土摊铺、碾压厚度</td><td rowspan="2"></td><td>总点数</td><td>不合格</td><td colspan="2">合格率</td><td rowspan="2">初压为紧跟碾压，要求大于150℃，终压大于90℃</td><td rowspan="2"></td></tr>
<tr><td></td><td></td><td colspan="2"></td></tr>
<tr><td rowspan="4">钻孔取芯</td><td rowspan="2">厚度</td><td rowspan="2"></td><td>总点数</td><td>不合格</td><td colspan="2">合格率</td><td rowspan="2">≥3.9cm
≤4.1cm</td><td rowspan="2"></td></tr>
<tr><td></td><td></td><td colspan="2"></td></tr>
<tr><td rowspan="2">压实度</td><td rowspan="2"></td><td>总点数</td><td>不合格</td><td colspan="2">合格率</td><td rowspan="2">≥97%</td><td rowspan="2"></td></tr>
<tr><td colspan="4"></td></tr>
</table>

填表人： 日期： 复核人： 日期：

工程公司经理	项目总工	项目经理
签字： 意见：	签字： 意见：	签字： 意见：

(2)记录表填写范例见表11-21。

高等级公路(××段)道路工程建设项目

沥青混凝土质量现场检测报告单 表11-21

日　期:2007.6.11　　标段:C1　C2　　天气:多云

沥青混凝土类型:AC—13上面层　　施工段:K0+670~K1+910

<table>
<tr><th colspan="2">检测项目</th><th>负责人</th><th colspan="4">检测结果</th><th>质量要求</th><th>备注</th></tr>
<tr><td colspan="2" rowspan="2">混合料出场温度</td><td rowspan="2">××</td><td>总数量</td><td>不合格</td><td colspan="2">合格率</td><td rowspan="2">170~185℃</td><td rowspan="2"></td></tr>
<tr><td>47</td><td>2</td><td colspan="2">95.7%</td></tr>
<tr><td colspan="2" rowspan="2">混合料到场温度</td><td rowspan="2">××</td><td>总数量</td><td>不合格</td><td colspan="2">合格率</td><td rowspan="2">165~185℃
超过195℃废弃</td><td rowspan="2"></td></tr>
<tr><td>47</td><td>1</td><td colspan="2">97.9%</td></tr>
<tr><td colspan="2" rowspan="2">沥青混凝土到场数量</td><td rowspan="2">××</td><td>总数量</td><td>平均厚度</td><td>余料</td><td>亏料</td><td rowspan="2"></td><td rowspan="2"></td></tr>
<tr><td>1 855.49</td><td>3.9cm</td><td>35</td><td></td></tr>
<tr><td colspan="2">沥青混凝土接缝记录</td><td>××</td><td colspan="4"></td><td></td><td></td></tr>
<tr><td colspan="2" rowspan="2">沥青混凝土现场虚铺厚度</td><td rowspan="2">××</td><td>总点数</td><td>不合格</td><td colspan="2">合格率</td><td rowspan="2">≥3.8cm
≤4.2cm</td><td rowspan="2"></td></tr>
<tr><td>378</td><td>63</td><td colspan="2">83.3</td></tr>
<tr><td colspan="2" rowspan="2">沥青混凝土摊铺、碾压厚度</td><td rowspan="2">××</td><td>总点数</td><td>不合格</td><td colspan="2">合格率</td><td rowspan="2">初压紧跟碾压,要求大于150℃,终压大于90℃</td><td rowspan="2"></td></tr>
<tr><td>79</td><td>10</td><td colspan="2">87.3</td></tr>
<tr><td rowspan="4">钻孔取芯</td><td rowspan="2">厚度</td><td rowspan="2">××</td><td>总点数</td><td>不合格</td><td colspan="2">合格率</td><td rowspan="2">≥3.9cm
≤4.1cm</td><td rowspan="2"></td></tr>
<tr><td>3</td><td>0</td><td colspan="2">100</td></tr>
<tr><td rowspan="2">压实度</td><td rowspan="2">××</td><td>总点数</td><td>不合格</td><td colspan="2">合格率</td><td rowspan="2">≥97%</td><td rowspan="2"></td></tr>
<tr><td>3</td><td>0</td><td colspan="2">100</td></tr>
</table>

填表人:××　　日期:2007.6.11　　复核人:××　　日期:2007.6.11

工程公司经理	项目总工	项目经理
签字:××× 意见:	签字:×× 意见:	签字:××× 意见:

10. 水泥稳定碎石基层现场质量检验报告单

(1)记录表样式见表11-22。

×××国道××段扩建工程项目

承包单位　　合同号

监理单位　　编　号

水泥稳定碎石基层现场质量检验报告单 表11-22

工程名称			施工时间	
里程桩号			检验时间	
项次	检验项目	规定值和容许偏差	检验结果	检验频率和方法
1	压实度　(%)	≥98		
2	平整度　(mm)	8		
3	纵断高程(mm)	+5,-10		

续上表

工程名称			施工时间	
里程桩号			检验时间	
项次	检验项目	规定值和容许偏差	检验结果	检验频率和方法
4	宽度 (mm)	不小于设计		
5	厚度 (mm)	-8		
6	横坡 (%)	±0.3		
7	强度 (MPa)	3~5		
8	水泥剂量(%)	±0.5		
9	碎石级配	符合级配要求		
10	含水率 (%)	±2		
外观评价:				
结论: □合格　　□不合格 监理工程师:　　年　月　日				

施工单位:　　年　月　日

(2)记录表填写范例见表11-23。

××× 国道 ×× 段扩建工程项目

承包单位:××市东部路桥有限公司　　合同号:　N-C1 标

监理单位:××工程咨询监理有限公司　　编　号:　D-3-27

水泥稳定碎石基层现场质量检验报告单　　表11-23

工程名称		水泥稳定碎石基层	施工时间	2008-5-9
里程桩号		K276+600~K277+030 左幅下基层	检验时间	2008-5-12
项次	检验项目	规定值和容许偏差	检验结果	检验频率和方法
1	压实度 (%)	≥98	见试表104-8	灌砂,4处/200m/车道
2	平整度 (mm)	8	见D-1-3	3m直尺,2处(10尺)/200m
3	纵断高程(mm)	+5,-10	见D-1-1	水准仪,1断面(3~5点)/20m
4	宽度 (mm)	不小于设计	见D-1-4	尺量,1处/40m
5	厚度 (mm)	-8	见D-1-5	挖坑,1处(3点)/200m/车道
6	横坡 (%)	±0.3	见D-1-2	水准仪,3断面/100m
7	强度 (MPa)	3~5	见试表302-1	7d浸水,2组/天
8	水泥剂量(%)	±0.5	见试表303-1	EDTA滴定,6点/2 000m^2
9	碎石级配	符合级配要求	见试表404	水洗筛分,1次/2 000m^2
10	含水率 (%)	±2	见试表301	烘干法,随时
外观评价: (1)表面平整密实,无浮石、弹簧现象; (2)无明显压路机轮迹				
结论: □合格　　□不合格 监理工程师:　　年　月　日				

施工单位:　　年　月　日

参考文献

[1] 王秉纲,郑木莲.水泥混凝土路面设计与施工.北京:人民交通出版社,2003.
[2] 郝培文.沥青路面施工与维修技术.北京:人民交通出版社,2000.
[3] 姚祖康.公路排水设计手册.北京:人民交通出版社,2002.
[4] 傅智,金志强.水泥混凝土路面施工与养护技术.北京:人民交通出版社,2003.
[5] 姚祖康.水泥混凝土路面设计理论和方法.北京:人民交通出版社,2003.
[6] 尤晓玮,王梓夫.现代道路路基路面工程.北京:清华大学出版社,2004.
[7] 伍石生.低噪声沥青路面设计与施工养护.北京:人民交通出版社,2005.
[8] 孙德栋,彭波.沥青路面设计与施工技术.郑州:黄河水利出版社,2003.
[9] 梁乃兴,韩森,屠书荣.现代路面与材料.北京:人民交通出版社,2003.
[10] 姚祖康.路面(第二版).北京:人民交通出版社,1998.
[11] 张登良.沥青路面工程手册.北京:人民交通出版社,2004.
[12] 沙庆林.高等级公路半刚性基层沥青路面.北京:人民交通出版社,1999.
[13] 黄晓明,吴少鹏.沥青与沥青混合料.南京:东南大学出版社,2002.
[14] 美国沥青协会.高性能沥青路面基础参考手册.北京:人民交通出版社,2005.
[15] 李继业,郭玉起.道路建筑材料.北京:科学出版社,2004.
[16] 沙庆林.高速公路沥青路面早期破坏现象及预防.北京:人民交通出版社,2003.
[17] 邓学钧.路基路面工程(第三版).北京:人民交通出版社,2008.
[18] 中华人民共和国行业规范.公路沥青路面施工技术规范(JTG F40—2004).北京:人民交通出版社,2004.
[19] 中华人民共和国行业规范.公路水泥混凝土路面施工技术规范(JTG F30—2003).北京:人民交通出版社,2003.
[20] 中华人民共和国行业规范.公路路面基层施工技术规范(JTJ 034—2000).北京:人民交通出版社,2000.
[21] 姜远文,唐平英.道路工程测量.北京:机械工业出版社,2002.
[22] 钟孝顺,聂让.测量学.北京:人民交通出版社,1997.
[23] 潘威.公路工程实用施工放样技术.北京:人民交通出版社,2004.
[24] 韩山农.公路工程施工测量.北京:人民交通出版社,2004.
[25] 金桃,张美珍.公路工程检测技术.北京:人民交通出版社,2002.
[26] 中华人民共和国行业规范.公路工程质量检验评定标准(第一册 土建工程)(JTG F80/1—2004).北京:人民交通出版社,2004.
[27] 严家伋.道路建筑材料.北京:人民交通出版社,2002.
[28] 李继业,郭玉起.道路建筑材料.北京:科学出版社,2004.
[29] 申爱琴.水泥与水泥混凝土.北京:人民交通出版社,2000.
[30] 李福普,沈金安.公路沥青路面施工技术规范实施手册(JTG F40—2004).北京:人民交通出版社,2005.
[31] 赵新庄,祁贵珍.公路施工机械.北京:人民交通出版社,2002.
[32] 中国公路学筑路机械学会.沥青路面施工机械与机械化施工.北京:人民交通出版社,

1999.
[33] 荆农. 沥青路面机械化施工. 北京:人民交通出版社,2005.
[34] 何挺继. 筑路机械手册. 北京:人民交通出版社,1998.
[35] 郑训,等. 路基与路面机械. 北京:机械工业出版社,2001.
[36] 孙江. 公路路面基层施工. 北京:人民交通出版社,2001.
[37] 邵明建. 沥青路面机械化施工技术与质量控制. 北京:人民交通出版社,2001.
[38] 沈金安. 改性沥青与 SMA 路面. 北京:人民交通出版社,1999.
[39] 刘中林,等. 高等级公路沥青混凝土路面新技术. 北京:人民交通出版社,2002.
[40] 中华人民共和国行业标准. 公路水泥混凝土路面滑模施工技术规程(JTJ/T 073. 1—2000). 北京:人民交通出版社,2000.
[41] 郇文山. 水泥混凝土路面工程. 北京:人民交通出版社,2005.
[42] 徐培华. 高等级公路路基路面施工质量控制技术. 北京:人民交通出版社,2005.
[43] 傅智. 水泥混凝土路面滑模施工技术. 北京:人民交通出版社,2000.
[44] 北京市市政工程局. 市政工程施工手册第二卷　专业施工技术. 北京:中国建筑工业出版社,1995.
[45] 梁金江. 公路工程管理. 北京:人民交通出版社,2002.
[46] 李辉,蒋宁生. 工程施工组织设计编制与管理. 人民交通出版社,2002.
[47] 中华人民共和国行业标准. 公路水泥混凝土路面养护技术规范(JTJ 073. 1—2001). 北京:人民交通出版社,2001.
[48] 中华人民共和国行业标准. 公路沥青路面养护技术规范(JTJ 073. 2—2001). 北京:人民交通出版社,2001.
[49] 金志强. 水泥混凝土路面养护维修手册. 北京:人民交通出版社,2003.
[50] 李世华. 道路桥梁维修技术手册. 北京:中国建筑工业出版社,2003.
[51] 姜云焕. 改性稀浆封层施工技术. 北京:石油工业出版社,2001.
[52] 周传林. 公路养护技术与管理. 北京:机械工业出版社,2005.
[53] 虎增福. 乳化沥青及稀浆封层技术. 北京:人民交通出版社,2001.
[54] 高建立. 高速公路沥青路面养护关键技术与工程实例. 北京:人民交通出版社,2006.
[55] 郭忠印. 沥青路面施工与养护技术. 北京:人民交通出版社,2003.
[56] 赵茂才. 水泥混凝土路面板下脱空封堵设计理论与处治技术. 哈尔滨:哈尔滨工业大学出版社,2003.
[57] 李世华. 道路桥梁养护手册. 北京:中国建筑工业出版社,2002.